# Erkenntnistheorie

Gerhard Schurz

# Erkenntnistheorie

Eine Einführung

 J.B. METZLER

Gerhard Schurz
Institut für Philosophie
Heinrich-Heine-Universität
Düsseldorf, Deutschland

ISBN 978-3-476-04754-0   ISBN 978-3-476-04755-7   (eBook)
https://doi.org/10.1007/978-3-476-04755-7

Die Deutsche Nationalbibliothek verzeichnet diese Publikation in der Deutschen Nationalbibliografie; detaillierte bibliografische Daten sind im Internet über http://dnb.d-nb.de abrufbar.

© Springer-Verlag GmbH Deutschland, ein Teil von Springer Nature 2021
Das Werk einschließlich aller seiner Teile ist urheberrechtlich geschützt. Jede Verwertung, die nicht ausdrücklich vom Urheberrechtsgesetz zugelassen ist, bedarf der vorherigen Zustimmung des Verlags. Das gilt insbesondere für Vervielfältigungen, Bearbeitungen, Übersetzungen, Mikroverfilmungen und die Einspeicherung und Verarbeitung in elektronischen Systemen.
Die Wiedergabe von allgemein beschreibenden Bezeichnungen, Marken, Unternehmensnamen etc. in diesem Werk bedeutet nicht, dass diese frei durch jedermann benutzt werden dürfen. Die Berechtigung zur Benutzung unterliegt, auch ohne gesonderten Hinweis hierzu, den Regeln des Markenrechts. Die Rechte des jeweiligen Zeicheninhabers sind zu beachten.
Der Verlag, die Autoren und die Herausgeber gehen davon aus, dass die Angaben und Informationen in diesem Werk zum Zeitpunkt der Veröffentlichung vollständig und korrekt sind. Weder der Verlag, noch die Autoren oder die Herausgeber übernehmen, ausdrücklich oder implizit, Gewähr für den Inhalt des Werkes, etwaige Fehler oder Äußerungen. Der Verlag bleibt im Hinblick auf geografische Zuordnungen und Gebietsbezeichnungen in veröffentlichten Karten und Institutionsadressen neutral.

Umschlagabbildung: © shutterstock.com

Planung/Lektorat: Franziska Remeika
J.B. Metzler ist ein Imprint der eingetragenen Gesellschaft Springer-Verlag GmbH, DE und ist ein Teil von Springer Nature.
Die Anschrift der Gesellschaft ist: Heidelberger Platz 3, 14197 Berlin, Germany

# Vorwort

Das vorliegende Lehrbuch basiert auf meiner langjährig erprobten Vorlesung zur Erkenntnistheorie. Es führt Leserinnen und Leser, ohne Vorkenntnisse vorauszusetzen, in alle bedeutenden Gebiete der Erkenntnistheorie ein. Das Buch richtet sich an Studierende und Dozierende der Philosophie, aber auch an alle anderen erkenntnistheoretisch interessierten Leser.

Der Schwerpunkt liegt in der systematischen Erkenntnistheorie; es werden aber auch die wichtigsten historischen Stationen dieser Disziplin vorgestellt. Neben einer Einführung in die zeitgenössische nichtformale und formale Epistemologie wird auch die Brücke zu bedeutsamen Nachbardisziplinen wie Kognitionswissenschaft, Wissenschaftsphilosophie und Logik geschlagen.

Das Buch bietet den Leserinnen und Lesern eine integrative Zusammenführung des Problemstandes in diesen Gebieten. Dabei werden die grundlegenden Fragen der Erkenntnistheorie – Basisproblem, Realismus, Induktion, Fundierung vs. Kohärenz, Internalismus vs. Externalismus, Empirismus vs. Rationalismus – immer im Blick behalten. Das Buch gliedert sich, nach seinem Einführungskapitel, in drei Teile. In Teil A wird der Leser schrittweise in die zentralen Probleme und Positionen der Erkenntnistheorie eingeführt. Teil B gibt einen Überblick über wichtige Stationen in der Geschichte der Disziplin und liefert den historischen Hintergrund zur gegenwärtigen Problemsituation. In Teil C werden Lösungen angeboten und jüngere Lösungsansätze ausgearbeitet. Als Novität stellt das Buch neue Resultate zum Induktions- und Abduktionsproblem vor. Darauf aufbauend wird ein neuartiges Konzept von Optimalitätsrechtfertigung entwickelt, das eine Lösung des fundierungstheoretischen Regressproblems ermöglicht. Es wird gezeigt, wie damit fünf prominente Rätsel – das Solipsismusproblem, Gedächtnisproblem, Gehirne-im-Tank Problem, Induktionsproblem und Traumproblem – aufgelöst werden können. Die Architektur, die den historischen Teil zwischen einen problemaufschließenden und problemlösenden systematischen Teil spannt, hat sich in langjähriger Erfahrung bestens bewährt.

Das Lehrbuch ist als Grundlage eines zweistündigen Einführungskurses geschrieben und in 14 Kapitel gegliedert, von denen jedes einer Lehreinheit entspricht. Wichtige Resultate werden in Definitions- und Merkkästen festgehalten und durch Abbildungen illustriert. Ein Anhang, Literaturverzeichnis sowie Sach- und Personenregister schließen das Buch ab. Der Stoff jedes Kapitels kann in einer akademischen Doppelstunde behandelt werden. Darüber hinaus werden die Kapitel des Buches durch zahlreiche *Exkurse* ergänzt, die als Online Materialien angeboten werden und unter https://doi.org/10.1007/978-3-476-04755-7_1 heruntergeladen werden können. Die Nummerierung der Exkurse ist den Buchkapiteln zugeordnet und erfolgt nach dem Schema „EKap.Nr.Nr."; beispielsweise ist E2.2 der zweite Exkurs zu Kap. 2. Unter Hinzunahme dieser Exkurse eignet sich das Lehrbuch auch als Grundlage eines umfassenderen oder eines auf Teilgebiete fokussierten fortgeschrittenen Kurses. Aufgrund seiner interdisziplinären Anknüpfungspunkte bietet es sich zugleich als ideale Ergänzung für Dozierende benachbarter Fachrichtungen an.

*Konventionen:* Abbildungen werden innerhalb der Kapitel durchnummeriert. Die Nummerierung von Definitionen, Merksätzen und Hervorhebungen erfolgt nach dem Schema „AbschnNr-Nr". Beispiel: „Merksatz 2.1-2" ist der 2. Merksatz von Abschn. 2.1, und „(3.1-2)" die zweite Hervorhebung von Abschn. 3.1. Einfache *Anführungszeichen* werden stilistisch und doppelte Anführungszeichen zum Zweck der Zitation gebraucht. Unspezifische Personenverweise sind immer geschlechtsneutral gemeint.

Für wertvolle Hilfe bedanke ich mich bei Christian Feldbacher-Escamilla, Alexander Gebharter, Paul Thorn, Leah Henderson, Elke Brendel, Christoph Jäger, Frederica Malfatti, Peter Brössel, Oliver Scholz, Markus Schrenk, Igor Douven, Stathis Psillos, Alvin Goldman, Tomoji Shogenji, Max Seubold, Niklas Parwez, Julia Frese, Charlotte Recktenwald, Finn Jordan, Nina Nicolin, Alexander Christian und Franziska Remeika. Den geschätzten Leserinnen und Lesern wünsche ich viel Freude und Gewinn bei der Lektüre dieses Buches.

Düsseldorf  
November 2020

Gerhard Schurz

# Inhaltsverzeichnis

| | | |
|---|---|---|
| **1** | **Grundfragen der Erkenntnistheorie** | 1 |
| 1.1 | Subjekt, Objekt und der Zweck der Erkenntnis | 1 |
| 1.2 | Die Frage nach der Natur der Erkenntnisrelation | 3 |
| 1.3 | Die Frage nach dem Objekt der Erkenntnis | 4 |
| 1.4 | Herausforderungen: Fünf erkenntnistheoretische Rätsel | 6 |
| 1.5 | Meliorative Epistemologie: Zielsetzung und Ausrichtung | 9 |
| | Literatur | 10 |

**A Systematischer Teil: Probleme und Positionen**

| | | |
|---|---|---|
| **2** | **Der Begriff des Wissens** | 15 |
| 2.1 | Wissen als wahre gerechtfertigte Überzeugung | 15 |
| 2.2 | Hat Wissen Grade? | 20 |
| 2.3 | Ist unser intuitiver Wissensbegriff inkohärent? | 22 |
| 2.4 | Die klassische Position: Perfektes Wissen | 25 |
| 2.5 | Münchhausen-Trilemma und Regressproblem: die Herausforderung der Skepsis | 26 |
| 2.6 | Moderne Positionen: Wahrscheinlichkeitswissen, Fundierungstheorie und die soziale Funktion des Wissens | 27 |
| | Literatur | 30 |
| **3** | **Das Gettier-Problem** | 33 |
| 3.1 | Gettier-Beispiele | 33 |
| 3.2 | Internalistisch orientierte Lösungsansätze und ihre Probleme | 35 |
| 3.3 | Externalistische Lösungsansätze und ihre Probleme | 36 |
| 3.4 | Ist das Gettier-Problem unlösbar? Kritik intuitionsbasierter Philosophie | 39 |
| | Literatur | 41 |

| 4 | Epistemologische Grundlagen: Arten von Überzeugungen, Sätzen und Schlüssen | 43 |
|---|---|---|
| | 4.1 Zur Logik von Begriffen und Sätzen | 43 |
| | 4.2 Satzarten 1: analytisch vs. synthetisch, apriori vs. aposteriori, notwendig vs. kontingent | 45 |
| | 4.3 Satzarten 2: Intern vs. extern, basal vs. hypothetisch | 49 |
| | 4.4 Arten und Reliabilität von Schlüssen: Deduktion, Induktion und Abduktion | 57 |
| | 4.5 Rechtfertigung und Regressproblem erster und höherer Stufe | 60 |
| | Literatur | 63 |
| 5 | Rechtfertigungstheorien I | 67 |
| | 5.1 Klassifikation von Rechtfertigungstheorien | 67 |
| | 5.2 Internalistische versus externalistische Theorien | 68 |
| | 5.3 Externalismus als Antwort auf die Skepsis? | 75 |
| | 5.4 Doxastische versus nichtdoxastische Theorien | 81 |
| | Literatur | 85 |
| 6 | Rechtfertigungstheorien II | 89 |
| | 6.1 Fundamentalismus versus Fundierungstheorien | 89 |
| | 6.2 Kohärenztheorien | 97 |
| | 6.3 Zirkelschlüsse in Kohärentismus und Externalismus und ihre Widerlegung | 104 |
| | 6.4 Empirismus versus Rationalismus | 106 |
| | Literatur | 112 |
| 7 | Realismus pro und kontra | 115 |
| | 7.1 Klassifikation erkenntnisontologischer Positionen | 115 |
| | 7.2 Solipsismus und intersubjektiver Idealismus | 119 |
| | 7.3 Possibilistischer Idealismus und Positivismus | 121 |
| | 7.4 Probleme des positivistischen Reduktionsprogramms | 123 |
| | 7.5 Objektiver Idealismus, Dualismus und Materialismus | 126 |
| | 7.6 Direkter und indirekter Realismus | 126 |
| | Literatur | 130 |

**B Historischer Teil: Aufklärung**

| 8 | Rationalismus und Empirismus | 135 |
|---|---|---|
| | 8.1 Die Bedeutung der Aufklärung für die Geschichte der Erkenntnistheorie | 135 |
| | 8.2 Rationalismus: René Descartes | 137 |
| | 8.3 Gottesbeweise | 142 |
| | 8.4 Empirismus: John Locke | 144 |
| | 8.5 Deismus: Befreiung von religiöser Autorität | 148 |
| | Literatur | 149 |

## 9 Idealismus und Materialismus ... 151
9.1 Metaphysischer Idealismus: Gottfried W. Leibniz ... 151
9.2 Positivistischer Idealismus: George Berkeley ... 155
9.3 (Vor-)Revolutionäre Aufklärung in Frankreich ... 157
9.4 Materialismus: Holbach ... 159
Literatur ... 161

## 10 Skepsis und Moderne ... 163
10.1 Die skeptische Herausforderung: David Hume ... 163
10.2 Philosophische Gegenaufklärung ... 166
10.3 Transzendentalphilosophie: Immanuel Kant ... 167
10.4 Analytische Philosophie der Gegenwart ... 168
Literatur ... 170

## C Systematischer Teil: Ausarbeitung von Lösungen

## 11 Prinzipien fundierungstheoretischer Epistemologie ... 175
11.1 Fundierungstheoretische Grundprinzipien: minimal, moderat und vollständig ... 175
11.2 Einwände gegen Fundierungstheorien und Verteidigung ... 176
    11.2.1 Der graduelle Anfang des Bewusstseins ... 176
    11.2.2 Irrtumsquellen durch Gedächtnis und Sprache ... 179
    11.2.3 Kognitive Dysfunktionen und die Frage der Unfehlbarkeit ... 180
11.3 Sellars Dilemma und der Übergang vom Bild zur Sprache ... 181
11.4 Optimalitätsrechtfertigung als Lösung des Regressproblems ... 185
Literatur ... 188

## 12 Prinzipien konditionaler Rechtfertigung ... 191
12.1 Reliabilität und Nichtzirkularität: Rationalitätsbedingungen für konditionale Rechtfertigung ... 191
12.2 Widerlegung von Zirkelschlüssen ... 194
12.3 Rechtfertigungsnetze: vollständige versus partielle Zirkel ... 196
12.4 Mehr zu Deduktion, Induktion und Abduktion ... 200
12.5 Optimalitätsrechtfertigung logischer Prinzipien ... 202
Literatur ... 206

## 13 Rechtfertigung induktiven Schließens ... 209
13.1 Lösungsansätze und ihr Scheitern ... 209
    13.1.1 Das Humesche Induktionsproblem ... 209
    13.1.2 Kann das Induktionsproblem durch Deduktivismus umgangen werden? ... 210
    13.1.3 Ist Induktion ‚per definitionem' rational? Rationalität und kognitiver Erfolg ... 211
    13.1.4 Kann Induktion durch Induktion oder durch Gleichförmigkeit begründet werden? ... 212

|  |  |  |  |
|---|---|---|---|
|  | 13.1.5 | Kann Induktion durch den Schluss auf die beste Erklärung begründet werden? | 213 |
|  | 13.1.6 | Kann das Induktionsproblem durch Externalismus umgangen werden? | 215 |
| 13.2 | Probabilistische Ansätze und ihre Probleme | | 215 |
| 13.3 | Die Optimalität von Metainduktion | | 218 |
| 13.4 | Die aposteriori Rechtfertigung von Objektinduktion | | 225 |
| 13.5 | Vertiefungen und Anwendungen | | 226 |
| Literatur | | | 229 |

## 14 Abduktive Schlüsse und ihre Rechtfertigung ... 233

| | | | |
|---|---|---|---|
| 14.1 | Arten von Abduktion | | 233 |
| | 14.1.1 | Faktenabduktion | 233 |
| | 14.1.2 | Modellabduktion | 235 |
| | 14.1.3 | Theorieabduktion | 236 |
| 14.2 | Spekulative Abduktion und abduktive Rationalitätskriterien | | 237 |
| 14.3 | Abduktion auf gemeinsame Ursachen in der Wissenschaft | | 239 |
| 14.4 | Abduktive Rechtfertigung des Realismus der Wahrnehmung | | 242 |
| 14.5 | Abduktive Rechtfertigung von Erinnerungssätzen | | 247 |
| 14.6 | Optimalität der Abduktion: Instrumentalistische und realistische Rechtfertigung | | 249 |
| 14.7 | Rechtfertigung der Abduktion durch Kausalität | | 253 |
| 14.8 | Abduktive Rechtfertigung der Kausalität | | 256 |
| | 14.8.1 | Die Erklärung statistischer Abschirmung | 257 |
| | 14.8.2 | Die Erklärung statistischer Koppelung | 259 |
| 14.9 | Zurück zu den fünf Rätseln | | 260 |
| Literatur | | | 262 |

**Verzeichnis zentraler Textelemente** ... 265

**Personenregister** ... 267

**Sachregister** ... 271

# Über den Autor

**Gerhard Schurz** ist Professor für Theoretische Philosophie an der Heinrich-Heine-Universität Düsseldorf, Präsident der Gesellschaft für Wissenschaftsphilosophie (2016–2022) und Mitglied der Leopoldina.

# Grundfragen der Erkenntnistheorie

## Inhaltsverzeichnis

1.1 Subjekt, Objekt und der Zweck der Erkenntnis .............................. 1
1.2 Die Frage nach der Natur der Erkenntnisrelation ............................ 3
1.3 Die Frage nach dem Objekt der Erkenntnis ................................. 4
1.4 Herausforderungen: Fünf erkenntnistheoretische Rätsel ..................... 6
1.5 Meliorative Epistemologie: Zielsetzung und Ausrichtung ..................... 9
Literatur .................................................................. 10

## 1.1 Subjekt, Objekt und der Zweck der Erkenntnis

**Was ist Erkenntnis, worin besteht sie?** Was können wir erkennen und wie können wir es erkennen? Fragen wie diese stehen im Zentrum der Erkenntnistheorie, einer Kerndisziplin der Philosophie. Um sie zu beantworten, müssen wir zunächst den *Begriff* der Erkenntnis in seiner Bedeutung so weit umreißen, dass eine sinnvolle Antwort auf diese Fragen möglich wird. Natürlich wollen wir unter ‚Erkenntnis' nicht Beliebiges verstehen. Vielmehr werden in allen philosophischen Strömungen, wenn von Erkenntnis gesprochen wird, immer drei Dinge angenommen: ein Subjekt, ein Objekt und eine Relation zwischen beiden, die Erkenntnisrelation, wie im Folgenden dargestellt:

---

**Elektronisches Zusatzmaterial** Die elektronische Version dieses Kapitels enthält Zusatzmaterial in Form von Exkursen, das berechtigten Benutzern zur Verfügung steht. https://doi.org/10.1007/978-3-476-04755-7_1

### Merksatz 1.1-1

**Erkenntnis** setzt drei Dinge voraus: ein Subjekt, ein Objekt und eine Erkenntnisrelation, die zwischen Subjekt und Objekt besteht.

Objekt ——— Relation des Erkennens ——— Subjekt ◀

Die Erkenntnisrelation wird ihrerseits wiederum am klarsten durch ihren *Zweck* charakterisiert, der allgemein gesprochen darin besteht, dass vom Objekt hin zum Subjekt eine gewisse ‚Informationsübertragung' stattfindet. Diese Informationsübertragung kann auch als ‚Abbildung' des Objekts im Subjekt bezeichnen werden, solange man den Begriff der Abbildung nicht auf den engen Sinn einer Widerspiegelung oder photographischen Abbildung reduziert (was noch nicht ausschließt, dass Erkenntnis manchmal auch so gedeutet werden kann), sondern im abstrakten Sinn als Informationsübertragung versteht.

Anknüpfend an diese erkenntnistheoretische Grundstruktur lassen sich genau *drei* Fragen bzw. Fragerichtungen unterscheiden:

1. Wir können nach der *Relation* der Erkenntnis fragen, beispielsweise danach, *wie* Erkenntnis zustande kommt und was zutreffende von fehlerhafter Erkenntnis unterscheidet.
2. Wir können nach dem *Objekt* der Erkenntnis fragen, also danach, *was* wir erkennen, ob wir eine objektive Realität erkennen können und ob es eine solche überhaupt gibt.
3. Schließlich können wir nach dem *Subjekt* der Erkenntnis fragen, also beispielsweise danach, *wer* erkennt, ob dies immer ein Mensch bzw. eine rationale Person sein muss, oder ob auch intelligente Tiere oder Roboter erkennen können.

Mit diesen drei Fragestellungen werden zugleich drei wichtige philosophische Nachbardisziplinen der Erkenntnistheorie angesprochen, mit denen sie sich überschneidet. In der ersten Fragestellung überschneidet sich die Erkenntnistheorie mit den Disziplinen der Logik und Wissenschaftstheorie, da auch in diesen beiden Disziplinen die Relation der Erkenntnis untersucht wird – in Ersterer logische Erkenntnis und in Letzterer wissenschaftliche Erkenntnis. In der zweiten Fragestellung geht es um Fragen nach dem Existierenden bzw. dem Sein; hier überschneidet sich die Erkenntnistheorie mit den Disziplinen der Ontologie und Metaphysik. Schließlich überschneidet sich in der dritten Fragestellung die Erkenntnistheorie mit der Philosophie des Geistes und der Kognitionswissenschaft. Die Überscheidungen sind in Abb. 1.1 dargestellt; alle vier Kreise zusammen definieren das Gebiet der Theoretischen Philosophie.

Im Zentrum der Erkenntnistheorie steht die erste Fragestellung, die nach der Erkenntnisrelation. Ebenfalls bedeutsam ist die zweite Fragestellung, die nach der Objektivität und Erkennbarkeit der Realität. Die Fragen der dritten Fragengruppe gehören mehr in die Philosophie des Geistes als in die Erkenntnistheorie. Wir beginnen daher mit der Frage nach der Natur der Erkenntnisrelation.

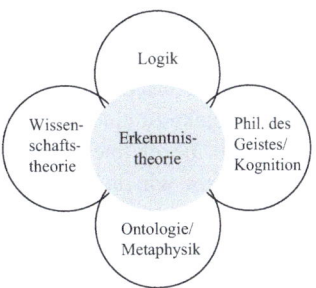

**Abb. 1.1** Disziplinen der theoretischen Philosophie

## 1.2 Die Frage nach der Natur der Erkenntnisrelation

Schon in dieser ersten Frage zeigt sich ein erkenntnistheoretisches Grundproblem, nämlich das des ‚rechten Anfangs'. Wie nämlich kann man die Frage nach der Natur von Erkenntnis zutreffend beantworten, ohne überhaupt schon erkennen zu können, d. h. die Antwort auf die Frage bereits zu kennen? In der Literatur spricht man hier auch vom *Problem des Kriteriums* (vgl. Nelson 1911; Kutschera 1981, S. 50; Chisholm 1976, S. 170; Dancy 1985, S. 227; Moser 1989, S. 260). Nicht wenige Philosoph(inn)en halten das Problem für unlösbar. Diese Ansicht wird hier nicht geteilt. Wir vertreten die Position einer wissenschaftsorientierten, kritisch-methodischen Philosophie. Dieser Position zufolge ist das Wesen von Begriffen nicht in einer ‚platonischen Ideenwelt' vorgegeben, in das Philosophen durch Ideenschau Einblick gewinnen können, so wie es traditionelle rationalistische Richtungen nahelegten, sondern wird letztlich von uns Menschen festgelegt. Um darüber Aufschluss zu erhalten, was die ‚richtige' bzw. adäquateste Charakterisierung der Bedeutung eines Begriffs ist, müssen wir fragen, welchen *Zweck* wir Menschen mit dem Inhalt dieses Begriffes verbinden (vgl. Schurz und Hertwig 2019). Eine methodisch vorgehende Erkenntnistheorie kann daher nur mit der Frage beginnen:

(1.2-1)    Was ist der *Zweck* der Erkenntnis?

Da wir Menschen Zwecke setzen, können wir diese Frage zirkelfrei durch konstruktive Setzung beantworten. Allerdings verbinden Menschen mit Erkenntnis eine Reihe unterschiedlicher und sich teilweise sogar widersprechender Zwecke, d. h. es stellt sich immer noch das Problem der Intersubjektivität. Wenn sie von Erkenntnis sprechen, meinen manche Menschen empirisch verifizierbares Wissen, andere pragmatisch nützliches Wissen, andere denken an eine ‚höhere Erkenntnis', die Glück und Seelenfrieden beschert. Von solchen einseitigen oder überzogenen Erkenntnisvorstellungen müssen wir uns hier lösen, nicht zuletzt, weil sie auf kaum haltbaren Annahmen beruhen. Glücklicherweise gibt es eine robuste Kernbedeutung des Begriffs der Erkenntnis, die so gut wie alle Menschen im Auge haben, wenn sie von der Erkenntnis einer Sache oder dem Wissen um eine Sache sprechen: nämlich dass es dabei immer um eine Art von Darstellung oder Abbildung einer ‚Sache', des Erkenntnisobjekts, im Erkenntnissubjekt geht; dass Erkenntnis also, wie schon gesagt, auf einer Informationsübertragung von einem Objekt zu einem Subjekt beruht, die, wenn sie zutrifft, auch als ‚wahr' oder ‚Wahrheit' bezeichnet wird.

Nachdem wir die Natur der Erkenntnisrelation als eine Art von Informationsübertragung oder Abbildung charakterisiert haben, kann nun die Ausgangsfrage in zwei Teilfragen ausdifferenziert werden:

1. Die Frage nach dem *Ursprung* (den Quellen, der Basis): Wo nimmt die Erkenntnis qua Informationsübermittlung ihren Ausgangspunkt?
2. Die Frage nach der *Weiterverarbeitung:* Wie wird Erkenntnis qua Information weitertransportiert und verarbeitet?

Um diese zwei Standardfragen der Erkenntnistheorie richtig zu verstehen, müssen wir eine wichtige Unterscheidung einführen, nämlich die zwischen der *Entstehung* (oder Genese) und der *Rechtfertigung* (oder Geltung) einer Erkenntnis. Die Unterscheidung wurde von Hans Reichenbach (1938, S. 6 f.) eingeführt und geht letztlich auf Gottfried Wilhelm Leibniz zurück. Im Entstehungszusammenhang geht es um die Frage, wie eine Erkenntnis in einem Menschen *faktisch* entstanden ist, beispielsweise durch plötzliche Eingebung, intensives Nachdenken oder auch im Traum. Im Rechtfertigungszusammenhang geht es dagegen um die Frage, wie Erkenntnis rational gerechtfertigt werden kann, also als wahr oder wahrscheinlich erwiesen werden kann. Für die Erkenntnis*philosophie* ist in erster Linie die – oft auch ‚normativ' genannte – Frage der Rechtfertigung relevant, während die Frage des Entstehungszusammenhangs vorwiegend die Erkenntnis*psychologie* interessiert (diese Arbeitsteilung ist aber keine strikte). Auch die Frage nach dem Ursprung der Erkenntnis ist nicht genetisch, sondern als Rechtfertigungsfrage nach unmittelbar evidenten Basisüberzeugungen gemeint.

Zusammenfassend lassen sich damit die beiden Hauptfragen nach der Natur der Erkenntnisrelation so formulieren:

(1.2-2) Was ist die *Basis* der Erkenntnis: Welche Meinungen bzw. Urteile können zu Recht als unmittelbar evident bezeichnet werden, falls es solche überhaupt gibt?

(1.2-3) Wie wird Erkenntnis *weitertransportiert:* Durch welche Schlussmechanismen können aus Basiserkenntnissen weitere *abgeleitete* Erkenntnisse gewonnen werden?

## 1.3 Die Frage nach dem Objekt der Erkenntnis

Die grundlegendste Frage, die von der Erkenntnisrelation zum Erkenntnisobjekt überleitet, ist folgende:

(1.3-1) Können wir überhaupt etwas erkennen (im Gegensatz zu bloßem Meinen), und wenn ja, was?

## 1.3 Die Frage nach dem Objekt der Erkenntnis

Es ist die Strömung der philosophischen *Skepsis,* die diese radikale Frage seit dem Anbeginn der Philosophie immer wieder stellte und damit die Erkenntnistheorie herausforderte, von den vorsokratischen Skeptikern bis hin zu den heutigen postmodernen Relativisten. Allerdings haben selbst radikale Skeptiker nicht bezweifelt, dass man irgend etwas erkennen kann (so schon Sextus Empiricus (1968/180 n. C.), [13, 19, 21]). Sie haben lediglich behauptet, dass man nichts erkennen bzw. wissen kann, was über die subjektive Wahrnehmung bzw. die Wahrnehmung des eigenen Bewusstseinsinhalts hinausgeht. Insbesondere haben die Skeptiker bezweifelt, dass man (1) die Zukunft voraussagen und (2) die Beschaffenheit einer objektiven Außenwelt erkennen kann. Der letztere Punkt führt uns unmittelbar zur wichtigsten Frage der Erkenntnistheorie in Bezug auf das Objekt der Erkenntnis, nämlich zur Realismusfrage. Sie untergliedert sich in eine ontologische und eine epistemische Frage:

(1.3-2)    (a) *Die ontologische Realismusfrage:* Gibt es eine subjektunabhängig existierende Realität bzw. Außenwelt?
(b) *Die epistemische Realismusfrage:* Wenn es eine solche Realität gibt, in welchem Ausmaß können wir sie erkennen?

Die Realismusfrage spaltet sich in die zwei Teilfragen (a) und (b) auf, denn die Existenz einer objektiven Realität anzuerkennen bedeutet nicht zwangsläufig, auch deren Erkennbarkeit zu behaupten (s. Abschn. 7.1).

Zur Dimension des Erkenntnisobjekts gehört auch die Unterscheidung von *Bereichen* der Erkenntnis (vgl. Pollock 1986, Kap. 3). Wenn man maximal allgemein anfängt, muss man zuerst zwischen den drei Bereichen des Wahren, Guten und Schönen unterscheiden, also zwischen der Erkenntnis von deskriptiven Tatsachen, ethischen Normen und ästhetischen Werten. Die Erkenntnistheorie behandelt üblicherweise nur *deskriptive* Erkenntnis, d. h. die Erkenntnis der faktischen Wirklichkeit einschließlich ihrer naturgesetzlichen Zusammenhänge, wogegen die Frage der Erkennbarkeit von Normen und ethischen Werten in der sogenannten *Metaethik* und die von ästhetischen Werten in der *Metaästhetik* behandelt wird. Angemerkt muss werden, dass die Frage der objektiven Richtigkeit von Wert- und Normurteilen (auch ‚präskriptive' Urteile genannt), und erst recht die von ästhetischen Urteilen, ungleich problematischer ist als die von deskriptiven Sachurteilen. Denn Werturteile beruhen nicht, so wie Sachurteile, auf wertneutralen Erfahrungstatsachen, sondern stützen sich letztendlich auf menschliche Interessen, die oftmals nicht intersubjektiv verallgemeinerbar sind (s. dazu Exkurs E11.2).

Innerhalb der (deskriptiven) Erkenntnistheorie wäre die nächst-allgemeine Unterscheidung die zwischen unmittelbarer Erkenntnis (wie z. B. Wahrnehmung) und abgeleiteter Erkenntnis (wie z. B. Induktion). Allerdings ist diese Unterscheidung von der erkenntnistheoretischen Position abhängig und wird in Kap. 6 behandelt.

Die dritte Fragegruppe von Abschn. 1.1, die nach der Natur des *Erkenntnissubjekts*, gehört wie erwähnt weniger in die Erkenntnistheorie als in die Philosophie des Geistes. Hier wird beispielsweise gefragt, ob es sich bei Erkenntnissubjekten immer um Menschen handeln muss, oder ob auch hinreichend intelligente Tiere oder Maschinen als Erkenntnissubjekte angesehen werden können (Stichwort ‚Künstliche Intelligenz', vgl. Cummins und Pollock 1991). Mehr zur Natur des Erkenntnissubjekts findet sich in Exkurs E1.1.

## 1.4 Herausforderungen: Fünf erkenntnistheoretische Rätsel

Wie entstehen erkenntnistheoretische Herausforderungen? Vergleichen wir zunächst die Situation mit der Wissenschaftstheorie. Während in der Wissenschaftstheorie Grundannahmen unseres Alltagswissens wie die Wahrnehmbarkeit der alltäglichen Außenwelt, z. B. „dass dort ein Baum steht", normalerweise vorausgesetzt werden, sollen in der Erkenntnistheorie auch und gerade diese Grundannahmen begründet werden, soweit dies möglich ist. Wissenschaftliche Rätsel – etwa, wie die Evolution von der Blaualge zum Menschen führen konnte, oder wie es sein kann, dass sehr schnell bewegte Uhren langsamer laufen – stellen sich nicht nur für Philosophen, sondern auch für Nichtphilosophen, als kognitive Rätsel und Herausforderung dar. An den Kopf greift sich jedoch der philosophisch unvorbelastete ‚Normalmensch', wenn in der Erkenntnistheorie ernsthaft gefragt wird, ob der Baum, den man dort sieht, auch ‚wirklich' existiert. Ludwig Wittgenstein schildert dazu in seinem letzten Werk „Über Gewissheit" (1951) folgende Szene, die auf seine Gespräche mit dem Common-Sense-Philosophen George Edward Moore in Cambridge anspielt: „Ich sitze mit einem Philosophen im Garten; er sagt zu wiederholten Male ‚Ich weiß, dass das ein Baum ist'; wobei er auf den Baum in unsrer Nähe zeigt. Ein Dritter kommt daher und hört das, und ich sage zu ihm: ‚Dieser Mensch ist nicht verrückt: Wir philosophieren nur'" (vgl. auch Gabriel 1993, S. 88 f.; Schmid 2001). Erkenntnistheoretische Rätsel entstehen also nicht durch Fragen wie „steht dort wirklich ein Baum oder steht er vielleicht 20 cm weiter links?", sondern „steht dort wirklich ein Baum, oder träume ich das alles nur, bilde es mir nur ein?" Sie entstehen nicht durch graduelle, sondern durch fundamentale Herausforderungen, die allem, was wir glauben, zunächst jeglichen Boden entziehen. Im Folgenden werden fünf prominente philosophische Rätsel beschrieben, mit denen sich die Kernfragen der Erkenntnistheorie gut motivieren lassen:

**1. Die Frage des Wegsehens** Gibt es den Baum dort, ja die ganze sichtbare Welt, auch dann noch, wenn ich wegsehe, die Augen schließe und sie nicht wahrnehme? Sicher werden ‚normale' Menschen davon ganz überzeugt sein, aber wie könnte man das jemals beweisen? Was garantiert mir, dass der Gegenstand, den ich gerade ansehe, nicht in dem Moment zu existieren aufhört, wenn ich mich umdrehe und wegsehe, und in dem Moment wieder zu existieren anfängt, wenn ich wieder hinsehe? Man mag erwidern, dass wenn ich wegsehe, der fragliche

## 1.4 Herausforderungen: Fünf erkenntnistheoretische Rätsel

Gegenstand immer noch von anderen Menschen gesehen wird, aber das Argument kann die Skepsis nicht besiegen, denn was ist dann mit einem Gegenstand, den niemand wahrnimmt – beispielsweise die Stühle im leeren Vorlesungssaal zu Mitternacht, oder uralte Steine, die schon existierten, bevor es wahrnehmungsfähige Wesen gab – müssen wir nun sagen, dass es diese Gegenstände deshalb nicht gibt bzw. gab, weil sie niemand wahrnimmt bzw. wahrgenommen hat? Die scheinbare Unmöglichkeit, einen Beweis dafür zu finden, dass es Gegenstände gibt, die niemand wahrnimmt – weil ein jeder Beweis dieser Art auf Wahrnehmung beruhen müsste –, hat viele Erkenntnistheoretiker an den Rand der Verzweiflung getrieben und zu so extremen Positionen wie z. B. dem *Idealismus* geführt, demzufolge Gegenstände durch Wahrnehmung konstituiert werden (wie bei George Berkeley und Leibniz), oder dem *Positivismus*, demzufolge es sich hierbei um eine unbeantwortbare Scheinfrage handelt (wie bei Ernst Mach oder Rudolf Carnap).

**2. Das Gedächtnisproblem** Ähnlich wie im ersten Rätsel kann mit Bertrand Russell (1921, Kap. ix) folgende Frage gestellt werden: Wie können wir uns eigentlich sicher sein, dass es uns auch in der Vergangenheit wirklich gab und unsere Erinnerungen nicht allesamt Einbildungen sind? Was garantiert, dass die Welt einschließlich uns selbst nicht erst seit fünf Minuten existiert, und unser Bewusstsein mit genau jenen Gedächtnisinhalten begann, die wir vor fünf Minuten hatten? In der Tat wird diese verrückte Vorstellung in einem bekannten Science Fiction-Film durchgespielt, in *Total Recall* (1990), der damit beginnt, dass dem von Arnold Schwarzenegger dargestellten Hauptdarsteller Douglas Quaid ein Gedächtnischip implantiert wird, der ihn glauben lässt, er sei eine gewisse Person mit einer gewissen Vergangenheit.

**3. Gehirn-im-Tank** *(Brain-in-a-vat)* Noch radikaler können wir fragen: Wie können wir uns sicher sein, dass wir nicht alle Gehirne im Tank sind (engl. *brains in a vat*)? Ein Gehirn im Tank – kurz ein GIT – ist ein menschliches Gehirn in einer Nährlösung, angeschlossen an einen perfekt programmierten Riesencomputer, der diesem Gehirn genau jene Alltagsempfindungen aufsimuliert, die wir in unserer normalen Realität zu haben scheinen. Dieses radikal skeptische Szenario wurde von Hilary Putnam (1981, Kap. 1) und Robert Nozick (1981, S. 167–171) entworfen und wird seit damals häufig diskutiert. Auch diese Idee wurde literarisch und filmisch umgesetzt: literarisch 1964 im Science Fiction-Roman *Simulacron 3* von Daniel F. Galouye, der 1973 in Rainer Werner Fassbinders Film *Welt am Draht* verfilmt wurde, und 1999 im bekannten Science Fiction-Film *Matrix,* worin intelligente Maschinen die Welt übernehmen und Menschen als computergesteuerte GITs in Nährlösungen schwimmen lassen.

GITs sind eine besonderes raffinierte Variante der sogenannten ‚Cartesischen Skepsis', der zufolge wir nicht ausschließen können, dass ein böser Dämon uns unsere Wahrnehmungen nur vorgaukelt. Können wir ausschließen, dass wir keine GITs sind – dass in Wahrheit die intelligenten Maschinen bereits übernommen haben und unsere Körper in Wahrheit in Nährlösungen schwimmen –, obwohl sich die Erfahrungswelt eines GIT in keiner Weise von unserer ‚normalen' Erfahrungswelt in der von uns angenommenen ‚normalen' Realität unterscheidet? Wenn wir die Frage verneinen, sind wir ‚Cartesische Skeptiker' (man beachte aber, dass René Descartes nur ein ‚methodischer' aber kein echter Skeptiker war, denn er glaubte, die Skepsis durch einen ‚Gottesbeweis' widerlegen zu können; s. Abschn. 8.2).

Das GIT-Problem wird unterstützt durch Erkenntnisse der Wahrnehmungspsychologie, die zeigen, dass die vom naiven Realisten als ‚direkt gegeben' angenommene Sehwirklichkeit ein Resultat der Konstruktion unseres Gehirns ist. Wer kennt nicht 3D-Zeichnungen und 3D-Brillen, die ein zweidimensionales Bild täuschend echt als dreidimensionale Gestalt aussehen lassen, ohne dass sich dort realiter ein Gegenstand befindet. Solche Erfahrungen erzeugen einen gewissen Vertrauensverlust in die Sicherheit eines naiven Realismus, der zwar weniger radikal ist, aber in dieselbe Richtung weist wie das GIT-Problem.

**4. Das Induktionsproblem** Auch dieses auf den Philosophen David Hume zurückgehende Problem soll unter unsere fünf Rätsel eingereiht werden. Es wirkt auf den ersten Blick nicht so bedrohlich wie die anderen, ist aber ebenso tiefgehend und lautet: Was macht uns eigentlich so sicher, dass ein Stein, in dem Moment wo wir ihn loslassen, nach unten fallen wird? Wir fühlen uns sicher, weil wir glauben, dass es sich dabei um ein Naturgesetz handelt, aber beobachtet haben wir nur, wie sich die Natur *bisher* verhalten hat, jedoch nicht, wie sie sich in Zukunft verhalten wird. Wie können wir uns sicher sein, dass jene Zusammenhänge, die wir aufgrund unserer Beobachtung der Vergangenheit zu wissen glauben, auch in Zukunft gelten? Man nennt den Schluss von bisherigen auf zukünftige Beobachtungen auch den *Induktionsschluss,* und die gesamte empirische Wissenschaft beruht offenbar darauf. Wissenschaftler rechtfertigen das induktive Schließen zumeist mit dem Argument, es hätte sich bisher bestens bewährt, weshalb es auch das Beste sei, damit fortzufahren, doch dieses Argument ist ebenfalls nichts weiter als ein induktiver Schluss und somit zirkulär, d. h. es setzt das voraus, was es eigentlich zu begründen gilt. Können wir zeigen, dass hinter dem induktiven Schließen mehr steckt als ein bloßer *Gewohnheitsglaube?* Dass wir dies anscheinend nicht können, macht den Kern der Humeschen Induktionsskepsis aus. Bertrand Russell (1967, S. 56) verglich in seinem bekannten Beispiel Induktion mit dem unverbrüchlichen Glauben des Huhns, jeden Tag vom Bauer gefüttert zu werden, weil dies Zeit seines Lebens so war, bis zu jenem Tage, an dem der Bauer das Huhn, statt es zu füttern, in ein Brathuhn konvertiert.

**5. Das Traumargument** Auch in Bezug auf unser aktuales Bewusstsein stellt sich ein Rätsel, das auf Tschuang-Tse, einem chinesischen Philosophen im 4. Jahrhundert v. Chr. zurückgeht. Tschuang-Tse berichtete von folgendem Traum: „Ich träumte, ich war ein Schmetterling; plötzlich erwachte ich und war wieder ein Mensch. Nun weiß ich nicht: bin ich jetzt ein Mensch, der gerade träumte, er sei ein Schmetterling, oder bin ein Schmetterling, der gerade träumt, er sei ein Mensch?" Woher wissen wir also, dass wir nicht gerade träumen? Man kann erwidern, dass man Traumzustände von Wachzuständen doch gut unterscheiden kann. Allerdings funktioniert dies, wenn überhaupt, nur im Wachzustand, nicht im Traumzustand, denn viele Menschen berichten davon, geträumt zu haben, sie seien aufgewacht. Darüber hinaus gibt es ‚Wachträume‘: Das sind Traumzustände, die Wachzuständen sehr nahe kommen. Kann es sein, dass das, was wir den Wachzustand nennen, nur eine andere Art von ‚Traum‘ ist?

Dies sind fünf typische Beispiele für die erkenntnistheoretischen Herausforderungen, denen wir uns in diesem Buch zu stellen haben. Viele Menschen mögen es sinnlos finden, solche Fragen zu stellen, weil an der Realität der Außenwelt oder der Verlässlichkeit induktiven Schließens ‚in der Praxis‘ ohnedies niemand zweifelt. Doch wenn wir unseren diesbezüglichen Glauben näher betrachten, merken wir schnell, dass es sich dabei zunächst um reine Glaubensannahmen handelt, deren Mangel an Begründung wir durch den puren *Willen zum Glauben* ersetzen, vergleichbar mit religiösen Dogmen. Dagegen erscheint es ungemein schwer, wenn nicht unmöglich, auf solche Fragen echte rationale Antworten zu geben.

## 1.5 Meliorative Epistemologie: Zielsetzung und Ausrichtung

Das in diesem Lehrbuch vertretene epistemologische Programm versteht sich als Fortsetzung und Wiederbelebung des Programms der *Aufklärungsphilosophie* mit modernen wissenschaftlichen Mitteln. Es will zur Aufklärung des Menschen, zu seiner *Befreiung von Dogmen*, Vorurteilen und Fehlschlüssen, zur Förderung seiner kognitiven Kompetenzen und seines *kritischen Denkens* beitragen. Dazu gehört auch die schon eingangs erwähnte wissenschaftliche Methode, die auf Begründungen durch subjektive Intuitionen verzichtet, sondern sich auf logische und erfahrungsgestützte Argumente stützt und, wo diese nicht ausreichen, sie durch epistemische Zwecksetzungen ergänzt. Eine jüngere Variante dieses Aufklärungsprogramms ist das Programm der *meliorativen* (d. h. ‚Verbesserung anstrebenden‘) *Epistemologie,* das in der gegenwärtigen Erkenntnistheorie z. B. von Goldman (1999, Kap. 4), Kitcher (1992, S. 65), Shogenji (2007, Abschn. 1; 2018) und Schurz (2008, 2019) vertreten wird. Zur Realisierbarkeit dieses Programms gibt es in der gegenwärtigen Erkenntnistheorie unterschiedliche Ansichten. Bishop und Trout (2005) kritisieren an der ‚Standard Analytic Epistemology‘ (SAE) ihren Mangel an meliorativer Ausrichtung. Während sich die kognitive Psychologie, Wissenschaftstheorie und formale Epistemologie um die Suche nach effizienten Methoden der Gewinnung von Voraussage- und Handlungswissen kümmern, wofür insbesondere die Rechtfertigung von Erkenntnismethoden bedeutsam ist, hat die SAE diese Fragen tendenziell vernachlässigt, so lautet die Kritik, und sich stattdessen auf begriffliche Definitionsfragen konzentriert, die das Rechtfertigungsproblem weniger lösen als umschiffen sollen. Dies hat zwar neue Perspektiven hervorgebracht, aber aus meliorativer Sicht wenig Fortschritte erzielt.

Zum Programm der Aufklärungsphilosophie gehört insbesondere auch das Bemühen, argumentative Mittel bereitzustellen, um grundlegende weltanschauliche Kontroversen konsensuell zu lösen und Vertreter nichtwissenschaftlicher Weltanschauungen von der universellen Rationalität der Erkenntnisprinzipien überzeugen zu können, auf denen Aufklärung und Wissenschaft fußt. Auch diesem Anspruch stehen mehrere Vertreter der gegenwärtigen SAE skeptisch gegenüber und halten die rationale Überzeugbarkeit einer Person, die nicht bereits gewisse rationale Grundprinzipien teilt, für unmöglich (vgl. z. B. Sosa 2010; Williamson 2018, S. 33).

Wir glauben dagegen, dass es zu den skeptischen Herausforderungen nicht nur therapeutische Abwehrmaßnahmen, sondern echte Lösungen gibt, die insbesondere im dritten Teil dieses Lehrbuches vorgestellt werden. Am Schluss des Buches sollten die Leserinnen und Leser in der Lage sein, auf alle fünf erkenntnistheoretische Rätsel befriedigende Antworten zu geben. Der dadurch gewonnene kognitive Ertrag wird sich aber nicht darauf beschränken, Begründungen für Überzeugungen zu besitzen, an denen in unseren Kulturkreisen ohnedies nur wenige Menschen zweifeln. Es wird sich zeigen, dass jene Rechtfertigungsstrategien, die wir zur Lösung dieser Fragen entwickeln, auch für viele andere epistemologische Zwecke dienlich sind, beispielsweise um eine Basis für einen rationalen Dialog zwischen fundamental unterschiedlichen Weltanschauungen herzustellen oder um zu aktuellen Kontroversen über die gesellschaftliche Rolle der Wissenschaft und die Grenzen des wissenschaftlich-technisch Machbaren fundiert Stellung zu beziehen.

## Literatur

### Klassische Texte

Sextus Empiricus. (1968). *Grundriß der pyrrhonischen Skepsis. Eingeleitet und übers. von Malte Hossenfelder.* Frankfurt a. M.: Suhrkamp [griech. 180 n. C.].
Thomas von Aquin. (1943). *Summa Theologica.* Die deutsche Thomas-Ausgabe. München: F. H. Kerle [lat. 1265].
Thomas von Aquin. (1986). *Von der Wahrheit. De veritate.* Lat./dt. Übersetzung von Albert Zimmermann. Hamburg: Felix Meiner [lat. 1256].

### Gegenwartsphilosophie

Bishop, M. A., & Trout, J. D. (2005). *Epistemology and the psychology of human judgment.* Oxford: Oxford University Press.
Chisholm, R. M. (1976). *Erkenntnistheorie.* München: dtv (Erstveröffentlichung 1966).
Cummins, R., & Pollock, J. (Hrsg.). (1991). *Philosophy and AI.* Cambridge: MIT Press.
Dancy, J. (1985). *An introduction to contemporary epistemology.* Oxford: B. Blackwell.

Ernst, G. (2014). *Einführung in die Erkenntnistheorie* (6. Aufl.). Darmstadt: Wissenschaftliche Buchgesellschaft.
Gabriel, G. (1993). *Grundprobleme der Erkenntnistheorie*. Stuttgart: UTB.
Goldman, A. (1999). *Knowledge in a social world*. Oxford: Oxford University Press.
Kitcher, P. (1992). The naturalists return. *Philosophical Review, 101*(1), 53–114.
von Kutschera, F. (1981). *Grundfragen der Erkenntnistheorie*. Berlin: de Gruyter.
Moser, P. K. (1989). *Knowledge and evidence*. Dordrecht: Reidel.
Nelson, L. (1911). Die Unmöglichkeit der Erkenntnistheorie. In ders., *Gesammelte Schriften* (Bd. 2, S. 459–483). Hamburg: Felix Meiner (1949–1974).
Nozick, R. (1981). *Philosophical explanations*. Oxford: Oxford University Press.
Pollock, J. (1986). *Contemporary theories of knowledge*. Maryland: Rowman & Littlefied.
Putnam, H. (1981). *Reason, truth and history*. Cambridge: Cambridge University Press.
Reichenbach, H. (1938). *Experience and prediction*. Chicago: University of Chicago Press.
Russell, B. (1921). *The Analysis of Mind*. Durham: Duke University Press.
Russell, B. (1967). *Probleme der Philosophie*. Frankfurt a M.: Suhrkamp.
Schmid, A. (2001). Sind Philosophen verrückt? – oder: Wittgenstein und das Lachen der thrakischen Magd. *biblos. Beiträge zu Buch, Bibliothek und Schift, 50*(1), 107–114.
Schurz, G. (2008). Third-person internalism: A critical examination of externalism and a foundation-oriented alternative. *Acta Analytica, 23*, 9–28.
Schurz, G. (2019). *Hume's problem solved: The optimality of meta-induction*. Cambridge: MIT Press.
Schurz, G., & Hertwig, R. (2019). Cognitive success. *Topics in Cognitive Science, 11*, 7–36. https://doi.org/10.1111/tops.12410.
Shogenji, T. (2007). Internalism and externalism in meliorative epistemology. *Erkenntnis, 76*, 59–72.
Shogenji, T. (2018). Formal Epistemology and Cartesian Skepticism: In *Defense of Belief in the Natural World*. New York and London: Routledge.
Sosa, E. (2010). The epistemology of disagreement. In A. Haddock, A. Millar, & D. Pritchard (Hrsg.), *Social epistemology*. Oxford: Oxford University Press.
Williamson, T. (2018). *Doing philosophy*. Oxford: Oxford University Press.
Wittgenstein, L. (1984). Über Gewissheit. In L. Wittgenstein (Hrsg.), *Suhrkamp-Werkausgabe* (Bd. 8). Frankfurt a. M.: Suhrkamp (Erstveröffentlichung 1951).

# A Systematischer Teil: Probleme und Positionen

# Der Begriff des Wissens

## Inhaltsverzeichnis

2.1 Wissen als wahre gerechtfertigte Überzeugung .............................. 15
2.2 Hat Wissen Grade? ........................................................ 20
2.3 Ist unser intuitiver Wissensbegriff inkohärent?............................ 22
2.4 Die klassische Position: Perfektes Wissen ................................. 25
2.5 Münchhausen-Trilemma und Regressproblem: die Herausforderung der Skepsis...... 26
2.6 Moderne Positionen: Wahrscheinlichkeitswissen, Fundierungstheorie und die soziale Funktion des Wissens ........................................... 27
Literatur .................................................................... 30

## 2.1 Wissen als wahre gerechtfertigte Überzeugung

Was ist Wissen? Diese Frage stand seit jeher im Zentrum der Erkenntnistheorie. Allerdings gab es variierenden Schwerpunktsetzungen. Während es in der Erkenntnistheorie der Aufklärung und Moderne vorwiegend um die Frage ging, wie Wissen *erreicht* und von Aberglauben abgegrenzt werden kann, stand in der Epistemologie seit den 1960er Jahren die Frage im Vordergrund, wie Wissen adäquat *definiert* werden solle – eine Entwicklung, die wir in Abschn. 1.5 würdigten, aber auch kritisch beurteilten. In diesem Buch soll die Analyse des Wissensbegriffs nicht nur aus der Sicht der ‚Standard Analytic Epistemology' erfolgen, sondern auch die Brücke zur Aufklärungsphilosophie, formalen Epistemologie, Wissenschaftstheorie und kognitiven Wissenschaft geschlagen werden. Zur Begriffsklärung: ‚Epistemologie' ist nur ein anderes Wort für ‚Erkenntnistheorie'. Während die ‚formale' Epistemologie technische Mittel

---

*Die Kapitel des Buches werden durch zahlreiche Exkurse ergänzt, die als Online Materialien angeboten werden (Download Link siehe Vorwort).

wie Logik und Wahrscheinlichkeitstheorie verwendet, bleibt die ‚nichtformale' Standard-Epistemologie natursprachlich.

Zunächst zur formalen Natur des Gegenstandsbezugs von Wissen. Wissen, so wie wir es hier verstehen, ist begrifflich expliziertes Wissen, weil Wissen nur in dieser Form rational begründbar bzw. kritisierbar ist. Daher verstehen wir unter Wissen immer *Wissen-dass,* also Wissen, dass etwas der Fall ist (z. B. dass Schnee weiß ist). Der formale Gegenstand von Wissen ist also immer der Inhalt bzw. Gehalt eines deskriptiven Satzes, also einer Aussage. Sätze werden hier durch Kleinbuchstaben p, q, ... abgekürzt. Man bezeichnet den Gehalt eines Satzes auch als den von ihm ausgedrückten *Sachverhalt:* der Satz „p" drückt den Sachverhalt dass-p aus. Ist die Aussage wahr bzw. der Sachverhalt real, so bezeichnet man den Sachverhalt als *Tatsache.*

Andere sprachliche Varianten von Wissen, wie z. B. Wissen-ob oder Wissen-warum, kann man auf Wissen-dass zurückführen. So ist z. B. Wissen-ob-p das Wissen, dass p und nicht nicht-p stattfand, Wissen-warum-p ist das Wissen, dass ein anderer Sachverhalt q die Ursache oder der Grund von p war usw. Man nennt die durch ein Fragepronomen charakterisierten Wissensformen (ob, warum, wann,...) auch *interrogatives Wissen* (Brendel 2013, S. 17). Allerdings sind nicht alle Arten von Wissen so einfach auf Wissen-dass zurückführbar. Gilbert Ryle (1969, Kap. 2) hat darauf hingewiesen, dass Wissen-wie im Sinne eines praktischen Könnens *prima facie* keine gleichwertige Analyse als ‚Wissen-dass' besitzt. Wenn wir z. B. sagen, „Peter weiß, wie man Fahrrad fährt", dann wird Peter eine kognitive Fähigkeit zugesprochen, dessen Details ihm unbewusst sind; es wird nicht unterstellt, dass Peter seine Fähigkeit so detailliert verbal und bildhaft beschreiben kann, dass darin alles Relevante enthalten ist. Doch gilt auch hier, dass, um die einer Fähigkeit zugrundeliegenden Mechanismen zu erkennen und zu verstehen, ihre detaillierte Beschreibung nötig ist. Insofern kann man Wissen-dass als die erkenntnistheoretisch grundlegendste Form des Wissens ansehen.

Wissen ist *prima facie* eine Relation zwischen einem Sachverhalt p und einem Subjekt, das wir durch S abkürzen. Dabei kann es sich um ein reales, ein idealisiertes Subjekt oder auch um eine Gruppe von Personen (z. B. eine Wissenschaftsgemeinschaft) handeln, die gewisse Überzeugungen teilen. Gemäß der ‚klassischen' Definition wird Wissen-dass durch folgende drei Bedingungen charakterisiert:

▶ **Definition 2.1-1: Klassischer Wissensbegriff**

Ein Subjekt S weiß, dass p g. d. w. (genau dann wenn) folgende drei Bedingungen erfüllt sind:

1. (Wahrheitsbedingung:) p ist wahr.
2. (Glaubensbedingung:) S glaubt (in hinreichend starkem Glaubensgrad), dass p, bzw. S ist überzeugt davon, dass p.
3. (Rechtfertigungsbedingung:) S besitzt eine (hinreichend starke) Rechtfertigung für p.

Wir finden in dieser Charakterisierung die drei in Kap. 1 erläuterten Dimensionen des Erkenntnisbegriffs wieder: Bedingung 1 betrifft das Objekt, Bedingung 2 das

## 2.1 Wissen als wahre gerechtfertigte Überzeugung

Subjekt und Bedingung 3 die Erkenntnisrelation als Subjekt-Objekt-Relation. Eine Vorform oder erste Version der klassischen Wissensanalyse findet sich schon in Platons *Theaitetos* (relevant ist auch *Menon* 97e–98a und *Politeia* V, 476c–480a). Platon, aus dem Munde Sokrates sprechend, diskutiert dort mehrere mögliche Antworten auf die Frage „Was ist Wissen bzw. Erkenntnis?". Die erste Antwort, Wissen sei Wahrnehmung, weist er aufgrund der Subjektivität der Wahrnehmung zurück, weil dies die Objektivität der Wahrheit verletzt. Die zweite Antwort, Wissen sei wahre Überzeugung, ist für Platon aus mehreren Gründen unbefriedigend, wobei einige dieser Gründe die fehlende dritte Bedingung der Rechtfertigung betreffen (die bei Platon „Erklärung" genannt wird).

Dass tatsächlich alle drei Bedingungen notwendig sind, um das zu charakterisieren, was wir üblicherweise Wissen nennen, sieht man an folgenden Überlegungen.

**Bedingung 2 ist offensichtlich** Zu sagen „Ich weiß, dass du die Aufnahmeprüfung bestehen wirst, glaube es aber nicht" wäre semantischer Schabernack. Eine Person, die sagt, sie wisse etwas, würde es aber nicht glauben, hat die Semantik des Wissensbegriffs nicht verstanden. Es gibt allerdings psychologische Situationen, in denen Personen ihre gerechtfertigte Überzeugung ‚wider besseres Wissens' *verdrängen*. Gerade aufgrund dieses Verdrängens liegen aber auch hier keine plausiblen Beispiele von Wissen ohne Glauben vor.

Wissen-dass-p impliziert also Glauben-dass-p. Man könnte statt von (gerechtfertigter wahrer) ‚Überzeugung' also auch von ‚Glauben' sprechen. Tatsächlich verwendet man im Englischen den Begriff „belief", doch im Deutschen hat „Glaube" zu starke religiöse Konnotationen, weshalb man „Glaube" als Substantiv eher vermeidet (wohl aber das Verb „glauben" verwendet). Eine andere Möglichkeit wäre es, von Wissen als (wahrer gerechtfertigter) ‚Meinung' zu sprechen; hier aber wäre einzuwenden, dass der Besitz einer Meinung keinen sonderlich hohen Grad an subjektiver Sicherheit involviert, was bei Wissen durchaus der Fall ist. Daher hat sich im Deutschen die Bezeichnung von Wissen als (wahrer gerechtfertigter) *Überzeugung* durchgesetzt. Allerdings muss man auch bei Wissenszuschreibungen unterschiedlich hohe Sicherheitsgrade zulassen, denn der früher philosophisch verbreitete Wissensanspruch der maximalen Gewissheit ist aus mehreren noch zu besprechenden Gründen unhaltbar.

**Bedingung 1 ist leicht einsichtig** Wenn wir glauben, p zu wissen, dann glauben wir auch, dass p wahr ist; alles andere wäre semantisch widersinnig. Dasselbe gilt für Wissenszuschreibungen in dritter Person: Ich kann beispielsweise nicht sagen, der Aktienkurs sei zwar gefallen, aber mein Freund wüsste, dass er gestiegen ist. Dieser Beobachtung scheinen gewisse wissenshistorische oder wissenssoziologische Sprechweisen entgegen zu stehen, die z. B. vom „Wissen des Mittelalters" sprechen, dem zufolge sich, unter anderem, die Sonne um die Erde drehte, was aus heutiger Sicht falsch ist (da sich die Erde um die Sonne dreht). Hier handelt es sich um ‚übertragene' Sprechweisen: Was hier eigentlich gemeint ist, ist *vermeintliches Wissen* – das, was jemand *zu wissen glaubt,* also seine (mit Wissensanspruch einhergehenden) Überzeugungen. Diese können freilich falsch sein, d. h. wir können uns in unseren Wissensansprüchen irren. Doch kann unsere Überzeugung nur dann Wissen genannt werden, wenn sie auch wahr ist.

Nur radikale Wahrheitsskeptiker, die den Begriff der objektiven Wahrheit insgesamt ablehnen, würden Bedingung 1 zurückweisen. Der Wahrheitsbegriff wird von uns (wie in der Philosophie üblich), im Sinne der auf Aristoteles zurückgehenden *Korrespondenztheorie* verstanden (*Metaphysik* 1011b). Ihr zufolge ist ein Satz p genau dann wahr, wenn der von ihm behauptete Sachverhalt mit der Wirklichkeit, auf die er sich bezieht, übereinstimmt bzw. korrespondiert. Der Begriff der Übereinstimmung wird dabei im Sinne einer (von Tarski 1936 präzisierten) *strukturellen* Korrespondenz verstanden, die gewisse Informationen überträgt, aber nicht vollständig sein muss. Dass der Satz „diese Blume ist rot" wahr ist, heißt lediglich, dass das vom singulären Term „diese Blume" bezeichnete Objekt die vom Prädikat „rot" ausgedrückte Eigenschaft besitzt. Wie viele anderen Eigenschaften diese Blume sonst haben mag, spielt für die Wahrheit des Satzes „diese Blume ist rot" keine Rolle. Wahrheit qua strukturelle Korrespondenz involviert keinerlei epistemisch problematische Wahrheitsvorstellungen wie ‚Widerspiegelung', ‚vollständige Erkenntnis' oder ‚Wesenserkenntnis'. Mehr Information zu philosophischen Wahrheitstheorien bietet Exkurs E7.2. Dort wird gezeigt, dass sich die Korrespondenztheorie vorzüglich als *Definition* von Wahrheit eignet, jedoch kein *Entscheidungskriterium* für Wahrheit abgibt, während alternative Wahrheitstheorien (wie die Evidenztheorie oder Konsensustheorie) zwar für gewisse Anwendungen als Kriterium brauchbar, aber als Definition ungeeignet sind.

**Auch Bedingung 3 der Rechtfertigung ist evident** Wenn jemand im Casino ausruft, ich bin sicher, dass die Kugel diesmal auf Rot rollt, und dies tatsächlich geschieht, oder wenn jemand im Wissensquiz die richtige Antwort rät, ist die Freude groß, doch dabei handelt es sich nicht um Wissen, sondern nur um *glückliches Raten*. Was echtes Wissen von glücklichem Raten unterscheidet, ist der Umstand, dass die betreffende Überzeugung auf rationalen Gründen basiert, auf Belegen und Schlussfolgerungen, mit denen wir die Wahrheit der Überzeugung gegenüber jedem, der sie anzweifelt, rechtfertigen können.

An dieser Stelle ist eine Subtilität zu erwähnen. Man kann in der Rechtfertigungsbedingung entweder nur verlangen, dass das fragliche Subjekt S kognitiv über eine Rechtfertigung für p verfügt – in diesem Fall spricht man auch von *propositionaler Rechtfertigung* – oder stärker, dass S die Überzeugung p besitzt, *weil* S über eine Rechtfertigung für p verfügt – man spricht dann auch von *doxastischer Rechtfertigung* (Conee und Feldman 2004, S. 252; Dormandy 2019, S. 178). Wenn Peter beispielsweise rationale Gründe dafür anführen kann, warum der erhöhte $CO_2$-Ausstoß zur Klimaerwärmung führt, dies aber entweder gar nicht glaubt, oder nur glaubt, weil er fanatisch alles glaubt, was die Partei der Grünen sagt, so besitzt er propositionale, doch nicht doxastische Rechtfertigung. Aus praktischer Sicht ist die Unterscheidung freilich etwas künstlich, denn wer über

## 2.1 Wissen als wahre gerechtfertigte Überzeugung

rationale Gründe verfügt, ist vermutlich auch so rational, seine Überzeugung auf diese Gründe zu stützen.

Zwischen der Glaubens- und Rechtfertigungsbedingung einerseits und der Wahrheitsbedingung andererseits besteht ein fundamentaler Unterschied. Glauben bezeichnet einen inneren (kognitiven) Zustand des Erkenntnissubjekts; man nennt dies auch einen *internen Zustand* und spricht von Glauben als interner Bedingung; „intern" meint also „subjektintern". Auch Rechtfertigung bezeichnet letztlich, zumindest in klassischer Auffassung, einen *internen* kognitiven Zustand des Subjekts, denn Rechtfertigung besteht in rationalen Glaubens*gründen*, und Gründe sind im Gehirn bzw. Geist des Subjekts gespeichert und müssen dort abrufbar bzw. dem Bewusstsein zugänglich sein. Wahrheit ist dagegen eine sogenannte *externe Bedingung,* sie besteht in der Übereinstimmung des subjektiven Glaubens mit einer externen subjektunabhängigen *Realität.* (Jedenfalls gilt dies für das übliche Wahrheitsverständnis; man kann Wahrheit allerdings auch als Korrespondenz mit der internen Erfahrungswelt verstehen; s. Abschn. 5.2 und Exkurs E7.2.) Um Missverständnisse zu vermeiden: Wenn man ein moderat realistisches Weltbild unterstellt, sind natürlich auch die externen Tatsachen der Außenwelt dem Subjekt kognitiv zugänglich, indem es diese kognitiv abbildet; sie sind aber nur *indirekt* zugänglich, da nur solche externen Zustände vom Subjekt erkannt werden können, die sich im Subjekt als interne Zustände niederschlagen und direkt zugänglich sind. Somit ist eine Rechtfertigung nur vollständig, wenn sie letztlich auf interne Gründe zurückgeht; dies fordert jedenfalls der ‚klassische' Rechtfertigungsbegriff der Aufklärung ein.

Daher sind Glaube und Rechtfertigung interne Bedingungen, Wahrheit ist dagegen eine externe Bedingung. Man erkennt das auch daran, dass zumindest für Überzeugungen, die sich auf die Realität beziehen (und nicht schon logisch wahr sind), keine noch so starke Rechtfertigung einer Überzeugung deren Wahrheit logisch impliziert; es ist logisch immer möglich, dass wir uns irren, z. B. weil wir ‚Gehirne im Tank' sind (s. Abschn. 1.5). Umgekehrt können wir nur das über die ‚Wahrheit' wissen, was sich in unseren Rechtfertigungen bzw. rationalen Gründen auch niederschlägt. Wissen selbst ist also kein interner kognitiver Zustand (was der Laie fälschlicherweise gern annimmt), sondern ein *intern-externer Mischbegriff:* Nicht alles an Wissen ist *direkt* kognitiv zugänglich – nur Glaube und Rechtfertigung, aber nicht Wahrheit.

Wie verhält sich der Begriff des Wissens zu dem der Erkenntnis? Der Erkenntnisbegriff wird in zweierlei Weisen verwendet:

1. Wenn man sagt „ich erkenne, dass p", interpretiert man Erkenntnis als einen *dynamischen Begriff,* der einen Zustandsübergang vom Nichtwissen zum Wissen bezeichnet (so bei Kutschera 1981, S. 9).
2. Sagt man „ich habe die Erkenntnis, dass p", fasst man Erkenntnis analog wie Wissen als *statischen Begriff* (bzw. Zustand) auf, der den Besitz einer gerechtfertigten wahren Überzeugung bezeichnet.

In der folgenden Definition führen wir den statischen Erkenntnisbegriff in einer verallgemeinerten Weise ein, in der man auch einem intelligenten nichtmenschlichen Wesen (einem Tier oder einem Roboter) Erkenntnis zusprechen könnte. Zu diesem Zweck ersetzen wir den informellen Begriff der Wahrheit durch den präziseren Begriff der Korrespondenz zwischen einem (sprachlichen) Repräsentationssystem und einem Ausschnitt der Realität:

▶ **Definition 2.1-2: Verallgemeinerter klassischer Erkenntnisbegriff**

Ein Erkenntnissubjekt S hat die Erkenntnis E g. d. w. gilt:

1. E ist eine Repräsentationsstruktur eines Repräsentationssystems R (Beispiele: Wortsprache, Gedankensprache, Bild, Software) von S, und es besteht eine (zumindest partielle und approximative) Abbildungsrelation zwischen E und jenem Ausschnitt der Realität, auf das sich E mittels semantischer Konventionen von R bezieht.
2. S verfügt über R und glaubt, dass die in 1. genannte Abbildungsrelation besteht.
3. S kann rechtfertigen, dass die in 1. genannt Abbildungsrelation besteht.

Abschließend sei noch auf den Begriff der „Kenntnis" hingewiesen, der mit dem der Erkenntnis so zusammenhängt: Sagt jemand, er besitze von einem Gegenstand *Kenntnis,* so ist damit gemeint, dass er Erkenntnis über gewisse Merkmale dieses Gegenstandes besitzt, mindestens von seiner Existenz. (Da im Englischen beides Mal von „knowing" gesprochen wird, kann es hier zu einer Verwechslung kommen.)

## 2.2 Hat Wissen Grade?

Was den Erkenntnisbegriff gemäß Def. 2.1-2 vom Wissensbegriff unterscheidet, ist, dass von Erkenntnis nicht ein so hoher Sicherheitsgrad verlangt wird wie von Wissen. Damit sind wir bei der Frage dieses Abschnitts: Haben Erkenntnis und Wissen Grade? Offenbar ist sowohl der Begriff des Glaubens wie der der Rechtfertigung graduell abgestuft. Dabei ist es wichtig, zwischen den bloß *subjektiven* Graden des Glaubens und den *Objektivität* beanspruchenden Graden der Rechtfertigung zu unterscheiden. Es kann jemand felsenfest an Gott glauben, sich subjektiv der Existenz Gottes sicher sein und dennoch dafür keinerlei objektive Rechtfertigung besitzen; der subjektive Sicherheitsgrad dieses Glaubens ist dann maximal (oder 100 %), aber der objektive Wahrscheinlichkeitsgrad (oder Bestätigungsgrad) minimal. Es ist also *zweideutig,* wenn gesagt wird, der stärkste Überzeugungsgrad sei die Sicherheit, denn man kann mit ‚Überzeugungsgrad' subjektive oder objektive Sicherheit meinen.

Einige nichtformale Epistemologen haben qualitative Abstufungsgrade unseres Glaubens in Form von *epistemische Rangskalen* vorgeschlagen, wobei es sich um rationale Glaubensgrade handelt, die zugleich subjektiv wie objektiv gemeint sind. Roderick Chisholms Skala lautet Apriori-Wissen – Gewissheit – unmittelbare Evidenz – mittelbare Evidenz – zweifelsfreier Glaube – akzeptierbarer Glaube (Chisholm 1976, Anhang). Sowohl Chisholms wie Alexius Meinongs epistemische Skala haben Probleme, unter anderem die Extern-intern-Dimensionsvermengung (s. dazu Exkurs E2.1). In der formalen Epistemologie und Wissenschaftstheorie werden sowohl subjektiv-rationale Glaubensgrade wie Rechtfertigungsgrade durch *Wahrscheinlichkeiten* modelliert, Erstere durch subjektive (oder epistemische) und letztere durch objektive Wahrscheinlichkeiten. Subjektive Wahrscheinlichkeiten stellen Glaubensgrade als reelle Zahlen dar: „1" (100 %) entspricht maximaler Sicherheit, „0,5" Unentschiedenheit zwischen der Aussage und ihrem Gegenteil, „0" maximaler Ablehnung, also Sicherheit des Gegenteils. Wahrscheinlichkeiten müssen den Axiomen der Wahrscheinlichkeitstheorie genügen. Dies garantiert zwar innere Kohärenz, aber noch nicht, dass Wahrscheinlichkeiten mit objektiven *Reliabilitätsgraden* (Verlässlichkeitsgraden) zusammenstimmen; dazu ist ein Zusammenhang zwischen subjektiven Wahrscheinlichkeiten und objektiven Häufigkeiten bzw. Häufigkeitsgrenzwerten, also statistischen Wahrscheinlichkeiten notwendig (s. Abschn. 4.5 und Exkurs E4.4). Nichtformale Epistemologen berufen sich oft auf ‚objektive' Wahrscheinlichkeiten, um Glaubens- oder Bestätigungsgrade zu modellieren (z.B. Goldman 1986; Moser 1989; Williamson 2000, Kap. 10; Conee und Feldman 2004; Koch 2019 u. a. m.); meist wird aber nicht erklärt, wie objektive Wahrscheinlichkeiten begründet werden können.

Nachdem die Gradualität von Glauben und Rechtfertigung erklärt wurde, soll abschließend gefragt werden: Kann auch *Wahrheit* Grade haben? Hierauf wird man intuitiv mit „Nein" antworten, und dies ist auch korrekt, wenn man die Wahrheit qualitativer Urteile im Sinn hat, wie z. B. „dort steht ein Tisch": Entweder dort steht ein Tisch oder nicht, ein Mittelding scheint es nicht zu geben. Anders ist es bei quantitativ-numerischen Urteilen, wie „dieser Tisch ist 1,255 m hoch". Es ist extrem unwahrscheinlich, dass dieser Tisch exakt 1,2550000... m hoch ist. Strenggenommen ist unsere Aussage also höchstwahrscheinlich falsch. Dennoch betrachten wir sie als *approximativ wahr*, wenn die Abweichung nicht mehr als unsere praktisch gegebene *Messungenauigkeit* von sagen wir 1 mm beträgt. Daher haben wir in der Definition 2.1-2 von Erkenntnis auch die approximative Wahrheitsbedingung verwendet, denn in der Wissenschaft wird auch dann von Wissen oder Erkenntnis gesprochen, wenn nur approximative Wahrheit vorliegt. Der Begriff der approximativen Wahrheit oder *Wahrheitsnähe* wurde nicht nur für numerische Hypothesen, sondern auch für komplexe Theorien entwickelt, die viele (z. B. konjunktive) Bestandteile haben. So kann eine aus 100 (etwa gleich gehaltsstarken) Behauptungen bestehende Theorie, von denen 99 wahr und eine falsch sind, als wahrheitsnahe im Grade 0,99 bezeichnet werden (Näheres zur Wahrheitsnähe in Oddie 2016; Kuipers 1987; Niiniluoto 1987; Schurz 2018).

Sobald man quantitative Aussagen oder komplexe Aussagenverbände betrachtet, besitzt also auch die Wahrheitsdimension Grade der Wahrheitsnähe. Zusammengefasst gibt es somit unterschiedliche Grade von wahrem (oder wahrheitsnahem) gerechtfertigten Glauben, und zwar in Bezug auf alle drei Dimensionen der Rechtfertigung, des Glaubens und der Wahrheit. Der verallgemeinerte Begriff der Erkenntnis besitzt somit zweifellos Grade. Aber gilt dies auch für den Begriff des Wissens? Mit dieser Frage beschäftigen wir uns im nächsten Abschnitt.

## 2.3   Ist unser intuitiver Wissensbegriff inkohärent?

Bloß schwach gerechtfertigten Glauben nennen wir noch nicht Wissen. Die für den Wissensbegriff entscheidende Frage lautet: Welchen Grad an Rechtfertigung muss eine wahre Überzeugung haben und welchen damit einhergehenden rationalen Überzeugungsgrad, damit von *Wissen* gesprochen werden kann? Besteht zwischen mehr oder weniger gut gerechtfertigtem wahren Glauben und echtem Wissen ein kontinuierlicher Übergang oder gibt es eine scharfe Grenze, ab der von echtem Wissen gesprochen werden kann? Zu diesem Zwecke betrachten Sie bitte folgende Beispiele und beantworten die jeweilige Frage bezüglich des Wissensstatus nicht aufgrund ausgeklügelter Überlegungen, sondern aufgrund Ihres alltäglichen Verständnisses von Wissen:

(2.3-1)   Sie nehmen an einer Lotterie teil und sagen, ich weiß, ich werde den Haupttreffer machen. Sie machen ihn tatsächlich. Haben Sie das gewusst?

Natürlich nicht. Sie haben nur glücklich geraten. Objektiv wissen kann man das nicht, weil es sich bei einer Lotterie um einen nicht voraussagbaren Zufallsmechanismus handelt (sofern man esoterische Positionen wie ‚Hellseherei' ausschließt), und weil die Wahrscheinlichkeit, den Haupttreffer zu ziehen, extrem gering ist.

(2.3-2)   Sie sehen, draußen im Freien bei klarem Licht, vor sich eine Person stehen. Sie steht wirklich dort. Wissen Sie, dass dort eine Person steht?

Natürlich ja. Wir können uns unter Normalbedingungen auf unsere visuelle Wahrnehmung verlassen und tun dies ununterbrochen. Rechtfertigung durch Wahrnehmung scheint für Realurteile (im Gegensatz zu logischen Wahrheiten) die beste Art der Rechtfertigung zu sein; nicht umsonst spricht man von „Wahr-nehmen", so als ob wir hier die Wahrheit ‚direkt' ergreifen könnten (was freilich naiv ist und nicht wirklich zutrifft).

(2.3-3)   Sie sehen auf einem Jahrmarkt im Spiegelkabinett vor sich eine Person stehen. Sie steht wirklich dort. Haben Sie gewusst, dass dort eine Person steht?

In diesem Fall nicht. Schließlich ist ein Spiegelkabinett so konstruiert, dass es Ihre visuelle Wahrnehmung durch geschickte Spiegel systematisch täuscht: Sie

## 2.3 Ist unser intuitiver Wissensbegriff inkohärent?

scheinen den Gang und die Person geradeaus vor sich zu sehen, obwohl der Gang im rechten Winkel abbiegt, weil ein nicht sichtbarer Querspiegel das Licht um 90° umlenkt. Das heißt, unter abnormalen Bedingungen sind auch Erkenntnismethoden, auf die wir uns normalerweise verlassen können, fehlerhaft.

(2.3-4)  Sie halten einen Stein in der Hand und sagen, ich weiß, wenn ich ihn loslasse, wird er nach unten fallen. Sie lassen los und er fällt wirklich. Haben Sie gewusst, dass der Stein fallen wird?

Alle von Skepsis unvorbelasteten Personen (und alle von mir befragten Studierenden) antworten auf diese Frage mit einem entschiedenen „Ja". Als Begründung wird meist angegeben, dass es sich dabei um eine physikalische Notwendigkeit handelt, dass es mithin *unmöglich* sei, dass dies falsch sei und wir *deshalb* (2.3-4) wissen. Darauf erwidere ich, dass es sich hierbei um eine Prognose handelt und es diverse, wenn auch sehr unwahrscheinliche Möglichkeiten gäbe, dass die Prognose fehlgeht. Dem könnte man entgegenhalten, dass Gravitation ein Naturgesetz sei. Doch einerseits beruhen auch unsere Überzeugungen über Naturgesetze auf unsicheren Induktionsschlüssen. Andererseits: Selbst wenn wir keine Induktionsskeptiker sind und nicht an der Verlässlichkeit von Naturgesetzen zweifeln, gibt es Irrtumsmöglichkeiten. Zum Beispiel könnte es sein, dass in dem Moment, in dem Sie den Stein loslassen, ein Tornado durch den Raum fegt, den Stein ergreift und Hunderte Meter in die Höhe wirbelt. Oder ein superschneller Agent herbeisaust und den Stein auffängt usw. All diese Möglichkeiten sind extrem unwahrscheinlich, aber nicht ausgeschlossen. Ich erkläre meinen Zuhörern dann, dass ich mit diesen Bemerkungen nicht verneinen will, dass es sich bei solchen Überzeugungen um echtes Wissen handelt, sondern nur, dass in diesen Fällen auch bei Wissenszuschreibungen ein wenn auch geringes Irrtumsrisiko besteht. Ich erkläre, dass dies auch bei anderen alltäglichen Wissenszuschreibungen der Fall sei, beispielsweise wenn ich sage, ich weiß, dass heute Abend meine Mutter zu Besuch kommt oder ich morgen früh um 7 Uhr ins Büro gehen werde usw. Dieser Ansicht stimmen meine Zuhörer dann bereitwillig zu und das Problem scheint gelöst zu sein: Der Grad an Rechtfertigung, der für Wissen notwendig ist, muss eben nicht perfekt sein, es genügt, dass er *fast* perfekt ist, also bei einer sehr hohen objektiven Wahrscheinlichkeit liegt (z. B. bei 99,9 %).

Allerdings sind die Probleme damit noch nicht gelöst, sondern fangen erst an, wie das nun folgende Beispiel zeigt:

(2.3-5)  Sie nehmen an einer Lotterie mit vielen Millionen Teilnehmern teil und sagen, ich weiß, ich werde nicht den Haupttreffer machen. Sie machen ihn tatsächlich nicht. Haben Sie das wirklich gewusst?

Fast alle unvorbelasteten befragten Personen antworten auf diese Frage mit einem entschiedenen „Nein": so etwas kann man nicht wissen, weil es sich um ein Zufallsereignis handelt. Es ist zwar unwahrscheinlich, aber möglich, dass mein Los den Haupttreffer macht. Daraufhin erwidere ich, dass wir uns im vorigen

Beispiel des fallenden Steins doch gerade von der Idee, dass Wissen unfehlbare Begründung verlange, gelöst hätten, und das Fallen des Steines trotz sehr geringer Irrtumswahrscheinlichkeit gewusst werden kann. Warum sollte dann nicht auch gewusst werden können, dass ein bestimmtes Los nicht gewinnt, wenn es sich um eine Lotterie mit sehr vielen Losen handelt, so dass die Irrtumswahrscheinlichkeit ähnlich gering ist wie im vorigen Beispiel. Daraufhin setzt bei den Befragten bzw. Studierenden regelmäßig eine gewisse *Irritation* ein. Sie merken, dass ihre eigenen Intuitionen über „Wissen" offenbar nicht ganz mit sich selbst im Reinen sind. Alle Personen sehen ein, dass die Situation in Bezug auf begründet hohe Wahrscheinlichkeit in den beiden Beispielen (2.3-4) und (2.3-5) völlig symmetrisch ist; doch die weitere Reaktion ist unterschiedlich. Einige Personen verwerfen aufgrund dieser Beispiele den ‚stärkeren' Wissensbegriff, demzufolge nur im Beispiel (2.3-4), aber nicht in (2.3-5) echtes Wissen vorliegt. Sie schließen daraus, dass man sich damit abfinden muss, dass Rechtfertigung nicht mehr als begründet hohe Wahrscheinlichkeit liefern kann, und somit entweder beides als Wissen bezeichnet werden muss oder (skeptischer) beides als Nichtwissen. Andere Personen beharren dagegen auf den ‚stärkeren' Wissensbegriff und führen Gründe an, die einigen Vorschlägen in der analytischen Epistemologie durchaus nahekommen, z. B. dass es extrem *abnormale* Umstände seien, in denen Wissen im Beispiel (2.3-4) fehlgeht, während es im Beispiel (2.3-5) zwar unwahrscheinlich, aber nicht ‚abnormal' ist, dass zufälligerweise gerade mein Los gewinnt.

Daran anschließend präsentiere ich noch zwei weitere Beispiele, nämlich:

(2.3-6)   Sie sagen, ich weiß, dass unsere Erde die Form einer (leicht abgeplatteten) Kugel besitzt. Wissen Sie dies wirklich?

(2.3-7)   Sie sagen, ich weiß, dass zwischen 200 und 60 Mio. Jahren v. Chr. auf unserer Erde Dinosaurier lebten und danach ausstarben. Wissen Sie dies wirklich?

Der erste Typ von Befragten hat mit den zwei verbleibenden Beispielen keine grundsätzlichen Schwierigkeiten, denn wenn Wissen nicht mehr als begründethohe Wahrscheinlichkeit verlangt, hängt es nur vom wissenschaftlichen Sicherheitsgrad ab, ob Beispiele (2.3-6) und (2.3-7) als Wissen zu bezeichnen sind, ihre Wahrheit einmal vorausgesetzt. Während dies im Beispiel (2.3-6) ziemlich eindeutig ist (schließlich kann man die Form unserer Erde mittlerweile vom Raumschiff aus sehen), ist das im Beispiel (2.3-7) nicht klar; es ist Angelegenheit von Experten, die Irrtumswahrscheinlichkeit der Altersschätzmethoden in Bezug auf das Aussterben von Dinosauriern anzugeben. Befragte des zweiten Typs haben mit den Beispielen mehr Schwierigkeiten, denn ob der grundsätzliche Unterschied, den sie zwischen bloß hochwahrscheinlichem wahren Glauben und Wissen postulieren, auch im Beispiel (2.3-6) und insbesondere im Beispiel (2.3-7) gegeben ist, kann durchaus bezweifelt werden. Oft tendieren auch die Angehörigen dieser Gruppe dazu, (2.3-6), aber nicht (2.3-7) als echtes Wissen anzusehen.

Die Kardinalfrage dieses Abschnitts lautete, ob das, was Wissen von objektiv hochwahrscheinlichem wahren Glauben unterscheidet, lediglich der Wahrscheinlichkeitsgrad sei, oder ob es eine klare Grenze gebe und Wissen ‚über' jeder Art von Hochwahrscheinlichkeit steht. Aufgrund unserer Befunde ist die Frage zusammenfassend mit einem klaren *Jein* zu beantworten. Einerseits nehmen wir im Beispiel (2.3-5) eine solche Grenze an, andererseits gestehen wir im Beispiel (2.3-4) ein Irrtumsrisiko zu. Es scheint also, als ob der intuitive menschliche Wissensbegriff tatsächlich *inkohärent* ist. Oder lässt sich dieser Wissensbegriff retten?

## 2.4 Die klassische Position: Perfektes Wissen

Dass unsere Alltagsintuition eine strikte Grenze zwischen hochwahrscheinlich wahrem Glauben und Wissen suggeriert, wird aus vielen anderen Beispielen deutlich. Angenommen, ich möchte Freitag spätnachmittags in die Stadt zur Bank fahren und frage meine(e) Partner(in) „hat die Bank heute spätnachmittags noch auf?". Dann will ich nicht bloß Wahrscheinlichkeit, sondern Sicherheit, denn ich habe wenig Lust, den langen Verkehrsweg umsonst auf mich zu nehmen. Antwortet mein Partner „ich glaube schon", dann reicht mir das nicht; ich werde zurückfragen „aber weißt du es denn auch?". Nur wenn mein Partner mit sicherem Blick bejaht, verlasse ich mich darauf. Erhalte ich jedoch eine Antwort wie „ganz sicher bin ich mir nicht", werde ich seine Überzeugung nicht mehr als Wissen einstufen und mich nicht darauf stützen, sondern stattdessen beispielsweise im Internet nachsehen oder den Bankbesuch verschieben (s. Exkurs E5.1).

Unser intuitiver Wissensbegriff enthält in der Tat einen Moment der *Gewissheit* bzw. Sicherheit. Diese Gewissheit haben auch so gut wie alle *klassischen* Erkenntnistheoretiker dem Wissen zugeschrieben. Von der Antike bis zur mittleren Neuzeit wurde von ‚echtem' Wissen Sicherheit verlangt; bloß hohe Wahrscheinlichkeit oder Wahrheitsnähe wurden nicht als Wissen angesehen (s. Teil B). Man bezeichnet diesen Wissensbegriff auch als den des *perfekten* Wissens, und er ist dadurch gekennzeichnet, dass die Rechtfertigung so stark sein muss, dass sie die Wahrheit garantiert bzw. *verbürgt* (vgl. Kutschera 1981, S. 28 f.). In anderen Worten: Der perfekte Wissensbegriff ist, verglichen mit der in Abschn. 2.1 vorgestellten ‚klassischen' Wissensdefinition, durch die Eigentümlichkeit gekennzeichnet, dass in ihm die Wahrheitsbedingung überflüssig wird, da sie schon aus der Bedingung der perfekten Rechtfertigung folgt.

Der kritische Rationalist Hans Albert (1980, S. 15–18) nannte das Ideal des perfekten Wissens in ideologiekritischer Absicht auch das *Offenbarungsmodell* der Erkenntnis: Im perfekten Wissen ‚offenbart' sich uns die Wahrheit, ähnlich wie Gläubige meinen, dass sich ihnen Gott offenbaren würde. Das Offenbarungsmodell ist eine aus der religiösen Weltanschauung herrührende Illusion, die Aufklärung und Wissenschaft überwinden wollen. Der Ausgangspunkt der neuzeitlichen Aufklärungsphilosophen war, dass unser Alltagsverstand durch systematischen Vernunftgebrauch von seinen Vorurteilen befreit werden muss. Im Zuge der Aufklärungsphilosophie wurde nach und nach klar, dass die Forderung nach Unfehlbarkeit unseres Wissens der kritischen Prüfung nicht standhält. Die einzigen irrtumssicheren Gewissheiten, so die Aufklärungsphilosophen, sind einerseits die uns gegenwärtigen Bewusstseinszustände und andererseits die logischen Vernunftwahrheiten. Während frühe Rationalisten wie René Descartes glaubten, auf diesem schmalen Fundament sicheres Wissen der objektiven Realität gründen zu können, zeigten klassische Empiristen wie John Locke, dass aus internen Bewusstseinsinhalten niemals mit logischer Sicherheit auf Realtatsachen geschlossen werden kann und somit dem perfekten Wissen enge Grenzen gesteckt sind (s. Kap. 8).

Dass die Idee des perfekten Wissens der strengen Prüfung nicht standhält, ergibt sich auch aus den Befunden des letzten Abschnitts. Wie wir an den Beispielen (2.3-2) und (2.3-4) sahen, gibt es bereits bei so gewöhnlichen Gewissheiten wie dem Sehen eines Baumes oder dem Wissen, dass der losgelassene Stein fallen wird, sehr unwahrscheinliche Irrtumsmöglichkeiten. Noch weniger gibt es theoretische Sicherheit bei Alltagsgewissheiten, wie dass ich morgen früh um 8 Uhr die Kinder in den Kindergarten bringen und dann ins Büro fahren werde usw.; jede dieser Gewissheiten kann durch unwahrscheinliche Ereignisse wie z. B. ein Erdbeben oder einen Hausbrand über den Haufen gestoßen werden. Die Wahrscheinlichkeit solcher Ereignisse ist nicht vernachlässigbar und immerhin so hoch, dass ich mich gegen diese Möglichkeit finanziell absichere und eine *Versicherung* abschließe, auch wenn ich nicht damit rechne, dass der Fall eintritt.

## 2.5 Münchhausen-Trilemma und Regressproblem: die Herausforderung der Skepsis

Es gibt ein bekanntes Argument, das zeigen will, dass perfektes Wissen bzw. sogar Wissen überhaupt unmöglich ist. Es findet sich erstmals in der antiken pyrrhonischen Skepsis in den fünf Tropen des Agrippa (Sextus Empiricus, Erstes Buch, [164–177]). Hans Albert (1980, S. 11), ein Vertreter des auf Karl Popper zurückgehenden *kritischen Rationalismus,* nannte das Problem das *Münchhausen-Trilemma* und verglich damit denjenigen, der perfektes Wissen sucht mit Baron Münchhausen, der sich am eigenen Schopf aus dem Sumpf ziehen wollte. Das Trilemma beginnt mit folgender Beobachtung, die auch das *Regressproblem* genannt wird: Jeder Versuch, eine Aussage p argumentativ zu begründen, besteht darin, den Glauben an p's Wahrheit auf den Glauben an die Wahrheit *anderer* Aussagen zurückzuführen, die als Prämissen eines Argumentes fungieren. Diese Prämissen sind aber ebenfalls begründungsbedürftig, weshalb auch für sie wiederum begründende Argumente angeführt werden müssen usw. Damit muss aber jeder Versuch der Begründung einer Aussage p zu einer *Begründungskette* führen, für die es letztlich nur drei Möglichkeiten gibt, die alle drei gleichermaßen unbefriedigend sind:

```
   ┌──────↘
   p ← q₁ ← q₂              p ← q₁ ← q₂ ← … qₙ ← …              p ← q₁ ← q₂ ← q₃ (!)
      (a)                              (b)                                  (c)
```

**Abb. 2.1** Münchhausen-Trilemma der Begründung („p ← q" steht für „q begründet p"). (a) Zirkel, (b) infiniter Regress, (c) Abbruch („!" für „Annahme")

1. Die Begründung von p führt irgendwann wieder auf p zurück und verläuft somit in einem *Zirkelschluss,* der keine Rechtfertigung liefern kann.
2. Die Begründungskette bricht nie ab und bildet einen sogenannten *infiniten Regress,* was bedeutet, dass ebenfalls keine Begründung vorliegt.
3. Die Begründung bricht an irgendeiner Stelle mit einer oder mehreren Prämissen ab, die selbst nicht mehr begründet, sondern mehr-oder-weniger dogmatisch angenommen werden, was ebenso unbefriedigend zu sein scheint.

Das Münchhausen-Trilemma und seine drei ‚Hörner' ist in Abb. 2.1 graphisch dargestellt.

Welche Konsequenzen sind aus dem Münchhausen-Trilemma zu ziehen? Es gibt zwei Lesarten des Trilemmas, eine gemäßigte und eine radikale, mit denen wir uns im nächsten Abschnitt auseinandersetzen.

## 2.6 Moderne Positionen: Wahrscheinlichkeitswissen, Fundierungstheorie und die soziale Funktion des Wissens

In der gemäßigten Lesart des Münchhausen Trilemmas folgt daraus lediglich, dass es *keine perfekt begründeten Überzeugungen* gibt, im Sinne von Überzeugungen, deren Rechtfertigung ihre Wahrheit garantiert. Denn selbst wenn die Begründungskette deduktiver Natur und somit strikt wahrheitserhaltend wäre (was sie meistens nicht ist; dazu später), so wäre doch immerhin den Ausgangsprämissen der Rechtfertigung eine wenn auch noch so kleine Irrtumswahrscheinlichkeit zuzugestehen, die sich auf alle damit gerechtfertigten Überzeugungen überträgt. Wir schließen uns hier der gemäßigten Auslegung des Münchhausen-Trilemmas an. Die Konsequenz dieser gemäßigten Lesart des Münchhausen-Trilemmas ist ein durchgängiger *Fallibilismus,* der sich in der Gegenwartsphilosophie und insbesondere in der Wissenschaftstheorie durchgesetzt hat. Dieser Auffassung zufolge ist jede Erkenntnis, auch jede wissenschaftliche Behauptung *mehr oder minder* fehlbar. Es gibt kein ‚Offenbarungswissen', keinen unfehlbaren ‚Königsweg' zur Wahrheit. Wir können uns der Wahrheit unserer Erkenntnisse nie *absolut* sicher sein, aber wir können deren Wahrheit als mehr oder weniger wahrscheinlich einstufen. Daher kommt alles darauf an, durch empirische Überprüfung herauszufinden, wie es um die *Wahrscheinlichkeit* der Wahrheit einer wissenschaftlichen Hypothese bestellt ist. In Anlehnung an Karl Popper bezeichnet man diesen

Wissensbegriff auch als „Vermutungswissen" (*conjectural knowledge,* vgl. Popper 1974, Kap. 1). Allerdings liegt in diesem Begriff eine Untertreibung, da wissenschaftliche ‚Vermutungen' häufig durch sehr viele unabhängige Beobachtungen bestätigt werden und dadurch eine *sehr hohe* Wahrscheinlichkeit erreichen können (s. Exkurs E13.1), zumindest wenn man induktive Wahrscheinlichkeitsschlüsse akzeptiert (was auf Popper nicht zutrifft; s. Abschn. 13.1). Wir sprechen daher im Folgenden besser von *Wahrscheinlichkeitswissen*.

In seiner radikalen Lesart spricht sich das Münchhausen-Trilemma grundsätzlich gegen alle *fundierungstheoretischen* Rechtfertigungsansätze aus, wie sie von den Philosophen der Aufklärung vertreten wurden. Fundierungstheoretischen Ansätzen zufolge muss jede Rechtfertigung einer Überzeugung (anknüpfend an die beiden erkenntnistheoretischen Grundfragen von Abschn. 1.2) von gewissen Ausgangsüberzeugungen ausgehen, die die sogenannte *Basis* der Erkenntnis bilden und *hinreichend selbstevident* sind, so dass sie keine weiteren Rechtfertigungen benötigen. Alle weiteren Überzeugungen werden dann durch (geschickte und eventuell lange) Argumentationsketten auf diese Basisüberzeugungen zurückgeführt. Dabei wird in modernen fundierungstheoretischen Ansätzen nicht impliziert, dass diese Ausgangspunkte der Rechtfertigung *gänzlich* unfehlbar sein müssen, so wie es traditionelle Aufklärungsphilosophen annahmen; sie müssen nur ‚hinreichend' selbstevident sein. Fundierungstheoretische Positionen werden im Englischen als *„foundationalism"* bezeichnet, was von deutschsprachigen Philosophinnen und Philosophen unglücklicherweise mit „Fundamentalismus" übersetzt wurde, was inadäquat ist, da „Fundamentalismus" (bzw. im Englischen *„fundamentalism"*) etwas anderes, nämlich einen autoritativen Dogmatismus bedeutet (Näheres dazu s. Abschn. 6.1).

Zusammengefasst nimmt ein fundierungstheoretisches Rechtfertigungsprogramm an, dass es Basisüberzeugungen gibt, die in sich selbst gerechtfertigte Ausgangspunkte der Rechtfertigung bilden. Genau diese letztere Annahme wird von der radikalen Lesart des Münchhausen-Trilemmas negiert. Wenn man das tut, muss man das fundierungstheoretische Rechtfertigungsprogramm aufgeben, was entweder zum Skeptizismus oder zu einer der in Abschn. 5.6 kritisch diskutierten Alternativpositionen (Externalismus, Dogmatismus oder Kohärentismus) führt. Dieser radikalen Lesart des Trilemmas schließen wir uns nicht an, da es bereits seit den ersten Aufklärungsphilosophen eine bekannte *minimalistische* Lösung des Basisproblems gibt, die auch aus heutiger Sicht plausibel erscheint und in den Abschn. 6.1 und 11.2 gegen Einwände verteidigt wird. Der minimalistischen Basiskonzeption zufolge gibt es nur zwei Arten von echt selbstevidenten Basisüberzeugungen, nämlich:

1. **Introspektive Überzeugungen** über die eigenen *gegenwärtigen* Bewusstseinszustände, also Sinneswahrnehmungen und Innenwahrnehmungen: Wir nennen diese Überzeugungen "introspektiv", weil sie durch direkte Introspektion bzw. Selbstwahrnehmung erkannt werden, ohne irgendwelche hypothetischen Anteile, wie z. B. die Realismushypothese. Beispielsweise könnte es sich bei

meiner Wahrnehmung des Stuhles vor mir um eine Halluzination handeln (die z. B. der Tatsache zu verdanken ist, dass ich in der Folterkammer nun schon seit 12 h zum Stehen gezwungen wurde), doch worin ich mich unmöglich irren kann ist, dass ich jetzt dieses Stuhlwahrnehmungserlebnis habe. Anders ausgedrückt, in meinen Überzeugungen über meine eigenen Bewusstseinszustände kann ich mich nicht irren, denn sie sind mir *direkt zugänglich* (vgl. Barz 2019, S. 130).

2. **Analytische Überzeugungen,** worunter wir zweierlei verstehen: einerseits Überzeugungen, die schon aufgrund der Gesetze der (klassischen) Logik wahr sein müssen, wie z. B. dass vor mir ein Stuhl steht oder auch nicht, und andererseits in der Sprache verankerte (extralogisch gültige) Definitionen oder Bedeutungspostulate, wie z. B. dass ein Stuhl eine Sitzgelegenheit ist. An logischen und definitorischen Gesetzen kann ich nicht sinnvoll zweifeln, weil ich sie benötige, um überhaupt etwas gedanklich bzw. sprachlich fassen zu können.

Wie in den Kap. 5 und 6 gezeigt werden soll, liegt das Problem dieser minimalistischen Basisüberzeugungen weniger an ihrer mangelnden Selbstevidenz als vielmehr an ihrer Minimalität: Sie scheinen nämlich zu *schwach* zu sein, um aus ihnen mithilfe *reliabler* (d. h. verlässlicher) Schlüsse irgendetwas Nichttriviales über (a) unsere eigene Zukunft oder gar (b) über die objektive Außenwelt zu erschließen (vgl. Hübner 2015, S. 77). Mit *logisch* gültigen Schlüssen ist dies jedenfalls unmöglich, und für unsichere, induktive oder abduktive Schlüsse scheint der Reliabilitätsnachweis zu fehlen.

Es war eine zentrale Einsicht dieses Kapitels, dass der im intuitiven Wissensbegriff steckende Gewissheitsanspruch aus theoretischer Sicht auf einer gewissen *Illusion* beruht. Dennoch kann man davon ausgehen, dass diese Illusion praktisch bedeutsame Funktionen erfüllen muss, sonst hätte sie sich in der kognitiven Evolution von Homo sapiens nicht so stark durchgesetzt, wie auch jüngere Studien der kulturvergleichenden experimentellen Philosophie belegen (Machery et al. 2017). Aus sprachpragmatischer Sicht erfüllen Wissensbehauptungen sprecherseitig die soziale Funktion, ein *epistemisches Versprechen* abzugeben, auf die sich der Hörer verlassen kann (Craig 1990). Eben dies wird ausgedrückt, wenn gesagt wird, dass (perfektes) Wissen die Wahrheit ‚verbürgt'. Der Wissende übernimmt epistemische Verantwortung, er tritt als Bürge für die ‚einzulösende Wahrheit' seiner Wissensbehauptung ein und ist Subjekt von Lob oder Tadel, je nachdem, ob die Wahrheit seiner Wissensbehauptung eingelöst werden kann oder nicht.

Natürlich bezweifelt auch kein moderner theoretischer Fallibilist, dass es wichtig ist, zwischen echtem Expertenwissen und dem Pseudowissen falscher Propheten zu unterscheiden. Im Gegenteil, in den modernen ‚Wissensgesellschaften' mit ihrem hohen Grad an informationeller Arbeitsteilung ist dies von höchster Wichtigkeit, so lautet eine Kerneinsicht der *sozialen Epistemologie*, eine jüngere Entwicklung der Erkenntnistheorie (vgl. Goldman 1999 sowie Exkurs E13.4). Man kann allerdings daran zweifeln, ob diese Unterscheidung am besten durch den Glauben an die Unfehlbarkeit von ‚Experteninformationen' geleistet wird. Aus wissenschaftlicher Sicht ist maximale Reliabilität nicht durch Gewissheitsillusionen, sondern durch epistemische Transparenz, also die *Offenlegung von reliablen Wahrscheinlichkeiten und Irrtumsrisiken* zu erzielen. Allerdings scheint dies viele Menschen zu überfordern. Sie wollen das Gefühl der Sicherheit, denn dieses besitzt Placebofunktionen, die aber rational auf Illusionen basieren; es stärkt zwar Menschen psychisch, aber nur, solange die überschätzte Sicherheit nicht zu suboptimalen Handlungen mit teilweise katastrophalen Konsequenzen führt (vgl. dazu Schurz 2013, S. 325–330).

## Literatur

### Klassische Texte

Aristoteles (W). (1972). *Werke in deutscher Übersetzung.* Hrsg. von E. Grumach & H. Flashar. Berlin 1956 ff. [4 Jh. v. C.].
Aristoteles. (1956). *Metaphysik.* In ders. (W) [griech. 4 Jh. v. C.].
Platon [4. Jh. v. C]. *Menon.* In ders. [W].
Platon [4. Jh. v. C]. *Politeia.* In ders. [W].
Platon [4. Jh. v. C]. *Theaitetos.* In ders. [W].
Platon (2005) [W]. *Werke in acht Bänden* Gr./Dt. Hrsg. von G. Eigler. Darmstadt: Wissenschaftliche Buchgesellschaft.

### Gegenwartsphilosophie

Albert, H. (1980). *Traktat über kritische Vernunft* (S. 1980). Tübingen : J.C.B. Mohr
Barz, W. (2019). Introspektion. In M. Grajner & G. Melchior (Hrsg.), *Handbuch Erkenntnistheorie* (S. 129–135). Stuttgart: Metzler.
Brendel, E. (2013). *Wissen.* Berlin: de Gruyter.
Chisholm, R. M. (1976). *Erkenntnistheorie.* München: dtv (engl. Orig. 1966).
Conee, E., & Feldman, R. (1998). The generality problem for reliabilism. *Philosophical Studies, 98,* 1–29.
Conee, E., & Feldman, R. (2004). *Evidentialism.* Oxford: Oxford University Press.
Craig, E. (1990). *Knowledge and the state of nature. An essay in conceptual synthesis.* Oxford: Oxford University Press.
Dormandy, K. (2019). Evidentialismus. In M. Grajner & G. Melchior (Hrsg.), *Handbuch Erkenntnistheorie* (S. 178–186). Stuttgart: Metzler.
Goldman, A. (1986). *Epistemology and cognition.* Cambridge: Harvard University Press.
Goldman, A. (1999). *Knowledge in a social world.* Oxford: Oxford University Press.
Hübner, J. (2015). *Einführung in die theoretische Philosophie.* Stuttgart: Metzler.
Koch, M. (2019). Reliabilismus. In M. Grajner & G. Melchior (Hrsg.), *Handbuch Erkenntnistheorie* (S. 169–177). Stuttgart: Metzler.
Kuipers, T. A. F. (Hrsg.) (1987). *What is closer-to-the-truth?* Amsterdam: Rodopi.
von Kutschera, F. (1981). *Grundfragen der Erkenntnistheorie.* Berlin: de Gruyter.
Machery, E., et al. (2017). Gettier across cultures. *Noûs, 51*(3), 645–664.
Moser, P. K. (1989). *Knowledge and evidence.* Dordrecht: Reidel.
Niiniluoto, I. (1987). *Truthlikeness.* Dordrecht: D. Reidel.

Oddie, G. (2016). Truthlikeness. In *The stanford encyclopedia of philosophy*. https://plato.stanford.edu.
Popper, K. (1974). *Objektive Erkenntnis. Ein evolutionärer Entwurf*. Hamburg: Hoffmann und Campe (dt. Fassung der 4. verbess. Aufl. 1998; engl. Original 1972).
Ryle, G. (1969). *Der Begriff des Geistes*. Stuttgart: reclam (Erstveröffentlichung 1949).
Schurz, G. (2013). Wertneutralität und hypothetische Werturteile in den Wissenschaften. In G. Schurz & M. Carrier (Hrsg.), *Werte in den Wissenschaften. Neue Ansätze zum Werturteilsstreit* (S. 305–334). Frankfurt a. M.: Suhrkamp.
Schurz, G. (2018). Truthlikeness and and approximate truth. In J. Saatsi (Hrsg.), *Routledge handbook of scientific realism* (S. 133–148). Oxford: Routledge.
Tarski, A. (1936). Der Wahrheitsbegriff in den formalisierten Sprachen. In *Studia Philosophica* (Bd. 1, S. 261–405), englisch in Tarski (1956), Kap. VIII (zitiert danach).
Tarski, A. (1956). *Logic, semantics, metamathematics*. Oxford: Clarendon Press.
Williamson, T. (2000). *Knowledge and its limits*. Oxford: Oxford University Press.

# Das Gettier-Problem 3

## Inhaltsverzeichnis

3.1 Gettier-Beispiele .................................................... 33
3.2 Internalistisch orientierte Lösungsansätze und ihre Probleme ............ 35
3.3 Externalistische Lösungsansätze und ihre Probleme ...................... 36
3.4 Ist das Gettier-Problem unlösbar? Kritik intuitionsbasierter Philosophie .... 39
Literatur ............................................................... 41

## 3.1 Gettier-Beispiele

Edmund L. Gettier (1963) konfrontierte die analytische Erkenntnistheorie mit einem neuen Typ von Gegenbeispielen zum klassischen Wissensbegriff, dessen Diskussion bis heute anhält. In Gettiers erstem Beispiel besitzt Smith (das Erkenntnissubjekt) die gerechtfertigte Überzeugung (1) „Jones wird die Stelle bekommen, um die sich sowohl Smith wie Jones beworben haben", weil die Sekretärin des zuständigen Chefs ihm diese Information zusteckte. Überdies weiß Smith, dass Jones in seiner Hosentasche 10 Münzen hat. Durch einfache logische Ableitung bildet Smith die gerechtfertigte Überzeugung (2) „Derjenige, der den Job bekommen wird, hat 10 Münzen in seiner Hosentasche". Tatsächlich aber entscheidet sich der Chef um und nicht Jones, sondern Smith selbst bekommt den Job. Aber auch Smith hat (ohne dass er das weiß) zufällig genau 10 Münzen in seiner Hose, weshalb seine Überzeugung (2) wahr bleibt, obwohl die Prämisse (1), auf der die Rechtfertigung von (2) beruhte, falsch ist. Intuitiv würde man die Überzeugung (2) aber nicht als Wissen von Smith bezeichnen, da ihre Rechtfertigung auf einer zwar gut gerechtfertigten, aber falschen Prämisse beruhte.

---

*Die Kapitel des Buches werden durch zahlreiche Exkurse ergänzt, die als Online Materialien angeboten werden (Download Link siehe Vorwort).

Zwecks Begriffsklärung sprechen wir im Folgenden von einer *hochwahrscheinlichen* Rechtfertigung, wenn deren Prämissen die Konklusion nicht logisch implizieren, aber hochwahrscheinlich machen. Unter *Evidenz* verstehen wir (wie im Englischen üblich) als evident angenommene Ausgangsprämissen von Rechtfertigung, typischerweise eine Beobachtung oder Erinnerung. Gettiers Beispiel beinhaltet Fälle, in denen ein wahrer Glaube deduktiv (oder zumindest hochwahrscheinlich) durch Prämissen gerechtfertigt wird, von denen eine Prämisse zwar ebenfalls hochwahrscheinlich gerechtfertigt, aber falsch ist (auch das zweite Beispiel in Gettier 1963 ist von diesem Typ). Die ‚erste Generation' von Lösungsansätzen zum Gettier-Problem basierte daher auf dem Vorschlag, die traditionelle Rechtfertigungsbedingung durch die Zusatzbedingung zu verstärken, dass die Rechtfertigung der fraglichen Überzeugung nicht auf falschen Prämissen beruhen bzw. von ihnen abhängen darf. Varianten dieses Vorschlags findet man bei Chisholm (1976, S. 157, D6.3), Lehrer (1974, S. 21; 1990, S. 18) und Harman (1973, S. 47–49).

Das Gegenintuitive an Gettier-Beispielen beruht darauf, dass hier die Wahrheit des gerechtfertigten Glaubens einem *glücklichen* Zufall zu verdanken ist. Genauer gesagt liegt in Gettier-artigen Beispielen immer eine Situation des epistemischen *Glücks im Unglück* vor (Zagzebski 1994): Man besitzt eine hochwahrscheinliche Rechtfertigung für eine Prämisse, die unglücklicherweise aufgrund unwahrscheinlicher und unbekannter Umstände falsch ist, doch man erschließt daraus eine Konklusion, die glücklicherweise dennoch wahr ist. In den ursprünglichen Gettier-Beispielen ist dies deshalb der Fall, weil man im deduktiven Schluss die falsche Prämisse so abschwächt, dass sie glücklicherweise wahr wird. Denn natürlich – das sei klärend angemerkt – ist es mit etwas Glück möglich, aus falschen Prämissen auf etwas Wahres zu schließen, wie z. B. im Schluss von „Helene Fischer ist Bundeskanzlerin" auf „es gibt eine Bundeskanzlerin". Nur das Umgekehrte, nämlich aus wahren Prämissen auf etwas Falsches zu schließen, ist unmöglich (s. Abschn. 4.4).

Das Unglück muss aber nicht in einer falschen Prämisse der Rechtfertigung bestehen. Es kann sich dabei auch um einen zusätzlichen wahren Umstand handeln, der, wenn er bekannt wäre, eine hochwahrscheinliche Rechtfertigung zunichte machen und in einen niedrigwahrscheinlichen Schluss verwandeln würde, dessen Konklusion dann durch ‚Glück im Unglück' dennoch eintritt. Von dieser Art ist das bekannte *Scheunenbeispiel,* das von Carl Ginet stammt und von Alvin Goldman (1976) in die Debatte eingebracht wurde. Dabei fährt jemand namens Henry durch eine Landschaft und sieht bei klarem Licht vom Auto aus deutlich etwas, das genau wie eine Scheune aussieht. Er kommt daher zur Überzeugung, dort befindet sich eine Scheune. Er weiß aber nicht, dass er gerade durch eine Landschaft fährt, in der ein Heimatfilm gedreht wird, zu welchem Zweck sehr viele Scheunenfassaden aus Pappe errichtet wurden, die von der Straße aus wie echte Scheunen aussehen. Zufälligerweise sah Henry aber gerade eine der wenigen echten Scheunen. Er hatte somit einen wahren gerechtfertigten Glauben, den man intuitiv dennoch nicht als Wissen bezeichnen würden, weil die Wahrheit von Henrys Überzeugung auf einem glücklichen Zufall beruhte – auf Glück im Unglück, denn seine normalerweise äußerst verlässliche Sehwahrnehmung hätte ihn in der unwahrscheinlichen Scheunenattrappenlandschaft in den meisten Fällen in die Irre geführt, doch sah er zum Glück zufällig auf eine echte Scheune.

Dass eine hochwahrscheinliche Rechtfertigung nicht nur durch eine falsche Prämisse, sondern auch durch die bloße Hinzufügung einer neuen *wahren* Information zunichte gemacht werden kann, mag manchen Leser überraschen. Bei logisch-deduktiven Rechtfertigungen ist derartiges unmöglich, da in deduktiven Schlüssen die Wahrheit der Konklusion aus der Wahrheit der Prämissen mit *Sicherheit* folgt. Für bloß hochwahrscheinliche Rechtfertigungen ist dies aber durchaus möglich. Gegeben ein hochwahrscheinlicher Schluss von der Prämisse A auf die Konklusion B, und stehe P(B|A) für die bedingte Wahrscheinlichkeit von B gegeben A, dann folgt aus P(B|A) = hoch keineswegs p(B|A-und-C) = hoch. Vielmehr kann sogar zugleich p(B|A-und-C) = 0 gelten, wenn das Vorliegen von C eine *Ausnahme* vom Normalfall in Bezug auf das Vorliegen von B konstituiert. Ein einfaches Beispiel wäre gegeben, wenn B für „dieses Tier kann fliegen", A für „dieses Tier ist ein Vogel" und C für „dieses Tier ist ein Pinguin" steht. Dann ist P(B|A) hoch, weil die meisten Vögel fliegen können, aber P(B|A-und-C) ist null, weil Pinguine nicht fliegen können. Man bezeichnet diese Eigenschaft von Wahrscheinlichkeitsschlüssen als *Nichtmonotonie* und nennt die korrespondierenden Rechtfertigungen *anfechtbar* bzw. *zurückweisbar* (im Englischen *defeasible;* mehr dazu in Abschn. 4.4).

Zur Vermeidung von Missverständnissen beachte man, dass die Zurückweisung einer Rechtfertigung mit Prämisse A und Konklusion B durch eine weitere gerechtfertigte Überzeugung C (also P(B|A-und-C) = klein) bereits innerhalb der Theorie der Rechtfertigung gelöst wird, denn die Prämissen einer hochwahrscheinlichen Rechtfertigung müssen die *gesamte bekannte* relevante Information enthalten (s. Abschn. 4.4). Beim Scheunenbeispiel geht es dagegen um die Anfechtung einer Rechtfertigung durch eine wahre aber *unbekannte* Information, aufgrund derer die wahre gerechtfertigte Überzeugung nicht als Wissen empfunden wird.

## 3.2 Internalistisch orientierte Lösungsansätze und ihre Probleme

Das Scheunenbeispiel exemplifiziert den zweiten und schwierigen Typ von ‚Gettier'-Beispielen (für weitere Beispiele dieses Typs vgl. Pollock 1986, S. 181; Brendel 2013, Kap. 4). Um den zweiten Typ von Gettier-Beispielen auszuschließen, wurde die traditionelle Rechtfertigungsbedingung durch eine wesentlich stärkere vierte Bedingung ergänzt (vgl. Pappas und Swain 1978, S. 27; Klein 1971):

(3.2-1) **Unanfechtbarkeitstheorie des Wissens:** Eine wahre gerechtfertigte Überzeugung p von S (im Sinne von Def. 2.1-1) ist Wissen g. d. w. es keine wahre Information I gibt, für die gilt: Die Hinzufügung von I zur Evidenz (bzw. den Rechtfertigungsprämissen) E würde die Rechtfertigung zurückweisen – was formal präzisiert bedeutet, dass die bedingte Wahrscheinlichkeit von p gegeben E und I unter 0,5 bzw. unter die gegebene Akzeptanzschwelle $\alpha > 0{,}5$ sinken würde (s. Abschn. 4.4).

Man spricht hier auch vom *Unanfechtbarkeitsansatz* (engl. *indefeasibility account*; vgl. Lehrer 1965; Pollock 1986, S. 181, fn. 3; Ernst 2014, S. 87). Der Unanfechtbarkeitsansatz wird zumeist den internalistischen Wissensansätzen zugerechnet, da die dritte klassisch-interne Bedingung der Rechtfertigung beibehalten wird und durch eine vierte externe Bedingung verstärkt wird. Man beachte aber, dass diese vierte Bedingung *stark extern* ist; so stark nämlich, dass sie die Wahrheitsbedingung logisch impliziert und damit überflüssig macht, denn ist p gut gerechtfertigt, aber unglücklicherweise falsch, dann konstituiert bereits nicht-p einen Anfechtungsgrund für p und die Bedingung (3.2-1) wäre verletzt (Zagzebski 1994, S. 70). Mit anderen Worten, die Bedingung der unanfechtbaren Rechtfertigung von p impliziert die Wahrheit von p (jedenfalls solange man Anfechtungsgründe nicht durch willkürliche Restriktionen einschränkt).

Wie Lehrer und Paxson (1969) in ihrem Beispiel von Tom Grabbit zeigen, genügt auch die so verstärkte Bedingung nicht, denn es gibt *defeater defeaters*, d. h. Anfechtungsgründe können ihrerseits durch Anfechtungsgründe entkräftet werden. In ihrem Beispiel glaube ich aufgrund eigener Wahrnehmung, dass Tom Grabbit in der Bibliothek ein Buch entwendete, was auch tatsächlich der Fall war, allerdings weiß ich nicht, dass (1) Toms Mutter behauptet, es wäre Toms Zwillingsbruder gewesen, noch dass (2) Toms Mutter geistig verwirrt ist und Tom gar keinen Zwillingsbruder hat. Meine Rechtfertigung meines wahren Glaubens würde in diesem Beispiel durch die wahre Information (1) vereitelt, diese Vereitelung selber aber würde durch die wahre Information (2) vereitelt werden.

Viele Erkenntnistheoretiker wurden an diesem Punkt der ‚Dialektik' skeptisch gegenüber den Erfolgschancen der Anfechtungstheorie (vgl. Brendel 2013, S. 46). Auch John Pollocks verstärkter Unanfechtbarkeitsansatz konnte die Probleme nicht lösen (Näheres dazu im Exkurs E3.1.1).

## 3.3 Externalistische Lösungsansätze und ihre Probleme

Der Unanfechtbarkeitsansatz sieht sich der doppelten Schwierigkeit ausgesetzt, sehr starke externe Zusatzbedingungen einzuführen, die dennoch nicht zum erwünschten Resultat führen. Aufgrund dieser Schwierigkeiten, aber auch aus dem Grund, scheinbar unlösbare skeptische Einwände abzuwehren, haben Erkenntnistheoretiker ab den 1960er Jahren vorgeschlagen, auf den traditionellen internalistischen Rechtfertigungsbegriff ganz zu verzichten und ihn durch einen neuartigen *externalistischen* Rechtfertigungsbegriff zu ersetzen. Diesem Begriff zufolge hängt die Frage, ob jemandes Überzeugung gerechtfertigt ist, in wesentlichen Teilen nicht vom Erkenntnissubjekt, sondern von externen Tatsachen ab, die dem Subjekt unbekannt und oft kognitiv ganz unzugänglich sind. Ein erstes Beispiel ist Goldmans früher *kausaler Wissensansatz* (Goldman 1967), demzufolge eine wahre Überzeugung p eines Erkenntnissubjekts S genau dann Wissen ist, wenn p die Ursache dafür ist, dass S p glaubt. Eine wahre Überzeugung wird hier also als extern gerechtfertigt angesehen, wenn die geglaubte Tatsache die Überzeugung verursacht hat, unabhängig davon, ob diese Verursachung dem Subjekt kognitiv zugänglich ist. Da Rechtfertigung traditionellerweise als rationale Leistung des Subjekts verstanden wird, ist dieser Rechtfertigungsbegriff so weit vom traditionellen Verständnis entfernt, dass einige Philosophen hier nicht mehr von Rechtfertigung sprechen (z.B. Brendel 2013, S. 33; Ernst 2014, Kap. 7). Doch mittlerweile ist es in der angelsächsischen Epistemologie üblich geworden, zwischen internalistischer und externalistischer Rechtfertigung zu unterscheiden (Steup 2018, sec. 2.3; Goldman 1986; Fumerton 1995), und wir übernehmen diese Terminologie.

Unabhängig von der Internalismus-Externalismus Kontroverse beschreibt die kausale Wissenstheorie viele Fälle nicht adäquat. Erstens könnten wir danach nie etwas Zukünftiges wissen, denn eine zukünftige Tatsache kann nicht kausal in die Vergangenheit zurückwirken. Zweitens müsste die kausale Theorie auch im Scheunenbeispiel von Wissen sprechen, denn die Kausalwirkung der Scheune auf das Erkenntnissubjekt hängt nicht davon ab, ob es in der nahen Umgebung Scheunenattrappen gibt oder nicht. Das Scheunenbeispiel hat auch Goldman dazu veranlasst, die kausale Wissenstheorie aufzugeben und durch den bekannteren Reliabilitätsansatz zu ersetzen. Diesem Ansatz zufolge bestehen Rechtfertigungen in objektiv reliablen, d. h. verlässlichen kognitiven Mechanismen (Vorgänger sind reliable-Indikator-Ansätze von Armstrong 1973, Kap. 12; Alston 1989, Kap. 9).

(3.3-1) *Reliabilistische Wissenstheorie:* Eine wahre Überzeugung p von S ist Wissen g. d. w. S's Überzeugung dass p durch einen kognitiven Mechanismus produziert wurde, der in *relevanten* Anwendungssituationen *objektiv reliabel* ist. Dies bedeutet, dass die statistische Wahrscheinlichkeit, dass der kognitive Mechanismus im relevanten Typ von Anwendungssituation zu einer wahren Überzeugung führt, die ‚hinreichend' hoch ist, also mindestens so hoch wie eine gegebene Akzeptanzschwelle $\alpha > 0{,}5$, z. B. 95 % (Näheres zur Akzeptanzschwelle in Abschn. 4.4 und Exkurs E4.4).

Die Reliabilitätstheorie hat kein Problem mit Zukunftswissen, denn auch der Glaube an ein zukünftiges Ereignis kann durch einen reliablen Mechanismus erworben werden – beispielsweise durch einen induktiven Schluss, der genau dann reliabel ist, wenn die Welt induktiv gleichförmig ist. Auch wenn die Humesche Skepsis recht hätte und es keine rationale Rechtfertigung für die induktive Gleichförmigkeit unserer Welt gibt, würde dies für den externalistischen Rechtfertigungsbegriff keine Rolle spielen, denn die Rechtfertigung wird nicht durch unser rationales Vermögen, sondern durch die externe Welt geleistet. Aber kann man dies überhaupt noch als Rechtfertigung bezeichnen? Dieses grundsätzliche Problem werden wir in Abschn. 5.2 und 5.3 kritisch erörtern. Hier interessiert primär, ob der externalistische Ansatz das Gettier-Problem lösen kann.

Prima facie scheint dies zu funktionieren: im Scheunenbeispiel kann man argumentieren, dass der gewöhnliche menschliche Sehmechanismus zwar normalerweise, aber nicht in Anwendung auf Scheunenattrappen funktioniert, und Ähnliches gilt für die anderen Gettier-Beispiele. Jedoch funktioniert dies nur, wenn man die kritische Bedingung der „relevanten Anwendungssituation" in (3.3-1) so interpretiert, dass damit die *aktuale* Anwendungssituation gemeint ist, nämlich die Landschaft mit Scheunenattrappen. Daher hat Goldman (1979) seine Reliabilitätsbedingung auf die *aktuale* Situation bezogen. Allerdings handelt sich dieser Ansatz das Problem ein, dass man ihm zufolge einem Erkenntnissubjekt, auch wenn es noch so rational ist, in radikal skeptischen Szenarien wie dem Gehirne-im-Tank-Szenario jegliche Rechtfertigung absprechen müsste, weil hier kein kognitiver Mechanismus reliabel ist, was den externalistischen Rechtfertigungsbegriff ebenfalls unplausibel aussehen lassen würde (Cohen 1984). Aus diesen Gründen hat Goldman (1986, S. 59, 103) seine Reliabilitätsbedingung anders interpretiert und sie nicht mehr auf die aktuale Situation, sondern auf *normale* Situationen bzw. Welten bezogen. Dies hat zur Folge, dass man nun zwar die Überzeugungen eines rationalen Gehirns-im-Tank als (externalistisch) gerechtfertigt ansehen kann, aber der Ausschluss des Scheunenattrappenbeispiels nicht mehr gelingt, denn Scheunenattrappensituationen sind nicht normal. Davon abgesehen ist der Begriff der ‚normalen' Welt dem Vorwurf der Subjektivität ausgesetzt, denn was für ein Überzeugungssystem normal ist, kann für ein anderes abnormal sein (vgl. Moser 1989, S. 200). Daher änderte Goldman (1988) seine Theorie erneut und unterscheidet nun zwischen starker reliabilistischer Rechtfertigung, die auf die aktuale Welt bezogen ist, und schwacher reliabilistischer Rechtfertigung, für die es genügt, dass kein stark reliabler Grund vorliegt, der gegen starke Reliabilität spricht.

Näher besehen enthüllen diese Überlegungen ein schwieriges Problem des Reliabilitätsansatzes, nämlich das *Referenzklassenproblem* oder Allgemeinheitsproblem (vgl. Brandom 2000, S. 155; Conee und Feldman 1998). Je nachdem, auf welche Anwendungsklasse die Methode genau bezogen wird, fällt ihre Reliabilität anders aus: das Sehen von scheunenartigen Gebilden unter normalen Lichtverhältnissen ist in der aktuellen Welt reliabel, in der Scheunenattrappenlandschaft unreliabel, aber in jenem Teil dieser Landschaft, der den Umkreis einer echten Scheune bildet, erneut wieder reliabel. Auf welche Anwendungsklasse soll die Methode nun bezogen werden? Das Problem wird auch als das der genauen Identitätsbestimmung einer Methode aufgefasst (Hübner 2015, S. 52; Brendel 2013, S. 67; s. auch Abschn. 5.3).

Neben dem Reliabilitätsansatz gibt es noch weitere externalistische Wissensansätze. Dem *kontrafaktischen* Ansatz zufolge ist eine wahre Überzeugung p von S Wissen g. d. w. (1) S p auch dann glauben würde, wenn p unter anderen aber ähnlichen Bedingungen wahr wäre (Sicherheit) und (2) S p nicht glauben würde, wenn p falsch wäre (Sensitivität). Die Wahrheitsbedingungen für solche kontrafaktischen Konditionale sind ein schwieriges philosophisches Thema. In Anknüpfung an David Lewis (1973) wird die Wahrheit eines *kontrafaktischen Konditionals* meist so definiert: „Wenn p der Fall wäre, dann wäre auch q der Fall" ist in der wirklichen Welt w wahr g. d. w. in allen möglichen Welten, in denen p wahr ist und die w maximal ähnlich sind, auch q wahr ist. Auch kontrafaktische Ansätze sind schwierigen Problemen ausgesetzt. Insbesondere sind die Kriterien für die Ähnlichkeit einer möglichen Welt zu unserer Welt in kritischen Fällen unklar und willkürlich.

Ein verwandter jüngerer kontrafaktischer Ansatz ist die Theorie der *epistemischen Sicherheit*, die davon ausgeht, dass Wissen nicht auf *Zufall* beruhen soll (Pritchard 2007; Williamson 2000; Sosa 1999; Kelp 2009; vgl. Brendel 2013, Kap. 4). Diesem Ansatz zufolge ist eine wahre Überzeugung p von S Wissen g. d. w. sie folgende Sicherheitsbedingung erfüllt: In allen *nahen* (d. h. der aktuellen Welt ähnlichen) möglichen Welten, in denen S auf die gleiche Weise zur Überzeugung p gelangt ist wie in der aktuellen Welt, ist Ss Überzeugung p immer noch wahr. Das Hauptproblem dieses Ansatzes sind *konfligierende Anti-Zufalls-Intuitionen:* Einerseits sind (a) ‚nahe' Welten solche Situationen, in denen die wahre Überzeugung *nicht zu unwahrscheinlich* wird. Andererseits stimmen (b) Anti-Zufalls-Epistemologen in Bezug auf das *Lotteriebeispiel* (2.3-5) darin überein, dass die wahre Überzeugung, dass ein gegebenes Los *nicht* den Haupttreffer macht, zwar hochwahrscheinlich ist, aber dennoch kein Wissen konstituiert, weil Zufall im Spiel ist (Pritchard 2015, S. 97). Dies widerspricht jedoch (a). Es wird sogar behauptet, dass ich zwar wissen kann, dass (1) ich im nächsten Monat nicht genug Geld haben werde, um meine Schulden zu begleichen, und dennoch nicht wissen kann, dass (2) mein Los nicht den Haupttreffer machen wird, obwohl ich weiß, dass (1) (2) analytisch oder zumindest mit Sicherheit impliziert (vgl. DeRose 1996, S. 9; Hawthorne 2004). Der Anti-Zufalls-Wissensbegriff verletzt damit (wie auch der kontrafaktische Wissensbegriff) die Bedingung der *Abgeschlossenheit unter sicher gewusster Implikation* (s. Abschn. 5.3). Dabei handelt es sich jedoch um eine unerlässliche Rationalitätsbedingung für den Wissensbegriff, denn ohne diese Bedingung wäre systematische Wissensbegründung unmöglich. Mehr zum kontrafaktischen Wissensansatz findet sich im Exkurs E3.1.2 und zum Anti-Zufalls-Ansatz im Exkurs E3.1.3.

## 3.4 Ist das Gettier-Problem unlösbar? Kritik intuitionsbasierter Philosophie

Der Verdacht hat sich erhärtet, dass das Gettier-Problem widersprüchliche Intuitionen offenlegt und daher nicht lösbar ist. Eine erste These dieser Art wurde von Linda Zagzebski (1994) vertreten. Sie argumentierte, dass der Wissensbegriff zwei konfligierende Intuitionen enthält: Einerseits wird zugestanden, dass (1) die Rechtfertigung nicht wahrheitsgarantierend sein muss, andererseits darf (2) die Verbindung von Rechtfertigung und Wahrheit auf keinem wie immer gearteten Zufall beruhen, was aber aufgrund von (1) unmöglich ist, da die unwahrscheinliche Irrtumsmöglichkeit immer eine Restzufälligkeit involviert, die in ‚glücklichen' Fällen wie den Gettier-Beispielen nicht zur Falschheit der Überzeugung führt, sondern durch eine andere Restzufälligkeit so kompensiert werden kann, dass die Überzeugung wahr bleibt. Man kann mit Zagzebskis Analyse übereinstimmen und hinzufügen, dass nicht nur die Gettier-Intuition, sondern bereits die einfache Lotterie-Intuition, der zufolge die Nicht-Haupttreffer-Überzeugung kein Wissen sein kann, der Imperfektheitsintuition (1) widerspricht.

In ähnlicher Weise resümierte Edward Craig (1993, S. 9 ff., 56 f.), die Gettier-Debatte habe gezeigt, dass es keine zugleich notwendigen und hinreichenden Bedingungen für den intuitiven Wissensbegriff gebe. Die Common-Sense Intuitionen für Wissen werden nur durch eine Familienähnlichkeit im Sinne des späten Wittgensteins (1953) zusammengehalten. Ansgar Beckermann (2001) argumentierte noch weitergehend, der Wissensbegriff sei aufgrund seiner Kombination von internen und externen Bedingungen innerlich inkohärent, und es wäre philosophisch fruchtbarer, statt den Wissensbegriff den Begriff der gerechtfertigten Überzeugung adäquat zu explizieren.

All dies stützt die Ansicht, dass die in den Abschn. 2.3 und 3.4 diagnostizierte Inkohärenz unserer Wissensintuitionen objektiv besteht und sich auch durch noch so raffinierte Explikationen nicht beheben lässt. Nicht selten stellt sich ja durch nähere philosophische Analyse heraus, dass ein Begriff der natürlichen Sprache auf inkohärenten Intuitionen beruht. Gelegentlich wird dies in Form von *Unmöglichkeitstheoremen* streng bewiesen. Es gibt bekannte Unmöglichkeitstheoreme zu den intuitiven Prinzipien des sozialen Nutzens (Arrow 1951), der Urteilsaggregation (Dietrich und List 2018) sowie der rationalen Akzeptanz (Schurz 2019). Wie wir am Ende von Abschn. 3.3 gesehen haben, erhalten wir auch ein *Unmöglichkeitsresultat des Wissens*, sobald wir die Anti-Zufalls-Intuition, die Imperfektheitsintuition und die Geschlossenheit des Wissens unter sicherer Implikation akzeptieren („wird p gewusst und p → q sicher gewusst, dann wird auch q gewusst"). Es fragt sich, warum in der gegenwärtigen analytischen Epistemologie noch immer mehrheitlich versucht wird, die Common-Sense-Intuitionen des Wissens durch raffinierte ‚Umdefinitionen' des Wissens- oder Rechtfertigungsbegriffs zu ‚retten'. Wie schon eingangs in Abschn. 1.5 ausgeführt, sind menschliche Intuitionen oft unreliabel, was auch in der Kognitionspsychologie bestätigt wurde (Piatelli-Palmarini 1997). Dennoch berufen sich analytische Epistemologen gern auf die Übereinstimmung ihrer Analysen mit Common-Sense-Intuitionen. Seit einiger Zeit gibt es hierzu jedoch eine philosophische Gegenbewegung, die *experimentelle Philosophie*. Hierbei werden die tatsächlich vorhandenen Intuitionen von Testpersonen durch empirische Befragungen und Experimente erhoben (vgl. Knobe und Nichols 2008; Grundmann et al. 2014). Dabei stellte sich heraus, dass die menschlichen Intuitionen in Bezug auf Wissensbehauptungen in den kritischen Beispielen keineswegs einheitlich sind; sie sind vielmehr kulturabhängig, geschlechtsspezifisch und vorbildungsabhängig (vgl. Weinberg et al. 2008, S. 24–26). Darüber hinaus erweisen sich die Intuitionen akademischer Philosophen als kaum weniger subjektiv divergierend und irrtumsanfällig wie die von Laien (Horvath und Koch 2020).

Statt zu versuchen, subjektive Intuitionen philosophisch zu rationalisieren, wäre es im Sinne der meliorativen Epistemologie eher angebracht, Menschen über die Inkohärenzen unseres intuitiven Wissensbegriffs aufzuklären und denselben durch den wissenschaftlichen Begriff des Wahrscheinlichkeitswissens gemäß Abschn. 2.6 zu ersetzen. Der daraus resultierende Wissensbegriff ist letztendlich gradueller Natur. Unterschiedlich hohe Rechtfertigungsstandards für Wissensansprüche werden dabei mithilfe unterschiedlich geringer Toleranzschwellen für Irrtumswahrscheinlichkeit modelliert, so wie dies in Wissenschaft und Technik üblich ist. Gettier-Fälle wären in diesem Ansatz nicht als Nichtwissen, sondern als lediglich weniger prototypische Fälle von Wissen anzusehen, aufgrund der ‚seltsamen' in sie involvierten kompensatorischen Zufälle (ähnlich Hetherington 2001, S. 81). Ein solches Vorgehen ist dieser Ansicht nach der intuitionsbasierten Philosophie vorzuziehen. Es folgt der Carnapschen Methode der *Begriffsexplikation* (Carnap 1950, Kap. 2). Dabei wird ein unklarer Begriff der Alltagssprache durch einen klaren und präzisen, gleichzeitig einfachen und fruchtbaren Begriff ersetzt, der dem Alltagsbegriff immer noch hinreichend ähnlich ist, aber dessen logische Defekte eliminiert (vgl. Olsson 2015).

## Literatur

### Gegenwartsphilosophie

Alston, W. P. (1989). *Epistemic justification*. Ithaca: Cornell University Press.
Armstrong, D. M. (1973). *Belief, truth, and knowledge*. Cambridge: Cambridge University Press.
Arrow, K. J. (1951). *Social choice and individual values*. New York: Wiley.
Beckermann, A. (2001). Zur Inkohärenz und Irrelevanz des Wissensbegriffs. *Zeitschrift für Philosophische Forschung, 55*, 571–593.
Brandom, R. B. (2000). *Articulating reasons*. Cambridge: Harvard University Press.
Brendel, E. (2013). *Wissen*. Berlin: de Gruyter.
Carnap, R. (1950). *Logical foundations of probability*. Chicago: University of Chicago Press.
Chisholm, R. M. (1976). *Erkenntnistheorie*. München: dtv (engl. Orig. 1966).
Cohen, S. (1984). Justification and truth. *Philosophical Studies, 46*, 279–295.
Conee, E., & Feldman, R. (1998). The generality problem for reliabilism. *Philosophical Studies, 98*, 1–29.
Craig, E. (1993). *Was wir wissen können*. Frankfurt a. M.: Suhrkamp.
DeRose, K. (1996). Knowledge, assertion and lotteries. *Australasian Journal of Philosophy, 74*(4), 568–580.
Dietrich, F., & List, C. (2018). From degrees of belief to binary beliefs: Lessons from judgment-aggregation theory. *The Journal of Philosophy, 115*(5), 225–270.
Ernst, G. (2014). *Einführung in die Erkenntnistheorie* (6. Aufl.). Darmstadt: Wissenschaftliche Buchgesellschaft.
Fumerton, R. A. (1995). *Metaepistemology and skepticism*. London: Roman and Littlefield.
Gettier, E. L. (1963). Is justified true belief knowledge? *Analysis, 23*, 121–123 (dt. in P. Bieri (Hrsg.), *Analytische Philosophie der Erkenntnis* (S. 91–93). Frankfurt/M.: Suhrkamp).
Goldman, A. (1967). A causal theory of knowledge. *Journal of Philosophy, 64*, 357–372 (dt. in P. Bieri (Hrsg.), *Analytische Philosophie der Erkenntnis* (S. 150–166). Frankfurt/M.: Suhrkamp).
Goldman, A. (1976). Discrimination and perceptual knowledge. *Journal of Philosophy, 73*, 771–791.
Goldman, A. (1979). What is justified belief? In G. Pappas (Hrsg.), *Justification and knowledge* (S. 1–23). Dordrecht: Reidel.
Goldman, A. (1986). *Epistemology and cognition*. Cambridge: Harvard University Press.
Goldman, A. (1988). Weak and strong justification. In J. Tomberlin (Hrsg.), *Philosophical perspectives. Epistemology* (Bd. 2, S. 51–69). Atascadero: Ridgeview.

Grundmann, T., Horvath, J., & Kipper, J. (Hrsg.). (2014). *Die Experimentelle Philosophie in der Diskussion*. Frankfurt a. M.: Suhrkamp.
Harman, G. (1973). *Thought*. Princeton: Princeton University Press.
Hawthorne, J. (2004). *Knowledge and lotteries*. Oxford: Clarendon Press.
Hetherington, St. (2001). *Good knowledge, bad knowledge: On two dogmas of epistemology*. Oxford: Clarendon Press.
Horvath, J., & Koch, S. (2020). Experimental philosophy and the method of cases. In *Philosophy compass* e12716. (https://doi.org/10.1111/phc3.12716).
Hübner, J. (2015). *Einführung in die theoretische Philosophie*. Stuttgart: J.B. Metzler.
Kelp, C. (2009). Knowledge and safety. *Journal of Philosophical Research, 34*, 21–31.
Klein, P. (1971). A proposed definition of propositional knowledge. *Journal of Philosophy, 68*(16), 471–482.
Knobe, J., & Nichols, S. (Hrsg.). (2008). *Experimental philosophy*. Oxford: Oxford University Press.
Lehrer, K. (1965). Knowledge, truth and evidence. *Analysis, 25*(5), 168–175.
Lehrer, K. (1974). *Knowledge*. Oxford: Clarendon Press.
Lehrer, K. (1990). *Theory of knowledge*. London: Routledge.
Lehrer, K., & Paxson, T. Jr. (1969). Knowledge: Undefeated justified true belief. *Journal of Philosophy, 66*, 225–237 (dt. in P. Bieri (Hrsg.), *Analytische Philosophie der Erkenntnis* (S. 94–107). Frankfurt/M.: Suhrkamp).
Lewis, D. (1973). *Counterfactuals*. Oxford: Basil Blackwell.
Moser, P. K. (1989). *Knowledge and evidence*. Dordrecht: Reidel.
Olsson, E. J. (2015). Gettier and the method of explication. *Philosophical Studies, 172*, 57–72.
Pappas, G., & Swain, M. (Hrsg.). (1978). *Essays on knowledge and justification*. Ithaca: Cornell University Press.
Piatelli-Palmarini, M. (1997). *Die Illusion zu wissen*. Reinbek bei Hamburg: Rowohlt.
Pollock, J. (1986). *Contemporary theories of knowledge*. Maryland: Rowman & Littlefied.
Pritchard, D. H. (2007). Anti-luck epistemology. *Synthese, 158*, 277–297.
Pritchard, D. (2015). Anti-luck and the Gettier problem. *Philosophical Studies, 172*, 93–111.
Schurz, G. (2019). Impossibility results for rational belief. *Noûs, 53*(1), 134–159.
Sosa, E. (1999). How to defeat opposition to Moore. *Philosophical Perspectives, 13*, 141–154.
Steup, M. (2018). Epistemology. *Standford Encyclopedia of Philosophy*. https://plato.stanford.edu/entries/epistemology/.
Weinberg, J. M., Nichols, S., & Stich, S. P. (2008). Normativity and epistemic intuitions. In Knobe and Nichols (Hrsg.), *Experimental philosophy* (S. 17-46). Oxford: Oxford University Press. (Original 2001 in *Philosophical Topics*).
Wittgenstein, L. (1953). *Philosophische Untersuchungen*. Frankfurt/M.: Suhrkamp (3. Auflage 1982).
Williamson, T. (2000). *Knowledge and its limits*. Oxford: Oxford University Press.
Zagzebski, L. (1994). The inescapability of gettier problems. *The Philosophical Quarterly, 44*, 65–73.

# Epistemologische Grundlagen: Arten von Überzeugungen, Sätzen und Schlüssen

**4**

## Inhaltsverzeichnis

| | | |
|---|---|---|
| 4.1 | Zur Logik von Begriffen und Sätzen | 43 |
| 4.2 | Satzarten 1: analytisch vs. synthetisch, apriori vs. aposteriori, notwendig vs. kontingent | 45 |
| 4.3 | Satzarten 2: Intern vs. extern, basal vs. hypothetisch | 49 |
| 4.4 | Arten und Reliabilität von Schlüssen: Deduktion, Induktion und Abduktion | 57 |
| 4.5 | Rechtfertigung und Regressproblem erster und höherer Stufe | 60 |
| Literatur | | 64 |

## 4.1 Zur Logik von Begriffen und Sätzen

In diesem Kapitel führen wir die erkenntnistheoretisch wichtigsten Satzarten ein. Zuvor müssen einige Grundlagen zur logischen Struktur von Begriffen und Sätzen erklärt werden. Sätze sind aus *Begriffen* zusammengesetzt. Begriffe lassen sich einteilen in

1. *nichtlogische* Begriffe, die dazu dienen, etwas *in der Welt* zu bezeichnen, und
2. *logische* Begriffe, die unentbehrliche strukturelle Funktionen besitzen.

Zu den nicht-logischen Begriffen gehören insbesondere

1.1 die *singulären* Begriffe oder *singulären Terme,* die *Individuen* bzw. Einzeldinge bezeichnen (z. B. Eigennamen wie „Peter" oder ostensive Terme wie „dieser Mensch dort"), und

---

*Die Kapitel des Buches werden durch zahlreiche Exkurse ergänzt, die als Online Materialien angeboten werden (Download Link siehe Vorwort).

1.2 die *generellen Begriffe* oder *Prädikate*. *Einstellige* Prädikate bezeichnen Merkmale oder Eigenschaften von Individuen, wie „x ist groß" oder „x ist ein Mensch", und *mehrstellige* Prädikate Relationen zwischen mehreren Individuen.

Durch Anwendung von Prädikaten auf singuläre Terme entstehen *atomare Sätze* wie z. B. „Peter ist groß". In der formalen Logik werden singuläre Terme durch Kleinbuchstaben a, b,... und Prädikate durch Großbuchstaben F, G, ... abgekürzt (für Sätze verwenden wir Klein- wie Großbuchstaben).

Zu den logischen Begriffen gehören insbesondere

2.1 die wahrheitsfunktionalen *Satzoperatoren* der Aussagenlogik: die Negation ¬p (nicht p), die Konjunktion p∧q (p und q), die Disjunktion (das einschließende Oder) p∨q (p oder q), die ‚materiale' Implikation p→q (wenn p dann q) und die materiale Äquivalenz p↔q (p genau dann wenn [g. d. w.] q) sowie

2.2 die *Quantoren* mit zugehörenden *Individuenvariablen* (x, y, ...): der Allquantor ∀xFx (für alle x gilt: x ist F) und der *Existenzquantor* ∃xFx (es gibt mindestens ein x, das F ist).

Die Übersetzung eines natursprachlichen Satzes in einen formallogischen Satz nennt man *Formalisierung*. *Ein Beispiel:* Mit „a" für „dieses Tier", „Rx" für „x ist ein Rabe" und „Sx" für „x ist schwarz" lautet die Formalisierung von „Dieses Tier ist ein schwarzer Rabe" Ra∧Sa, die von „Alle Raben sind schwarz" ∀x(Rx → Sx), und die von „Einige Raben sind nicht schwarz" ∃x(Rx ∧ ¬Sx). Mehr Information zur Logik von Begriffen und Sätzen enthält der Exkurs E4.1.

In der Erkenntnistheorie ist oft von der *Bedeutung* von Begriffen und Sätzen die Rede, deren Bestimmung das Gebiet der *Semantik* definiert. Man unterscheidet zwischen zwei Arten von semantischen Bezügen: jeder sprachliche Ausdruck hat einerseits eine *Bedeutung* und andererseits einen Gegenstandsbezug bzw. eine *Referenz*. Bedeutungen sind *interne*, Referenzen dagegen *externe* Sachverhalte. Die Bedeutung eines Begriffs ist das, was bekannt sein muss, um den Begriff richtig zu *verstehen*. Mithilfe seines Bedeutungswissens *und* Weltwissens ist ein Sprecher in der Lage, die Referenz seiner Begriffe mehr oder weniger (un)vollständig zu bestimmen. Die sprachphilosophischen Terminologien und Sichtweisen sind allerdings unterschiedlich. Die Bedeutung eines Prädikates wird üblicherweise mit der damit bezeichneten Eigenschaft identifiziert, und die Extension eines Prädikates mit der *Menge* von Individuen, die unter es fallen. Die Referenz eines singulären Terms ist das durch ihn bezeichnete Individuum und seine Bedeutung das den Gegenstand eindeutig charakterisierende Merkmalsbündel. Die Bedeutung eines Satzes ist der von ihm ausgedrückte Sachverhalt; sein Gegenstandsbezug wird manchmal mit seinem Wahrheitswert oder alternativ mit dem vom Satz bezeichneten Ereignis oder Realsachverhalt identifiziert. Mehr zu Bedeutungstheorien findet sich in Exkurs E4.3.

## 4.2 Satzarten 1: analytisch vs. synthetisch, apriori vs. aposteriori, notwendig vs. kontingent

Die erste Unterscheidung ist die zwischen *analytischen* und *synthetischen* Sätzen. Dabei beziehen wir unsere Unterscheidungen primär auf *deskriptive* Sätze, die Tatsachen wiedergeben, im Gegensatz zu *präskriptiven*, d. h. normativen oder wertenden Sätzen. Es sei betont, dass genau dieselben Unterscheidungen für Sachverhalte, Meinungen, Überzeugungen und Urteile gelten, da sie immer nur den *Inhalt* der Sätze, Sachverhalte, Meinungen oder Urteile betreffen. So wie wir also von analytischen versus synthetischen Sätzen sprechen, sprechen wir von analytischen versus synthetischen Sachverhalten, Meinungen, Überzeugungen oder Urteilen (usw.).

▶ **Definition 4.2-1: Analytisch versus synthetisch**

*Analytisch wahre* Sätze sind solche, deren Wahrheit unabhängig von der faktischen Beschaffenheit der Welt allein durch Gesetze der Logik oder Bedeutungsfestlegungen der Sprache bestimmt ist. Analytisch falsche Sätze sind analog solche, deren Falschheit auf diese Weise bestimmt ist, und analytische *Sätze* solche, deren Wahrheitswert (wahr oder falsch) auf diese Weise bestimmt ist. Analytische Sätze lassen sich weiter in logische Sätze und extralogisch-analytische Sätze untergliedern (s. u.) – eine eher selten getroffene, aber ebenso wichtige Unterscheidung (vgl. Simons 1985).

*Synthetische Sätze* sind dagegen alle Sätze, deren Wahrheitswert nicht analytisch bestimmt ist, sondern von der faktischen Beschaffenheit der Welt abhängt.

In der modernen Logik definiert man einen Satz als *logisch wahr* g. d. w. seine Wahrheit allein durch seine syntaktische Struktur und die Bedeutung seiner logischen Begriffe bestimmt ist (vgl. Schurz 2018, Kap. 1). Oder äquivalent formuliert, wenn seine Wahrheit aus seiner *logischen Form* folgt (Wittgenstein 1921). Man erhält die logische Form eines (natursprachlichen) Satzes, wenn man alle seine nichtlogischen Begriffe (singuläre Terme und Prädikate) durch uninterpretierte *Variablen* ersetzt.

(4.2-1) *Beispiel eines logisch wahren Satzes:*
Wenn alle Menschen sterblich sind, dann ist kein Mensch unsterblich.
*Satzform:* Wenn alle Fs Gs sind, dann gibt es kein F, das nicht G ist.

Die Satzform (4.2-1) ist logisch wahr, weil sie unter jeder Interpretation ihrer Prädikatvariablen „F" und „G" zu einem wahren Satz führt. Man sagt auch, (4.2-1) ist in jeder *logisch möglichen Welt* wahr. Analog ist ein Satz *logisch falsch* g.d.w. die zugehörige Satzform unter jeder möglichen Interpretation falsch wird.

Im Unterschied zu logisch wahren Sätzen wird die Wahrheit von extralogisch-analytischen Sätzen nicht schon durch die Bedeutung ihrer logischen Begriffe bestimmt, sondern sie liegt an Bedeutungskonventionen für ihre *nichtlogischen* Begriffe, die in der zugrundeliegenden Sprache verankert sind.

(4.2-2) *Beispiel eines extralogisch-analytisch wahren Satzes:*
Junggesellen sind bislang unverheiratete Männer.

Im Beispiel (4.2-2) wird der nichtlogische Begriff „Junggeselle" (das Definiendum) per Konvention auf den komplexen Begriff des „bislang unverheirateten Mannes" (das Definiens) zurückgeführt. Voraussetzung dafür ist, dass das Definiendum nicht schon anderwärtig semantisch bestimmt wurde, da ansonsten die Definition nicht mehr analytisch wäre, sondern empirischen Gehalt erzeugen würde (vgl. Schurz 2006, Abschn. 3.4). Analog definiert man extralogisch-analytisch falsche Sätze.

Extralogisch-analytische Bedeutungskonventionen müssen nicht immer die genau-wenn-dann-Form von Explizitdefinitionen haben, sondern es kann sich auch um implikative Bedeutungspostulate (z. B. „rot ist eine Farbe") oder aus Definitionen abgeleitete Konsequenzen (z. B. „ein Kreis hat keine Ecken") handeln. *Synthetisch* wahre Sätze sind dagegen Sätze wie „Susi hat blonde Haare" oder „Keine Katze ist Vegetarier"; ihr Wahrheitswert kann nur durch die Erforschung der realen Welt herausgefunden werden.

Die Unterscheidung zwischen logischen und extralogisch-analytischen Wahrheiten beruht auf der Unterscheidung zwischen logischen und nichtlogischen Begriffen. Die letztere Unterscheidung war Kritik ausgesetzt (Etchemendy 1990, S. 32 f.; 125 ff.), doch mittlerweile gibt es mehrere erfolgversprechende Vorschläge für eine klare Abgrenzung zwischen logischen und nichtlogischen Begriffen (Sher 1991; Schurz 1999, Kap. 6). Näheres dazu im *Exkurs E4.2*.

Die erkenntnistheoretische Bedeutung analytischer Sätze liegt wie erläutert darin, dass sie gemäß traditioneller Fundierungstheorie als eine Art von selbstevidenten *Basissätzen* fungieren. Für extralogisch-analytische Sätze ist dies deshalb offensichtlich, da sie auf *linguistischen Konventionen*, also auf Setzungen des Menschen beruhen. Die Selbstevidenz logisch wahrer Sätze folgt in traditioneller Sicht daraus, dass sie unverzichtbare Denkgesetze wiedergeben. In moderner Sicht ist dies aufgrund der Existenz nichtklassischer Logiken allerdings nicht mehr so klar (s. Abschn. 12.5 und Exkurs E12.4).

Mit Selbstevidenz verbindet man meist den Anspruch der Infallibilität bzw. Unfehlbarkeit. Damit steht es aber nicht so einfach, da gemäß unserer Explikation zu den analytisch wahren Sätzen nicht nur einfache basale Definitionen gehören (die jeder kompetente Sprachbenutzer versteht), sondern auch mittelbar-analytische Sätze, die auf komplizierte Weise aus Definitionen logisch folgen, und in langen Schlussketten können sich auch logisch trainierte Menschen irren (s. Abschn. 4.3).

Obwohl Definitionen nicht *empirisch* wahr oder falsch sein können, können sie doch mehr oder weniger empirisch *adäquat* sein (Hempel 1965, Kap. 6, § 5). Beispielsweise klassifizierte man bis Linné Tiere und Pflanzen nach ihren phänomenologischen Merkmalen. Die Klassifikation nach der genetischen Abstammung, die Darwin ein Jahrhundert später begründete, stellte sich als empirisch adäquater heraus, weil sie wesentlich mehr biologisch relevante Merkmalszusammenhänge widerspiegelte. Aber auch eine rein genetische Klassifikation hat ihre Probleme, und die Annahme, es gäbe in der Biologie objektive natürliche Arten und Gattungen, erweist sich als unhaltbar (Schurz 2011, Abschn. 2.5), denn die Konstitution natürlicher Arten ist von Hintergrundtheorien und kognitiven Zwecken abhängig (vgl. Jaag und Loew 2020).

Gemäß einer auf Platon und Aristoteles zurückgehenden Tradition, die auch in der gegenwärtigen Metaphysik Anhänger hat, werden sehr ‚natürliche' Definitionen als synthetisch wahre ‚Realdefinitionen' oder Wesensdefinitionen aufgefasst (Fine 1994; Weingartner 1996, S. 292; Brendel 2013, S. 9). Diese Konzeption beruht auf der Annahme, die wesentlichen Merkmale einer natürlichen Art wären objektiv vorgegeben, was uns aus angeführten Gründen unhaltbar zu sein scheint. Der Konzeption von ‚Realdefinitionen' schließen wir uns nicht an, weil damit die Abgrenzung zwischen Definitionen und synthetischen Sätzen *unklar* werden würde, und verstehen unter „Definition" immer explizite oder implizite sprachliche Konventionen.

Für *natürliche* Sprachen ist die Unterscheidung zwischen extralogisch-analytischen und synthetischen Wahrheiten nicht immer klar. Dieser Punkt wurde insbesondere von Willard V.O. Quine (1951) kritisiert. Quine ist darin recht zu geben, dass in natürlichen Sprachen nur selten ein Begriff durch eine explizite Definition eingeführt wird, so wie dies in technisch normierten Sprachen der Fall ist. Für empirische Grundbegriffe erfolgt die Bedeutungsfestlegung nicht durch sprachliche Definitionen, sondern *ostensiv,* also durch Hinzeigen auf sinnlich wahrnehmbare Dinge oder Merkmale. Die Bedeutung theoretischer Begriffe (wie z. B. „Kraft", „Magnetfeld", etc.) wird durch Kernaxiome von Theorien bestimmt (Schurz 2006, Abschn. 5.4.2). Wenn man andererseits, so wie Quine, die analytisch-synthetisch Unterscheidung gänzlich verwirft, handelt man sich schwerwiegende Probleme ein, über die im Exkurs E4.3 näher informiert wird.

Mit der analytisch-synthetisch Unterscheidung nicht verwechselt werden sollte eine zweite und ähnliche Unterscheidung: die zwischen *apriorischen* und *aposteriorischen* Sätzen.

▶ **Definition 4.2-2: Apriori versus aposteriori**

Ein Satz heißt *apriorisch wahr*, wenn seine Wahrheit ohne Rückgriff auf Sinneserfahrung begründet werden kann. Andernfalls (wenn seine Begründung nur durch Rekurs auf Sinneserfahrung möglich ist) heißt der Satz *aposteriorisch wahr* (vgl. Graijner 2019, S. 146).

Die Prototypen von apriorisch wahren Sätzen sind die analytisch wahren Sätze. Doch impliziert der Begriff des Apriorischen nicht notwendig den des Analytischen. Es ist philosophisch kontrovers, ob es nicht auch noch andere, beispielsweise synthetisch apriorisch wahre Sätze gibt. Letztere Frage macht den wesentlichen Meinungsunterschied zwischen empiristischen und rationalistischen

Strömungen aus (s. Abschn. 6.4). Darüber hinaus enthält der Begriff des Apriorischen einen beträchtlichen Bedeutungsspielraum: Die erfahrungsunabhängige Begründung einer apriorischen Überzeugung kann sich entweder auf Denkgesetze, auf Gesetze unseres Vorstellungsvermögens oder auf Begriffskonventionen stützen, was einen erheblichen Unterschied für den Wahrheitsanspruch ausmacht (Näheres dazu in Exkurs E12.3).

Mit den zwei erläuterten Begriffspaaren hängt auch der Begriff der *Notwendigkeit* oder notwendigen Wahrheit zusammen. Intuitiv meint man mit „notwendig" Tatsachen, die zwingend eintreten. Nichtnotwendige Tatsachen bezeichnet man auch als *kontingent*. Doch was zählt alles zu notwendigen Tatsachen, und woran erkennt man sie? Hält man sich vor Augen, was nicht schon alles in der Philosophiegeschichte als „notwendig" bezeichnet wurde und später nicht nur als nicht notwendig, sondern als faktisch falsch erkannt wurde (vom Kreationismus bis zur klassischen Mechanik), so erscheint es dringend geboten, die Bedeutung des Notwendigkeitsbegriffs zu klären. Aus empiristischer Sicht gibt es nur zwei Notwendigkeitsbegriffe:

1. Der Begriff der *analytischen Notwendigkeit*, definiert als Folgerbarkeit aus logischen Gesetzen und extralogisch-analytischen Bedeutungskonventionen.
2. Der Begriff der *naturgesetzlichen* (nomologischen oder physikalischen) *Notwendigkeit,* definiert als Folgerbarkeit aus wahren fundamentalen Naturgesetzen. Der naturgesetzliche Notwendigkeitsbegriff geht über strikte Regelmäßigkeit hinaus, denn nicht jeder wahre raumzeitlich unbeschränkte Allsatz ist gesetzesartig (Jaag und Schrenk 2020). Beispielsweise ist es wahrscheinlich wahr, dass kein Klumpen aus Gold einen Durchmesser von mehr als einem Kilometer besitzt, doch handelt es sich dabei um kein Naturgesetz, denn ein Klumpen Gold von dieser Größe ist physikalisch möglich. Im Gegensatz dazu ist ein derart großer Klumpen aus radioaktiv angereichertem Uran physikalisch unmöglich, denn er würde aufgrund einer atomaren Kettenreaktion explodieren (van Fraassen 1989, S. 27).

Analytische und naturgesetzliche Notwendigkeit sind grundverschieden. Während analytische Notwendigkeit konzeptueller Natur ist, also aus den Gesetzen unseres Begriffssystems folgt, resultiert naturgesetzliche Notwendigkeit aus den Grundgesetzen der subjektunabhängigen Wirklichkeit. Daher ist analytische Notwendigkeit apriori, naturgesetzliche Notwendigkeit dagegen aposteriori.

Nicht alle Philosophen teilen diese Auffassung von Notwendigkeit (mehr dazu im Exkurs E4.2). Angesichts der Heterogenität von Notwendigkeitsbegriffen ist es ein Gebot epistemischer Transparenz, zu klären, was man unter ‚notwendig' versteht. Einige analytische Philosoph(inn)en verwenden den Notwendigkeitsbegriff als unexplizierten Grundbegriff, so als ob der Begriff intuitiv klar wäre. Ein Beispiel ist die ansonsten höchst schätzenswerte Erkenntnistheorie von Roderick Chisholm (ähnlich bei Pollock 1986, S. 31), wo es z. B. heißt:

h [eine Proposition] ist für S [ein Subjekt] zur Zeit t *selbstpräsentierend* g. d. w. h zur Zeit t stattfindet und wenn h zur Zeit t stattfindet, notwendigerweise gilt, dass h für S zur Zeit t evident ist (Chisholm 1976, S. 43, D2.1).

Der Begriff der Selbst-Präsentierung ist epistemisch sehr nützlich, aber was bedeutet dabei das „notwendigerweise"? Der beschriebene (rechts vom „wenn" stehende) Zusammenhang gilt nur für ein kognitiv normal funktionsfähiges Bewusstsein, nicht aber für gestörte Bewusstseinszustände (s. Abschn. 11.2.3) und kann daher weder analytisch noch naturgesetzlich notwendig sein. Oder wird hier eine metaphysische Wesensnotwendigkeit unterstellt (die weiter oben kritisiert wurde)? Wir werden im Folgenden den Notwendigkeitsbegriff nur sparsam und wenn, dann mit klarer Bedeutung verwenden.

## 4.3 Satzarten 2: Intern vs. extern, basal vs. hypothetisch

Eine weitere bereits angeschnittene Unterscheidung, die besonders für alle *synthetischen* Sätze Relevanz besitzt, ist die zwischen internen und externen Sätzen (bzw. Überzeugungen, Sachverhalten oder Zuständen). Ein *interner Satz* drückt einen Sachverhalt über einen inneren Zustand des gegebenen Erkenntnissubjekts zu einem gegeben Zeitpunkt t aus, der diesem Subjekt zu diesem Zeitpunkt t *bewusst* ist oder seinem Bewusstsein zumindest ‚durch Anfrage' *zugänglich* gemacht werden könnte. Weil sie sich auf das eigene Bewusstsein beziehen, haben interne Sätze grundsätzlich *Ich-Form* („Ich habe die-und-die Erfahrung").

Die internen Sätze unterteilen sich weiter in

- interne *Vergangenheitssätze,* die den Inhalt von *Erinnerungssätzen* bilden,
- interne *Gegenwartssätze,* die wir die *introspektiven* Sätze nennen, weil sie dem (normal ausgebildeten) Bewusstsein *direkt* zugänglich sind, sowie
- interne *Zukunftssätze,* die den Inhalt von *internen Voraussagen* (des eigenen Bewusstseinszustandes) bilden.

Die Unterscheidung dieser drei Arten interner Sätze wird in der Literatur meist unterlassen, ist aber bedeutsam, da aus konsequent fundierungstheoretischer Perspektive (s. Abschn. 2.6) nur die introspektiven Sätze zweifelsfreie Basissätze sind. Dabei ist unter der „introspektiven Gegenwart" nicht ein ‚unendlich kleiner' Augenblick, sondern ein sekundenlanges Zeitintervall zu verstehen – in Computersprache jene periodische Zeitspanne, in dessen Rhythmus der Arbeitsspeicher aktualisiert wird. Dagegen sind Erinnerungssätze, auch wenn sie die selbst erlebte Vergangenheit betreffen, fehlbar und rationaliter anzweifelbar. Erst recht sind natürlich interne Voraussagen fehlbar.

Ein *externer* Satz, im Folgenden auch *Realsatz* genannt, beschreibt dagegen einen Sachverhalt über einen Zustand der (angenommenen) Realität *außerhalb* des Erkenntnissubjekts, wobei das „außerhalb" räumlich wie begrifflich aufzufassen ist. Das heißt, die externe Realität ist räumlich außerhalb und begrifflich unabhängig vom Erkenntnissubjekt, kann aber in kausalen Beziehungen zu diesem stehen. Natürlich kann man nur dann externe Sachverhalte annehmen, wenn man die Position des erkenntnistheoretischen *Realismus* bezieht, zumindest in einer schwachen Variante. Für einen subjektiven Idealisten bzw. *Solipsisten* existieren nur die eigenen Bewusstseinszustände, die auch *mentale* Zustände genannt werden, d. h. der Solipsist erkennt nur die Existenz interner Sachverhalte (bzw. Zustände, Gegenstände) an.

Die Position, die aus bloß methodologischen Gründen einen solipsistischen Ausgangspunkt annimmt, in dem zunächst nur introspektiv zugängliche Sachverhalte als Basissachverhalte zugelassen werden, nennt man auch den *methodologischen Solipsismus* (vgl. Carnap 1928, S. 80–87). Der methodologische Solipsismus spielt für fundierungstheoretische Erkenntnistheorien eine grundlegende Rolle, um zu zirkelfreien Rechtfertigungen zu gelangen. Er ist nicht an den Reduktionismus des ‚echten' Solipsisten gebunden, der alle Phänomene auf interne reduzieren will (eine kaum haltbare Annahme, s. Abschn. 7.4), sondern lässt kreative abduktive Erweiterungsschlüsse zu. Sobald man eine solipsistische Position einnimmt – sei es nur temporär für methodologische Zwecke – darf auch das Wahrheitsziel nicht mehr realistisch verstanden werden, was jedoch unproblematisch ist, da der korrespondenztheoretische Wahrheitsbegriff (wie in Abschn. 5.2 und Exkurs E7.2 ausgeführt) *ontologisch neutral* ist, d. h. sich nicht nur auf externe, sondern auch auf interne Phänomene beziehen kann.

Es gibt unterschiedliche Spielarten von Internalismus. So unterscheidet man zwischen Zustandsinternalismus (oder mentalistischem Internalismus) und Zugänglichkeitsinternalismus (vgl. Steup 2018, Abschn. 2.3; Fumerton 1995, S. 60–66; Goldman 2009). Dem Zustandsinternalismus zufolge bezeichnet ein interner Sachverhalt einen mentalen Zustand des Erkenntnissubjekts. Viele unserer Überzeugungen – z. B. wann meine Mutter geboren ist oder dass 371 plus 436 807 ergibt – sind uns aber keineswegs immer aktual präsent, was gegen den Zustandsinternalismus spricht (vgl. Goldman 2009 et al., S. 210, 217). Wir können diese Überzeugungen aber jederzeit ‚auf Anfrage' aus dem Gedächtnis rufen oder argumentativ generieren. Diese Überzeugungen existieren in uns also als *Dispositionen*, d. h., auf entsprechende Aufforderungen können manifeste Überzeugungen generiert werden (vgl. Ernst 2014, S. 71). Unsere Überzeugungen sind uns also nicht immer aktual präsent, aber jederzeit zugänglich. Man spricht hier vom *Zugänglichkeitsinternalismus*, für den wir uns aufgrund seiner Vorzüge aussprechen. Aus demselben Grund verstehen wir unter der Überzeugung (oder Meinung) eines Subjekts immer eine *dispositionelle* Überzeugung, denn nur ein Bruchteil unserer Überzeugungen ist uns zu einem gegebenen Zeitpunkt mental präsent (vgl. Schwitzgebel 2019, sec. 1.2).

Zusammengefasst zählt zum ‚Erkenntnissubjekt' alles, was dem Bewusstsein direkt zugänglich ist. Das permanent Unbewusste gehört ebenso zum Reich des Externen wie die Außenwelt. Die Abgrenzung des direkt Zugänglichen vom bloß indirekt Zugänglichen ist in der Erkenntnistheorie häufig Zweifeln ausgesetzt (vgl. Hübner 2015, S. 22). Wir werden jedoch in den Abschn. 5.2 und 11.2 eine ein-

## 4.3 Satzarten 2: Intern vs. extern, basal vs. hypothetisch

fache kausaltheoretische Verteidigung dieses Konzepts geben, der zufolge all jene Sachverhalte direkt kognitiv zugänglich sind, deren informationsübertragende Kausalketten vollständig im introspektiven Bewusstsein liegen. Sachverhalte, deren informationsübertragende Kausalketten teilweise aus externen Tatsachen bestehen, sind dagegen indirekt und hypothetischer Natur.

Die Klassifikation der introspektiv zugänglichen Phänomene in unterschiedliche Arten gehört zur Disziplin der introspektiven Psychologie. Zunächst einmal lassen sich alle introspektiv zugänglichen Phänomene unterteilen in willentlich nicht (bzw. nicht direkt) kontrollierbare Phänomene, sogenannte *Erscheinungen*, und willentliche direkt kontrollierbare oder *volitive* Phänomene. Die Erscheinungen wiederum zerfallen in (1) *Sinneserscheinungen* und in (2) *Innenerscheinungen*. Für Sinneserscheinungen (auch ‚Sinnesdaten' genannt) ist es wesentlich, dass ihr Inhalt logisch unabhängig von der angenommenen Realität desselben ist (Edmund Husserl sprach hier von der ‚Einklammerung' der Realitätshypothese). Wir formulieren Sinneserscheinungssätze daher in folgender Standardform:

(4.3-1) *Sinneserscheinungssatz*: Ich habe jetzt das Seherlebnis, dass p – z. B., dass dort eine Person steht. Alternativ: Mir scheint, dass p (vgl. Chisholm 1976, Kap. 9).

Der Sinneserscheinungssatz (4.3-1) ist auch dann wahr, wenn dort gar keine Person steht, sondern es sich um eine Halluzination oder eine optische Täuschung handelt. Es ist daher wichtig, einen solchen Sinnes*erscheinungs*satz von einem sogenannten Sinnes*real*satz zu unterscheiden, der zwar ebenfalls die Ichform besitzt, aber die Realität der Sinneserscheinung unterstellt und wie folgt formuliert wird:

(4.3-2) *Sinnesrealsatz*: Ich sehe jetzt eine Person, die dort steht.

Natursprachlich wird der Unterschied zwischen (4.3-1) und (4.3-2) meist verwischt, da man im Alltag meist einen unreflektierten Realismus voraussetzt. Auch philosophisch wird oft von „Wahrnehmungsurteilen" gesprochen, ohne anzugeben, ob sie introspektiv oder realistisch gemeint sind. Für erkenntnistheoretische Zwecke ist die Unterscheidung unentbehrlich, weshalb wir von introspektiven Urteilen als ‚Erscheinungsurteilen' sprechen – was nicht suggerieren soll, dass der Erscheinung nichts in der Außenwelt entspricht, sondern dass lediglich nicht *automatisch* impliziert wird, dass ihr etwas entspricht. Semantisch gesehen sind Sinneserscheinungssätze wie Sinnesrealsätze Einstellungssätze bzw. intentionale Sätze. Man nennt die von (4.3-1) ausgedrückte Einstellung auch *de-dicto* und die von (4.3-2) *de-re* (Chisholm 1976, S. 130). Logisch gesehen unterscheiden sich beide Satzarten darin, dass für (4.3-1) die Existenzquantifikation ($\exists x$) außerhalb des Einstellungsoperators verboten ist („Ich sehe dass(a ist F))" impliziert nicht analytisch „$\exists x$(Ich sehe dass(x ist F))"), während sie für (4.3-2) erlaubt ist („Ich sehe ein a, das F ist" impliziert analytisch „$\exists x$(Ich sehe ein x, das F ist)").

Sinneserscheinungssätze können sich auf unterschiedliche Sinnesmodalitäten beziehen. Zumeist beziehen sie sich auf den Sehsinn, denn der Mensch ist primär ein ‚Sehtier'. Auch wissenschaftliche Messungen beruhen auf visuellen Skalenablesungen, die mittels *Messtheorien* interpretiert werden (Schurz 2006, Abschn. 2.7.2). Sinneserscheinungssätze beziehen sich immer auf Wahrnehmungen durch die *äußeren* (bzw. biologischen) Sinne, wogegen sich Innenerscheinungen auf die Selbstwahrnehmung innerer Zustände oder Vorgänge beziehen. Innenerscheinungen sind somit *reflexiver* Natur – schon John Locke nannte Sinneserscheinungen *sensations* und Innenerscheinungen *reflexions* (Abschn. 8.4).

Abhängig vom Inhalt, auf den sich Innenerscheinungen beziehen, lässt sich weiter unterscheiden zwischen (2.1) *Erinnerungen*, die sich auf vergangene Erscheinungen beziehen, (2.2) aktuale *Selbstreflexionen,* die sich auf aktuale Gedanken, Vorstellungen oder Gefühle beziehen, und (2.3) die *Gefühle* selbst (im Gegensatz zur Reflexion der Gefühle, die unter 2.2 fällt).

Erinnerungssätze haben die kanonische Form:

(4.3-3)   *Erinnerungssatz:* Ich erinnere mich jetzt, dass ich zu einem früheren Zeitpunkt t das introspektive Erlebnis q hatte – z. B. dass ich gestern gesehen habe, dass eine Person hinfiel.

(4.3-3) enthält zwei Zeitpunkte, die aktuale Gegenwart „jetzt" und den vergangenen Zeitpunkt t, zu dem der Inhalt der Erinnerung stattfand. Der Erinnerungssatz selbst beschreibt also ein introspektiv zugängliches Element des Aktualbewusstseins, nämlich dass ich mich jetzt erinnere; nur der erinnerte Inhalt – ausgedrückt durch den Teilsatz, auf den sich der Erinnerungsoperator „Ich erinnere mich jetzt" bezieht – liegt in der Vergangenheit. Dieser Teilsatz gehört nicht zur Klasse der Basissätze, denn Erinnerungen, auch wenn sie sich auf Internes beziehen, sind fehlbar: Ich könnte mich falsch erinnern und das Seherlebnis der hinfallenden Person nicht erst gestern, sondern schon vorgestern gehabt haben. Der Erinnerungssatz selbst aber – dass ich mich jetzt so erinnere – ist ein nicht sinnvoll bezweifelbarer Basissatz.

Der Erinnerungssatz (4.3-3) enthält zwei verschachtelte Teilsätze mit dass-Klauseln – vereinfacht formuliert: „Ich erinnere mich, dass ich gesehen habe, dass p". Ist der äußere Teilsatz „ich habe gesehen, dass p" wahr, dann ist der Erinnerungssatz *intern korrekt*, d. h., er gibt einen vergangenen internen Zustand korrekt wieder. Ist auch der innere Teilsatz „p" wahr, dann ist der Erinnerungssatz darüber hinaus *extern korrekt,* d. h. der Inhalt des erinnerten Sachverhaltes entsprach einer Realtatsache. Habe ich im Beispiel (4.3-3) gestern weder tatsächlich noch vermeintlich eine hinfallende Person gesehen, so ist (4.3-3) weder intern noch extern korrekt; habe ich mir gestern den Anblick einer hinfallenden Person lediglich eingebildet, so ist (4.3-3) intern, aber nicht extern korrekt, und fiel gestern tatsächlich eine Person hin, die ich gesehen habe, so ist (4.3-3) sowohl intern wie extern korrekt.

### 4.3 Satzarten 2: Intern vs. extern, basal vs. hypothetisch

Aktuale Selbstreflexionssätze haben die Form „Ich bin mir jetzt *gewahr*, dass ich gerade das-und-das wahrnehme, fühle, mir vorstelle, denke, oder tue". Gefühlssätze dagegen besagen lediglich „Ich fühle jetzt das-und-das". Sie werden nicht immer explizit reflektiert, ebenso wenig wie Sinneserscheinungen; im Gegenteil, die meisten Sinneswahrnehmungen und Gefühle gehen unreflektiert oder gar unbewusst vor sich und werden nur zu bestimmten kognitiven Anlässen reflektiert, z. B. zu Begründungszwecken (vgl. Abschn. 5.4).

Das Wesentliche aller (reinen) Erscheinungssätze ist es, dass sie nicht unserem Willen unterliegen, sondern sich uns (unter bestimmten Bedingungen) *aufdrängen*, ob wir wollen oder nicht. Beispielsweise drängt sich mir, am Schreibtisch sitzend, wann immer ich die Augen öffne, die Seherscheinung des Schreibtisches vor mir auf. Es ist mir unmöglich, diese Seherscheinung durch bloße Willensanstrengung zum Verschwinden zu bringen. Ähnliches gilt für Erinnerungen.

Anders ist es mit einer anderen Klasse von introspektiven Sätzen bestellt: die (3) *volitiven* Sätze, die das beschreiben, was unmittelbar unserem Willen unterliegt. Man kann sie in zwei Gruppen einteilen: (3.1) *Wollenssätze* beschreiben die Inhalte unseres Willens und haben die Standardform „Ich will jetzt, dass p". (3.2) *Handlungssätze* beschreiben unsere Handlungen oder Handlungsversuche. Sie haben eine selbstwahrgenommene motorische Komponente, die bloßen Wollenssätzen fehlt, und haben die Form „Ich führe jetzt die-und-die Handlung oder den-und-den Handlungsversuch durch" (wobei wir unter „Handlung" eine gewollte motorische Bewegung verstehen). Schließlich gibt es eine wichtige Klasse von in Bezug auf diese Zweiteilung *gemischten* introspektiven Phänomenen, die *mehr oder weniger* dem Willen unterliegen können oder nicht. Dazu zählen insbesondere die bloßen *Glaubenssätze* der Form „Ich glaube, dass p", wobei das „p" sich nun nicht auf einen introspektiven Zustand beziehen muss, sondern jeden beliebigen Sachverhalt beschreiben kann, und (Abschn. 4.2) die *Vorstellungssätze* der Form „ich stelle mir vor (ich imaginiere), dass p", die den Inhalt unserer Vorstellungen bis hin zu Phantasien und Wachträumen wiedergeben. Vorstellungssätze sind nicht völlig, aber in hohem Maße von unserem Willen beeinflussbar. Ob und in welchem Maße Glaubenssätze durch den bloßen Willen beeinflussbar sind, ist kontrovers (vgl. Bratman 1992, S. 3; Schwitzgebel 2019, sec. 2.5). Der Glaube an wahrgenommene Ereignisse lässt sich meist nicht willentlich beeinflussen, obzwar auch hier Verdrängungsmechanismen möglich sind. Für ästhetische oder religiöse Glaubensinhalte scheint eine willentliche Beeinflussung eher möglich zu sein. Natürlich können wir unseren Glauben indirekt beeinflussen, indem wir neue Erfahrungen oder Begründungen erwerben.

Der wichtigste Aspekt unserer Unterscheidungen ist der *basale* versus *hypothetische* Charakter von Überzeugungen. Basalen Status besitzen nur

a) einerseits die introspektiven Überzeugungen, und
b) andererseits die analytisch wahren Überzeugungen, bzw. genauer gesagt, die kognitiv ‚hinreichend' einfachen analytisch wahren Überzeugungen.

Die Natur der Selbstevidenz bzw. Unkorrigierbarkeit von introspektiven Sätzen wird in den Abschn. 6.1 und 11.2.3 näher erklärt und gegen Einwände verteidigt. In Bezug auf b) ergeben sich zwei bereits erwähnte Komplikationen. *Erstens* sind analytische Sätze, deren Wahrheit auf komplizierten Beweisen beruhen, nicht mehr selbstevident, da die Beweisführung Fehler enthalten könnte. Allerdings kann ihr Sicherheitsgrad durch wiederholte logische Überprüfung beliebig nahe an 100 % herangeführt werden, im Gegensatz zu induktiven oder abduktiven Hypothesen oder Schlüssen, in denen wir uns irren können, selbst wenn in ihrer Rechtfertigung keine Fehler passiert sind. Daher fassen wir idealisierenderweise alle analytischen Sätze als basal auf. *Zweitens* ist in moderner Sicht die klassische Logik nicht mehr ein völlig apriorisches Denkwerkzeug, da einige ihrer Annahmen (z. B. das Zweiwertigkeitsprinzip) in nichtklassischen Logiken aufgegeben oder modifiziert werden. Daher stellt sich auch für die Verwendung eines logischen Systems die Frage nach der Rechtfertigung, die wir in Abschn. 12.5 und Exkurs E12.4 behandeln. Bis dahin nehmen wir einfachheitshalber die Gesetze der Logik als basal an.

Alle anderen Sätze, insbesondere alle synthetischen Realsätze, aber auch interne Zukunftssätze, sind nicht basal, sondern *hypothetischer* Natur; selbst interne Vergangenheitssätze sind schwach hypothetisch (s. Abschn. 14.5).

Die analytisch-synthetisch Unterscheidung ist auch innerhalb der introspektiven Sätze möglich, hier aber epistemisch belanglos, denn introspektive Sätze sind immer basal. Beispielsweise ist „Ich habe jetzt die Seherscheinung, dass p, oder ich habe sie nicht" ein analytisch wahrer introspektiver Satz, der für mich ebenso basal ist wie der synthetische introspektive Satz „Ich habe jetzt die Seherscheinung, dass p".

Innerhalb der Klasse der Realsätze gibt es unterschiedliche *Grade* der *Hypothetizität*. Am wenigsten hypothetisch sind die Sinnesrealsätze. Die weiteren Unterscheidungen sind insbesondere für die *Wissenschaftstheorie v*on Bedeutung (vgl. Schurz 2006, Abschn. 3.2–3.8). Eine Stufe hypothetischer als Sinnesrealsätze sind die *aktualen Beobachtungssätze*, die den Inhalt einer aktual gemachten Wahrnehmung ohne Ichbezug wiedergeben. Ihr hypothetischer Charakter reduziert sich auf die realistische Interpretation der Wahrnehmung. Die nächste Stufe sind *potentielle Beobachtungssätze* – das sind singuläre Sätze, die eine Beobachtung ausdrücken, die nicht gemacht wurde, z. B. weil sie sich auf die Zukunft bezieht, aber gemacht werden könnte. Potentielle Beobachtungssätze sind empirische Voraussagen und benötigen zu ihrer Rechtfertigung einen induktiven Schluss. Noch einen Grad hypothetischer sind empirische Generalisierungen, wie z. B. „Alle Raben sind schwarz", deren Rechtfertigung auf einem induktiven Generalisierungsschluss beruht. Wie Karl Popper (1935, Kap. I–IV) betonte, sind strikte (ausnahmslose) empirische Allsätze, im Gegensatz zu Beobachtungssätzen, nicht streng verifizierbar, denn Beobachtungen sind endlich, während Allsätze über potentiell unendlich viele Gegenstände sprechen. Dagegen kann ein Allsatz durch ein einziges empirisches Gegenbeispiel widerlegt werden; er ist also strikt falsifizierbar. Allerdings trifft Poppers ‚Asymmetrie von Verifikation und

## 4.3 Satzarten 2: Intern vs. extern, basal vs. hypothetisch

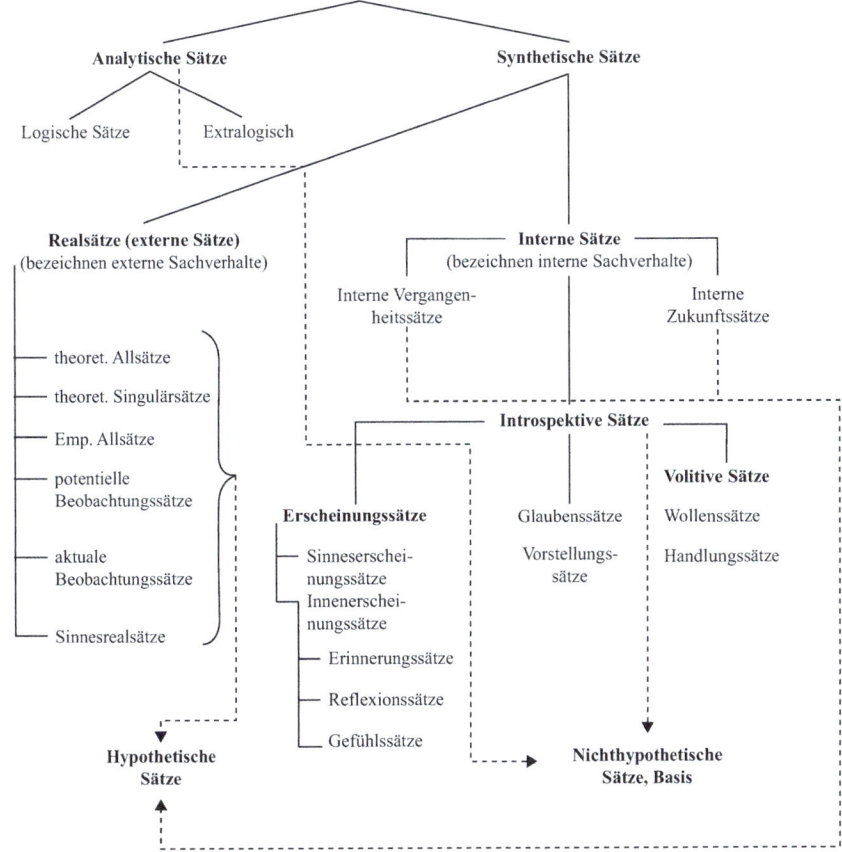

**Abb. 4.1** Epistemische Klassifikation von Satzarten

Falsifikation' nur auf strikte Allsätze zu, aber nicht mehr auf Allexistenzsätze oder statistische Generalisierungen; die letzteren beiden sind weder strikt verifizierbar noch falsifizierbar, wohl aber empirisch-induktiv bestätigbar (siehe Abb. 4.1).

(4.3-4) *Beispiele für epistemische Satzarten:*

| | |
|---|---|
| Dieser Tisch besteht aus Atomen oder nicht. | analytisch wahrer Satz (logisch, Realsatz) |
| Ein Kreis hat keine Ecken. | analytisch wahrer Satz (extralog., Realsatz) |
| Ich habe jetzt das Seherlebnis, dass dort ein Tisch steht, oder ich habe es nicht. | analytisch wahrer Satz (logisch, intern) |
| Alle Materie besteht aus Atomen. | theoretischer Allsatz |
| Dieser Tisch besteht aus Atomen. | theoretischer Singulärsatz |

| | |
|---|---|
| Die meisten Tische sind aus Holz. | empirische Generalisierung |
| Nebenan steht ein Tisch. | potentieller Beobachtungssatz |
| Dort vor mir steht (jetzt) ein Tisch. | aktualer Beobachtungssatz |
| Ich sehe jetzt den Tisch dort. | Sinnesrealsatz |
| Ich habe jetzt das Seherlebnis, dass dort ein Tisch steht (Mir scheint, dass …). | Sinneserscheinungssatz |
| Ich bin mir jetzt gewahr (ich glaube jetzt), dass ich (jetzt) sehe, dass dort ein Tisch steht. | Reflexionssatz |
| Ich erinnere mich (jetzt), gestern gesehen zu haben, dass dort ein Tisch stand. | Erinnerungssatz |
| Ich fühle mich gerade einsam. | Gefühlssatz |
| Ich will jetzt den Tisch verrücken. | Wollenssatz |
| Ich verrücke jetzt den Tisch. | Handlungssatz |
| Ich glaube, dass der Mensch gut ist. | Glaubenssatz |
| Ich stelle mir vor, dass Gott existiert. | Vorstellungssatz |

Noch stärker hypothetisch sind theoretische Sätze, die unter ihren nichtlogischen Begriffen nicht nur empirische (also beobachtbare), sondern auch theoretische Begriffe enthalten. Theoretische Begriffe bezeichnen unbeobachtbare Entitäten oder Merkmale, wie z. B. „Elektron", „Magnetfeld", und werden abduktiv erschlossen (s. Abschn. 14.1.3). Unter den theoretischen Sätzen sind die theoretischen Allsätze wiederum stärker hypothetisch als die theoretischen Singulärsätze. Die Abb. 4.1 fasst die epistemische Klassifikation aller Satzarten zusammen. In (4.3-4) wird für jede dieser Satzarten ein Beispiel gegeben.

Die in diesem Abschnitt skizzierte introspektive Psychologie (oder *folk psychology*) ist allen Menschen wohlvertraut und wurde von so gut wie allen Philosophen der Neuzeit, unabhängig von ihrer Ausrichtung, in ähnlicher Weise durchgeführt (s. Teil B). Offenbar bildet sie grundlegende Gemeinsamkeiten des Bewusstseins von Menschen ab. Sie wird von der experimentellen Psychologie gelegentlich als ‚vorwissenschaftlich' bezeichnet, weil sie sich nicht auf realistisch interpretierte Wahrnehmung, sondern auf Icherfahrung stützt. Doch für die Erkenntnistheorie ist sie von grundlegender Bedeutung, da sie die Ausgangsbasis aller Rechtfertigungsketten formuliert, auf die sich letztendlich auch experimentelle Wissenschaftlerinnen und Wissenschaftler stützen müssen, wenn sie ihre Erfahrungen protokollieren. Im Übrigen werden die Einteilungen der introspektiven Psychologie durch Befunde der experimentellen Psychologie bestätigt, was die Struktur eines partiellen Rechtfertigungszirkels bildet (s. dazu Abschn. 12.3).

## 4.4 Arten und Reliabilität von Schlüssen: Deduktion, Induktion und Abduktion

Die epistemische Klassifikation von Satzarten hatte unter anderem den Zweck, die Grundtypen basaler Urteile zu definieren und von hypothetischen Urteilen abzugrenzen. Hypothetische Urteile sind rechtfertigungsbedürftig und müssen durch Argumente bzw. Schlüsse belegt werden. Unter einem *Argument* bzw. *Schluss* versteht man ganz allgemein einen Übergang von einer endlichen Menge von Prämissen zu einer Konklusion. Wir kürzen die Konklusion eines Schlusses mit „K" und seine Prämissen mit $P_1,...,P_n$ ab. Man schreibt einen Schluss entweder in die horizontale oder die kompaktere vertikale Form; dabei bedeutet der (horizontale oder schräge) Schlussstrich soviel wie „Daher:".

$$\begin{array}{c} P_1 \\ \vdots \\ P_n \\ \hline K \end{array} \qquad P_1,...,P_n \,/\, K$$

Es gibt jede Menge irrationaler Fehlschlüsse. Damit ein Schluss *rational akzeptierbar* ist, muss seine Reliabilität gewährleistet sein, d. h. der Schluss muss folgende *informationsübertragende* Eigenschaft besitzen: Sind alle Prämissen wahr, dann ist auch die Konklusion wahr, entweder mit Sicherheit oder mit ‚hinreichend' hoher Wahrscheinlichkeit. Die Wahrscheinlichkeit der Konklusion unter der Annahme der Prämissen nennt man auch ihre bedingte Wahrscheinlichkeit und schreibt dafür $P(K \mid P_1 \wedge ... \wedge P_n)$, mit „P" für Wahrscheinlichkeit *(probability)*. „$P_1 \wedge ... \wedge P_n$" ist die Konjunktion der Prämissen und der senkrechte Strich „|" das Bedingungszeichen (zu unterscheiden vom schrägen Schlussstrich „/"). Handelt es sich dabei um eine objektiv-statistische Wahrscheinlichkeit, dann verwenden wir den Kleinbuchstaben „p", und der Ausdruck $p(K \mid P_1 \wedge ... \wedge P_n)$ gibt an, wie häufig Schlüsse derselben Form wie „$P_1,...,P_n/K$" von wahren Prämissen zu einer wahren Konklusion führen; man nennt dies die *Reliabilität* des Schlusses. Andernfalls handelt es sich bei „P" um eine auf den einzelnen Schluss „$P_1,...,P_n/K$" bezogene subjektiv-epistemische Wahrscheinlichkeit, die den *rationalen Glaubensgrad* der Konklusion unter der *Annahme* der Prämissen angibt, den man auch als *rationalen Erwartungswert* der Schlussreliabilität auffassen kann. Dass die bedingte Konklusionswahrscheinlichkeit ‚hinreichend hoch' ist, bedeutet genauer, dass sie mindestens so hoch ist wie eine gewisse Akzeptanzschwelle. Unter der *Akzeptanzschwelle* $\alpha$ versteht man die Mindesthöhe der Wahrscheinlichkeit eines Satzes, die nötig ist, um ihn zu glauben bzw. zu akzeptieren (Foley 1992). Die Akzeptanzschwelle $\alpha$ bzw. die gerade noch tolerierbare Irrtumswahrscheinlichkeit $1-\alpha$ wird durch den Anwendungskontext bestimmt (z. B. $\alpha = 85\,\%$ oder $99\,\%$) und hängt insbesondere davon ab, was ‚auf dem Spiel steht' (Bratman 1992). Sie muss aber zumindest höher sein als 0,5, damit nicht auch die Negation von K akzeptierbar ist (Näheres im Exkurs E4.4).

Als weitere Bedingung der rationalen Akzeptierbarkeit eines Schlusses wird meist genannt, dass seine *Prämissen* als wahr bekannt bzw. als hochwahrscheinlich begründet sind. Die zweite Bedingung hat aber weniger mit der Akzeptabilität des Schlusses als *konditionales* Rechtfertigungsinstrument zu tun ('wenn Prämissen, dann Konklusion'), als mit der *Anwendung* eines Schlusses als Mittel, um aus bereits gerechtfertigten Überzeugungen (den Prämissen) neue Überzeugungen (die Konklusion) zu gewinnen. Wenn man über den Wahrheitswert seiner Prämissen nicht Bescheid weiß, kann man einen Schluss immer noch zum Zweck des *hypothetischen Schließens* verwenden, z. B. als Gedankenexperiment („was wäre, *wenn* die Prämissen wahr wären?").

Grundsätzlich unterscheidet man zwischen deduktiven (bzw. logisch gültigen) und nicht-deduktiven Schlüssen, und unter letzteren zwischen induktiven und abduktiven Schlüssen.

---

**Merksatz 4.4-1**

**Deduktive und nichtdeduktive Schlüsse**

*Deduktive Schlüsse sind sicher:* Sie übertragen die Wahrheit ihrer Prämissen mit Sicherheit bzw. in allen möglichen Welten auf die Konklusion. Es gibt keine Möglichkeit, ihre Prämissen wahr und die Konklusion falsch zu machen; ihre Reliabilität ist 1 bzw. 100 %. Einen korrekten (100 % reliablen) deduktiven Schluss nennt man logisch *gültig*. Wie die logische Wahrheit von Sätzen (s. Abschn. 4.2) ist auch die logische Gültigkeit von Schlüssen durch ihre logische Form bestimmt: Beispielsweise sind alle Schlüsse der Form „Alle F sind G, dies ist ein F / also ist dies auch ein G" logisch gültig.

*Nichtdeduktive bzw. ‚im weiten Sinne induktive' Schlüsse sind dagegen unsicher:* Sie übertragen die Wahrheit ihrer Prämissen nur in hinreichend ‚geordneten' Welten auf die Konklusion. ◄

---

Unter den nichtdeduktiven Schlüssen unterscheidet man zwischen:

---

**Merksatz 4.4-2**

**Induktive und abduktive Schlüsse**

*Induktive Schlüsse im engeren Sinn:* Sie übertragen eine Regelmäßigkeit von der (beobachteten) Vergangenheit auf die Zukunft oder von beobachteten Fällen auf unbeobachtete Fälle. Beispiele sind induktive Voraussageschlüsse der Form „Alle bisher beobachteten Fs waren Gs / Also ist das nächste F ein G", und induktive Generalisierungsschlüsse der Form „Alle bisher beobachteten Fs waren Gs / Also sind alle Fs Gs". Induktive Schlüsse übertragen die Wahrheit nur in solchen möglichen Welten von den Prämissen auf die Konklusion, die *gleichförmig* (bzw. uniform) sind, in denen also die (beobachtete) Vergangenheit der Zukunft hinreichend ähnlich ist.

## 4.4 Arten und Reliabilität von Schlüssen

*Abduktive Schlüsse bzw. Schlüsse auf die beste Erklärung*: Sie schließen von einer beobachteten Wirkung auf die (im gegebenen Überzeugungssystem) plausibelste Ursache oder von einem empirischen Phänomen auf seine plausibelste theoretische Erklärung. Die Schlussart der Abduktion geht auf Charles S. Peirce (1903, § 170) zurück und wurde von Gilbert Harman (1965) als Schluss auf die beste Erklärung rekonstruiert. Beispiele sind der alltägliche Schluss von einer Spur im Sand auf einen Menschen, der hier entlangging, aber auch der erkenntnistheoretische Realschluss von internen Wahrnehmungen auf eine sie verursachende externe Realität (s. Abschn. 14.4). ◄

Man sagt oft, dass nicht-deduktive Schlüsse *gehaltserweiternd* sind, deduktive Schlüsse dagegen nicht, da bei deduktiven Schlüssen die Konklusionsinformation ‚implizit' schon in den Prämissen enthalten sei. Dies trifft allerdings nur auf ‚logisch Allwissende' zu, während ‚Normalsterbliche' in den Prämissen eines komplizierten Schlusses nicht sogleich die Konklusionsinformation erkennen. Ein wichtiges damit zusammenhängendes Unterscheidungsmerkmal ist jedoch Folgendes: Während es in deduktiven Schlüssen unmöglich ist, in die Konklusion ein neues nichtlogisches Symbol in relevanter Weise einzuführen, ist dies in nichtdeduktiven Schlüssen möglich: In induktiven Schlüssen werden neue Individuenkonstanten in die Konklusion relevant eingeführt, und in bestimmten (den ‚kreativen') abduktiven Schlüssen sogar neue Prädikate – typischerweise theoretische Begriffe, die unbeobachtete Entitäten bezeichnen. Dies wird in Abschn. 12.4 (s. Merksatz 12.4-1) näher erläutert.

Ein weiterer wichtiger Unterschied zwischen deduktiven und nichtdeduktiven Schlüssen wurde schon in Abschn. 3.1 erwähnt:

**Merksatz 4.4-3**

**(Nicht-)Monotonie und (Un-)Anfechtbarkeit von Schlüssen**
Deduktive Schlüsse sind *monoton*, was bedeutet, dass die Gültigkeit eines deduktiven Schlusses bestehen bleibt, wenn man beliebige Prämissen hinzufügt. Die Anwendung eines korrekten deduktiven Schlusses kann nur durch Wissen rational zurückgewiesen werden, das der vermeintlichen Wahrheit seiner Prämissen widerspricht, aber nicht durch Wissen, das die Wahrheit seiner Prämissen bestehen lässt. Letzteres meint man, wenn man sagt, logische Argumente seien *unanfechtbar*.

Nichtdeduktive Schlüsse sind dagegen *nichtmonoton* und *anfechtbar* (im Englischen *defeasible*). Die Anwendung eines nichtdeduktiven Schlusses kann allein durch die Hinzufügung weiterer wahrer Prämissen, die die Wahrheit der alten Prämissen nicht beeinträchtigen, rational zurückgewiesen werden. ◄

In Abschn. 3.1 illustrieren wir die Anfechtbarkeit am Beispiel des induktiven Spezialisierungsschlusses: „Die meisten Vögel können fliegen. Dieses Tier ist ein Vogel / Also kann dieses Tier (höchstwahrscheinlich) fliegen." Der Schluss ist nur rational akzeptierbar, solange seine Prämissen *alles* enthalten, was wir über diesen Vogel wissen und für seine Flugfähigkeit relevant ist. Sobald wir etwa die zusätzliche Information erwerben, dass es sich bei diesem Vogel um einen Pinguin handelt (oder dass seine Flügel gebrochen sind usw.), ist der Schluss nicht mehr akzeptierbar, obwohl dadurch die Wahrheit seiner Prämissen nicht unterlaufen wird. Dies liegt daran, dass der unsichere Schluss nur in *normalen* ‚Welten' oder Situationen von wahren Prämissen zu einer wahren Konklusion führt, die hinzugefügte Information aber impliziert, dass es sich um eine *Ausnahme* vom Normalfall (in unserem Beispiel um einen flugunfähigen Vogel) handelt. Analoges gilt für alle anderen Arten von nichtdeduktiven Schlüssen.

Deduktive und nichtdeduktive Schlüsse besitzen daher eine unterschiedliche *rationale Anwendungsbedingung:* Während es für die Anwendung deduktiver Schlüsse genügt, dass der Glaube an die Wahrheit ihrer Prämissen hinreichend gut begründet ist, muss für die Anwendung nichtdeduktiver Schlüsse darüber hinaus verlangt werden, dass die Prämissen die *gesamte* für den fraglichen Anwendungsfall relevante und uns bekannte Information enthalten. Rudolf Carnap (1950, S. 211) sprach hier vom *Prinzip der totalen Evidenz*, und in der nichtmonotonen Logik spricht man von ‚*default* logic': Solange kein gegenteiliges Wissen bekannt ist, nehmen wir den hochwahrscheinlichen Normalfall an (Poole 1988; Schurz 2001, Leitgeb 2004). Mit der Nichtmonotonie nichtdeduktiver Schlüsse hängt auch die Nichtmonotonie hoher bedingter Wahrscheinlichkeiten zusammen: aus $P(A|B) = $ hoch folgt nicht $P(A|B \wedge C) = $ hoch, es kann sogar zugleich $P(A|B \wedge C) = 0$ gelten.

## 4.5 Rechtfertigung und Regressproblem erster und höherer Stufe

Die zentrale Akzeptanzbedingung für Schlüsse ist ihre Reliabilität. Wie kann man aber die Reliabilität eines Schlusses, oder zumindest deren rationale Erwartbarkeit, *rechtfertigen?* Für deduktive Schlüsse scheint dies weniger problematisch zu sein, da sich die Gültigkeit (100 %ige Reliabilität) deduktiver Schlüsse beweisen lässt, wenn man die Grundprinzipien der klassischen Logik voraussetzt. Während diese Prinzipien bis Anfang des 20. Jahrhunderts als selbstevident angesehen wurden, ist dies heute aufgrund der Existenz nichtklassischer Logiken nicht mehr so einfach. Mit der Frage der Rechtfertigung logischer Grundprinzipien beschäftigen wir uns in Abschn. 12.5 und Exkurs E12.4 und setzen bis dahin die Gesetze der klassischen Logik als basal voraus, zumal die meisten dieser Gesetze auch in einschlägigen nichtklassischen Logiken gelten. Viel schwieriger ist die Rechtfertigung der Reliabilität induktiver und abduktiver Schlüsse. Wie erstmals David Hume zeigte, lässt sich die Reliabilität induktiven Schließens nicht zirkelfrei begründen; man spricht hier auch vom *Induktionsproblem* (s. Kap. 13). Noch schwieriger ist der Versuch einer Rechtfertigung abduktiven Schließens (s. Kap. 14).

## 4.5 Rechtfertigung und Regressproblem erster und höherer Stufe

Unabhängig davon folgt aus dem Gesagten, dass zwischen zwei Dimensionen von Rechtfertigung unterschieden werden muss. Unter Rechtfertigung *erster Stufe*, oder *horizontaler* Rechtfertigung, versteht man die Zurückführung von hypothetischen Überzeugungen auf Basisüberzeugungen durch gewisse Schlüsse bzw. Schlussketten, von denen man voraussetzt, dass sie reliabel sind. Unter der Rechtfertigung zweiter bzw. *höherer* Stufe, oder *vertikaler* Rechtfertigung, versteht man dagegen den Aufweis, dass bestimmte Arten von Schlüssen reliabel sind.

Dementsprechend besitzt auch das in Abschn. 2.5 erläuterte Regressproblem zwei Dimensionen (Hasan und Fumerton 2016; Jäger 2019, S. 250). In der *horizontalen Regressdimension* besteht das Problem darin, hypothetische Überzeugungen durch als reliabel angenommene Argumente auf weniger hypothetische Überzeugungen zurückzuführen, in der Hoffnung, irgendwann bei selbstevidenten Basisüberzeugungen anzukommen (wobei die skeptische Gegenposition bezweifelt, dass es solche gibt). In der *vertikalen Regressdimension* geht es darum, dass man zum Aufweis der Reliabilität gewisser Schlusstypen wiederum andere Schlüsse benötigt, die ihrerseits wieder als reliabel nachgewiesen werden können, in der Hoffnung, dass man neben Basisüberzeugungen auch bei gewissen ‚Basisschlüssen' ankommt, deren Reliabilität ‚selbstevident' ist (wobei die skeptische Gegenposition bezweifelt, dass dies funktioniert). In Abb. 6.1 von Kap. 6 ist dies schematisch skizziert. Das vertikale Regressproblem ist der Grund, warum wir nicht von Rechtfertigung ‚2. Stufe' sprechen (wie Alston 1976), da man dann auch Rechtfertigungen 3. Stufe (etc.) zulassen müsste, sondern allgemeiner von Rechtfertigungen ‚höherer Stufe'.

In der hier vertretenen fundierungstheoretischen Erkenntnistheorie spielen induktive und abduktive Schlüsse und daher auch das Rechtfertigungsproblem höherer Stufe eine zentrale Rolle. Nicht wenige gegenwärtige Philosophen sehen dieses Problem als tendenziell unlösbar an. Als Reaktion auf diese Schwierigkeit wurden eine Reihe von Alternativpositionen zur Fundierungstheorie entwickelt, die in den Kap. 5 und 6 kritisch diskutiert werden. In den Schlusskapiteln dieses Lehrbuchs (Teil C) werden wir eine neuartige Lösung des Rechtfertigungsproblems höherer Stufe vorstellen. Zwei Tendenzen in der gegenwärtigen nichtformalen Epistemologie, die mit der ‚Verdrängung' dieses Problems zu tun haben, seien hier kritisch erwähnt:

Die *erste* Tendenz besteht darin, gewisse Schlüsse als *intuitiv* rational anzunehmen, *ohne* dass eine Reliabilitätsbegründung gegeben wird. Man findet diese Tendenz beispielsweise in *commonsensistischen* Positionen. So argumentieren Chisholm (1976, S. 118), Pollock (1986, S. 44) und andere Epistemologen (vgl. Dancy 1985, S. 176), der erkenntnistheoretische *Realschluss* (von der Sinneserscheinung auf die Realität) folge keinem formalen (abduktiven) Schlussprinzip, sondern wir wüssten per Intuition oder *Hausverstand,* dass dieser Schluss rational sei. Ebenso argumentiert Pollock (1974, S. 204) für den Induktionsschluss. Aus aufklärungsorientierter Sicht ist diese Position inakzeptabel. In analoger Weise haben Philosophen früherer Jahrhunderte argumentiert, dass der Schluss von gewissen Eigenschaften unserer Welt auf die Existenz Gottes oder die Richtigkeit einer Religion intuitiv zwingend sei (s. Kap. 8 und 9). Wenn man bloße Intuition als Ersatz für einen Rationalitätsnachweis akzeptiert, dann scheint die Abgrenzung rationaler Erkenntnis von irrationaler Spekulation schwer möglich zu sein (mehr zur Kritik des Commonsensismus in Abschn. 5.3).

Damit eine Untersuchung der Reliabilität eines Schlusses möglich ist, muss zu allererst ein zugrundeliegendes formales und *wiederholt anwendbares Schlussschema* rekonstruiert werden. Daher beziehen wir die Rechtfertigungsfrage immer nur auf schematisch rekonstruierbare Schlussarten, von denen es die genannten drei gibt: Deduktion, Induktion und Abduktion. Mit bloß intuitiv begründeten bzw. ‚informellen' Schlüssen kann sich eine fundierungsorientierte Erkenntnistheorie nicht zufrieden geben. Nur für wiederholt anwendbare Schlussschemata lässt sich die Frage ihrer Reliabilität bzw. bedingten Konklusionswahrscheinlichkeit sinnvoll untersuchen.

Eine *zweite Tendenz* in der gegenwärtigen Epistemologie besteht darin, bei der ‚vermeintlichen' Rechtfertigung eines Schlusses die bedingte Wahrscheinlichkeit seiner Konklusion ‚als bekannt' vorauszusetzen, ohne zu klären, wie sie rational ermittelt werden kann. So spricht Paul K. Moser (1989, S. 126 ff.) durchgehend von „probability makers" und korrespondierenden Konklusionswahrscheinlichkeiten, ohne deren Rechtfertigung zu behandeln. Auch andere Autoren setzen objektive Wahrscheinlichkeiten oder probabilistische Stützungsbeziehungen voraus, ohne deren Begründung zu erklären (z. B. Alston 1989; Williamson 2000, Kap. 10; Swinburne 2001; Conee und Feldman 2004, S. 56; vgl. Dormandy 2019, S. 181). Diese naive Form des Probabilismus suggeriert eine Rationalität, die nur in gewissen Anwendungen berechtigt, aber in anderen illusorisch ist. Ein Beispiel sind naiv-bayesianische Rechtfertigungen der Existenz Gottes (beginnend mit Swinburne 1979, Kap. 6; zum Bayesianismus s. Abschn. 6.2). So schätzte Unwin (2005) die Wahrscheinlichkeit der Existenz eines (christlich verstandenen) Gottes auf 67 %, wogegen der Herausgeber der Zeitschrift *Skeptic,* Michael Shermer, in einer Gegenrechnung zu lediglich 2 % Gotteswahrscheinlichkeit gelangt. Tatsächlich sind solche Berechnungen willkürlich, denn man benötigt für sie die Ausgangswahrscheinlichkeit der Existenz Gottes und die bedingte Wahrscheinlichkeit der Tatsachen unserer Welt, gegeben die Existenz Gottes. Aber objektive Wahrscheinlichkeiten dieser Art sind gänzlich unbekannt und deren Schätzung ist dem subjektiven Belieben überlassen.

Der erste Schritt zu einer Lösung des Rechtfertigungsproblems höherer Stufe muss daher in einer Klärung bestehen, was ‚Wahrscheinlichkeiten' genau bedeuten und wie sie begründet werden können. Zu allererst ist zu beachten, dass es nicht einen, sondern (mindestens) *zwei* Wahrscheinlichkeitsbegriffe gibt: erstens die *objektiv-statistische* Wahrscheinlichkeit, die die *Häufigkeitstendenz* eines Ereignis- oder Sachverhalts*typs* bezeichnet, und zweitens die *subjektiv-epistemische* Wahrscheinlichkeit eines bestimmen Ereignisses oder Sachverhaltes, die dessen rationalen Glaubensgrad (für ein gegebenes idealisiertes Subjekt) ausdrückt. Sowohl subjektive wie objektive Wahrscheinlichkeiten erfüllen die

Basisaxiome der Wahrscheinlichkeit (die erstmals von Andrei N. Kolmogorov 1933 axiomatisiert wurden). Diese Axiome prägen subjektiven Wahrscheinlichkeiten zwar gewisse Rationalitätsbedingungen auf, reichen aber bei weitem nicht aus, um epistemische Wahrscheinlichkeiten auch rational in einem objektiven Sinne zu machen. Die auf Carnap (1950) zurückgehende Idee, rationale Wahrscheinlichkeiten logisch-apriori zu bestimmen, erwies sich als Illusion. Eine Objektivierung epistemischer Wahrscheinlichkeiten ist nur möglich, wenn sich die *subjektiven Wahrscheinlichkeiten* an den *objektiven Häufigkeiten orientieren*, gemäß folgendem auf Hans Reichenbach (1949, § 72) zurückgehenden Prinzip:

(4.5-1) *Prinzip der engsten Referenzklasse*:

Die epistemische Wahrscheinlichkeit P(Fa) eines Einzelereignisses Fa wird bestimmt als die (induktiv geschätzte) *bedingte* statistische Wahrscheinlichkeit p(Fx|Rx) des entsprechenden Ereignistyps Fx, gegeben die stärkste für Fx statistisch relevante Information (Rx), die *über a* bekannt ist (die sogenannte ‚engste Referenzklasse‘).

Will ich beispielsweise die Wahrscheinlichkeit, diesen Winter an einer Grippe zu erkranken, rational schätzen, so sollte ich, statt mich auf meine Intuitionen zu stützen, mich besser an den objektiven Häufigkeiten von Grippeerkrankungen in meiner Altersklasse und Wohngegend orientieren. Reichenbachs Prinzip ist mit Carnaps Prinzip der totalen Evidenz von Abschn. 4.4 eng verwandt. Die Orientierung an objektiven Häufigkeiten ist allerdings nur bei Sachverhalten möglich, über deren Häufigkeiten wir Informationen besitzen. Mehr zu den Grundlagen der Wahrscheinlichkeit offeriert Exkurs E4.4.

## Literatur

### Klassische Texte

Peirce, C. S. (1931–1935) [CP]. *Collected papers of Charles S. Peirce*. Bände I–VI. Hrsg. von Charles Hartshorne und Paul Weiss.
Peirce, C. S. [1903]. Lectures on Pragmatism. In C. S. Peirce [CP], 5.14 – 5.212.

### Gegenwartsphilosophie

Alston, W. P. (1976). Two types of foundationalism. *Journal of Philosophy, 73*(7), 165–185 (dt. in Bieri 1992, 217–238).
Alston, W. P. (1989). *Epistemic justification*. Ithaca: Cornell Univ. Press.
Bratman, M. (1992). Practical reasoning and acceptance in a context. *Mind, 101*, 1–14.
Brendel, E. (2013). *Wissen*. Berlin: de Gruyter.
Carnap, R. (1928). *Der logische Aufbau der Welt*. Hamburg: Felix Meiner.
Carnap, R. (1950). *Logical foundations of probability*. Chicago: Univ. of Chicago Press.
Chisholm, R. M. (1976). *Erkenntnistheorie*. München: dtv (engl. Orig. 1966).

Conee, E., & Feldman, R. (2004). *Evidentialism*. Oxford: Oxford Univ. Press.
Dancy, J. (1985). *An introduction to contemporary epistemology*. Oxford: B. Blackwell.
Dormandy, K. (2019). Evidentialismus. In M. Grajner & G. Melchior (Hrsg.), *Handbuch Erkenntnistheorie* (S. 178–186). Stuttgart: Metzler.
Ernst, G. (2014). *Einführung in die Erkenntnistheorie* (6. Aufl.). Darmstadt: Wissenschaftliche Buchgesellschaft.
Etchemendy, J. (1990). *The concept of logical consequence*. Cambridge: Harvard University Press.
Fine, K. (1994). Essence and modality. *Philosophical Perspectives, 8,* 1–16.
Foley, R. (1992). The epistemology of belief and the epistemology of degrees of belief. *American Philosophical Quarterly, 29*(2), 111–124.
Fumerton, R. A. (1995). *Metaepistemology and Skepticism*. London: Roman and Littlefield.
Goldman, A. (2009). Internalism, externalism, and the architecture of justification. *Journal of Philosophy, 106*(6), 309–338.
Harman, G. (1965). The inference to the best explanation. *Philosophical Review, 74,* 88–95.
Hasan, A., & Fumerton, R. (2016). Foundationalist theories of epistemic justification. In *Stanford Encyclopedia of Philosophy*. https://plato.stanford.edu/entries/justep-foundational/.
Hübner, J. (2015). *Einführung in die theoretische Philosophie*. Stuttgart: Metzler.
Jaag, S., & Loew, C. (2020). Making best systems best for us. *Synthese, 197,* 1–26.
Jaag, S., & Schrenk, M. (2020). *Naturgesetze*. Berlin: de Gruyter.
Jäger, C. (2019). Fundamentalismus. In M. Grajner & G. Melchior (Hrsg.), *Handbuch Erkenntnistheorie* (S. 246–256). Stuttgart: Metzler.
Kolmogorov, A. N. (1933). *Foundations of the theory of probability*. New York: Chelsea Publ. Comp. 1950 (deutsches Orig. 1933).
Leitgeb, H. (2004). *Inference at the low level*. Dordrecht: Kluwer.
Moser, P. K. (1989). *Knowledge and evidence*. Dordrecht: Reidel.
Pollock, J. (1974). *Knowledge and justification*. Princeton: Princeton University Press.
Pollock, J. (1986). *Contemporary theories of knowledge*. Maryland: Rowman & Littlefied.
Poole, D. (1988). A logical framework for default reasoning. *Artificial Intelligence, 36,* 27–47.
Popper, K. (1935). *Logik der Forschung* (10. Aufl.). Tübingen: Mohr 2005.
Quine, W. v. O. (1951). Two dogmas of empiricism. *Philosophical Review, 60,* 20–43; dt. Wiederabdruck als Kap. II von Quine, W. v. O. (1979). *Von einem logischen Standpunkt. Neun logisch-philosophische Essays*. Frankfurt/M.: Ullstein.
Reichenbach, H. (1949). *The theory of probability*. Berkeley: University of California Press.
Schurz, G. (1999). Tarski and Carnap on logical truth. In Jan Wolenski & Eckehart Köhler (Hrsg.), *Alfred Tarski and the Vienna circle* (S. 77–94). Dordrecht: Kluwer.
Schurz, G. (2001). What Is ‚normal'? *Philosophy of Science, 28,* 476–497.
Schurz, G. (2006). *Einführung in die Wissenschaftstheorie* (4. Aufl. 2014). Darmstadt: Wissenschaftliche Buchgesellschaft.
Schurz, G. (2011). *Evolution in Natur und Kultur*. Berlin: Spektrum Akademischer Verlag.
Schurz, G. (2018). *Logik*. Berlin: de Gruyter.
Schwitzgebel, E. (2019). Belief. In *The Stanford Encyclopedia of Philosophy*. https://plato.stanford.edu/archives/fall2019/entries/belief/.
Sher, G. (1991). *The bounds of logic*. Cambridge: MIT Press.
Simons, P. (1985). Wittgenstein, Schlick, und das Apriori. In H.-J. Dahms (Hrsg.), *Philosophie, Wissenschaft, Aufklärung*. Berlin: de Gruyter.
Steup, M. (2018). Epistemology. In *Standford Encyclopedia of Philosophy*. https://plato.stanford.edu/entries/epistemology/.
Swinburne, R. (1987). *Die Existenz Gottes*. Stuttgart: reclam (engl. Original 1979).
Swinburne, R. (2001). *Epistemic justification*. Oxford: Oxford Univ. Press.

Unwin, S. T. (2005). *Die Wahrscheinlichkeit der Existenz Gottes. Mit einer einfachen Formel auf der Spur der letzten Wahrheit*. Hamburg: discorsi.
Van Fraassen, B. (1989). *Laws and symmetry*. Oxford: Clarendon Press.
Weingartner, P. (1996). *Logisch-Philosophische Untersuchungen zu philosophie-historischen Themen*. Frankfurt a. M.: Peter Lang.
Williamson, T. (2000). *Knowledge and its limits*. Oxford: Oxford University Press.
Wittgenstein, L. (1921). *Tractatus logico-philosophicus* (9. Aufl.). Frankfurt a. M.: Suhrkamp 1973.

# Rechtfertigungstheorien I

5

## Inhaltsverzeichnis

5.1 Klassifikation von Rechtfertigungstheorien .................................. 67
5.2 Internalistische versus externalistische Theorien ............................ 68
5.3 Externalismus als Antwort auf die Skepsis? ................................. 75
5.4 Doxastische versus nichtdoxastische Theorien .............................. 82
Literatur ................................................................. 85

## 5.1 Klassifikation von Rechtfertigungstheorien

Die folgenden zwei Kapitel bieten eine Übersicht über aktuelle Theorien der Rechtfertigung. Eine Klassifikation von Rechtfertigungstheorien ist in Abb. 5.1 dargestellt. Die erste und grundsätzlichste Zweiteilung in internalistische und externalistische Rechtfertigungstheorien betrifft die *Natur der Rechtfertigungsrelation*. Die folgenden Unterteilungen betreffen die *Natur der Basis*. Zunächst verzweigen sich die internalistischen Rechtfertigungstheorien in doxastische und nichtdoxastische Theorien. Daraufhin erfolgt die Zweiteilung der internalistisch-doxastischen Theorien in Fundierungstheorien und Kohärenztheorien; zwei weniger wichtige Theorievarianten auf dieser Ebene sind Dogmatismus und Kontextualismus.

Die Alternative zwischen Internalismus und Externalismus einerseits und Fundierungstheorie und Kohärenztheorie andererseits bilden die Brennpunkte der erkenntnistheoretischen Kontroversen der Gegenwart (BonJour 2003, S. 7; Sosa 2003, S. 109). Die Auseinandersetzung zwischen Empirismus und Rationalismus wiederum bildet den philosophiegeschichtlichen Schwerpunkt der

---

*Die Kapitel des Buches werden durch zahlreiche Exkurse ergänzt, die als Online Materialien angeboten werden (Download Link siehe Vorwort).

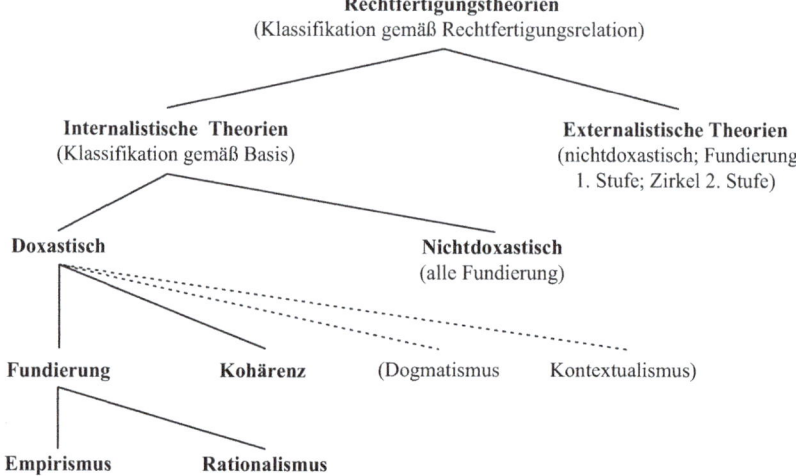

**Abb. 5.1** Klassifikation von Rechtfertigungstheorien

Erkenntnistheorie. Die Einteilung in Abb. 5.1 hat darüber hinaus zwei weitere Eigenheiten: Erstens befinden sich die Theorien mit langer historischer Tradition links, die jüngeren Entwicklungen rechts. Den Externalismus gibt es erst seit den 1960er Jahren, die Kohärenztheorie erst ab Anfang des 20. Jahrhunderts. Bis Mitte des 19. Jahrhunderts waren so gut wie alle philosophischen Erkenntnistheorien fundierungstheoretisch orientiert und zerfielen schon seit Beginn der neuzeitlichen Aufklärungsepoche im 17. Jahrhundert in die beiden Grundströmungen des Empirismus und des Rationalismus, mit der Transzendentalphilosophie als ‚Zwischenposition' (s. Abschn. 10.3). Zweitens sei angemerkt, dass sich die hier favorisierten Positionen auf der linken Seite dieser Klassifikation befinden.

## 5.2 Internalistische versus externalistische Theorien

**Merksatz 5.2-1**

**Internalismus und Externalismus**

In *internalistischen Theorien* wird die Rechtfertigung von Überzeugungen auf *innere Zustände* bzw. Eigenschaften des Erkenntnissubjekts zurückgeführt, die bewusst oder bewusstseinsfähig sind. In *externalistischen Theorien* hängt die Rechtfertigung einer Überzeugung dagegen wesentlich von *Zuständen oder Eigenschaften der subjektunabhängigen Wirklichkeit* ab, auch wenn das Subjekt davon nichts weiß oder nichts davon wissen kann. ◄

Es gibt verschiedene Varianten internalistischer Theorien. In Abschn. 4.3 unterschieden wir zwischen Zustands- und Zugänglichkeitsinternalismus und sprachen uns für den *Zugänglichkeitsinternalismus* aus. Dieser Position

## 5.2 Internalistische versus externalistische Theorien

zufolge können rechtfertigende Gründe auch in lediglich *dispositionellen* Überzeugungen bestehen, die nicht aktual bewusst sind, aber jederzeit ‚auf Anfrage' aus dem Gedächtnis gerufen oder argumentativ generiert werden können. Zum *Bereich des Externen* gehören andererseits nicht nur alle Zustände und Eigenschaften der externen Außenwelt, sondern auch alle permanent unbewussten, also nicht bewusstseinsfähigen Eigenschaften des Subjekts. Wir besprechen zunächst Standardkritiken am Internalismus und danach Standardkritiken am Externalismus.

Die basalen Überzeugungen in Standardversionen des Internalismus sind introspektiv bzw. ‚reflektiv' *direkt zugänglich*. Das heißt, sie sind aktual bewusst oder können bei Bedarf bewusst gemacht werden. Kritiker der Fundierungstheorie fürchten, dass diese schmale introspektive Basis für eine Rechtfertigung von Realsätzen nicht ausreicht und bezeichnen die internalistische Position auch als erkenntnistheoretischen „Idealismus" (Sosa 1999, S. 147) oder „Subjektivismus" (Grundmann 2008, S. 250 f.; Greco 2005, S. 258). Zur Abwehr dieser Kritik ist es wichtig, zwischen zwei weiteren Varianten des Internalismus zu unterscheiden, dem *deontologischen Internalismus* und dem *Rechtfertigungsinternalismus*. Im deontologischen Internalismus werden gewisse epistemische Normen (wie z. B. Begründung durch Wahrnehmung oder durch das Zeugnis anderer) als ‚intuitiv gegeben' angenommen, ohne zu zeigen, wie sie mit dem Wahrheitsziel zusammenhängen. Auf diese Position (und analoge Positionen des Tugendinternalismus) trifft der Vorwurf des Subjektivismus zu und man kann diese Positionen zu Recht kritisieren (vgl. ebenso Alston 1989, S. 85 ff.; White 2015, S. 179). Ganz anders bestellt ist es mit dem Rechtfertigungsinternalismus, der vom deontologischen Internalismus weit entfernt ist. Für diese Position ist der Subjektivismusvorwurf grob irreführend, da es sich dabei lediglich um einen *methodologischen* Subjektivismus handelt, der am *objektiven* Wahrheitsziel orientiert ist. Diese Position schließt die Möglichkeit von Wissen über die externe Realität keineswegs aus, sondern bezweckt lediglich die *Vollständigkeit* der Rechtfertigung, wogegen sich die externalistische Preisgabe dieses Anspruchs, wie wir meinen, der Gefahr des Dogmatismus aussetzt. Der hier vertretene Rechtfertigungsinternalismus ist also mit einem *Zielexternalismus* gekoppelt: dem korrespondenztheoretischen Wahrheitsziel, das insofern extern ist, als es ein objektives *Korrektiv* für die Überprüfung unserer Überzeugungen liefert. Allerdings muss aus methodologischen Gründen das Wahrheitsziel zunächst metaphysisch neutral verstanden werden (vgl. Kirkham 1992, Abschn. 6.5; Brendel 1999, S. 58 f., sowie Abschn. 7.7). Das Wahrheitsziel darf nicht automatisch den externen Realismus implizieren, denn dieser muss ja abduktiv gerechtfertigt werden. Der Wirklichkeitsbereich, auf die sich die Wahrheitsrelation bezieht, muss nicht notwendig subjektextern sein, sondern kann auch aus internen Phänomenen bestehen, beispielsweise wenn es um Voraussagen zukünftiger interner Sachverhalte geht.

Der einzig rationale Grund, den internalistischen Vollständigkeitsanspruch aufzugeben, könnte darin bestehen, dass dieser Anspruch als *uneinlösbar* angesehen wird. In eben diesem Sinn argumentieren viele Externalisten, dass der Rechtfertigungsinternalismus notwendig zum Skeptizismus führt und der Externalismus der einzige Ausweg sei (s. Abschn. 5.3). Eine schwächere

Version des Arguments besagt, dass der Internalismus einer intellektualistischen Überforderung gleichkommt, denn auch wenn geschulte Philosophen eine internalistisch vollständige Rechtfertigung generieren können, so kann das doch nicht der Alltagsmensch, und noch weniger Kinder; aber wir wollen auch Alltagsmenschen, Kindern und eventuell sogar höheren Tieren Wissen zuschreiben können (Hübner 2015, S. 22 f.; Dretske 1991 u. a. m.). Dieser Einwand hat seine Berechtigung, doch lässt sich ihm auch im Rahmen eines ‚Zuschreiber-Internalismus' Rechnung tragen. Wir kommen darauf in der folgenden Diskussion des Externalismus zurück.

Der Externalismus macht die Rechtfertigung von externen Fakten abhängig. Dabei handelt es sich in *commonsensistisch* angereicherten Varianten des Externalismus um Realtatsachen des Common-Sense; im *Reliabilitätsexternalismus* dagegen um Reliabilitätsfakten, die die Wahrheitsförderlichkeit *(truth-conduciveness)* unserer kognitiven Mechanismen absichern sollen.

Zunächst zu commonsensistischen Argumentationen, bei denen es sich nicht mehr um rein externalistische Positionen, sondern um externalistisch-commonsensistische *Hybrid*positionen handelt. Charakteristisch für diese Positionen ist es, dass sie den Begriff des *direkt Zugänglichen* oder *Evidenten,* der für Internalisten nur introspektive und analytische Überzeugungen umfasst, auf externe Beobachtungstatsachen oder Alltagstatsachen erweitern wollen (so z. B. bei McDowell 1998, S. 388–391; Williamson 2000 oder Hübner 2015, S. 21). Diese Betrachtungsweise scheint uns jedoch Irrtumsmöglichkeiten unter den Teppich zu kehren, statt sie sichtbar zu machen. Denn zu unserem Realwissen gehört auch, dass unsere Wahrnehmung, speziell die visuelle, auf komplexen kausalen Vermittlungsprozessen beruht, die durchaus fehlbar sind, wie kognitionspsychologische Befunde über Wahrnehmungstäuschungen zeigen (s. Abschn. 11.3; Rock 1984; Schurz 2014, Abschn. 2.9.1).

Gerade aus der externen Sicht auf das Erkenntnissubjekt kann die interne Natur der uns direkt zugänglichen Rechtfertigungsgründe begründet werden, und zwar wie folgt. Jede Informationsübertragung von der externen Realität in das Subjekt beruht auf einem Kausalprozess, zu dem nicht nur externe physikalische Prozesse (z. B. Lichtstrahlen) oder sinnesphysiologische Prozesse (die Umwandlung von Photonen in Neuronenimpulse auf der Retina des Auges), sondern auch Rechtfertigungen im Gehirn bzw. Geist des Erkenntnissubjekts gehören. Ein Sachverhalt ist in dieser Darstellung als kognitiv *direkt zugänglich* definiert, wenn dessen informationsübertragende Kausalkette vollständig im reflexiven Bewusstsein liegt, beginnend z. B. mit dem internen Seherlebnis eines Tisches, das bewusste kognitive Prozesse auslöst, die schließlich in der Überzeugung „vor mir befindet sich ein Tisch" terminieren. Kausalketten, die aus dem Erkenntnissubjekt hinausführen und externe Tatsachen mitumfassen, wie dass vor mir wirklich (und nicht nur halluzinierterweise) ein Tisch steht, sind dagegen immer nur *indirekt zugänglich* und die von ihnen übertragene Information ist hypothetischer Natur. Dies ist in Abb. 5.2 dargestellt. Es ist nun ein grundlegendes Kausalitätsprinzip, dass jede Information über den Zustand eines externen Objekts das Subjekt nur dann

## 5.2 Internalistische versus externalistische Theorien

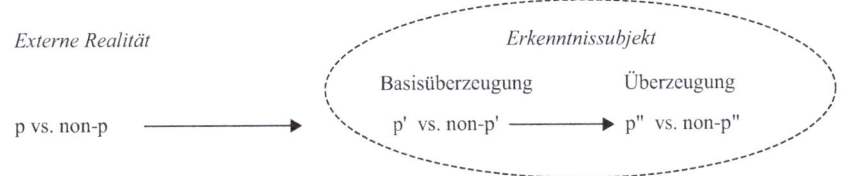

**Abb. 5.2** Interne Rechtfertigung einer Realüberzeugung aus kausaler Sicht

erreichen kann, wenn sie sich in einem korrespondierenden Zustand im reflektiven Subjekt niederschlägt. Dies ist eine Folge der sogenannten *Markov-Bedingung der Kausalität* (Spirtes et al. 2000, Abschn. 3.4.1; Schurz 2017, Kap. 1) – genauer gesagt, einer unkontroversiellen Teilaussage der Markov-Bedingung, derzufolge direkte Ursachen die indirekten Ursachen von ihrer Wirkung ‚abschirmen', d. h. sich jede Auswirkung der indirekten Ursachen in den direkten Ursachen niederschlägt. Die Abb. 5.2 zeigt, wie die Basisüberzeugung p' die Realursache p von der terminalen Realüberzeugung p" abschirmt. Daraus folgt, dass jede vollständige Rechtfertigung einer Realüberzeugung sich auf einen direkt zugänglichen kognitiven Zustand beziehen muss, denn tut sie das nicht, so ist nicht aufgezeigt, wie das Subjekt von p Kenntnis gewonnen hat. Ohne dieses Bindeglied ist die Rechtfertigung unvollständig und nicht kognitiv nutzbar, weder, um die rechtfertigende Informationsübertragung zu reproduzieren, noch um Personen mit gegenteiliger Meinung im Diskurs zu überzeugen.

Um die Kritik zuzuspitzen: Wenn eine commonsensistische Externalistin beansprucht, unmittelbares Wissen davon zu haben, dass vor ihr ein bestimmter Gegenstand steht, ohne dafür Wahrnehmungsbelege nennen zu müssen, so könnte man ja ebenso gut behaupten, unmittelbares Wissen von der Existenz Gottes oder der kommunistischen Weltverschwörung zu besitzen, und der Diskurs läuft Gefahr, in Dogmatismus auszuarten.

Auf den in Abschn. 3.3 erläuterten *Reliabilitätsexternalismus* treffen obige Einwände nicht zu, da er an keiner Stelle die Indirektheit oder Komplexität der Kausalmechanismen bestreitet, die für die Ausbildung einer Überzeugung verantwortlich sind. Er verlangt lediglich die Reliabilität dieser Kausalmechanismen als externes Faktum, unabhängig davon, ob das Erkenntnissubjekt davon wissen kann oder nicht. Der Hauptgrund für diesen Schritt besteht wie erläutert darin, dass Externalisten damit dem aus ihrer Sicht unlösbaren Regressproblem höherer Stufe und damit dem Problem des Skeptizismus zu entkommen trachten (s. Abschn. 5.3). Dieser Schritt führt zu gewissen Nachteilen für den externalistischen Rechtfertigungsbegriff, denen wir uns nun zuwenden.

Der in der Literatur verbreitete internalistische Standardeinwand gegenüber dem Rechtfertigungsexternalismus besagt, dass er unseren *Intuitionen* von gerechtfertigter Überzeugung widerspricht. Intuitiv betrachtet sei Reliabilität weder eine *hinreichende* noch eine *notwendige* Bedingung für Rechtfertigung.

Dass Reliabilität für Rechtfertigung intuitiv nicht hinreichend ist, wird durch Beispiele von Personen gestützt, die seltene reliable Fähigkeiten besitzen, ohne davon zu wissen oder Rechenschaft darüber ablegen zu können – z. B. eine spezialisierte Hellseherin namens Amanda, die das Wetter perfekt voraussagt (BonJour 2003, S. 28 f.), ohne dass Amanda induktive oder anderwärtige Evidenz für diese Fähigkeiten besitzt. In diesen Fällen würde man intuitiv nicht von gerechtfertigter Überzeugung bzw. Wissen sprechen, obwohl Reliabilität vorliegt (vgl. Feldman 2005, S. 278 f.).

Dass Reliabilität andererseits intuitiv nicht notwendig für Rechtfertigung ist, begründen Internalisten typischerweise mit Szenarien radikaler Skepsis, z. B. den GIT (Gehirne-im-Tank)-Beispielen. In einem GIT-Szenario hätte sich für das Erkenntnissubjekt kognitiv nichts verändert, seine Erfahrungen und kognitiven Mechanismen wären dieselben, so dass wir intuitiv betrachtet qua GITs im selben Grad epistemisch gerechtfertigt wären wie Bewohner einer normalen Welt. Doch der Externalist müsste dem Bewohner einer GIT-Welt jegliche Rechtfertigung abstreiten, da er sich in seinen Realurteilen über die Welt systematisch irrt. Man bezeichnet dieses Argument auch als den ‚*neuen* Einwand des bösen Dämons' (Cohen 1984; Sosa 2003, S. 156 f.) – ‚neu', weil es sich nun nicht um einen Einwand gegen die Fundierungstheorie handelt, sondern um einen Einwand gegen den Externalismus. Während viele Externalisten diese Konsequenz externalistischer Rechtfertigung nicht als Einwand ansehen, sondern akzeptieren, hat Ernest Sosa (2003, S. 157) den Begriff der „adroit"-Rechtfertigung eingeführt, der diesen Einwand abwehren soll (s. Exkurs E5.2).

Die angeführten Einwände gegen den Externalismus erscheinen stimmig. Ihre Schwäche liegt aber darin, dass sie intuitionsbasiert und damit subjektiv sind. Dem zufolge besagt die Standardverteidigung von Externalisten, dass die traditionell-internalistischen Intuitionen auf ihren neuen überlegenen Rechtfertigungsbegriff nicht mehr zutreffen (Sosa 2003, S. 115). Daher messen wir jenen Einwänden größeres Gewicht bei, die weniger die Unintuitivität, sondern die epistemische *Nutzlosigkeit* des Externalismus kritisieren, da er keine Antwort auf die Frage gibt, wie Realibilität erreicht und begründet werden kann. Dies schlägt sich u. a. in der Tatsache nieder, dass im externalistischen Wissensbegriff das *Reflexionsprinzip* des Wissens aufgegeben wird, das im Englischen das *KK-principle* genannt wird („K" für „knowledge"):

(5.2-1)     *KK-Prinzip:* Wer etwas weiß, der weiß auch, dass er es weiß.

Das KK-Prinzip basiert insbesondere auf dem analogen JJ-Prinzip („J" für „Justification"), demzufolge das Vorliegen einer Rechtfertigung für p auch gerechtfertigt werden kann. Das Reflexionsprinzip ist in unseren Wissensintuitionen robust verankert (vgl. Chisholm 1976, S. 166) und auch für die soziale Funktion des Wissens- und Rechtfertigungsbegriffs essentiell. Würde uns beispielsweise eine Person mitteilen, sie weiß, dass heute Nachmittag die Banken geöffnet haben, dass sie aber gleichzeitig nicht weiß, ob sie es weiß, so würden wir die Person nicht mehr ernst nehmen. Es ist in den meisten Versionen des Externalismus zwar nicht ausgeschlossen, dass man externalistisches Wissen höherer Stufe besitzen kann (im Reliabilismus also, dass man reliable Mechanismen höherer Stufe besitzen kann; vgl. Goldman 1986, S. 58 f.), aber dies gilt nur unter gewissen Bedingungen und bildet keine generelle Rationalitätsforderung, so wie im internalistischen Wissensbegriff (vgl. Hemp 2019; Vogel 2000, S. 606; Ernst 2014, S. 130 f.).

Dass das KK-Prinzip im Internalismus generell gilt, ist nicht einfach zu beweisen. Ein Beweis findet sich im mathematischen *Anhang A1* in Exkurs E15. Er beruht auf vier dort angegebenen Rationalitätsbedingungen: die Konjunktivität propositionaler Operatoren, das reflexive Wahrheitsschema, die Reflexivität von Glaube und Rechtfertigung und zwei Introspektionsprinzipien.

Das Fehlen des KK-Prinzips im Externalismus ist ein Widerhall des tieferen Problems, dass im Externalismus der traditionelle Sinn des Rechtfertigungsbegriffs verloren geht (BonJour 2003, S. 27). Dieser Sinn besteht darin, dass es das Subjekt ist, das die Gründe für seine Überzeugung generiert, kommuniziert und dadurch zum Erkenntnisfortschritt beizutragen vermag (Fumerton 1995, S. 171; s. dazu Abschn. 5.3).

Auf der anderen Seite steht das oben erwähnte Argument *zugunsten* des Externalismus, dem zufolge der Internalismus einer intellektualistischen Überforderung gleichkommt. Denn wenn überhaupt, dann können nur wissenschaftlich geschulte Personen vollständige Rechtfertigungen, insbesondere Rechtfertigungen höherer Stufe, generieren und damit internalistisches Wissen besitzen, wogegen wir auch Alltagsmenschen, Kindern und eventuell auch höheren Tieren Wissen zuschreiben wollen. Dieser Einwand ist berechtigt, doch ihm lässt sich auch innerhalb einer internalistischen Perspektive Rechnung tragen. Den Weg hierzu liefert folgende Beobachtung: Wenn ein Experte E einer (argumentativ ungeschulten) Person S Wissen-dass-p zuschreibt, weil S p durch einen reliablen kognitiven Mechanismus gebildet hat, dann muss zwar nicht S, wohl aber E die Rechtfertigung höherer Stufe für die Reliabilität dieses Mechanismus liefern können. Denn ansonsten handelt es sich um keine begründete Behauptung von E und schon gar nicht um Wissen. In diesem Fall ist es also nicht der *Besitzer,* sondern der *Zuschreiber* von Wissen, der eine Rechtfertigung für p generiert oder zumindest komplettiert.

Demnach kann man zwischen einem *Besitzerinternalismus* (oder 1. Person-Internalismus) und einem *Zuschreiberinternalismus* (oder 3. Person-Internalismus) unterscheiden (vgl. Schurz 2008). Der traditionell-internalistische Rechtfertigungsbegriff ist natürlich ein Besitzerinternalismus; der Wissende selbst muss die Rechtfertigung generieren. Doch für Wissenszuschreibungen auf reflektiv ungeschulte Subjekte erscheint der Zuschreiberinternalismus die vorzuziehende Alternative, die vom Zuschreiber die (internalistische) Rechtfertigung des vom Besitzer verwendeten kognitiven Mechanismus verlangt. Aus internalistischer Sicht abzulehnen ist dagegen die Zuschreibung von Wissen, *ohne* dass irgendjemand in der Lage wäre, eine Rechtfertigung des Reliabilitätsanspruches zu liefern. Denselben Punkt macht Laurence BonJour (2003, S. 36) in seiner Kritik am externalistischen Meliorativismus von Philip Kitcher (1992): Wenn der Experte das Wissen eines Laien zu verbessern sucht, muss dieser Experte die Laienüberzeugungen letztendlich wieder in seiner 1. Person-Perspektive bewerten. Am Ende von iterierten Wissenszuschreibungen steht also immer eine 1. Person-Perspektive. Eben dies meinen wir, wenn wir in solchen Fällen die internalistische Rechtfertigung aus der Sicht des Wissenszuschreibers einfordern.

Ein von Externalisten vieldiskutiertes Problem ist das in Abschn. 3.3 angesprochene *Referenzklassenproblem* (oder Anwendungsproblem, Identifizierungsproblem): Je nachdem, auf welche Anwendungsklasse die überzeugungsbildende Methode bezogen wird, fällt ihre Reliabilität anders aus. Es liegt hier ein *immanentes* Problem des Externalismus vor, dass ohne zusätzliche internalistisch begründete Kriterien kaum lösbar ist. Denn aus rein externalistischer Sicht könnte man nur die *objektiv engste* Anwendungsklasse auszeichnen; bei dieser Wahl müsste man aber auch im Scheunenattrappenbeispiel von externalistischer Rechtfertigung und somit von Wissen sprechen, entgegen externalistischen Intuitionen. Daher haben Externalisten die Reliabilitätsbedingung durch internalistische Zusatzbedingungen verstärkt. Alvin Goldman (1979) verlangt in seinem ‚qualifizierten Externalismus', dass neben externalistischer Reliabilität auch keine starken internen Gegengründe vorliegen dürfen. William P. Alston (1989, S. 227 f.) fordert in seinem ‚internalistischen Externalismus', dass die Überzeugung auf intern zugängliche adäquate Gründe gestützt sein muss, wobei die Adäquatheitsrelation extern definiert wird (ähnlich Comesana 2010). Solche extern-internen Hybridpositionen erscheinen aus internalistischer Sicht jedoch als ‚Halbheiten': Wenn man interne Zugänglichkeit fordert, sollte man sie konsequent und nicht nur halb einfordern (vgl. BonJour 2003, S. 32). Aus internalistischer Sicht stellt das Referenzklassenproblem dagegen *kein* grundsätzliches Problem dar, sondern wird durch das erwähnte Prinzip der totalen Evidenz bzw. engsten Referenzklasse gelöst (vgl. Fumerton 1995, S. 103). Diesem Prinzip zufolge wird die Reliabilität der Methode M, mit der ein Subjekt S zur einer Zeit t die Überzeugung p generiert hat, auf die *epistemisch engste* Anwendungsklasse bezogen, d. h. die Klasse aller von p analytisch unabhängigen Fakten und (statistischen) Stützungsbeziehungen, die S zur Zeit t kennt und für p als relevant erachtet. Man kann beweisen, dass die Wahl der epistemisch engsten Referenzklasse den epistemischen Erfolg nur erhöhen, aber nicht senken kann (Good 1983, ch. 17; Schurz 2019, sec. 8.2).

Ein aus dieser Lösung resultierendes Problem ist allerdings das sogenannte *Problem des leichten Wissens*, und zwar in seiner internalistischen Variante (es gibt davon auch eine externalistische Variante, die in Abschn. 5.3 besprochen wird). Denn anscheinend könnte internalistisch gesehen eine Person in gewissen Situationen einfach dadurch Wissen gewinnen, dass sie keine neuen Evidenzen aufnimmt, die ihre bisherigen Überzeugungen in Frage stellen könnten, sondern wie ein ‚Vogel Strauss' wegsieht (Harman 1986, S. 72). Jemand könnte an seiner Überzeugung „morgen scheint die Sonne" gerechtfertigterweise festhalten, weil seine einzige Evidenz für dieses Wissen darauf beruht, dass er sich in Kalifornien aufhält, wo meistens die Sonne scheint, während er sich weigert, den Wetterbericht in der Zeitung anzusehen, der aufgrund detaillierterer Evidenz anderes voraussagt, oder weil er sich weigert, daraus Schlüsse zu ziehen. Intuitiv würden wir in diesem Fall nicht von Rechtfertigung sprechen wollen, weil wir Rechtfertigung an gewisse minimale Rationalitätsstandards knüpfen. Wir können das Problem durch folgende Zusatzbedingung an internalistische Rechtfertigung lösen:

(5.2-2)  *Notwendige Rationalitätsbedingung für internalistische Rechtfertigung:*
Die Überzeugung p eines Subjekts S, die durch S's gesamte Evidenz (mittels deduktiver, induktiver oder abduktiver Schlüsse) gestützt wird, ist nur dann gerechtfertigt, wenn S auch das Vorliegen folgender zwei Bedingungen rechtfertigen kann:
(a) S hat sich hinreichend bemüht, relevante Evidenz in Bezug auf p zu sammeln und
(b) S besitzt gewisse Minimalkompetenzen in Bezug auf rationales Schließen.

Wir haben als Internalisten nicht das faktische Vorliegen der Bedingungen (a) und (b) gefordert, sondern nur die Fähigkeit des Subjekts S, dieses Vorliegen zu rechtfertigen. Würden wir das Vorliegen von (a) und (b) definitorisch fordern, dann würden wir den Zugänglichkeitsinternalismus sprengen und einen Schritt in Richtung Externalismus machen (wie Sosa 2003, S. 153–155, richtig konstatiert; s. Abschn. 11.2.2). Denn weder (a) noch (b) erschöpfen sich in introspektiven Basisüberzeugungen. Bedingung (a) betrifft die interne Vergangenheit des Subjekts und kann nur durch dessen Erinnerungen gerechtfertigt werden, deren Verlässlichkeit wiederum durch gewisse Prüfungen zu rechtfertigen ist (dazu Abschn. 14.5). Das Vorliegen von Bedingung (b) ist weniger schwierig und kann durch geeignete ‚Selbsttests' bestätigt werden, in denen sich das Subjekt seiner kognitiven Fähigkeiten vergewissert.

## 5.3 Externalismus als Antwort auf die Skepsis?

Als Hauptgrund für ihre Position führen (Rechtfertigungs-)Externalisten typischerweise einen negativen Grund an, nämlich dass das internalistisch-fundierungstheoretische Rechtfertigungskonzept unweigerlich zum Skeptizismus führen muss, weil das Regressproblem unlösbar ist. In Standardeinführungen in die externalistische Epistemologie (wie Sosa 2003 oder Grundmann 2003, 2008) nimmt daher die Kritik der internalistischen Fundierungstheorie breiten Raum ein. Bei Annahme einer minimalen Basis wird insbesondere das Regressproblem höherer Stufe, also die internalistische Rechtfertigung von induktiven und abduktiven Schlüssen, als unlösbar eingestuft. In diesem Sinn meint der Externalist Greco (2005, S. 265), der Internalismus mache es unmöglich, Humes skeptischen Argumenten etwas entgegenzusetzen. Van Cleve argumentiert in einer Arbeit mit dem Untertitel „Externalismus als die einzige Alternative zum Skeptizismus" (2003), dass Wissen nur möglich ist, wenn die Forderung nach einer unabhängigen Rechtfertigung der Reliabilität unserer Wissensquellen aufgegeben wird.

Allgemein gesprochen besteht die externalistische Reaktion auf das Problem der Skepsis darin, weitere internalistische Lösungsversuche aufzugeben und stattdessen eine *externalistische Umdefinition* des Rechtfertigungbegriffs vorzunehmen. Die Rechtfertigung höherer Stufe wird nicht mehr vom Subjekt, sondern von der Außenwelt erbracht: Es genügt nun, dass unsere Schlüsse bzw. kognitiven Mechanismen objektiv reliabel sind, auch wenn wir das nicht zirkelfrei begründen können. Aber kann durch diese Umdefinition das Problem der Skepsis gelöst werden? Aus der Sicht der meliorativen Epistemologie lautet die Antwort *Nein,* denn wenn die Frage, ob wir gerechtfertigt sind, von unbekannten externen Tatsachen abhängt, sind wir nicht klüger geworden. Allerdings bezweckt der Externalismus zunächst einmal nur, ein einfacheres Problem zu lösen, nämlich zu zeigen, dass Wissen *möglich ist.* In seiner starken Version sagt der Skeptizismus ja nicht nur, dass wir de facto kein Wissen über die Zukunft oder die Außenwelt besitzen, sondern dass wir ein solches gar nicht besitzen *können,* weil das Regressproblem unmöglich lösbar ist. Da aber nach der externalistischen Umdefinition die Gerechtfertigtheit unserer Überzeugungen von kontingenten externen Fakten abhängt, gilt für diesen semantisch umgedeuteten Rechtfertigungsbegriff, dass externalistisches Wissen zumindest *möglich* ist (Goldman 1986, S. 56). Aber was ist dadurch gewonnen?

Wir illustrieren das Problem zunächst anhand einer Gegenüberstellung der sich widersprechenden Wissensansprüche von empirischer Wissenschaft und religiösem Fundamentalismus:

### (5.3-1) Beispiel

**Konfligierende Wissensansprüche**

| *Empirische Wissenschaft:* | *Religiöser Fundamentalismus:* |
|---|---|
| Leben ist das Resultat der Evolution; | Leben wurde von einem vollkommenen Gott geschaffen; |
| wir erschließen das aus empirischer Evidenz durch Induktion und/oder Abduktion. | wir erschließen dies aus der Tatsache, dass Gott zu uns spricht, wenn wir nur an ihn glauben. |

*Der Externalist qua Externalist sagt zu diesen Wissensansprüchen Folgendes:*

| Die Meinung der empirischen Wissenschaft ist Wissen, wenn induktives und abduktives Schließen aus Erfahrung ein reliabler Mechanismus ist – auch wenn ich nicht sagen kann, wie wir darüber Kenntnis gewinnen können. | Die Meinung des religiösen Fundamentalismus ist Wissen, wenn der vermeintliche Empfang von Information durch Gott ein reliabler Mechanismus ist – auch wenn ich nicht sagen kann, wie wir darüber Kenntnis gewinnen können. |

## 5.3 Externalismus als Antwort auf die Skepsis?

*Der Internalismus vermag folgende rationale Anleitung geben, sofern eine Lösung des Rechtfertigungsproblems höherer Stufe möglich ist:*

Der Wissensanspruch des empirischen Wissenschaftlers, aber nicht der des religiösen Fundamentalisten, ist berechtigt. Denn während induktives bzw. abduktives Schließen aus Erfahrung rational gerechtfertigt werden kann, kann Inspiration durch vermeintliche göttliche Stimmen in keiner Weise gerechtfertigt werden. ◄

Das Problem des externalistischen Rechtfertigungsbegriffs liegt also darin, dass seine ‚Rechtfertigungen' von Annahmen abhängen, über die ohne Zuhilfenahme internalistischer Rechtfertigungen nicht entschieden werden kann. Der externalistische Rechtfertigungsbegriff verliert damit seine Nützlichkeit für den rationalen Diskurs, da zwischen den Wissensansprüchen rationaler Argumentation und jenen dogmatischen Glaubens rational nicht unterschieden werden kann (Schurz 2008). Zwar mag ein naturalistischer Externalist das wissenschaftliche ‚Wissen' als gegeben annehmen. Aber im selben Sinne nimmt auch der religiöse Fundamentalist sein ‚Wissen' als gegeben an, und im rationalen Diskurs tritt eine *Pattstellung* ein, die nur durch Rekurs auf kognitive zugängliche internalistische Rechtfertigungsstrategien durchbrochen werden kann.

Die internalistische Rechtfertigungstheorie kann freilich nur dann bessere Lösungen liefern als der Externalismus, wenn das Regressproblem lösbar und der Skeptizismus internalistisch abwehrbar ist. Dies wird von Externalisten bestritten, und hätten sie darin Recht, so wäre der Internalismus zur erkenntnistheoretischen Problemlösung ebenso nutzlos wie die externalistische Umdefinition des Rechtfertigungsbegriffs. Letztere hätte zumindest den Vorteil einer trostspendenden epistemischen Redeweise, um das Gefühl zu vermeiden, in den „Strudel des Skeptizismus" hineingezogen (Grundmann 2008, S. 450) oder von „epistemischer Angst" befallen zu werden (Pritchard 2005). Externalisten können wenigstens behaupten, dass es sich bei den allermeisten unserer Außenweltüberzeugungen um Wissen handelt, *sofern* die kognitiven Mechanismen von Menschen reliabel sind, auch wenn Letzteres nicht gewusst werden kann.

Leider ist nicht einmal das so einfach möglich. Die bisherige Betrachtungsweise suggeriert nämlich, dass die skeptischen Szenarien nur gewisse Überzeugungen von sehr allgemeiner Natur bedrohen, z. B. unsere Überzeugung, dass wir keine GITs (Gehirne im Tank) sind. Ein einfaches Argument zeigt jedoch, dass sich diese Skepsis, einmal zugelassen, in unserem Überzeugungssystem ausbreitet und unser einfachstes Alltagswissen bedroht. Dieses Argument wird ‚das skeptische Paradox' genannt und verläuft wie folgt (Stroud 1984, Kap. 1; vgl. Brendel 2013, S. 84):

(5.3-2) *Argument des skeptischen Paradoxes:*
(CS) Ich weiß nicht, dass ich kein GIT bin.
(AW) Ich weiß, dass aus der Annahme, ich habe eine Hand, analytisch folgt, dass ich kein GIT bin.
(GAI) Wissen ist geschlossen unter gewusster analytischer Implikation.
(AS) Konklusion: Also weiß ich auch nicht, dass ich eine Hand habe.

Die erste Prämisse formuliert die Diagnose des ‚Cartesischen Skeptizismus' (CS), dass wir die Möglichkeit einer globalen Täuschung (z. B. durch ein GIT-Szenario) nicht ausschließen können. Die zweite Prämisse („AW" für „analytische Wahrheit") beruht auf der Feststellung, dass wenn wir (realiter) Hände haben, wir aus analytischen Gründen keine Gehirne im Tank sein können, zusammen mit der harmlosen Annahme, dass wir dies auch wissen. Die dritte Prämisse behauptet das Prinzip der Geschlossenheit des Wissens unter gewusster analytischer Implikation (GAI), dessen Bedeutung bereits am Ende von Abschn. 3.3 hervorgehoben wurde. Es besagt: Wenn wir erstens wissen, dass p, und zweitens, dass aus p analytisch q folgt, dann wissen wir auch, dass q. Das Prinzip (GAI) sorgt dafür, dass sich die philosophische Skepsis vom GIT-Szenario auf unser Alltagswissen ungehemmt ausbreitet, so dass ich nicht einmal mehr wissen kann, dass ich eine Hand habe („AS" für „Alltagsskeptizismus").

Bevor wir zur externalistischen Behandlung des skeptischen Paradoxes kommen, besprechen wir die *commonsensistische* Reaktion auf das Paradox. Sie ist exemplifiziert in George E. Moores berühmtem Argument, jeder Mensch könne einfach dadurch, dass er seine zwei Hände betrachtet, mit Sicherheit wissen, dass er (realiter) zwei Hände hat, also die Negation der Konklusion (AS). Daraus folge aber, im Umkehrschluss zu obigem skeptischen Argument (bei Annahme von AW und GAI), dass wir auch wissen, keine GITs zu sein, also der Cartesische Skeptizismus (CS) falsch ist (Moore 1969, S. 178 f.). Allerdings ist die Mooresche ‚Gewissheit' „ich habe eine Hand" eine Überzeugung, die über die minimale Basis introspektiver und analytischer Urteile hinausgeht und fundierungstheoretisch daher begründungsbedürftig ist, auch wenn sie aus Sicht des ‚Hausverstandes' noch so plausibel erscheint. Die commonsensistische Position läuft also darauf hinaus, die minimale Basis der Aufklärungsphilosophen durch gewisse als evident gesetzte Realüberzeugungen *anzureichern*. Das bedeutet natürlich immer eine gewisse Portion Dogmatismus, da auf diese Weise mit jemandem, der den Common-Sense Realismus anzweifelt, die Fortsetzung der rationalen Argumentation verunmöglicht wird. Die Philosophie des Commonsensismus geht auf den schottischen Philosophen Thomas Reid (1710–1796) zurück, der in Reaktion auf das von David Hume aufgeworfene Induktionsproblem den Common-Sense als sichere Erkenntnisquelle lehrte (s. Abschn. 10.2). Wir *definieren* dem zufolge die in der Abb. 5.1 gestrichelt gezeichneten dogmatischen Positionen als solche, die an einer fundierungstheoretischen Basis festhalten, diese jedoch durch weitere eigentlich begründungsbedürftige Überzeugungen anreichern, und subsumieren den Commonsensismus unter diese Positionsfamilie.

Wir kommen nun zu den externalistischen Versuchen, das skeptische Paradox aufzulösen. Es gibt davon zwei Varianten. Während die *kontrafaktische* Variante den Cartesischen Skeptizismus (CS) beibehält, aber das Geschlossenheitsprinzip (GAI) zurückweist, versuchte die *zirkuläre* Variante den Cartesischen Skeptizismus direkt zurückzuweisen, um (GAI) akzeptieren zu können. Die erste Variante geht auf Fred Dretske (1970) und Robert Nozick (1981) zurück und wird auch von Goldman (1986, S. 56) vertreten. Sie ergibt sich aus der kontrafaktischen Sensitivi-

## 5.3 Externalismus als Antwort auf die Skepsis?

tätsbedingung (Abschn. 3.3), derzufolge p nur dann als externalistisch gerechtfertigt angesehen werden kann, wenn in den nächstmöglichen Situationen, in denen p nicht der Fall wäre, auch p nicht geglaubt werden würde. Hätte jemand keine Hände, so würde er das (in der nächstmöglichen Welt) auch wissen; wäre er ein GIT, so würde er dies allerdings nicht wissen (s. Abschn. 3.3). Der sensitivistische Rechtfertigungsbegriff ist somit nicht geschlossen unter gewusster analytischer Implikation, was wie erläutert ein schwerwiegender Nachteil ist.

Die zirkuläre Variante ist radikaler. Sie akzeptiert ‚seltsame' Zirkelschlüsse, die die Zurückweisung der Cartesischen Skepsis (CS) ermöglichen. Diese Variante wurde von James van Cleve (2003, S. 49 f.) entwickelt. Er kleidet die fundierungstheoretische Forderung nach Rechtfertigung von Schlussmechanismen in das folgende Prinzip „RWQ":

(5.3-3) *Reliabilität von Wissensquellen (RWQ):*
Eine potentielle Wissensquelle Q kann nur Wissen liefern, wenn das Subjekt S auch ohne Benutzung von Q wissen kann, dass Q reliabel ist.

Van Cleve führt zunächst aus, dass wenn es sich bei Q um eine epistemisch unverzichtbare Quelle (z. B. Wahrnehmung, Induktion oder Abduktion) handelt und commonsensistische oder kontextualistische ‚Ausflüchte' vermieden werden, die Forderung (RWQ) notgedrungen uneinlösbar ist. Denn dann setzt jedes Wissen von S, also auch Wissen über Q's Reliabilität, die Benutzung der Quelle Q voraus. Die einzige gangbare Alternative ist van Cleve zufolge der Externalismus, der das Prinzip (RWQ) zurückweist und behauptet, eine potentielle Wissensquelle könne auch dann Wissen liefern, wenn das Subjekt S nicht weiß, ob Q reliabel ist. Wenn das aber angenommen wird, so werden, wie van Cleve in der Folge zeigt, plumpe Zirkelschlüsse externalistisch akzeptabel. Beispielsweise wird es dann möglich, die Reliabilität einer korrekt funktionierenden Benzintankanzeige einfach dadurch zu bestätigen, dass der angezeigte Benzintankstand mehrmals abgelesen und ihm vertraut wird, und zwar wie folgt (das Beispiel geht auf Alston 1986 zurück):

*Schritt 1:* Man liest zu mehreren Zeitpunkten $t_1$, $t_2$, … an der Tankanzeige die Benzinstände „$p_1$", „$p_2$",… ab und schließt daraus, im Vertrauen auf die Reliabilität der Anzeige, dass zu den fraglichen Zeiten tatsächlich $p_1$, $p_2$ … der Fall war. Dieser Schluss ist aus externalistischer Sicht gerechtfertigt, *sofern* die Tankanzeige tatsächlich reliabel ist, auch wenn wir das nicht wissen.

*Schritt 2:* Aus den so gewonnenen Überzeugungen, dass zu $t_i$ (i = 1, 2,…) die Tankanzeige jeweils „$p_i$" anzeigte und $p_i$ tatsächlich der Fall war, schließt man per Induktionsschluss, dass dies auch in Zukunft der Fall sein wird. Daraus folgt, dass die Tankanzeige reliabel ist. Dieser Schluss ist aus externalistischer Sicht ebenfalls gerechtfertigt, *sofern* induktives Schließen reliabel ist, auch wenn wir das nicht wissen.

Zu Recht haben viele Autoren (z. B. Vogel 2000; Reed 2006) bemerkt, dass es absurd erscheint, ein Messinstrument wie die Tankanzeige dadurch als reliabel zu bestätigen, indem man es abliest und ihm vertraut, ohne einen *unabhängigen* Test durchzuführen (indem man z. B. eine abgemessene Menge Benzin in den Tank füllt und dann prüft, ob die Anzeige den korrekten Wert anzeigt). Das Verfahren ist offensichtlich zirkulär und ebenso naiv, wie Baron Reed (2006, S. 186) bemerkt, als wenn man einen unbekannten Gebrauchtwagenhändler fragt, ob er ehrlich ist. Man hat diesen Sachverhalt daher auch als das „Problem des leichten Wissens" für den Externalismus genannt (Cohen 2002; vgl. Hübner 2015, S. 68).

Eine analoge Zirkelrechtfertigung hat van Cleve (1984) auch für das induktive Schließen vorgeschlagen, das induktiv durch seinen bisherigen Erfolg gerechtfertigt wird. Viele Philosophen haben vermutet, dass solch ‚regelzirkuläre' Schlüsse (wie man sie nennt) einen gewissen epistemischen Wert hätten. Wir werden aber in den Abschn. 6.3 und 12.2 zeigen, dass dies nicht der Fall ist, da sich damit absurde Konklusionen ‚rechtfertigen' lassen.

Man beachte, dass die externalistische Rechtfertigung immer nur eine *konditionale* ist: *Wenn* die Tankanzeige reliabel ist, ist das Testverfahren durch Zeigerablesung externalistisch akzeptabel; *wenn* die Welt induktiv gleichförmig ist, ist die induktive Rechtfertigung der Induktion akzeptabel. Da das Zutreffen der Wenn-Bedingung für den Externalisten kognitiv offen ist, impliziert der Externalismus noch keinen Dogmatismus, sondern nur eine Art von ‚epistemischer Impotenz'. Da letztere kein angenehmer Zustand ist, gibt es nicht selten Tendenzen, den Externalismus durch dogmatische Annahmen zu verstärken, so dass daraus auch einige *unkonditionale* Rationalitätsmaximen folgen. Beispielsweise hat Michael Bergmann (2004) vorgeschlagen, dass externalistisch zirkuläre Argumente in epistemischen ‚Normalsituationen' deshalb Rechtfertigungswert hätten, weil in Normalsituationen Common-Sense-Annahmen als evident vorausgesetzt werden dürften. Nur in Situationen des grundsätzlichen epistemischen Zweifels würden Common-Sense-Annahmen ihren evidentiellen Status und externalistische Zirkelargumente ihren Rechtfertigungswert verlieren. Wie Reed (2006, S. 188) kritisiert, würde dies bedeuten, dass wir solange gerechtfertigt sind, wie wir nicht an unseren dogmatischen Annahmen zu zweifeln beginnen – eine anti-aufklärerische Einstellung, die allen fundamentalistischen Weltanschauungen zugrunde liegt (s. Abschn. 6.1).

Tendenziell dogmatisch ist auch der Ansatz von Timothy Williamson (2000, S. 3–6), der die Analyse von Wissen als gerechtfertigter wahrer Überzeugung aufgibt und Wissen mit *Evidenz* einfach gleichsetzt (man nennt dies auch die „Wissen-zuerst-Position"; vgl. Williamson 2011, Hofmann 2019). Williamson zufolge ist Wissen-dass-p ein „Zustand des Subjekts", der jedoch analytisch die Wahrheit von p impliziert *(entails)*. Dem offensichtlichen Einwand, dass ein interner Zustand nichts Externes implizieren kann, begegnet Williamson mit der These, dass das Interne und Externe „keine unabhängigen Variablen" seien. Es scheint aber unhaltbar zu sein, dass ein *Zustand* des Subjekts analytisch etwas über die per definitionem subjektunabhängige Realität implizieren kann. Insofern Wissen darüber etwas impliziert, ist Wissen eben kein bloßer Subjektzustand, sondern eine *Relation* zwischen Subjekt und Außenwelt. Auch Williamsons Position bedeutet, dass zwischen dem Realisten und dem Antirealisten ein rationaler Dialog unmöglich wird: Williamsons Realist kann dem Anti-Realisten nichts entgegensetzen als seine Insistenz darauf, dass der Common-Sense-Realismus eben evident sei. Williamson (2018, S. 34) empfiehlt daher (wie vor ihm schon Thomas Reid 1785, S. 567), man solle Personen, die alltägliche Wahrnehmungen bezweifeln, nicht ernst nehmen und sich seine Dialogpartner besser aussuchen – was auf jenen Dogmatismus hinausläuft, den die Aufklärungsphilosophie überwinden wollte.

Zwei weitere aktuelle Ansätze zum Rechtfertigungsbegriff sind der Kontextualismus und die epistemische Tugendtheorie. Der *Kontextualismus* nimmt an, dass die Strenge der Rechtfertigungsstandards, die für Wissen notwendig sind, durch den gegebenen *epistemischen Kontext* festgelegt wird (Cohen 1986; DeRose 1992: Brendel 2013, Kap. 6). Alltagskontexte sind Niedrigstandardkontexte, in denen nur alltägliche Irrtumsmöglichkeiten ausgeschlossen werden müssen; philosophische Kontexte dagegen Hochstandardkontexte, in denen auch GIT-Szenarien oder andere globale Täuschungsmöglichkeiten ausgeschlossen werden müssen. Es gibt sowohl internalistische wie externalistische Varianten des Kontextualismus. Die Kritik besagt, dass die Tatsache, dass in unterschiedlichen Situationen unterschiedlich hohe Rechtfertigungsstandards vorherrschen, nicht impliziert, dass sich dabei die Bedeutung des Wissensbegriffs ändert, und dass diese Annahme ihrerseits erhebliche Probleme erzeugt (s. auch *Exkurs E5.1*).

*Epistemische Tugendtheorien* entstanden aus dem Problem des Externalismus, zu erklären, worin der *Surpluswert* von reliabler Rechtfertigung besteht, über die bloße Wahrheit der fraglichen Überzeugung hinaus. Der einzig intrinsische epistemische Wert des Wissens, so lautet die Herausforderung, sei der Besitz von (gehaltvoller) Wahrheit. Reliable kognitive Mechanismen seien nur ein *Mittel*, das Wahrheitsziel zu erreichen, und hätten daher nur instrumentellen, aber keinen von Wahrheit unabhängigen Wert (Sartwell 1992; Kvanvig 2003; Zazgebski 2003). Es gibt dazu verschiedene Lösungsansätze. Für Alvin Goldman und Erik Olsson (2009) liegt der Surpluswert einer externalistischen Rechtfertigung darin, dass der reliable Mechanismus die Wahrheitschancen für *zukünftige* Überzeugungen desselben Typs drastisch erhöht. Für Ernest Sosa (2003, S. 156 f.) macht die Ausübung reliabler überzeugungsgenerierender Mechanismen das Wesen von *epistemischer Tugend* aus. Er sieht eine Überzeugung nur dann als gerechtfertigt an, wenn sie aus der Ausübung einer epistemischen Tugend resultiert (s. dazu auch *Exkurs E5.2*).

## 5.4 Doxastische versus nichtdoxastische Theorien

Die nächste Unterscheidung *innerhalb* der internalistischen Rechtfertigungstheorien in Abb. 5.1 ist die zwischen doxastischen und nichtdoxastischen Theorien. Sie ist, so wie die internalistisch-externalistisch Unterscheidung, jüngeren Datums und wurde durch *kognitionspsychologische* Einflüsse auf die Erkenntnistheorie motiviert. Die Unterscheidung betrifft die Frage, ob die (letztlichen) ‚Rechtfertiger' unserer Überzeugungen selber immer Überzeugungen, also ‚doxastischer' und damit sprachlich-propositionaler Natur sein müssen, oder ob auch nichtsprachliche (z. B. bildhafte) Erfahrungsinhalte, sofern sie dem Bewusstsein zugänglich sind, als Rechtfertiger in Frage kommen. Im Rahmen einer Fundierungstheorie bezieht sich diese Frage primär auf die basalen Rechtfertiger unserer Überzeugungen; man kann die Frage aber auch innerhalb einer Kohärenztheorie stellen (zu Letzterer s. Abschn. 6.2; vgl. Pollock 1986, S. 19–21).

So gut wie alle traditionellen Fundierungstheorien sind doxastischer Natur, und wohl auch die Mehrzahl gegenwärtiger Fundierungstheorien, wie die von Roderick Chisholm (1976), Laurence BonJour (1991) oder Alan Musgrave (2002). Nichtdoxastische Fundierungstheorien wurden beispielsweise von John Pollock (1986) und Paul K. Moser (1989) entwickelt. Pollock führt zwei Hauptargumente für seine nichtdoxastische Position an.

*Pollocks erstes Argument* (1986, S. 63 f.) beruht auf der Feststellung, dass Menschen im Alltag fast immer von einem nichtverbalisierten Wahrnehmungsbild *direkt* zu einem realistisch gemeinten Wahrnehmungsurteil, einem Sinnesrealsatz oder Beobachtungssatz, übergehen, *ohne* überhaupt ein introspektives Urteil über die Wahrnehmung, also einen Sinneserscheinungssatz, zu bilden. Dies trifft in der Tat zu, denn alltägliche kognitive Prozesse laufen sekundenschnell und oft unbewusst ab und es bleibt keine Zeit, sie bewusst zu reflektieren. Wir sehen ein Auto von links herannahen und denken oder rufen augenblicklich „Achtung Auto von links"; wir sehen einen Bekannten auf der gegenüberliegenden Straßenseite und grüßen augenblicklich hinüber, ohne entsprechende Seherscheinungssätze gebildet zu haben. Dieselbe Behauptung gilt für Erinnerungen: Wir erinnern uns an eine vergangene Wahrnehmung und formulieren den Realsatz „vorhin fuhr hier ein Auto entlang", ohne einen Erinnerungssatz zu formulieren. Pollock schließt aus dieser Tatsache, dass die letztlichen Rechtfertigungsinstanzen unserer Urteile nichtdoxastische Wahrnehmungszustände seien, die zwar intern zugänglich, aber weder sprachlich noch begrifflich repräsentiert sind (1986, S. 63 f., 90 f.).

All dies ist sicherlich richtig. Dennoch lässt sich eine doxastische Position verteidigen, die wir den *dispositionellen Doxastizismus* nennen. Diese Position lässt zeitsparende Abkürzungen in der Urteilspraxis zu und verlangt lediglich die Fähigkeit, die entsprechenden introspektiven Basisurteile, auf die sich unsere Realurteile stützen, zu generieren, wenn *Rechtfertigungsbedarf* besteht. Denn die Rechtfertigungstheorie hat ja normative Funktion (was in Pollocks kognitivdeskriptivem Ansatz tendenziell aus dem Blick gerät) und muss Rechtfertigungskriterien für Situationen des Zweifels liefern. Auch wenn über unsere alltäglichen Beobachtungssätze meistens intersubjektiver Konsens besteht, so kann ein diesbezüglicher Dissens schneller eintreten, als einem lieb ist, und dann kann nur der Rekurs auf introspektive Wahrnehmungsurteile weiterhelfen. Angenommen jemand behauptet, heute morgen flog ein Ufo den Himmel entlang, und auf die Frage, worauf er seine Behauptung stützt, antwortet er im Pollockschen Sinne nichtdoxastisch: „weil ich es gesehen habe". Dann genügt uns das nicht und wir wollen wissen, *was* er denn genau gesehen hat, d. h. wir verlangen nach einer doxastischen Rechtfertigung durch die Beschreibung seiner Seherscheinung in Form eines Erscheinungssatzes. Wenn er dann sagt „ich sah ein rundes Flugobjekt

## 5.4 Doxastische versus nichtdoxastische Theorien

am Himmel", können wir z. B. erwidern „könnte es nicht auch ein weit entfernter Flugballon gewesen sein?", worauf er uns vermutlich Recht geben würde.

Allgemeiner gesprochen ist es bei vermeintlichen Beobachtungen immer die Frage, ob die Person wirklich ein theorieneutrales Beobachtungsurteil formuliert hat oder in ihrer Beschreibung hypothesen- oder theoriegeladene Begriffe verwendet hat, und das lässt sich nur erkennen, wenn die Person ihre Wahrnehmung begrifflich formuliert (mehr zur Unterscheidung von Beobachtungs- und theoretischen Begriffen in Exkurs E11.1 sowie Schurz 2015). Um dies an einem weiteren Beispiel zu illustrieren: Angenommen auf einer Wanderung behauptet mein Partner „dort ist eine Bärenspur". Dann geht sein Urteil über den Wahrnehmungsgehalt hinaus, denn gesehen hat er in Wahrheit nur einen bestimmten Eindruck im Sand. Dass dieser von einem Bären stammt, verdankt sich einer abduktiven Hypothese, und wenn wir diese bezweifeln, dann müssen wir nach dem Inhalt seiner Wahrnehmung fragen: Wie sah der Abdruck denn genau aus? Könnte er auch von einem anderen Tier oder gar von einem herabgefallenen Stein stammen? (usw.) Besonders drastisch wird die Notwendigkeit genauer Erscheinungsbeschreibungen bei Personen, die von ‚übersinnlichen' Wahrnehmungen berichten.

Die Beispiele zeigen, dass es für eine vollständige Rechtfertigung eines Beobachtungsrealsatzes zumindest erforderlich ist, dass der basale introspektive Sinneserscheinungssatz, der den Realsatz abduktiv stützt, in hinreichend detaillierter Form generiert werden kann. Wenn wir im Alltag aus offensichtlichen kognitiven Effizienzgründen zumeist darauf verzichten, dann deshalb, weil wir darauf *vertrauen*, dass wir die entsprechende Fähigkeit besitzen und jederzeit demonstrieren *könnten;* sobald aber die Situation eines *perzeptuellen Dissenses* eintritt, sind wir auf die Formulierung detaillierter Erscheinungsurteile angewiesen. Eben dies wird vom dispositionellen Doxastizismus eingefordert. Pollock vertritt dagegen die Auffassung, dass der direkte Schluss von einem nichtdoxastischen Wahrnehmungserlebnis auf den Realsatz bereits eine hinreichende Rechtfertigung darstellt (er nennt seine Position auch „direkten Realismus"; vgl. Pollock 1986, S. 91).

*Pollocks zweites Argument* (1986, S. 58–66) geht über das erste hinaus. Es formuliert Zweifel daran, ob sich unsere Wahrnehmung bei Bedarf tatsächlich vollständig sprachlich repräsentieren lässt. Konzentrieren wir uns wieder auf die beim Menschen perzeptuell dominante Sehwahrnehmung. Pollock (1986, S. 59) bringt dafür das Beispiel der Wahrnehmung eines komplexen Geschehens, einer gefährlichen Situation im Straßenverkehr: Alles ging so schnell, dass das meiste nur am Rande des Aufmerksamkeitsfokus wahrgenommen wurde. Einiges davon – z. B. die Farbe des PKWs, mit dem wir fast kollidierten – wird erst im Nachhinein bewusst und sprachlich formuliert, wenn wir das Geschehen nach überstandener Gefahr im Kopf Revue passieren lassen.

Auch dieses Beispiel Pollocks wird durch die Befunde der modernen Kognitionspsychologie belegt. Visuelle Wahrnehmungen werden größtenteils bildhaft und teilweise vorbewusst abgespeichert; ihr Gehalt ist meistens nichtdoxastischer Natur. Dennoch ist auch das zweite Pollocksche Argument im Rahmen eines dispositionellen Doxastizismus leicht behebbar. Denn zumindest die *fokalen* Elemente unseres Sehbildes, also jene Teile, auf die unsere *Aufmerksamkeit* gerade gerichtet ist, sind uns voll bewusst, direkt zugänglich, und auch implizit begrifflich repräsentiert (s. Abschn. 11.3). Die nichtfokalen Elemente unseres Sehbildes werden dagegen vorsprachlich gespeichert und lassen sich nur nachträglich propositional rekonstruieren; sie fungieren dann nicht als Basisrechtfertigung, sondern als Hypothesen über das eigene ‚Halbbewusste' (so auch bei Pollock 1986, S. 60). Wir müssen also die These des dispositionellen Doxastizismus auf die fokalen Elemente unserer Wahrnehmung beschränken: Nur sie kommen als Basisrechtfertiger in Frage und müssen bei Bedarf propositional formulierbar sein.

Auch in Mosers „moderatem Internalismus" (wie er seine Position nennt), sind die letztlichen Rechtfertiger unserer realitätsbezogenen Wahrnehmungsurteile *nichtdoxastische* Wahrnehmungsgehalte. Für Moser ist dabei wesentlich, dass sie nicht nur nichtpropositional, sondern auch *nichtbegrifflich (nonconceptual)* sind. Dennoch sind wir uns ihrer bewusst; Moser spricht von „nonconceptual awareness" (Moser 1989 et al., S. 77, 80–85). Er meint, diese Position sei nötig, um den fundierungstheoretischen Rechtfertigungsregress zu stoppen (ebd., S. 52–64, 142–144). Dieser Lösungsvorschlag funktioniert aber nur scheinbar (vgl. BonJour 2003, S. 78). Wie ausgeführt läuft die nichtdoxastische Position darauf hinaus, dass eine Person ihr Beobachtungsurteil mit dem bloßen Hinweis „ich habe es wahrgenommen" ‚begründet'. Dies ist zweifellos zu wenig, um als Rechtfertigung zu gelten. Für Moser aber reicht es aus, denn er nimmt an, es gäbe objektive probabilistische Stützungsbeziehungen zwischen fokalen nichtbegrifflichen Wahrnehmungsgehalten und Beobachtungssätzen, sogenannte „evidentielle Wahrscheinlichkeiten" – wie beispielsweise: „was ich jetzt gerade sehe, macht es zu 99 % wahrscheinlich, dass vor mir eine Katze vorbeiläuft" (ebd., S. 113–127). Moser zufolge muss sich das Erkenntnissubjekt, um gerechtfertigt zu sein, dieser evidentiellen Wahrscheinlichkeitsbeziehungen zwar bewusst sein, muss sie aber nicht begründen können; Rechtfertigungen höherer Stufe werden in Mosers ‚moderatem Internalismus' also nicht verlangt (ebd., S. 141–143).

Mosers Position ist eine Variante des in Abschn. 4.5 erwähnten naiven Probabilismus. Dass es objektiv feststehende Wahrscheinlichkeitsbeziehungen zwischen Urteilsinhalten und Wahrnehmungsinhalten gibt, die analog zu logischen Beziehungen nur durch deren Bedeutungsgehalte festgelegt sind, ist Wunschdenken. Die Axiome der Wahrscheinlichkeit verhindern lediglich inkohärentes Wettverhalten, stiften aber wie erläutert keinen Zusammenhang zwischen objektiven Häufigkeiten und Wahrscheinlichkeiten (s. *Exkurs E4.4*). Objektive Wahrscheinlichkeiten müssen sich auf induktive Schlüsse aus beobachteten Häufigkeiten stützen. Dies bedeutet, dass die proklamierten „probabilistischen Stützungsbeziehungen" ihrerseits *gerechtfertigt* werden müssen, durch Basisüberzeugungen über beobachtete Häufigkeiten in endlichen Stichproben, zusammen mit induktiven und abduktiven Schlüssen aus diesen Stichproben.

# Literatur

## Klassische Texte

Reid, T. (1969) [1785]. *Essays on the intellectual powers of man*. Hrsg. von Baruch Brody. Cambridge: MIT Press.

## Gegenwartsphilosophie

Alston, W. P. (1986). Epistemic Circularity. *Philosophy and Phenomenological Research, 47*, 1–30.
Alston, W. P. (1989). *Epistemic Justification*. Ithaca: Cornell Univ. Press.
Bergmann, M. (2004). Epistemic circularity: malignant and benign. *Philosophy and Phenomenological Research, 69*, 709–727.
BonJour, L. (1991). *In defense of pure reason: A rationalist account of a priori justification*. Cambridge: Cambridge Univ. Press.
BonJour, L. (2003). A version of internalist foundationalism. In L. BonJour & E. Sosa, E. (2003), *Epistemic justification* (S. 3–96). Oxford: B. Blackwell.
Brendel, E. (1999). *Wahrheit und Wissen*. Paderborn: mentis.
Brendel, E. (2013). *Wissen*. Berlin: De Gruyter.
Chisholm, R. M. (1976): *Erkenntnistheorie*. München: dtv (engl. Orig. 1966).
Cohen, S. (1984). Justification and truth. *Philosophical Studies, 46*, 279–295.
Cohen, S. (1986). Knowledge and context. *The Journal of Philosophy, 83*, 574–583.
Cohen, S. (2002). Basic knowledge and the problem of easy knowledge. *Philosophy and Phenomenological Research, 65*, 309–329.
Comesana, J. (2010). Evidentialist Reliabilism. *Noûs, 94*(4), 571–601.
DeRose, K. (1992). Contextualism and knowledge attributions. *Philosophy and Phenomenological Research, 52*(4), 913–929.
Dretske, F. (1970). Epistemic operators. *Journal of Philosophy, 70*, 1007–1023.
Dretske, F. (1991). Two conceptions of knowledge: Rational vs. reliable belief. *Grazer Philosophische Studien, 40*, 15–30.
Ernst, G. (2014). *Einführung in die Erkenntnistheorie*. Darmstadt: Wissenschaftliche Buchgesellschaft (6. Aufl.).
Feldman, R. (2005). Justification is internal. In M. Steup & E. Sosa (Hrsg.). *Contemporary debates in epistemology* (S. 270–284). Malden: Blackwell Publishing.
Fumerton, R. A. (1995). *Metaepistemology and skepticism*. London: Roman and Littlefield.
Goldman, A. (1979). What is justified belief? In G. Pappas (Hrsg.), *Justification and knowledge* (S. 1–23). Dordrecht: Reidel.
Goldman, A. (1986). *Epistemology and cognition*. Cambridge: Harvard Univ. Press.
Goldman, A., & Olsson, E. (2009). Reliabilism and the value of knowledge. In A. Haddock, A. Millar und D. Pritchard (Hrsg.), *Epistemic Value* (S. 19–41). Oxford: Oxford Univ. Press.
Good, I. J. (1983). *Good thinking. The foundations of probability and its applications*. Minneapolis: Univ. of Minnesota Press.
Greco, J. (2005). Justification is not internal. In M. Steup & E. Sosa (Hrsg.). *Contemporary debates in epistemology* (S. 257–270). Malden: Blackwell Publishing.
Grundmann, T. (2003). *Der Wahrheit auf der Spur*. Paderborn: mentis.
Grundmann, T. (2008). *Analytische Einführung in die Erkenntnistheorie*. Berlin: de Gruyter.
Harman, G. (1986). *Change in view*. Cambridge: MIT Press.

Hemp, D. (2019). The KK (knowing that one knows) principle. In *Internet Encyclopedia of Philosophy*. https://www.iep.utm.edu/kk-princ/.
Hofmann, F. (2019). Wissen-Zuerst-Erkenntnistheorie. In M. Grajner & G. Melchior (Hrsg.), *Handbuch Erkenntnistheorie* (S. 87–93). Stuttgart: Metzler.
Hübner, Johannes. (2015). *Einführung in die theoretische Philosophie*. Stuttgart: J.B. Metzler.
Kirkham, R. L. (1992). *Theories of truth*. Cambridge: MIT Press.
Kitcher, P. (1992). The naturalists return. *Philosophical Review, 101*(1), 53–114.
Kvanvig, J. (2003). *The value of knowledge and the pursuit of understanding*. Cambridge: Cambridge Univ. Press.
McDowell, J. (1998). *Meaning, Knowledge, and Reality*. Cambridge/MA: Cambridge Univ. Press.
Moore, G. E. (1969): *Eine Verteidigung des Common Sense. Fünf Aufsätze aus den Jahren 1903–1941*. Frankfurt a. M.: Suhrkamp (engl. Original 1925).
Moser, P. K. (1989). *Knowledge and evidence*. Dordrecht: Reidel.
Musgrave, A. (2002). Karl Poppers kritischer Rationalismus. In J.M. Böhm, H. Holweg & C. Hoock (Hrsg.), *Karl Poppers kritischer Rationalismus heute* (S. 25–42). Tübingen: Mohr Siebeck.
Nozick, R. (1981). *Philosophical explanations*. Oxford: Oxford Univ. Press.
Pollock, J. (1986). *Contemporary theories of knowledge*. Maryland: Rowman & Littlefied.
Pritchard, D. H. (2005). Scepticism, epistemic luck, and epistemic angst. *Australasian Journal of Philosophy, 83*(2), 185–205.
Reed, Baron. (2006). Epistemic circularity squared? Skepticism about common sense. *Philosophy and Phenomenological Research, 73*(1), 186–197.
Rock, Irvine. (1984). *Perception*. New York: Scientific American Books.
Sartwell, C. (1992). Why knowledge is merely true belief. *The Journal of Philosophy, 89*, 167–180.
Schurz, G. (2008). Third-person internalism: A critical examination of externalism and a foundation-oriented alternative. *Acta Analytica, 23*(2008), 9–28.
Schurz, G. (2014). *Philosophy of science: A unified approach*. New York: Routledge.
Schurz, G. (2015). Ostensive learnability as a test criterion for theory-neutral observation concepts. *Journal for General Philosophy of Science, 46*, 139–153.
Schurz, G. (2017). Interactive causes: Revising the Markov condition. *Philosophy of Science*, 84(4), 456–479.
Schurz, G. (2018). Truthlikeness and approximate truth. In J. Saatsi (Hrsg.), *Routledge Handbook of Scientific Realism* (S. 133–148). Oxford: Routledge.
Schurz, G. (2019). *Hume's problem solved: The optimality of meta-induction*. Cambridge: MIT Press.
Sosa, E. (1999). How to defeat opposition to moore. *Philosophical Perspectives, 13*, 141–154.
Sosa, E. (2003): Beyond internal foundations to external virtues. In L. BonJour & E. Sosa, E. (2003), *Epistemic justification* (S. 97–170). Oxford: B. Blackwell.
Spirtes, P., Glymour, C., & Scheines, R. (2000). *Causation, prediction, and search* (2. revidierte Aufl.). Cambridge: MIT Press.
Stroud, B. (1984). *The significance of scepticism*. Oxford: Oxford Univ. Press.
Van Cleve, J. (1984). Reliability, justification, and induction. In P. A. French, T. E. Uehling, Jr., & H. K. Wettstein (Hrsg.), *Midwest studies in philosophy IX: Causation and causal theories* (S. 555–567). Minneapolis: University of Minnesota Press.
Van Cleve, J. (2003). Is knowledge essay – or impossible? Externalism as the only alternative to skepticism. In S. Luper (Hrsg.), *The skeptics: Contemporary essays* (S. 45–59). Aldershot: Ashgate.
Vogel, J. (2000). Reliabilism leveled. *Journal of Philosophy, 97*(11), 602–623.
White, R. (2015). The problem of the problem of induction. *Episteme, 12*(2), 275–290.
Williamson, T. (2000). *Knowledge and its limits*. Oxford: Oxford University Press.

Williamson, T. (2011). Kowledge first epistemoloy. In Sven Bernecker & Duncan Pritchard (Hrsg.), *The Routledge companion to epistemology* (S. 208–218). New York: Routledge.
Williamson, T. (2018). *Doing philosophy*. Oxford: Oxford University Press.

# Rechtfertigungstheorien II 6

## Inhaltsverzeichnis

6.1 Fundamentalismus versus Fundierungstheorien .............................. 89
6.2 Kohärenztheorien ............................................................ 97
6.3 Zirkelschlüsse in Kohärentismus und Externalismus und ihre Widerlegung .......... 104
6.4 Empirismus versus Rationalismus .............................................. 106
Literatur ..................................................................... 112

## 6.1 Fundamentalismus versus Fundierungstheorien

**Merksatz 6.1–1**

**Fundierungstheorien**
Fundierungstheorien zufolge bestehen Rechtfertigungen

- *erstens* aus Basisüberzeugungen, die am Anfang der sich verzweigenden Rechtfertigungsketten stehen und selbstevident (d. h. unkonditional gerechtfertigt) sind,
- *zweitens* aus konditionalen Rechtfertigungen (erster Stufe), die mithilfe von Schlüssen aus bereits gerechtfertigten Überzeugungen weitere Überzeugungen unter Vermeidung von Rechtfertigungszirkeln gewinnen sowie
- *drittens* (wenn sie vollständig sind) auch aus Rechtfertigungen höherer Stufe, die die Reliabilität der verwendeten Schlüsse rational erwartbar machen. ◄

Dabei meinen wir mit Fundierungstheorie (ohne Zusatzspezifikation) immer die *basisminimale* Version dieser Theorie, die als Basisüberzeugungen nur introspektive

---

*Die Kapitel des Buches werden durch zahlreiche Exkurse ergänzt, die als Online Materialien angeboten werden (Download Link siehe Vorwort).

und einfache analytische Überzeugungen anerkennt (s. Abschn. 2.6); nur diese Version von Fundierungstheorie wird in diesem Buch vertreten.

Das fundierungstheoretische Rechtfertigungsmodell ist prima facie höchst plausibel, sowohl aus der Innenperspektive des Subjekts wie aus der externen Perspektive auf das Subjekt als ein in einer Umgebung situiertes kognitives System. In der Innenperspektive gibt es im großen Reich unseres introspektiv zugänglichen ‚Innenlebens' gewisse fokale Erlebnisse (also solche, auf die unsere Aufmerksamkeit gerichtet ist), nämlich Sinnes- und Innenerscheinungen, die uns direkt präsent sind und an denen zu zweifeln absurd wäre. Aus externnaturalistischer Sicht ist es für den Informationserwerb des kognitiven Systems S nötig, dass die Umgebung U kausale Wirkungen auf S ausübt und dadurch Information von U nach S überträgt, in Form einer Kausalkette U → ... → S mit diversen dazwischen liegenden Wirkungen (durch „..." angedeutet). Die ersten ‚Zwischenwirkungen' in dieser Kausalkette, die das Bewusstsein bzw. (in Computersprache) den zentralen Arbeitsspeicher von S erreichen, sind die (extern betrachteten) Basisüberzeugungen von S. In Abb. 5.2 ist dies schematisch dargestellt.

Anknüpfend an Alexius Meinong (1917) und Roderick Chisholm (1976, S. 43) charakterisierte man *aktuale* introspektive Sachverhalte (wie „ich habe jetzt die Seherscheinung, dass dort ein Tisch steht") auch als selbstpräsentierend in folgendem Sinn (dabei wurde Chisholms Notwendigkeitsklausel aufgrund der Kritik in Abschn. 4.3 weggelassen):

(6.1-1)  *Selbstpräsentierende Sachverhalte:*
Ein (interner) Sachverhalt p ist selbstpräsentierend für ein Subjekt S g. d. w. gilt: wann immer p stattfindet, ist es für S auch evident, dass p stattfindet.

Man beachte aber, dass wir in unserem *Zugänglichkeits*internalismus neben aktualen auch bloß *dispositionell* zugängliche introspektive Sachverhalte als basal zulassen. Die Evidenz eines dispositionellen Glaubens ist nicht schon durch seine Existenz bewusst, aber er kann jederzeit ‚auf Anfrage' bewusst gemacht werden. Unser Reich des Introspektiven ist also wesentlich *umfassender* als das Chisholm-Meinongsche Reich des Selbstpräsentierenden.

Die zur Selbstpräsentierung inverse Implikationsrichtung bezeichnet man als die *Unfehlbarkeit* eines introspektiven Sachverhaltes:

(6.1-2)  *Unfehlbare Sachverhalte:*
Ein (interner) Sachverhalt p ist unfehlbar für Subjekt S g. d. w. gilt: wann immer es für S evident ist, dass p stattfindet, findet p auch statt.

Der Unfehlbarkeitsfrage gehen wir in Abschn. 11.2 weiter nach.

Für die Fundierungstheorie, insbesondere in ihrer empiristischen Variante, ist es wesentlich, dass das Erkenntnissubjekt seine Sinneserscheinungen, Erinnerungen und bloßen Vorstellungen bzw. Einbildungen klar voneinander unterscheiden kann. Ein Fundierungsskeptiker mag kritisch fragen, woher wir wissen, dass wir dies können. Die Antwort lautet: ebenfalls durch Introspektion. Tatsächlich sind im psychologischen Normalzustand die entsprechenden Erlebniszustände so deutlich unterschieden, „fühlen sich so deutlich anders an", dass die Unterscheidung keine Schwierigkeit bereitet: jede Person weiß im psychologischen Normalzustand, ob sie gerade ein Wahrnehmungserlebnis hat, sich an etwas erinnert, oder sich etwas in der Phantasie ausmalt. Bringt eine Person dies durcheinander, so befindet sie sich in einem schwer gestörten psychischen Zustand, der auch ‚Wahnsinn' genannt wird (s. Abschn. 11.2.3). Da der psychologische Normalzustand ein Wachzustand ist, können wir im Wachzustand auch normalerweise sehr gut erkennen, dass wir wachen und nicht träumen. Nur im Schlaftraum (im Gegensatz zum Wachtraum) geht uns die sichere Unterscheidung von Wachen und Schlafträumen verloren, was nicht wundert, denn in diesem Zustand fehlen uns die kognitiven Reflexionsfähigkeiten des Normalzustandes (s. Abschn. 14.9). Allgemeiner gesprochen tritt uns die introspektive Basis unserer Erkenntnis als wohlstrukturierte Mannigfaltigkeit entgegen, einerseits *qualitativ differenziert* in verschiedenen Erlebnistypen und Wahrnehmungsmodalitäten, und andererseits *positional differenziert* entlang der internen *Raumvorstellung* und *Zeitordnung*. Dabei reift diese für das Erwachsenen-Ich *apriorisch* erscheinende Mannigfaltigkeit im Kleinkind auf subtile Weise entwicklungspsychologisch heran (eine insbesondere auf Jean Piaget zurückgehende Einsicht; vgl. Brainerd 1978).

Die reichhaltige Welt der introspektiven Phänomene zeigt, dass der Vorwurf unzutreffend ist, eine fundierungstheoretische Erkenntnistheorie würde versuchen, voraussetzungslos oder ‚bei Null' anzufangen (was unmöglich ist). Sie vermeidet lediglich hypothetische Annahmen, die über das Introspektive und Analytische hinausgehen, als Ausgangspunkte von Rechtfertigungsketten. Doch haben Befürworter wie Gegner der Fundierungstheorie immer wieder bezweifelt, ob die minimale Basis ausreichen kann, um all das zu rechtfertigen, was wir zu wissen glauben. Viele Fundierungstheoretiker haben versucht, die minimale Basis bzw. ihre Reichweite in Weisen zu verstärken, die aus kritischer Sicht als illusionär oder dogmatisch einzustufen sind. Mit ‚illusionär' beziehe ich mich auf Versuche früherer (rationalistischer) Aufklärungsphilosophen, aus der minimalen Basis Wissen über die Realität herzuleiten; mit den Mitteln der modernen Logik sind diese Versuche als Fehlschlüsse nachweisbar (s. Kap. 8–10). Mit ‚dogmatisch' sind Positionen gemeint, die die minimale Basis durch externe Postulate verstärken, die ohne Begründung geglaubt werden sollen (s. u.).

Um die minimalistische Fundierungstheorie von solchen Positionen abzugrenzen, führen wir einige wichtige begriffliche Differenzierungen ein. Da ist zunächst der Begriff des Fundamentalismus. Im Englischen werden fundierungstheoretische Ansätze mit dem Überbegriff „foundationalism" bezeichnet. Unglücklicherweise haben deutschsprachige Erkenntnistheoretiker(innen) „foundationalism" mit „Fundamentalismus" übersetzt, was aber eigentlich etwas ganz anderes bedeutet. Das ist nicht nur im Deutschen, sondern auch im Englischen der Fall, wo man „Fundamentalismus" mit „fundamentalism" übersetzen würde. Da sich diese Übersetzung im Gegensatz zur normalsprachlichen Bedeutung von „Fundamentalismus" befindet, wird hier eine neue Terminologie vorgeschlagen.

Das epistemologische Kennzeichen von fundamentalistischen Weltanschauungen ist der Ausschluss der Methode der systematischen Überprüfung. Fundamentalistische Tendenzen findet man in der menschlichen Ideengeschichte von Anbeginn, insbesondere in Religionen, aber auch in nichtreligiösen Weltanschauungen. Gott führt nur den zum Heil, der bedingungslos an ihn glaubt, während *Zweifel* – ein Kernbestand der wissenschaftlichen Überprüfungsmethode – im Glauben nicht nur unangebracht ist, sondern als *Sünde* gilt („Du sollst den Herrn, deinen Gott nicht auf die Probe stellen", heißt es im Neuen Testament, und der katholische Katechismus verurteilt Zweifel als eine der Hauptverfehlungen katholischen Glaubens.).

---

**Merksatz 6.1-2**

**Charakterisierung eines fundamentalistischen Glaubenssystems**

(F1) Der Glaube beruht auf Prinzipien bzw. Quellen, die absolute und zumeist göttliche Autorität genießen.

(F2) Diese Prinzipien beanspruchen zugleich epistemische und moralische Autorität.

(F3) Das Anzweifeln dieser Prinzipien ist – nicht nur erkenntnismäßig unfruchtbar, sondern – moralisch verwerflich und wird typischerweise mit Sanktionen belegt. ◄

---

Fundamentalistische Weltanschauungen stehen im Gegensatz zu aufgeklärten Weltsichten und Wissenssystemen, die schon antike und spätmittelalterliche Vorläufer hatten, aber insbesondere mit der Aufklärungsphilosophie der Neuzeit (Kap. 8–10) die Bühne der menschlichen Ideengeschichte betraten. In ihnen wird Begründung an die Stelle von höherer Autorität gesetzt:

---

**Merksatz 6.1-3**

**Charakterisierung eines aufgeklärt-rationalen Glaubenssystems**

(A1) Es trennt die epistemische von der moralischen Autorität.

(A2) Seine höchsten Prinzipien genießen epistemische Autorität – aber epistemische Autorität ist *keine* echte Autorität, sondern nur *Quasi*-Autorität, die auf dem „*zwanglosen Zwang des besseren Arguments*" beruht.

(A3) Es ist jederzeit erlaubt, und in gewissem Maße gefordert, zu *zweifeln* (Descartes' methodischer Zweifel). Kritik ist niemals moralisch verboten, höchstens epistemisch unfruchtbar. ◄

---

Der große *methodische* Vorzug der aufgeklärten Rationalität ist ihre intrinsische *Selbstkorrigierbarkeit* durch die Methode der kritischen Überprüfung. Wie es

Karl Popper einmal formulierte, werden in der kritischen Wissenschaft eben nicht unliebsame Menschen eliminiert, sondern nur falsifizierte Theorien. Aufgeklärt-rationale Glaubenssysteme sind daher im Prinzip unbegrenzt lernfähig. Intersubjektivität beruht in der aufgeklärten Rationalität nicht auf autoritärem Zwang, sondern idealerweise auf dem „zwanglosen Zwang des besseren Arguments" (Jürgen Habermas), und wenn kein idealer Konsens erreichbar ist, dann auf dem demokratischen Mehrheitskonsens. Aufgeklärte Rationalität bildet damit auch die Grundlage demokratischer Gesellschaftssysteme westlichen Typs (s. Abschn. 8.4).

Natürlich sind alle in diesem Lehrbuch dargestellten erkenntnistheoretischen Positionen, ob Fundierungstheorie oder Kohärentismus, Internalismus oder Externalismus, der Aufklärungsrationalität zuzuordnen, also anti-fundamentalistisch, da es in ihnen um die epistemische Rechtfertigung von Überzeugungen geht und nirgendwo auf nichtepistemische, z. B. moralische oder institutionelle Autorität rekurriert wird. Eine gewisse Entfernung von der Aufklärungsgesinnung findet allerdings in den erwähnten dogmatischen Positionen statt: Zwar handelt es sich dabei nicht um Fundamentalismen, aber immerhin wird hier gefordert, dass gewisse eigentlich begründungsbedürftige Prinzipien ohne Begründung geglaubt werden sollen; Zweifel daran wird nicht verboten, aber als irrational oder lächerlich dargestellt (vgl. Reid 1785, S. 567). Da solche dogmatische Positionen Menschen mit fundamentalistischen Tendenzen bestärken können, sollte es eine aufklärerische Aufgabe der Philosophie sein, sich mit diesen Positionen fortwährend kritisch auseinanderzusetzen.

Nach dieser Begriffsabgrenzung wenden wir uns der Fundierungstheorie zu. Folgende (allesamt anti-fundamentalistische) Spielarten fundierungstheoretischer Positionen lassen sich unterscheiden:

1. *Sicherheit der Basis – strikte versus moderate Fundierungstheorie 1:* Alle klassischen Fundierungstheoretiker betrachteten Basisüberzeugungen als strikt unfehlbar oder gar notwendig (s. Kap. 8 und 9; Grundmann 2008, S. 284, spricht hier vom „klassischen Fundamentalismus"). Viele moderne Fundierungstheorien sind ‚moderat' und schwächen die Unfehlbarkeitsthese ab. In Abschn. 11 wird die These vertreten, dass introspektive Basisüberzeugungen nicht notwendigerweise unfehlbar, aber rationaliter unkorrigierbar sind, da ihre Instabilität eine kognitive Dysfunktionalität bedeutet. Andere Philosophen gehen noch weiter und betrachten Basisüberzeugungen lediglich als epistemisch privilegiert gegenüber nichtbasalen Überzeugungen; eine solche Position nähert sich einem ‚gemäßigtem Kohärentismus' (s. Abschn. 6.2 und 6.3).

2. *Azyklizität – strikte versus moderate Fundierungstheorie 2:* Auch in einer weiteren Hinsicht ist unsere Fundierungstheorie *moderat:* Es werden nur vollständige Rechtfertigungszirkel ausgeschlossen und *partielle Rechtfertigungszirkel* zugelassen. Ein partieller Zirkel liegt vor, wenn sich mehrere Überzeugungen gegenseitig zirkulär stützen, zugleich aber eine unabhängige Rechtfertigung durch Basissätze besitzen. Wie man probabilistisch beweisen kann, besitzt ein partieller Zirkel einen epistemischen Mehrwert. Nur ein vollständiger Zirkel, d. h. einer, dessen Glieder keine unabhängige Rechtfertigung

durch Basissätze besitzen, ist epistemisch wertlos (s. Abschn. 12.3). Viele klassische und auch gegenwärtige Fundierungstheoretiker nehmen irrtümlicherweise an, ein fundiertes Erkenntnissystem dürfe keine partiellen Zirkel enthalten (vgl. z. B. Fumerton 1995, S. 56, und Steup 2005, S. 124).

3. *Umfang der Basis – minimale versus dogmatisch verbreitete Fundierungstheorie:* Die Basis der hier vertretenen Fundierungstheorie ist minimal; sie umfasst nur introspektive und (einfache) analytische Überzeugungen. Das „Problem der schmalen Basis" besteht in der Schwierigkeit, auf dieser minimalen Grundlage hypothetisches Wissen über die Zukunft und die Außenwelt zu rechtfertigen (vgl. Williams 2001, S. 85; Sellars 1963b; Hübner 2015, S. 77). Viele Epistemologen sehen diese Schwierigkeit als unlösbar an und optieren für eine Verbreiterung der Basis. So haben commonsensistische und externalistische Epistemologen (z. B. McDowell 1998, Williamson 2000 u. a. m.) auch Beobachtungssätze zu den Basissätzen gerechnet, oder den ganzen Common-sense-Realismus insgesamt als Basisprinzip postuliert (Reid 1785). Alternativ kann man auch die Verlässlichkeit des Realschlusses (von Wahrnehmungen auf die externe Welt) oder des Induktionsschlusses als Basisüberzeugung höherer Ordnung annehmen (vgl. Chisholm 1976, S. 118, und Pollock 1986, S. 44).

Eine andere Variante sind *rationalistisch* verbreitete Fundierungstheorien, die gewisse synthetisch-apriorische Prinzipien als ‚basal' bezeichnen und durch ‚direkte intuitive Einsicht' gegeben ansehen. Noch stärker wird der autoritär-dogmatische Zug in theologiebasierten Epistemologien, z. B. der von Alvin Plantinga (1993, S. 46 f.), in der die Rationalität einer Überzeugung in ihrer Hervorbringung im Einklang mit Gottes Schöpfungsplan liegt (zur Kritik vgl. Conee/Feldman 2004, S. 121–129).

4. *Rechtfertigung höherer Stufe – vollständige versus partielle Fundierungstheorie*: Für eine vollständige Rechtfertigung muss gezeigt werden, dass die dabei verwendeten Schlüsse bzw. kognitiven Mechanismen reliabel sind oder ihre Reliabilität zumindest rational erwartbar ist. Da der Versuch, dies zu zeigen, vielen Erkenntnistheoretikern zufolge in ein unlösbares Regressproblem führt und ‚zu viel verlangt' ist, wurden ‚halbierte' Fundierungstheorien vorgeschlagen, in denen nur Rechtfertigungen erster Stufe, aber nicht höherer Stufe verlangt werden. Es gibt von diesen partiellen Fundierungstheorien, wie sie hier genannt werden, externalistische und internalistische Versionen. Eine externalistische Rechtfertigung verlangt nur, dass eine Überzeugung durch reliable kognitive Mechanismen erzeugt wurde (Goldman 1979), aber nicht, dass die Reliabilität dieser Mechanismen zu rechtfertigen ist. Thomas Grundmann (2003, S. 336) bezeichnet diese Position als „externalistischer Fundamentalismus". Hier werden externalistische ‚Fundierungstheorien' nicht als Fundierungstheorien bezeichnet, da mit ‚Fundierung' eine kognitive Leistung des Erkenntnissubjekts gemeint ist und damit ein internalistischer Rechtfertigungsansatz.

Die internalistische Version einer partiellen Fundierungstheorie wurde beispielsweise von Paul K. Moser (1989) und Earl Conee und Richard Feldman (2004) vertreten. In Conee und Feldmans Programm des *Evidentialismus* ist eine Überzeugung p gerechtfertigt, wenn sie von der *Gesamtheit* aller Evidenzen (E), die das Erkenntnissubjekt S zur gegebenen Zeit t besitzt, ‚angemessen' probabilistisch gestützt wird – zumindest besser gestützt wird als non-p oder die Urteilsenthaltung (ebd., S. 3; vgl. Dormandy 2019, S. 178). Dezidiert wird *nicht* verlangt, dass die Stützungsbeziehung von p durch E selbst zu rechtfertigen ist; vielmehr genügt es, dass die Stützungsbeziehung als objektive Tatsache besteht (ebd., S. 76). Um sich vom Externalismus abzugrenzen, fassen Conee und Feldman diese Stützungsbeziehung nicht als externe Tatsache auf, sondern als konzeptuelle Tatsache, die auf den logischen Gehalten der geglaubten Propositionen superveniert, in Analogie zu logischen Relationen (ebd., S. 77). Doch wie in Abschn. 4.5 ausgeführt, ist dies eine Illusion, da die Wahrscheinlichkeit nichtdeduktiver Schlüsse nicht schon logisch bestimmt ist, sondern von den statistischen Häufigkeitstendenzen, also externen Tatsachen in unserer Welt, abhängt. Wenn man dies einräumt, dann läuft Conee und Feldmans Evidentialismus auf eine Variante einer externalistischen ‚Fundierungstheorie' hinaus (vergleichbar mit Alstons „internalist externalism"; 1989, S. 227–245). Auch für Moser (1989, S. 142) genügt es, dass zwischen (nichtbegrifflichen) Wahrnehmungsgehalten und Beobachtungsüberzeugungen eine objektive probabilistische Stützungsbeziehung besteht, mit dem Unterschied, dass Moser verlangt, dass sich das Subjekt dieser Stützungsbeziehung zumindest *gewahr* sein muss, während bei Conee und Feldman das Subjekt von der Stützungsbeziehung gar nicht zu wissen braucht.

Hier wird dagegen die Meinung vertreten, dass die Rechtfertigung der Reliabilität von Argumenten für eine meliorativ orientierte Fundierungstheorie unverzichtbar ist. Roger White (2015, S. 279) begründet diese Forderung durch das folgende ‚Reliabilitätsprinzip': Ist eine Person S *nicht* gerechtfertigt zu glauben, dass die zur Begründung ihrer Überzeugung p verwendeten Methoden und Schlüsse reliabel sind, dann ist S auch nicht gefertigt, p zu glauben. Ähnlich argumentiert Richard Fumerton (1995, S. 36) in seinem ‚Prinzip der inferentiellen Rechtfertigung', dass für die Rechtfertigung von p durch die Gesamtevidenz E zweierlei Überzeugungen gerechtfertigt werden müssen: erstens die Überzeugung E und zweitens die Überzeugung, dass E p wahrscheinlich macht. Die beiden (nahezu äquivalenten) Prinzipien sind höchst einleuchtend, gerade auch im rationalen Diskurs. Wenn beispielsweise ein Astrologe (in Fumertons Beispiel) einen Anstieg der Arbeitslosenrate aufgrund gewisser Sternenkonstellationen voraussagt, und wir seine Position kritisch in Frage stellen, so bezweifeln wir in erster Linie nicht die Begründbarkeit seiner Prognose (die ja zutreffen mag), sondern die Begründbarkeit seines Schlusses von Sternenkonstellationen auf die Beschäftigungsrate oder andere menschliche Vorgänge, d. h. wir bezweifeln die Rechtfertigung höherer Stufe für seine Schlussweise. Dasselbe trifft auf die aufklärerische Kritik an intuitiven Gottesbeweisen (s. Abschn. 8.3), an sozialdarwinistischen Sein-Sollen-Fehlschlüssen (s. Abschn. 10.1) oder anderen Fehlargumentationen zu; überall kritisieren wir die fehlende Rechtfertigung höherer Stufe, die in einer aufklärungsorientierten Fundierungstheorie unentbehrlich ist. Wie auch Fumerton (1995, S. 36) bemerkt, verzichten die genannten Autoren auf Rechtfertigungen höherer Stufe nur deshalb, weil sie diese für uneinlösbar halten.

Sollte dies wirklich so sein, so müssen wir mit den skeptischen Konsequenzen leben. Die obigen ‚Halbierungen' des Rechtfertigungsbegriffs verdrängen das Problem zwar, lösen es aber nicht.

Abschließend erwähnen wir eine weitere ‚partielle' Fundierungstheorie, die im 19. und 20. Jahrhundert sehr einflussreich war, nämlich die des *Positivismus* und Neopositivismus (s. Abschn. 7.4, 9.2 und 10.3). In diesen Positionen wird die Realismushypothese einfach nicht akzeptiert, und deshalb entledigt man sich der Notwendigkeit, den erkenntnistheoretischen Abduktionsschluss (von Sinneswahrnehmungen auf eine sie verursachende Außenwelt) zu rechtfertigen. Es kommt nicht von ungefähr, dass im frühen logischen Empirismus, als ‚fortgeschrittenste' Variante des Positivismus, rationales Schließen auf Deduktion und Induktion reduziert wurde (vgl. Ayer 1956, S. 84) und Abduktion nicht als Schlussmethode, sondern höchstens als Entdeckungsmethode zugelassen wurde (Schurz 2008, Kap. 1). Stattdessen wird im Positivismus versucht, unser Wissen auf *erfahrungsimmanente* Phänomene zu reduzieren; die Annahme einer Realität von subjektunabhängigen ‚Dingen an sich' wird als metaphysischer Ballast zurückgewiesen. Die verschiedenen Varianten dieses Versuchs werden in Abschn. 7.2–7.3 kritisch diskutiert.

In Abb. 6.1 sind die wichtigsten Komponenten und Probleme der Fundierungstheorie zusammengefasst. Das Rechtfertigungsproblem erster Stufe besteht darin, alle Überzeugungen durch geeignete Schlüsse auf Basisüberzeugungen zurückzuführen. Die hier vertretene Lösung besteht in der Wahl der minimalen Basis und den drei Schlusstypen der Deduktion, Induktion und Abduktion. Es ergeben sich jedoch zwei Folgeprobleme höherer Stufe: Das Basisproblem besteht im Finden einer Begründung, warum gewisse Überzeugungen als unmittelbar evident angesehen werden können, und das Rechtfertigungsproblem höherer Stufe im Finden einer Begründung, warum die verwendeten Schlusstypen als reliabel angesehen werden können.

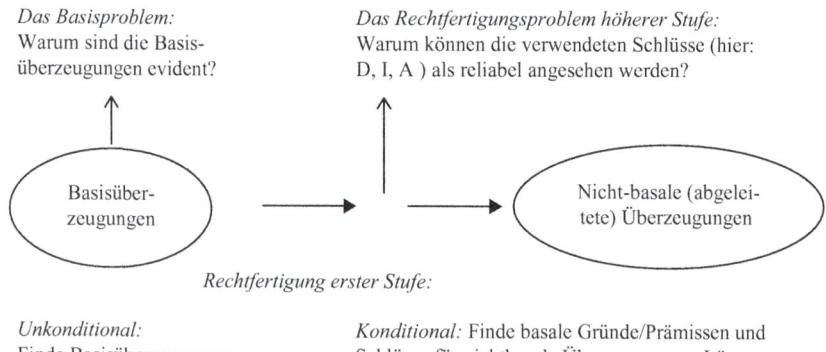

**Abb. 6.1** Hauptkomponenten und Probleme fundierungstheoretischer Epistemologie

## 6.2 Kohärenztheorien

Man kann das Kernproblem fundierungstheoretischer Ansätze verschärft in folgendes Dilemma kleiden:.

(6.1-3) *Fundierungstheoretisches Dilemma:*
> Macht man die Basis klein, um das Basisproblem zu lösen, dann wird das Rechtfertigungsproblem höherer Stufe umso größer. Und umgekehrt.

Man kann die seit dem 20. Jahrhundert entwickelten nicht-fundierungstheoretischen Ansätze am besten als Reaktion auf die scheinbare Unlösbarkeit des fundierungstheoretischen Dilemmas verstehen. In dieser ‚verzweifelten' Situation bieten sich zwei alternative Strategien an, um dem Rechtfertigungsproblem höherer Stufe zu entgehen:

*Strategie 1* (‚erstes Horn' des Dilemmas): Man vermeidet das Rechtfertigungsproblem höherer Stufe, indem man die Basis *verbreitert*. Dies kann einerseits, wie erläutert, zu dogmatischen Positionen führen. Es kann aber andererseits zu einer Aufweichung der Basis führen, nämlich wenn man sich kritisch eingesteht, dass die Überzeugungen einer verbreiterten Basis eigentlich begründungsbedürftig sind und ihr Unterschied zu nichtbasalen Überzeugungen nur ein gradueller ist. Konsequent weitergedacht muss dann die Idee einer Basis aufgegeben werden und es müssen zirkuläre Rechtfertigungen zugelassen werden. Diesen Weg hat der *Kohärentismus* beschritten, dem wir im uns im nächsten Abschnitt zuwenden.

*Strategie 2* (‚zweites Horn' des Dilemmas): Man bleibt bei der minimalen Basis und besitzt damit eine brauchbare Lösung des Basisproblems. Um der dann drohenden Unlösbarkeit des Rechtfertigungsproblems höherer Stufe zu entgehen, verzichtet man auf höherstufige Rechtfertigungen. Diesen Weg haben insbesondere die externalistischen Epistemologien beschritten; in geringerem Umfang auch die erwähnten internalistischen Semi-Fundierungstheorien.

Wir vertreten dagegen eine vollständige Fundierungstheorie, die sich dem Rechtfertigungsproblem höherer Stufe stellt (s. dazu Kap. 12–14), und deren moderate und minimale Basis in Kap. 11 gegen aktuelle Einwände verteidigt wird. In den nächsten zwei Abschnitten wenden wir uns Kohärenztheorien und Zirkelschlüssen zu.

## 6.2 Kohärenztheorien

**Merksatz 6.2-1**

**Kohärenztheoretische Rechtfertigungsansätze**
Kohärenztheoretische Rechtfertigungsansätze unterscheiden sich von fundierungstheoretischen in drei Hinsichten (vgl. BonJour 2003, S. 42; Dancy 1985, S. 113):

(1) Es gibt keine Basis. Alle Überzeugungen, selbst die introspektiven, sind mehr oder weniger kritisierbar und begründungsbedürftig; Unterschiede sind nur gradueller Natur.
(2) Zirkuläre Rechtfertigungen sind zugelassen und es wird ihnen epistemischer Wert zugesprochen.
(3) Ein Überzeugungssystem wird als umso besser gerechtfertigt angesehen, je ‚kohärenter' es ist, d. h. je mehr sich seine Überzeugungen gegenseitig (deduktiv oder probabilistisch) stützen. Der Kohärenzgrad fungiert somit als gradueller Wahrheitsindikator. ◄

Kohärenztheorien, die *genau* durch diese drei Bedingungen charakterisiert sind, nennen wir auch *strikte* Kohärenztheorien, während *moderate* Kohärenztheorien verschiedene einschränkende Bedingungen annehmen, z. B. dass von Bedingung (1) gewisse unkorrigierbare introspektive Sätze ausgenommen sind, oder dass Bedingung (3) nur gilt, wenn das Überzeugungssystem genügend viele empirische Inputs enthält (s. u.). Alle Varianten sind sich aber in Bezug auf Bedingung (2) einig.

Wie erwähnt entwickelten sich kohärenztheoretische Ansätze als Reaktion auf die Schwierigkeiten klassisch-fundierungstheoretischer Ansätze (vgl. Dancy 1985, S. 118). Kohärenztheorien entstanden in der ersten Hälfte des 20. Jahrhunderts, im englischen Sprachraum beispielsweise bei den idealistischen Philosophen Francis H. Bradley (1914) und Brand Blanshard (1939). Näher an der hier vertretenen Position ist die Kohärenztheorie des logischen Empiristen Otto Neurath (1932/33), deren Entwicklung kurz skizziert sei. Der Wiener Kreis war eine wissenschaftsphilosophische Bewegung im Wien der 1920er und 1930er Jahre, zentriert um Moritz Schlick, Otto Neurath und Rudolf Carnap, die den Empirismus und den Positivismus von Ernst Mach mit der (Frege-Russellschen) modernen philosophischen Logik kombinierte und damit Wesentliches zur Entwicklung der modernen Analytischen Philosophie beitrug. Die Debatte begann damit, dass der positivistische Reduktionismus in Carnaps erstem Werk, *Der logische Aufbau der Welt* (1928), zunehmend kritisiert wurde. Zu Recht, denn die dort versuchte analytische Zurückführung von intersubjektiven Realsätzen auf introspektive Erscheinungssätze ist kaum haltbar (s. Abschn. 7.4). Carnap selbst hatte die positivistische Reduktionsthese bereits aufgegeben (Carnap 1931/32). Damit wurde jedoch unklar, wie die Kluft zwischen der eigenpsychischen Erlebniswelt und der physischen Welt überwunden werden konnte, denn eine akzeptierte Theorie abduktiver Schlüsse *fehlte* im logischen Empirismus.

So verfielen Neurath und Carnap auf die Idee, die ‚physikalische' Sprache, womit die realistische Dingsprache gemeint war, als fundamentales begriffliches Rahmenwerk der Wissenschaft anzusehen. Denn nur diese erfüllt die nötige Intersubjektivität, während introspektive Urteile nur von ‚mir', aus der eigenpsychischen Perspektive, verifiziert werden können (vgl. Stadler 1997, S. 275 f., 293 f.). Damit aber wären die fundierungstheoretischen Letztbegründer des wissenschaftlichen Erkenntnissystems nicht mehr Erscheinungssätze, sondern gewisse

## 6.2 Kohärenztheorien

Beobachtungsrealsätze, die Neurath (1932/33, S. 207) *Protokollsätze* nannte: „Person P protokolliert zur Zeit t + 2: Person P's Sprechdenken war zu t + 1: Person P nahm zu t das-und-das wahr". Ein solcher ‚physikalistischer' Protokollsatz ist natürlich nicht mehr ‚unmittelbar evident', sondern kann bezweifelt und korrigiert werden; z. B. kann die Person P gelogen oder sich in ihrem Wahrnehmungsprotokoll geirrt haben (usw.). Eine ausgezeichnete *Basis* der Erkenntnisbegründung war damit weggefallen. Dies zwang Neurath zu einer kohärentistischen Position, der zufolge es das Ziel der empirischen Wissenschaft sei, zu einem *kohärenten* System von Protokollsätzen und hypothetischen Sätzen zu gelangen (Neurath 1932/33, S. 208 f.). Nach einigem Zögern reagierte Carnap in (1932/33) zustimmend und schlug vor, statt Neuraths komplizierter Protokollsätze besser die von Popper vorgeschlagenen Beobachtungssätze der Form „Am Ort s befindet sich zur Zeit t ein Objekt mit den-und-den Beobachtungsmerkmalen" als Basissätze zu verwenden. Für Carnap (ebd., S. 23–25) und Popper (1935, S. 71–4) wurde es nun zu einer Sache des *konventionalistischen* Entschlusses, wann die Begründung eines Beobachtungssatzes abgebrochen und dieser als Basissatz akzeptiert wird.

Dies war freilich eine innerhalb des logisch-empiristischen Programms schwer haltbare Position. Moritz Schlick (1934) wies darauf energisch hin, als er an der neuen Neurath-Carnapschen Position kritisierte, dass sie auf einen Relativismus hinauslaufen würde. Denn wenn nur die Übereinstimmung der Systemsätze untereinander zähle, könne man eine wissenschaftliche Theorie nicht von einem beliebigen Märchen unterscheiden (ebd., S. 297). Schlick zufolge sollten die Basissätze der Rechtfertigung die introspektive Form „(ich sehe) hier jetzt blau" besitzen, die er ‚Konstatierungen' nannte (ebd., S. 304–309). Neurath (1934) verteidigte sich gegen Schlicks Kritik mit einer *Mäßigung* des Kohärentismus, der zufolge die Protokollsätze im System aller wissenschaftlichen Sätze die höchste epistemische Präferenz besitzen sollten, und der wissenschaftliche Empirismus darin bestehe, die Sätze der Wissenschaft in Übereinstimmung mit möglichst vielen Protokollsätzen zu bringen (ebd., S. 113).

Man beachte: Das entscheidende Problem war die fehlende rationale Anerkennung des (abduktiven) Schlusses von Wahrnehmungssätzen auf eine subjektunabhängige Realität. Nur deshalb stellte die Ich-Bezogenheit von introspektiven Urteilen für die logischen Empiristen ein Problem dar. Davon losgelöst ist der (gelegentlich auftauchende) Vorwurf, introspektive Ich-Sätze seien unwissenschaftlich, unhaltbar. Auch der Begründer der experimentellen Psychologie, Wilhelm Wundt, wollte introspektive Selbstberichte nicht aus der Psychologie ausklammern, sondern sie lediglich unter kontrollierte Bedingungen stellen. Natürlich ist es wahr, dass Ich-Sätze aufgrund des indexikalischen Ausdruckes „Ich" keiner intersubjektiv invarianten Sprache angehören. Doch der methodologische Solipsismus sagt keineswegs, dass ein Ich-Satz nicht in eine intersubjektive Sprache überführt werden kann. Er betont lediglich, dass diese Überführung nicht epistemisch voraussetzungslos ist, sondern auf der Realismushypothese basiert, die ihrerseits einer Rechtfertigung bedarf. Ist die Realismushypothese akzeptiert, so kann der Ich-Satz „Mir erscheint jetzt 1 m vor mir ein Tisch" problemlos durch den Realsatz

„Gerhard Schurz sieht zum Zeitpunkt so-und-so 1 m vor sich einen Tisch" ersetzt werden (usw.).

Jüngere kohärentistische Ansätze sind die Kohärenztheorien von Wilfried Sellars (1975) und Nicholas Rescher (1973), die kohärentistische Rechtfertigungstheorie von Laurence BonJour (1985) sowie die explanatorischen Kohärenztheorien von Keith Lehrer (1974), Paul Thagard (1989) und Thomas Bartelborth (1996). Explanatorische Kohärenz meint, dass Überzeugungen dadurch gerechtfertigt sind, dass sie in wechselseitigen Erklärungsrelationen zueinander stehen. Da diese Erklärungsrelationen als deduktive oder probabilistische Stützungsbeziehungen verstanden werden, die gewissen (meist nicht explizierten) zusätzlichen ‚Erklärungsanforderungen' genügen, besteht kein großer Unterschied zu den üblichen, auf logischer oder probabilistischer Stützung basierenden Kohärenzbegriffen. Dabei steht ein Satz A zu einem anderen B in einer logischen Stützungsbeziehung, wenn A B logisch impliziert (wobei A eine lange Konjunktion von Prämissen $A_1 \wedge A_2 \wedge \cdots$ sein kann). A steht zu B in einer probabilistischen Stützungsbeziehung, wenn A B's Wahrscheinlichkeit zumindest erhöht, also $P(B|A) > P(B)$ gilt. Minimale probabilistische Stützungsbeziehungen entsprechen dem gängigen Bestätigungsbegriff des Bayesianismus (Howson und Urbach 1996, S. 117 ff.; Schurz 2014, S. 318); dabei bezeichnet „Bayesianismus" die Theorie der subjektiv-epistemischen Wahrscheinlichkeit, die u. a. auf Thomas Bayes zurückgeht. Für eine probabilistische Rechtfertigung ist darüber hinaus zu fordern, dass $P(B|A)$ auch ‚hinreichend' hoch ist, höher als die gegebene Akzeptanzschwelle (vgl. Abschn. 4.4).

Wir kommen nun zu den wichtigsten Einwänden gegen Kohärenztheorien und zunächst gegen *strikte* Kohärenztheorien. Zusammenstellungen solcher Einwände finden sich auch bei Sosa (2003, S. 109–114) und BonJour (2003, S. 43–59). BonJour hatte sich in (1991) von seiner in (1985) vertretenen Kohärenztheorie deutlich distanziert und bezieht seitdem eine fundierungstheoretische Position (vgl. BonJour 2003, S. 8). Die fünf wichtigsten Einwände gegen Kohärenztheorien fassen wir wie folgt zusammen:

1. *Der Irrelevanzeinwand:* Es ist prima facie unklar, wie die *interne* Kohärenz eines Meinungssystems allein jemals ein Wahrheitsindikator sein kann, da Wahrheit, zumindest gemäß der korrespondenztheoretischen Standardauffassung, in der Übereinstimmung des Überzeugungssystems mit einer unabhängigen externen Realität besteht. Freilich kann man die Korrespondenztheorie der Wahrheit auch ablehnen und eine Kohärenztheorie der Wahrheit vertreten, wie dies einige Kohärentisten (z. B. Blanshard oder Rescher) getan haben. Aber auch dann ergeben sich größere Probleme.
2. *Der Isolationseinwand* besagt, dass Kohärenz kein Wahrheitsindikator sein kann, wenn es im Glaubenssystem S nicht gewisse empirische ‚Inputs' gibt, in Form von Sinneserscheinungen, die das Subjekt nicht willentlich kontrollieren kann, sondern die sich ihm aufzwingen. Aus diesem Grund nahm BonJour schon in seiner kohärentistischen Phase (1985) an, dass das Glaubenssystem gewisse *kognitiv spontane* Überzeugungen besitzt, die seine Sinneserscheinungen beschreiben, die er hier aber noch nicht als basal ansah (1985, S. 141).

Während die bisherigen zwei Einwände den Kohärentismus ‚von außen' kritisieren, sind die nächsten Einwände immanenter Natur.
3. *Der Reflexionseinwand* stammt von BonJour (2003, S. 51) und besagt, dass auch ein strikter Kohärentismus gewisse evidente und unkritisierbare Überzeugungen voraussetzt, nämlich die reflektiven Überzeugungen darüber, welche Überzeugungen man besitzt (in Form der ‚Reflexionssätze' von Abschn. 4.3). Wenn man dies zugesteht, gibt es aber keinen Grund, auch die Evidenz aller anderen introspektiven Sätze anzuerkennen, und man ist bei der minimalen Variante einer Fundierungstheorie.
4. *Der Pluralitätseinwand:* Es kann viele verschiedene gleichermaßen kohärente Überzeugungssysteme geben (vgl. BonJour 2003, S. 53). Auch rational durchkonstruierte Märchen, Mythen, Religionen oder Verschwörungstheorien können ein hohes Maß an innerer Kohärenz aufweisen. Falls ein Faktum einer religiösen Überzeugung widerspricht, spricht im strikten Kohärentismus nichts dagegen, das Faktum aus dem System einfach zu entfernen, um so die Kohärenz zu erhöhen (Peirce 1877 sprach hier von der ‚Vogel Strauß-Methode'). Es gibt also sehr viele gleichermaßen kohärente Glaubenssysteme, die einander widersprechen können, woraus folgt, dass Kohärenz kein Wahrheitsindikator sein kann, denn zwei widersprüchliche Meinungen können nicht zugleich wahr sein.

Der Kohärenzbefürworter kann allerdings erwidern, er glaube nicht, dass diese fiktionalen Glaubenssysteme, auch wenn ihnen eine gewisse Kohärenz zukommt, denselben Kohärenzgrad besitzen wie wissenschaftliche Glaubenssysteme. Der Kohärenzgrad der letzteren sei immer höher. Um den Kohärenzbefürworter definitiv zu *widerlegen,* benötigt man einen Beweis des Pluralitätseinwandes. Einen solchen liefert der nächste Einwand.

5. *Der Negationseinwand*: Eine erste und inkorrekte Version des Negationseinwandes wurde von Moser (1989, S. 62) vorgeschlagen und besagt, wenn man sämtliche Meinungen eines kohärenten Glaubenssystems negieren (also Negationszeichen davorsetzen) würde, erhielte man ein ebenso kohärentes Glaubenssystem. Bartelborth (1996, S. 219) bezweifelt dies zu Recht, denn es trifft logisch nachweislich nicht zu. Der Negationseinwand funktioniert aber perfekt, wenn man in den Sätzen eines Meinungssystems sämtliche *atomare Teilsätze* (in der Aussagenlogik Aussagevariablen) uniform durch ihre Negationen ersetzt. In diesem Fall entsteht nachweislich ein Meinungssystem von gleichem Kohärenzgrad, und zwar sowohl für deduktive Kohärenz wie für probabilistische Kohärenz. Da nun aber ein nichttriviales Meinungssystem zumindest *einige* unnegierte oder negierte Atomsätze (sprich: elementare Tatsachenfeststellungen) enthält, entstehen durch die Negationssubstitution einander *widersprechende* Meinungssysteme, womit *bewiesen* ist, dass Kohärenz kein Wahrheitsindikator sein kann.

Der Negationseinwand wird in Exkurs 15 (mathematischer Anhang A2) streng bewiesen; für deduktive Kohärenz beruht der Beweis auf dem uniformen Substitutionsgesetz, für probabilistische Kohärenz auf bayesianischen

Invarianzprinzipien. Hier soll die Beweisidee an einem einfachen Beispiel illustriert werden. Angenommen mein Glaubenssystem enthält die drei Überzeugungen (i) Zeus ist zornig (p), (ii) Es regnet (q), und (iii) Genau dann, wenn Zeus zornig ist, regnet es (vereinfacht formalisiert als p↔q). Das Glaubenssystem ist perfekt kohärent, denn (iii) wird induktiv durch (i) und (ii) gestützt, (i) deduktiv durch (ii) und (iii), und (ii) deduktiv durch (i) und (iii). Ersetzen wir die Aussagevariablen p und q durch ihre Negationen, so erhalten wir das exakt gleich kohärente Glaubenssystem (i*) ¬p, (ii*) ¬q, und (iii*) ¬p↔¬q, dem zufolge Zeus nicht zornig ist und es nicht regnet ((iii) und (iii*) sind logisch äquivalent). Man beachte, die kohärenzerhaltende Ersetzung hätte nicht funktioniert, wenn man statt den Aussagevariablen den ganzen Satz (iii) p↔q durch seine Negation ersetzt hätte, denn {¬p,¬q,¬(p↔q)} ist nicht nur nicht kohärent, sondern sogar inkonsistent.

Der Negationseinwand widerlegt das Argument von Catherine Elgin (2005), demzufolge die Kohärenz von Glaubenssystemen zwar nicht immer, aber durchaus häufig ein Wahrheitsindikator sein könne, nämlich immer dann, wenn die Wahrheit des Glaubenssystems die beste Erklärung für dessen Kohärenz sei. Unsere Überlegung zeigt aber, dass dies nie der Fall ist, denn für jedes (nichttriviale) Glaubenssystem S gibt es durch Negationssubstitution gebildete inkompatible Glaubenssysteme mit genau demselben Kohärenzgrad.

Zusammengefasst zeigen die Einwände, dass die strikte Kohärenztheorie in einen erkenntnistheoretischen Relativismus führt, da damit viele einander widersprechende Glaubenssysteme gleichermaßen rechtfertigbar sind. Dieselbe Kritik trifft auf die verwandte Methode des reflexiven Äquilibriums zu, die auf Nelson Goodman (1975, S. 85–89) und John Rawls (1979, S. 38, 68–71 zurückgeht und worin partikuläre Intuitionen und generelle Prinzipien kohärentistisch aneinander angepasst werden (Schurz und Hertwig 2019, Abschn. 3.1). Wird die Kohärenztheorie andererseits als Methode der Glaubensrevision *(belief revision)* angewandt, der zufolge Glaubenssysteme neue Überzeugungen so in sich integrieren sollen, dass die Kohärenz mit dem bisherigen System möglichst gewahrt wird (Gärdenfors 1988; Rott 2001), dann führt die Kohärenztheorie zu einer Form des epistemischen Konservativismus (Bartelborth 1996, S. 220).

Aufgrund der insgesamt erdrückenden Einwände haben die meisten Kohärentisten die strikte Kohärenztheorie in verschiedenen Hinsichten abgeschwächt und moderate Kohärenztheorien vorgeschlagen, die moderaten Fundierungstheorien in mehreren Hinsichten nahekommen. Die Konvergenzpunkte zwischen beiden lassen sich so zusammenfassen:

- In moderaten Fundierungstheorien gibt es Sinneserscheinungssätze als Basissätze, von denen die Rechtfertigung ausgeht, die dennoch nicht unfehlbar sind. In moderaten Kohärenztheorien gibt es zwar keine Basis, aber dennoch epistemisch privilegierte ‚wahrnehmungsnahe' Sätze, die im Konfliktfall mit anderen Sätzen die Oberhand behalten. Für Neurath (1932/33) waren dies *Protokollsätze* und für BonJour (1985) *kognitiv spontane Erfahrungssätze.* Auch Bradley (1914) nahm Sinneserfahrungen als epistemisch privilegiert an

## 6.2 Kohärenztheorien

und argumentierte, es gehe der Kohärenztheorie primär nicht um die Kohärenz mit beliebigen Überzeugungen, sondern um die Kohärenz mit Sinneserfahrungen (vgl. Dancy 1985, S. 124).
- In moderaten Fundierungstheorien sind die introspektiven Basisüberzeugungen *selbstevident*. In der explanatorischen Kohärenztheorie Lehrers haben sie einen ähnlichen Status: sie sind *selbsterklärend* (1974, S. 175). Meine Überzeugung, dass ich einen Baum vor mir sehe, wird also dadurch erklärt, dass ich einen Baum vor mir sehe. Dies scheint aber nur eine andere Beschreibung der Selbstevidenz dieser Überzeugung zu sein.
- In anderen gemäßigt kohärentistischen Ansätzen gibt es zwar keine selbstgerechtfertigten Basisüberzeugungen, aber Überzeugungen, die *prima facie gerechtfertigt sind,* d. h. in Abwesenheit von Gegengründen *(defeaters)* geglaubt werden sollen (Pollock 1986, S. 72 ff.). Allerdings ist der Begriff der ‚Prima-facie-Rechtfertigung' unklar, da nicht geklärt ist, was als „Gegengrund" zählt und was nicht. Wie Baron Reed (2006, S. 189) ausführt, muss nicht für jeden Gegengrund ein empirischer Anlass bestehen: Wie schon die Aufklärer wussten, gibt es gute Gründe, gegenüber diversen Common-sense-Überzeugungen skeptisch zu sein und positive Begründungen zu verlangen. Allein der Zweifel kann also als Gegengrund fungieren.

In zwei Hinsichten bleibt ein Unterschied zwischen moderaten Fundierungstheorien und moderaten Kohärenztheorien bestehen:

a) die Ersteren schreiben (vollständigen) Rechtfertigungszirkeln keinen epistemischen Wert zu, die letzteren schon; und
b) die Ersteren sehen introspektive Überzeugungen als epistemisch unkorrigierbar an, die letzteren nicht.

Einig sind sich moderate Fundierungs- und Kohärenztheorien in der Anerkennung von Erfahrungssätzen als epistemisch privilegierte Klasse von Überzeugungen (Haack 1993 prägte hierfür den Ausdruck „Fundhärentismus"). Auch die Arbeiten zum Kohärenzbegriff in der formalen Epistemologie (Shogenji 1999; Olsson 2002; Bovens und Hartmann 2003; Gähde und Hartmann 2005) machen moderat fundierungstheoretische Annahmen. Hier wird eine unabhängig gegebene Menge von Evidenzen $E_1,...,E_n$ angenommen und gefragt, ob die Kohärenz zwischen diesen Evidenzen deren Bestätigungsgrad *für eine Hypothese* erhöht – ob also Kohärenz, über gewöhnliche bayesianische Bestätigung hinaus, einen Surpluswert für die Hypothesenwahrscheinlichkeit besitzt. Die Mehrheit der genannten Autoren gelangt hierbei zu einer tendenziell negativen Antwort.

## 6.3 Zirkelschlüsse in Kohärentismus und Externalismus und ihre Widerlegung

Wie die Ergebnisse des vorigen Abschnitts zeigen, können die dem Kohärentismus inhärenten zirkulären Stützungen keinen epistemischen Rechtfertigungswert besitzen, da gleich kohärente Glaubenssysteme einander widersprechen können. Zum selben Resultat gelangt man durch Analyse prominenter zirkulärer Argumente. Wir zeigen dies hier an einem ersten Beispiel und bauen diese Einsicht in Abschn. 12.2 weiter aus. Grob gesprochen wird in einem zirkulären Argument etwas (letztendlich) durch sich selbst begründet. Eine wichtige Differenzierung dabei ist die Unterscheidung zwischen *Prämissenzirkularität* und *Regelzirkularität* (Ladyman und Ross 2007, S. 75):

---

**Merksatz 6.3-1**

**Prämissen- und Regelzirkularität**
Ein Argument (oder Schluss) ist *prämissenzirkulär*, wenn eine seiner Prämissen identisch ist mit seiner Konklusion oder nur unter Voraussetzung der Konklusionswahrheit begründet werden kann (näheres in Abschn. 12.1). Dagegen ist ein Argument *regelzirkulär*, wenn die Reliabilität der zugrundeliegenden Schlussregel die Wahrheit seiner Konklusion voraussetzt. ◄

---

Regelzirkuläre Argumente hat wurden auch „epistemisch zirkulär" genannt (Goldmann 1999, S. 83). Ein Beispiel für ein regelzirkuläres Argument ist die schon in Abschn. 5.3 erwähnte induktive Rechtfertigung der Induktion. Während die meisten Erkenntnistheoretiker prämissenzirkuläre Argumente zurückweisen, wurde von vielen prominenten Erkenntnis- und Wissenschaftstheoretikern behauptet, dass regelzirkuläre Argumente epistemisch wertvoll sein können (z. B. Braithwaite 1974; Black 1974; van Cleve 1984; Papineau 1993, Kap. 5; Goldman 1999, S. 85; Lipton 1991, S. 167 ff.; Harman 1986, S. 33; Psillos 1999, S. 82). Das folgende auf Wesley Salmon (1957, S. 46) zurückgehende Beispiel widerlegt jedoch diese Sichtweise. Es zeigt, dass mit demselben regelzirkulären Argument, das die Reliabilität der Induktion ‚begründet', auch die Reliabilität der Anti-Induktion ‚begründet' werden kann. Während die Induktionsregel grob gesprochen sagt, dass das, was bisher der Fall war, (wahrscheinlich) auch in Zukunft der Fall sein wird, sagt die (intuitiv abwegige) Anti-Induktionsregel, dass das Gegenteil von dem, was bisher der Fall war, (wahrscheinlich) in Zukunft der Fall sein wird. Die Regel der Anti-Induktion sagt also, angewandt auf die gleichen Beobachtungen, das Gegenteil dessen voraus, was die Regel der Induktion voraussagt.

## 6.3 Zirkelschlüsse in Kohärentismus und Externalismus und ihre Widerlegung

(6.3-1) *Regelzirkuläre ‚Rechtfertigungen‘*:

| *Induktive ‚Rechtfertigung‘ der Induktion* | *Anti-induktive ‚Rechtfertigung‘ der Anti-Induktion* |
|---|---|
| *Prämisse:* Vergangene Induktionen waren erfolgreich. | *Prämisse:* Vergangene Anti-Induktionen waren nicht erfolgreich. |
| *Daher, gemäß der Induktionsregel:* Zukünftige Induktionen werden erfolgreich sein. | *Daher, gemäß der Anti-Induktionsregel:* Zukünftige Anti-Induktionen werden erfolgreich sein. |

Die beiden zirkulären Argumente haben dieselbe Struktur, die Prämissen beider Argumente sind wahr, und dennoch besitzen sie gegensätzliche Konklusionen. Dies beweist, dass es sich dabei um epistemisch wertlose *Pseudo*rechtfertigungen handeln muss. Denn die Konklusionen beider Argumente widersprechen einander: Wenn zukünftige Anti-Induktionen erfolgreich sind, sind zukünftige Induktionen nicht erfolgreich, und umgekehrt, da beide zu gegenteiligen Prognosen führen.

Für Fundierungstheoretiker ist dies der entscheidende Grund, regelzirkuläre Argumente zurückzuweisen. Nicht nur Kohärentisten, sondern auch Externalisten akzeptieren dagegen regelzirkuläre Argumente (s. Abschn. 5.3). Zwischen den beiden letzteren Positionen besteht jedoch folgender wesentliche Unterschied:

- **Für Kohärenztheorien** sind beide Zirkelargumente rational akzeptierbar. Kohärenztheorien führen damit entweder in Widersprüche oder (wenn Widersprüche ausgeschlossen werden) in einen Relativismus, da es willkürlich erscheint, von zwei gleichrangigen Argumenten nur das eine und nicht das andere zu akzeptieren.
- **Für externalistische Rechtfertigungstheorien** ist dagegen höchstens eines der beiden Zirkelargumente akzeptierbar, aber welches akzeptierbar ist, hängt von kognitiv unzugänglichen (die Zukunft betreffenden) Tatsachen ab. Die externalistische Rechtfertigung ist nur ‚konditionaler‘ Natur: ohne weitere rationale Gründe weiß der Externalist nicht, welches von beiden Argumenten er akzeptieren soll. Der Externalist James van Cleve, der sich für die externalistische Lesart des Zirkelschlusses in (6.3-1) stark macht, formuliert dies in folgenden Worten (1984, S. 562): „the antecedent on which this [justification] depends – that induction is reliable [...] is an *external* antecedent. It makes knowledge possible not by being known, but by being true". Er erkennt an, dass auch der anti-induktive Schluss externalistisch akzeptierbar wäre, wenn die Welt im anti-induktiven Sinn ungleichförmig wäre (ebd., S. 561).

> **Zur Vertiefung**
>
> **Kann Anti-Induktion erfolgreich sein?**
> Als ‚Hoffnungsschimmer' merkt van Cleve an, dass sich bezweifeln lässt, ob anti-induktive Voraussagen überhaupt erfolgreich sein können (ebd.), und andere Epistemologen haben ähnliche Zweifel geäußert (White 2015; Blackburn 2016). Doch die Hoffnung ist vergeblich, denn dies kann nachweislich der Fall sein: die meisten *oszillierenden* Ereignissequenzen begünstigen anti-induktive Voraussagen. Man betrachte als Beispiel die einfachste binäre induktive Voraussageregel, die *Majoritätsinduktion* M-I (mit zwei Ereignismöglichkeiten „1" und „0"). Die Regel M-I sagt $e_{t+1} = 1$ voraus („das nächste Ereignis ist 1"), wenn die bisherige Häufigkeit von Einsen größer-gleich 1/2 war, kurz wenn $h_t(1) \geq 0{,}5$ gilt, und andernfalls $e_{t+1} = 0$. Die duale Regel der Majoritäts-Anti-Induktion, kurz M-AI, sagt $e_{t+1} = 0$ voraus, wenn $h_t(1) \geq 0{,}5$ gilt und andernfalls $e_{t+1} = 1$. Man kann leicht zeigen, dass in Anwendung auf binäre *Zufalls*sequenzen M-I genau dann erfolgreicher ist als M-AI, wenn die Ereignishäufigkeiten gegen einen von 0,5 verschiedenen Grenzwert konvergieren (andernfalls sind M-I und M-AI gleich erfolgreich; vgl. Schurz 2019, S. 103). Nun betrachte man die deterministisch-oszillierende Ereignisfolge (0,1,0,1,…). In dieser Sequenz beträgt die Erfolgsrate der anti-induktiven Regel 1 oder 100 %, wogegen die der induktiven Regel auf 0 sinkt. Man wird erwidern, dass die Regelmäßigkeit der 0101…-Sequenz durch eine ‚Induktion höherer Stufe' herausgefunden werden kann, doch lässt sich dazu auch eine passende ‚Oszillation höherer Stufe', 0101 1010 0101 … konstruieren, die die Anti-Induktion höherer Stufe begünstigt, etc. ad infinitum (s. Schurz 2021).

Die Symmetrie der induktiven und anti-induktiven Zirkelrechtfertigung ist kein Einzelfall: In Abschn. 12.2 werden weitere Beispiele von absurden oder einander widersprechenden regelzirkulären Rechtfertigungen vorgestellt. Analoge Einwände gelten für prämissenzirkuläre Rechtfertigungen, die im letzten Abschnitt kritisiert wurden. Weitere Beispiele dazu werden in Abschn. 12.3 gegeben, wo auch gezeigt wird, wie regelzirkuläre auf prämissenzirkuläre Schlüsse zurückgeführt werden können.

## 6.4 Empirismus versus Rationalismus

Die letzte Verzweigung in unserer Klassifikation von Rechtfertigungstheorien (s. Abb. 5.1) ist die von doxastischen Fundierungstheorien in empiristische und rationalistische Theorien. Diese beiden Strömungen bildeten die Pole der ‚klassischen' erkenntnistheoretischen Diskussion der Neuzeit, die wie erwähnt bis zur Mitte des 19. Jahrhunderts durchgehend fundierungstheoretisch orientiert war. Der Unterschied lässt sich pauschalierend so charakterisieren:

## 6.4 Empirismus versus Rationalismus

**Merksatz 6.4-1**

**Unterschied zwischen Empirismus und Rationalismus**

1. Den Schwerpunkt der *Basisrechtfertigung* legt der Empirismus in die *Sinneserfahrung,* der Rationalismus in die *rationale Intuition*.
2. Den Schwerpunkt der *konditionalen Rechtfertigung* (bzw. des Schließens) legt der Empirismus in das *induktive* Schließen aus der Sinneserfahrung. Dieses kritisiert der Rationalismus als zu unsicher und legt stattdessen den Schwerpunkt auf deduktives Schließen aus rationalen Intuitionen, die unseren Überzeugungen epistemischen Notwendigkeitsstatus verleihen sollen. ◄

So sieht die Gegenüberstellung aus philosophiegeschichtlicher Sicht aus (s. Kap. 8–9), mit John Locke als typischem Vertreter des Empirismus und René Descartes und Gottfried Wilhelm Leibniz als typischen Vertretern des Rationalismus. In gegenwartsbezogener Perspektive ist diese Gegenüberstellung jedoch weiter zu differenzieren. So wie im Fall der Fundierungstheorie muss nämlich auch zwischen einem kritisch-*minimalen* und einem überzogen-*dogmatischen* Empirismus unterschieden werden. Der kritisch-minimale Empirismus teilt mit dem neuzeitlichen Rationalismus die aufklärerische Einsicht, dass als unmittelbar evidente Erfahrungsurteile nur die *introspektiven* Urteile in Betracht kommen; der Schluss auf die wahrgenommene Außenwelt ist hypothetisch. Der dogmatische Empirismus nimmt dagegen auch Sinnesrealsätze oder Beobachtungssätze als Basisurteile an und schreibt gelegentlich der induktiven Methode eine der Logik ähnliche Beweiskraft zu.

Dogmatische Tendenzen findet man z. B. beim Empiristen Francis Bacon. Die bedeutendsten Empiristen, John Locke und David Hume, waren kritisch-minimale Empiristen, und dasselbe gilt für ihre ‚positivistischen Verwandten' George Berkeley oder Ernst Mach. Es ist daher irreführend, wenn dem Empirismus ein Beobachtungsdogmatismus untergestellt wird. Im Kern ist er eine kritische Position, die im Gegensatz zum Rationalismus mit einer minimalen Basis auszukommen trachtet (vgl. Markie 2017). Die wesentlichen Gemeinsamkeiten und Unterschiede von Empirismus und Rationalismus bestehen daher in Folgendem:

- **Gemeinsamkeiten:** Einig sind sich Empirismus und Rationalismus in der Anerkennung folgender Basisurteile: (1) introspektive Erscheinungsurteile und (2) logisch-analytische Urteile (im weiten, die Mathematik einschließenden Sinn von ‚logisch'). Urteile vom Typ (1) sind *synthetisch,* aber singulär (auf einzelne Raumzeitstellen bezogen). Sie beschreiben die *Erfahrungen* des Subjekts und sind daher *aposteriori* (s. Abschn. 4.2). Urteile vom Typ (2) umfassen auch strikt generelle Sätze (z. B. „Wenn immer p wahr ist, ist non-p falsch" usw.). Sie reflektieren die *Vernunft* (bzw. Rationalität) des Subjekts und sind daher *apriori,* d. h. unabhängig von Erfahrung gewinnbar.
- **Unterschiede:** Der (minimale) Empirismus beschränkt die Basisurteile auf (1) und (2). Für den Empirismus sagt also reine Vernunfterkenntnis *nichts* über die Beschaffenheit der externen Realität aus, sondern nur über die Gesetze des Denkens und der Sprache des Menschen. Für die Gewinnung von

Außenwelterkenntnis ist immer Sinneserfahrung nötig. Logisch-analytische Vernunftgesetze können nur dazu dienen, aus schon gewonnenen Realerkenntnissen weitere Realerkenntnisse abzuleiten, nicht aber neue Realerkenntnisse zu begründen. Aufgrund dieser (unserer Ansicht nach zutreffenden) These hat der Empirismus in Bezug auf Realerkenntnis ein schwieriges *Begründungsproblem,* das nach Ansicht der Rationalisten unlösbar ist. Aus diesem Grund postuliert der Rationalismus zusätzlich gewisse basale synthetische Vernunfteinsichten apriori, die Realerkenntnisse ausdrücken und denen sogar *Notwendigkeitsstatus* zukommen soll, deren Rechtfertigung aber auf rationalen Intuitionen beruht und somit auf gewissen Innenerscheinungen. Von daher rührt auch die kritische Bezeichnung rationalistischer Philosophie als *Lehnstuhlphilosophie*: Durch bloßes Nachdenken im ‚Lehnstuhl', ohne sich die ‚Welt da draußen' anzusehen, glaubt der Rationalist, etwas über diese Welt herausfinden zu können.

Der Unterschied besteht also keineswegs darin, dass der Empirismus die für den Rationalismus so wichtige Rolle der Vernunft negiert. Im Gegenteil: Die logische Struktur der Vernunft wurde gerade im logischen Empirismus des 20. Jahrhunderts wissenschaftlich präzisiert. Der Unterschied besteht nur darin, dass der Empirismus diese Rolle auf ihre logisch-analytische Funktion beschränkt, während der Rationalismus zusätzliche synthetisch-apriorische Vernunfteinsichten postuliert, die der Empirismus bezweifelt. Dieser Unterschied ist in Abb. 6.2 in Form der bekannten, von den Begriffspaaren analytisch-synthetisch und apriori-aposteriori aufgespannten Vierfeldertafel dargestellt.

Der Begriff des „synthetischen Urteils apriori" wurde zwar erst von Immanuel Kant eingeführt, doch haben alle Rationalisten von Descartes bis zur Leibniz-Wolff-Schule synthetisch-apriorische Prinzipien vertreten, beispielsweise die Prinzipien der (euklidischen) Geometrie, der Kontinuität, Kausalität, Zweckmäßigkeit der Welt und die Existenz Gottes. Die Prinzipien wurden auf verschiedene Weisen ‚rational' zu begründen versucht, meist durch höchst spekulative Gedankenführungen (Kap. 8 und 9), also vermeintliche ‚Beweise', denen aus modern-logischer Sicht keine Gültigkeit zukommt. In Reaktion auf die Kritik David Humes hatte später Kant (1781) die rationalistische Metaphysik verworfen und synthetisch-apriorische Erkenntnisse transzendentalphilosophisch zu begründen versucht, als notwendige Bedingungen ‚aller' möglichen Erkenntnis. Aber auch Kants transzendentalen ‚Beweisen' kommt aus gegenwärtiger Sicht keine Gültigkeit zu (siehe Exkurs E10.1). Ein rationalistisches Grundprinzip, das als Vorgänger der abduktiven Methode angesehen werden

**Abb. 6.2** Epistemische Vierfeldertafel und die aus der Sicht des Empirismus und Rationalismus möglichen Erkenntnisarten

| Erkenntnisart | apriori | aposteriori |
|---|---|---|
| **analytisch** | Empirismus Rationalismus | |
| **synthetisch** | Rationalismus | Empirismus Rationalismus |

## 6.4 Empirismus versus Rationalismus

kann, war das sogenannte *Prinzip des zureichenden Grundes*, das lange Zeit sowohl von Rationalisten wie von Empiristen als ‚evident' akzeptiert wurde. Das Prinzip besagt, dass alles, was der Fall ist, einen zureichenden Grund oder eine zureichende Ursache haben müsste. Das Prinzip wurde erst durch David Humes Kritik an Kausalität und Induktion und später durch die Quantenphysik ins Wanken gebracht (s. Abschn. 10.1 und 14.7).

Die Auffassung, dass grundlegende synthetische Wesensgesetze durch rationale Intuition als notwendigerweise wahr erkannt werden können, findet sich nicht erst bei den neuzeitlichen Rationalisten, sondern bereits bei Aristoteles und Platon. Diese Erkenntnisvorstellung geht auf das *pythagoräische* Erkenntnisideal des geometrischen Beweises zurück. Es hat bis ins 19. Jahrhundert, vor dem Entstehen der modernen Logik und Mathematik, die Vorstellung der Philosophen von einem „Beweis more geometrico" bestimmt, in dem man ohne mathematische Rechnung durch pure geometrische Einsicht gewisse Zusammenhänge als *notwendig* einsieht. Ein einfaches Beispiel in Abb. 6.3 ist die Schnittwinkelsymmetrie: Die Tatsache, dass die beiden gegenüberliegenden Schnittwinkel zweier sich kreuzenden Geraden notwendigerweise gleich sein müssen.

Aus heutiger Sicht ist der Eindruck der Notwendigkeit dieser geometrischen Zusammenhänge der Tatsache zu verdanken, dass die menschliche Raumvorstellung den Gesetzen der euklidischen Geometrie gehorcht. Seit Anfang des 19. Jahrhunderts (mit Nikolai Lobatschewski und Carl Friedrich Gauß) kennt man jedoch die mathematische Möglichkeit nichteuklidischer gekrümmter Räume und seit Albert Einsteins Allgemeiner Relativitätstheorie auch deren Existenz. Am Beispiel der Geometrie wurde damit wissenschaftlich gezeigt, dass der Notwendigkeitseindruck, auf den sich Rationalisten beriefen, ein *subjektiver* ist, dem keine objektive Notwendigkeit und nicht einmal eine faktische Wahrheit entspricht. Dasselbe wurde später in der Quantenphysik für das Kausalitätsprinzip gezeigt. Aus diesem Grund wird in der gegenwärtigen Philosophie, auch unter rationalistischen Epistemologen, nur noch selten von der strengen Beweisbarkeit rationalistischer Prinzipien ausgegangen, sondern von ihrer Begründung durch gewisse *rationale Intuitionen*.

Aus empiristischer Sicht wird die Existenz rationaler Intuitionen nicht bestritten. Es ist eine unbezweifelbare *Innenerfahrung,* dass wir den Eindruck haben, dass die Schnittwinkel der Geraden in Abb. 6.3 gleich sein *müssen*. Diese Innenerfahrung sagt uns nicht nur, dass alle bisher wahrgenommenen sich schneidenden Geraden die Winkelsymmetrie erfüllten, sondern darüber hinaus,

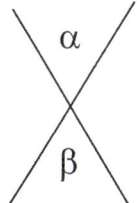

**Abb. 6.3** Geometrische Beweismethode: Die Winkelsymmetrie zweier sich schneidender Geraden, $\alpha=\beta$, erscheint uns notwendig

dass wir uns zwei sich schneidende Geraden nicht anders vorstellen *können*. Das heißt verallgemeinert, dass unsere räumlichen Vorstellungen den Gesetzen der Euklidischen Geometrie gehorchen. Der entscheidende Unterschied zum Rationalismus ist jedoch, dass der Empirismus aus den durch Reflexion erfahrenen Gesetzen unserer subjektiven Vorstellungsmechanismen *nicht* auf deren Objektivität als Realerkenntnis schließt. Einen solchen abduktiven Schluss nimmt der Empirismus, wenn überhaupt, dann nur für die Sinneserfahrung vor, nicht aber für die Innenerfahrung. Womit wir wieder beim Begründungsproblem des Empirismus angelangt sind, dem wir uns nun zuwenden.

Historisch gesehen wurde das empiristische Begründungsproblem auf zwei Weisen zu lösen versucht: (1) *vor Hume* durch einen als notwendig angesehenen abduktiven Schluss auf die Realität als Ursache subjektiver Wahrnehmungen, basierend auf dem Prinzip des zureichenden Grundes. Doch Humes Kritik hatte dem Prinzip des zureichenden Grundes den Boden entzogen. (2) *Nach Hume* nahmen Empiristen überwiegend vom metaphysischen Realismus Abstand und versuchten im *Positivismus*, Realsätze auf Erscheinungssätze *semantisch zu reduzieren*, um so das Realismusproblem zu umschiffen. In Abschn. 7.4 wird gezeigt, dass dieser positivistische Reduktionsversuch nicht gelingt, weil der Gehalt der Realismushypothese stärker ist als Überzeugungen über interne Sachverhalte. Andererseits wurden abduktive Schlüsse in der (logisch-)empiristischen Philosophie überwiegend abgelehnt, weil man nicht wusste, wie sie von unüberprüfbaren Spekulationen abgegrenzt werden können. Erst in der ‚postpositivistischen' Wissenschaftstheorie ab den 1960ern wurden gewisse Formen abduktiver Schlüsse zunehmend akzeptiert.

Auch in der hier vertretenen minimalistischen Fundierungstheorie spielen abduktive Schlüsse, die die Adäquatheitsbedingungen von Abschn. 14.2 erfüllen, eine zentrale Rolle. Wir sprechen vom *abduktiven Empirismus*. Das zentrale Argument des abduktiven Empirismus, warum (aktuale oder erinnerte) Sinneserfahrungen, aber nicht reflektive Innenerfahrungen bzw. rationale Intuitionen Realhypothesen abduktiv zu rechtfertigen vermögen, besagt Folgendes:

(6.4-1) *These des abduktiven Empirismus:*
Nur für Sinneserscheinungen lassen sich externe Realursachen als deren beste Erklärung rechtfertigen, nicht aber für rationale Intuitionen.

These (6.4-1) begründet sich wie folgt: Zugegeben sind *sowohl* Sinneserscheinungen wie rationale Intuitionen nicht willentlich steuerbar, sondern introspektive Erfahrungen, die sich dem Subjekt aufdrängen. Was kommt als deren Ursache bzw. Erklärung in Frage? Die Ursache könnte entweder (1) in einer subjektunabhängigen ‚Realität' oder (2) in einem willensunabhängigen Teil des Erkenntnissubjekts liegen, nämlich in Gesetzen, denen unser subjektives Vorstellungs- und Denkvermögen unterworfen ist. Für Sinneserfahrungen kommt nur Möglichkeit (1) als beste Erklärung in Frage, denn wir können uns jederzeit *andere* Erfahrungsinhalte als die unserer tatsächlichen Sinneserfahrung *vorstellen*:

## 6.4 Empirismus versus Rationalismus

Beispielsweise sehe ich den Stein nach unten fallen, aber kann mir jederzeit vorstellen, dass er nach oben fällt, und somit kann die Tatsache, dass ich den Stein nach unten fallen sehe, nicht an irgendwelchen Gesetzen liegen, denen mein Vorstellungsvermögen unterworfen ist. Für rationale Intuitionen wie die Gesetze der euklidischen Geometrie gilt jedoch das Gegenteil: Hier ist es mir unmöglich, mir etwas anderes vorzustellen. Wir können uns eine nichteuklidische Geometrie zwar mathematisch-abstrakt denken, aber nicht anschaulich vorstellen. Daher ist die Erklärung durch subjektive Gesetze unseres Vorstellungsvermögens ‚prima facie' die *bessere* Erklärung als die alternative Erklärung, unsere rationalen Intuitionen seien durch eine subjektunabhängige Realität verursacht, die unserer Vernunft genau die Gesetze ‚einflößt', denen sie selbst gehorcht.

Nicht mehr unbedingt gilt dies allerdings, wenn man von *theologischen* Prämissen ausgeht (vgl. BonJour 2003, S. 85). In letzterem Fall könnte man (wie Descartes) argumentieren, dass der allgütige Gott uns Menschen nicht so geschaffen hat, dass uns unsere Intuitionen in die Irre führen. Bedenkt man allerdings, wie oft in der Geschichte rationalistische Denksysteme erfahrungswissenschaftlich widerlegt wurden, dann gerät diese Erklärung auch unter theologischen Prämissen ins Wanken und es stellt sich ein epistemisches Theodizeeproblem, also die Frage, wie ein allgütiger und allwissender Gott so viele menschliche Irrtümer zulassen konnte (s. Kap. 8 und 9).

Eine weitere Stützung unserer These (6.4-1) ist das *Intersubjektivitätsargument,* also die Übereinstimmungen der Meinungen verschiedener Menschen. Die intersubjektive Übereinstimmung ist im Fall von Sinneserfahrungen (in gleichartigen Wahrnehmungssituationen) extrem hoch, auch zwischen Menschen mit unterschiedlichem Hintergrundsystem, im Fall von rationalen Intuitionen oder theorieabhängigen Überzeugungen dagegen viel geringer. Das Intersubjektivitätsargument liefert auch eine wichtige Grundlage der Abgrenzung zwischen Beobachtungsbegriffen und theoretischen Begriffen, die wir in Exkurs E11.1 besprechen. Sie basiert auf dem Gedanken, dass Beobachtungsbegriffe durch bloße Ostension (Hinzeigen) auf typische Beispiele von allen Menschen, unabhängig von Sprache, Kultur und Hintergrundwissen, erlernbar sind, theoretische Begriffe dagegen nicht.

Die alternative Erklärung, dass die ‚Natur' uns zutreffende Intuitionen beschert hat, wurde auch evolutionstheoretisch zu begründen versucht, im Rahmen der *evolutionären Erkenntnistheorie* (Vollmer 1988; Irrgang 2002). Die wissenschaftliche Analyse zeigt zwar, dass unsere wahrnehmungsbasierte Erkenntnis an evolutionär ‚normale' (überlebensrelevante) Umweltbedingungen gut angepasst ist, zeigt aber ebenfalls, dass die Verallgemeinerung unserer evolutionär selektierten ‚kognitiven Module' auf Bereiche, die der Lebenssituation des frühen Homo sapiens fremd waren, zu großen Irrtümern führen kann (Kahneman et al. 1981; Piatelli-Palmarini 1997; Schurz 2011, Kap. 17.3). Da ‚rationale Intuitionen' in der Verallgemeinerung von instinktiv wirkenden kognitiven Modulen bestehen, spricht auch die evolutionstheoretische Sicht nicht für die Zuverlässigkeit rationaler Intuitionen.

Aus der abduktiven Natur des hier vertretenen Empirismus ergibt sich schließlich eine weitere Hinsicht, in der dieser Empirismus moderat ist: Er ist durchgehend *antireduktionistisch*. Es wird nicht behauptet (wie bei Hume, den Positivisten oder dem frühen Carnap), dass Realsätze ohne kognitiven Bedeutungsverlust in Sinneserscheinungssätze übersetzbar sind. Realsätze transzendieren Erscheinungssätze, gehen in ihrem Gehalt über Erscheinungssätze hinaus, und ihre Begründung bedarf daher gehaltserweiternder abduktiver Schlüsse. Eine analoge Einsicht ergibt sich im Gebiet der Wissenschaftstheorie für den abduktiven Schluss von der Beobachtung auf Theorien (s. Abschn. 14.3).

## Literatur

### Klassische Texte

Kant, I. (1968) [K]. *Werkausgabe in 12 Bänden*. Hrsg. von Wilhelm Weischedel. Frankfurt a. M.: Suhrkamp

Kant, I. (1968) [1781, 1787]. *Kritik der reinen Vernunft*. In ders. [K], Band III und IV (Original: 1781 [A], 2. Aufl. 1787 (B)).

Meinong, A. (1917). *Über emotionale Präsentation*. Wien: Hölder.

Peirce, C. S. (1931–35) [CP]: *Collected Papers of Charles S. Peirce*. Bände I-VI, Hrsg. von Charles Hartshorne und Paul Weiss.

Peirce, Charles S. (1991) [A]. *Schriften zum Pragmatismus und Pragmatizismus*. Hrsg. von Karl-Otto Apel (2. Aufl.). Frankfurt a. M.: Suhrkamp.

Peirce, C. S. [1877]. The fixation of belief. In ders. [CP], CP 5.387–5.410. Übers. in ders. [A], 149–181.

Reid, T. (1969) [1785]. *Essays on the intellectual powers of man*. Hrsg. von Baruch Brody. Cambridge: MIT Press.

### Gegenwartsphilosophie

Alston, W. P. (1989). *Epistemic justification*. London: Ithaca.

Ayer, A. (1956). *The problem of knowledge*. London: MacMillon & Co.

Bartelborth, T. (1996). *Begründungsstrategien. Ein Weg durch die analytische Erkenntnistheorie*. Berlin: Akademie.

Bartelborth, T. (2019). Kohärentismus. In M. Grajner & G. Melchior (Hrsg.), *Handbuch Erkenntnistheorie* (S. 238–245). Stuttgart: Metzler Verlag.

Black, M. (1974). Self-supporting inductive arguments. In R. Swinburne (Hrsg.), *The justification of induction* (S. 127–134). Oxford: Oxford University Press.

Blackburn, S. (2016). Counter-induction. In S. Blackburn (Hrsg.), *Oxford dictionary of philosophy* (3. Aufl.) (S. 86). Oxford: Oxford University Press.

Blanshard, B. (1939). *The nature of thought*. London: Allen & Unwin.

BonJour, L. (1985). *The structure of empirical knowledge*. Harvard: Harvard Univ. Press.

BonJour, L. (1991). *In defense of pure reason: A rationalist account of a priori justification*. Cambridge: Cambridge Univ. Press.

BonJour, L. (2003). A version of internalist foundationalism. In L. BonJour & E. Sosa (2003), *Epistemic justification* (S. 3–96). Oxford: B. Blackwell.

Bovens, L., & Hartmann, S. (2003). *Bayesian epistemology*. Oxford: Oxford University Press.

Bradley, F. H. (1914). *Essays on truth and reality*. Oxford: Oxford Univ. Press.
Brainerd, C. (1978). *Piaget's theory of intelligence*. Englewood Cliffs: Prentice-Hall.
Braithwaite, R. B. (1974). The predictionist justification of induction. In R. Swinburne (Hrsg.), *The justification of induction* (S. 102–126). Oxford: Oxford University Press.
Carnap, R. (1928). *Der logische Aufbau der Welt*. Hamburg: Felix Meiner 1961.
Carnap, R. (1931/32). Die physikalische Sprache als Universalsprache der Wissenschaft. *Erkenntnis, 2*, 432–465.
Carnap, R. (1932/33). Über Protokollsätze. *Erkenntnis, 3*, 215–228.
Chisholm, R. M. (1976). *Erkenntnistheorie*. München: dtv (engl. Orig. 1966).
Conee, E., & Feldman, R. (2004). *Evidentialism*. Oxford: Oxford Univ. Press.
Dancy, J. (1985). *An introduction to contemporary epistemology*. Oxford: B. Blackwell.
Dormandy, K. (2019). Evidentialismus. In M. Grajner & G. Melchior (Hrsg.), *Handbuch Erkenntnistheorie* (S. 178–186). Stuttgart: Metzler Verlag.
Elgin, C. (2005). Non-foundationalist epistemology: Holism, coherence, and tenability. In M. Steup & E. Sosa (Hrsg.), *Contemporary debates in epistemology* (S. 156–167). Malden: Blackwell.
Ernst, G. (2014). *Einführung in die Erkenntnistheorie* (6. Aufl.). Darmstadt: Wissenschaftliche Buchgesellschaft.
Fumerton, R. A. (1995). *Metaepistemology and skepticism*. London: Roman and Littlefield.
Gähde, U., & Hartmann, S. (Hrsg.). (2005). *Coherence, truth, and testimony*. In Erkenntnis 63 (guest-edited volume).
Gärdenfors, P. (1988). *Knowledge in flux*. Cambridge/Mass: MIT Press.
Goldman, A. (1979). What is justified belief? In G. Pappas (Hrsg.), *Justification and knowledge* (S. 1–23). Dordrecht: Reidel.
Goldman, A. (1999). *Knowledge in a social world*. Oxford: Oxford Univ. Press.
Goodman, N. (1975). *Tatsache, Fiktion, Voraussage*. Frankfurt/M.: Suhrkamp (Neuaufl. 1988; engl. Original 1955).
Grundmann, T. (2003). *Der Wahrheit auf der Spur*. Paderborn: mentis.
Grundmann, T. (2008). *Analytische Einführung in die Erkenntnistheorie*. Berlin: de Gruyter.
Haack, S. (1993). *Evidence and inquiry*. Oxford: B. Blackwell.
Harman, G. (1986). *Change in view*. Cambridge: MIT Press.
Howson, C., & Urbach, P. (1996). *Scientific reasoning: The Bayesian approach* (2. Aufl.). Chicago: Open Court.
Hübner, J. (2015). *Einführung in die theoretische Philosophie*. Stuttgart: Metzler.
Irrgang, B. (2002). *Lehrbuch der Evolutionären Erkenntnistheorie* (2. Aufl.). München: Reinhardt.
Kahneman, D., Slovic, P., & Tversky, A. (1982). *Judgement under uncertainty: Heuristics and biases*. Cambridge: Cambridge Univ. Press.
Ladyman, J., & Ross, D. (2007). *Every thing must go. Metaphysics naturalized*. Oxford: Oxford University Press.
Ladyman, J. (2012). Science, metaphysics and method. *Philosophical Studies, 160*, 31–51.
Lehrer, K. (1974). *Knowledge*. Oxford: Clarendon Press.
Lipton, P. (1991). *Inference to the best explanation*. London: Routledge.
Markie, P. (2017). Rationalism vs. empiricism. In *The Stanford Encyclopedia of Philosophy*. https://plato.stanford.edu/archives/fall2017/entries/rationalism-empiricism/.
McDowell, J. (1998). *Meaning, Knowledge, and Reality*. Cambridge/MA: Cambridge Univ. Press.
Moser, P. K. (1989). *Knowledge and evidence*. Dordrecht: Reidel.
Nelson, L. (1911). Die Unmöglichkeit der Erkenntnistheorie. *Gesammelte Schriften, 2*, 459–483.
Neurath, O. (1932/33). Protokollsätze. *Erkenntnis, 3*, 205–214.
Neurath, O. (1934). „Radikaler Physikalismus und ‚Wirkliche Welt'. In *Erkenntnis 4*. Reprint in: Otto Neurath, *Wissenschaftliche Weltauffassung*, Frankfurt: Suhrkamp 1979, S. 102–119 (zitiert daraus).

Olson, E. T. (2019). „Personal Identity". In *Stanford Encyclopedia of Philosophy*. https://plato.stanford.edu/archives/fall2019/entries/identity-personal/.
Olsson, E. (2002). What is the problem of coherence and truth? *The Journal of Philosophy, 94*, 246–272.
Papineau, D. (1993). *Philosophical naturalism*. Oxford: B. Blackwell.
Piatelli-Palmarini, M. (1997). *Die Illusion zu wissen*. Reinbek bei Hamburg: Rowohlt.
Plantinga, A. (1993). *Warrant and proper function*. Oxford: Oxford Univ. Press.
Pollock, J. (1974). *Knowledge and justification*. Princeton: Princeton University Press.
Pollock, J. (1986). *Contemporary theories of knowledge*. Maryland: Rowman & Littlefied.
Popper, K. (1935). *Logik der Forschung* (10. Aufl.). Tübingen: Mohr.
Psillos, S. (1999). *Scientific realism. How science tracks truth*. London: Routledge.
Rawls, J. (1979). *Eine Theorie der Gerechtigkeit*. Frankfurt a. M.: Suhrkamp (engl. Orig. 1971).
Reed, B. (2006). Epistemic circularity squared? Skepticism about common sense. *Philosophy and Phenomenological Research, 73*(1), 186–197.
Rescher, N. (1973). *The coherence theory of truth*. Oxford: Oxford Univ. Press.
Rott, H. (2001). *Change, choice and inference*. Oxford: Clarendon.
Salmon, W. C. (1957). Should we attempt to justify induction? *Philosophical Studies, 8*, 45–47.
Schlick, M. (1934). Über das Fundament der Erkenntnis. *Erkenntnis, 4*, 1934. Reprint in: ders., *Gesammelte Aufsätze 1926–1936*, Gerold Verlag, Wien 1938, 290–310 (zitiert danach).
Schurz, G. (2008). Patterns of abduction. *Synthese, 164*, 201–234.
Schurz, G. (2011). *Evolution in Natur und Kultur*. Berlin: Spektrum Akademischer Verlag.
Schurz, G. (2014). *Philosophy of science: A unified approach*. New York: Routledge.
Schurz, G. (2019). *Hume's problem solved: The optimality of meta-induction*. Cambridge: MIT Press.
Schurz, G. (2021). The no free lunch theorem: Bad news for (White's account of) the problem of induction. *Episteme, 18*(1), 31–45. (https://doi.org/10.1017/epi.2018.54).
Schurz, G., & Hertwig, R. (2019). Cognitive success. *Topics in Cognitive Science, 11*, 7–36 (https://doi.org/10.1111/tops.12410).
Sellars, W. (1963a). *Science, perception, and reality*. London: Routledge.
Sellars, W. (1963b). Empiricism and the philosophy of mind. In Sellars (1963a), 127–196.
Sellars, W. (1975). The structure of knowledge. In H.-N. Castaneda (Hrsg.), *Action, knowledge, and reality* (S. 295–347). Bobbs-Merrill: Indianapolis.
Shogenji, T. (1999). Is coherence truth-conducive? *Analysis, 59*, 338–345.
Sosa, E. (2003). Beyond internal foundations to external virtues. In L. BonJour & E. Sosa (2003), *Epistemic justification* (S. 97–170). Oxford: B. Blackwell.
Stadler, F. (1997). *Studien zum Wiener Kreis*. Frankfurt: Suhrkamp.
Steup, M. (2018). Epistemology. In: *Standford Encyclopedia of Philosophy*. https://plato.stanford.edu/entries/epistemology/.
Steup, M. (2005). Introduction. In M. Steup & E. Sosa (Hrsg.), *Contemporary debates in epistemology* (S. 123–130). Malden: Blackwell.
Thagard, P. (1989). Explanatory coherence. *Behavioral and Brain Science, 12*(3), 435–467.
Van Cleve, J. (1984). Reliability, justification, and induction. In: P. A. French, T. E. Uehling, Jr., and H. K. Wettstein (Hrsg.), *Midwest studies in philosophy IX: Causation and causal theories* (S. 555–567). Minneapolis: University of Minnesota Press.
Vollmer, G. (1988). *Was können wir wissen? Bd. 1: Die Natur der Erkenntnis*. Stuttgart: Hirzel.
White, R. (2015). The problem of the problem of induction. *Episteme, 12*(2), 275–290.
Williams, M. (2001). *Problems of knowledge*. Oxford: Oxford Univ. Press.
Williamson, T. (2000). *Knowledge and its limits*. Oxford: Oxford University Press.

# Realismus pro und kontra 7

## Inhaltsverzeichnis

7.1 Klassifikation erkenntnisontologischer Positionen . . . . . . . . . . . . . . . . . . . . . . . . . . . . 115
7.2 Solipsismus und intersubjektiver Idealismus . . . . . . . . . . . . . . . . . . . . . . . . . . . . . . . . 119
7.3 Possibilistischer Idealismus und Positivismus . . . . . . . . . . . . . . . . . . . . . . . . . . . . . . . 121
7.4 Probleme des positivistischen Reduktionsprogramms . . . . . . . . . . . . . . . . . . . . . . . . 123
7.5 Objektiver Idealismus, Dualismus und Materialismus . . . . . . . . . . . . . . . . . . . . . . . . 126
7.6 Direkter und indirekter Realismus . . . . . . . . . . . . . . . . . . . . . . . . . . . . . . . . . . . . . . . . . 126
Literatur . . . . . . . . . . . . . . . . . . . . . . . . . . . . . . . . . . . . . . . . . . . . . . . . . . . . . . . . . . . . . . . . . . . . . 130

## 7.1 Klassifikation erkenntnisontologischer Positionen

Während es in der wissenschaftstheoretischen Realismusfrage darum geht, ob wissenschaftliche Theorien über das Unbeobachtbare die Realität abbilden (gibt es elektrische Felder etc.?), geht es in der erkenntnistheoretischen Realismusfrage darum, ob *überhaupt* eine subjektunabhängige Realität existiert, die unsere Alltagsüberzeugungen annähernd richtig beschreiben (gibt es Bäume etc.?). Wissenschaftstheoretische Antirealisten wie Bas van Fraassen (1989) weisen die Begründbarkeit des Realismus für schwierige wissenschaftliche Theorien wie z. B. die Quantenphysik zurück, bekennen sich aber zum Realismus der Alltagserfahrung. Erkenntnistheoretische Antirealisten bestreiten sogar die Sinnhaftigkeit der Realismusannahme für unsere Alltagsüberzeugungen und behaupten, man könne besser ohne diese Annahme auskommen.

Dieses Kapitel präsentiert eine Übersicht über die wichtigsten erkenntnistheoretischen Positionen zur Realismusfrage. Während es bisher beim Thema

---

*Die Kapitel des Buches werden durch zahlreiche Exkurse ergänzt, die als Online Materialien angeboten werden (Download Link siehe Vorwort).

Realismus um die Frage seiner Rechtfertigung ging, geht es nun also um die systematische Klassifikation der möglichen *erkenntnisontologischen* Positionen. Die beiden Fragen hängen nur lose zusammen, da man dieselbe Position auf unterschiedliche Weisen begründen kann. Bevor wir die erkenntnisontologischen Positionen diskutieren, seien vier wichtige Überlegungen vorweggenommen.

*1. Doppeldeutigkeit im Begriff des Idealismus:* Der Begriff des Idealismus wird in der Philosophie doppeldeutig verwendet. In der Erkenntnistheorie dient er als Gegenbegriff zum Realismus, in der Metaphysik (oder Ontologie) dagegen als Gegenbegriff zum Materialismus. In der Erkenntnistheorie bedeutet Idealismus so viel wie *Antirealismus,* also die These, dass es keine vom Erkenntnissubjekt unabhängige (objektive) Realität gibt. In der Metaphysik bedeutet Idealismus so viel wie *Spiritualismus,* also die These, dass die Wirklichkeit in ihrer Beschaffenheit nicht materieller, sondern geistiger Natur ist. Dabei kann es sich auch um einen *objektiven Idealismus* im Sinne einer subjektunabhängigen geistigen Wirklichkeit (z. B. den universellen Geist Gottes) handeln und damit um einen Realismus im Sinne der Erkenntnistheorie. Diese Doppeldeutigkeit ist in Abb. 7.1 dargestellt.

Wenn wir im Folgenden von Idealismus ohne Spezifikation sprechen, meinen wir immer Idealismus im erkenntnistheoretischen Sinn.

*2. Subjekt-Objekt Relation:* Sowohl im Realismus wie im Idealismus (bzw. Anti-Realismus) gibt es die erkenntnistheoretische Subjekt-Objekt-Relation, nur wird sie anders gebildet. Im erkenntnistheoretischen Idealismus besteht diese Relation in der Beziehung zwischen dem willentlich kontrollierbaren Anteil des Subjekts, d. h. seinen Vorstellungen und Handlungen, und seinem willentlich unkontrollierbaren Anteil, seinen aktuellen und erinnerten Erfahrungen. Die Subjekt-Objekt-Grenze wird also innerhalb der Sphäre der introspektiv zugänglichen Phänomene gezogen. Das Objekt ist hier an das Subjekt als *seine* Erfahrung ontologisch gebunden, es wird lediglich nicht von seinem Willen kontrolliert. Im Realismus gibt es dagegen eine objektive Gesamtwirklichkeit, zu der einerseits das Subjekt gehört und andererseits die subjektunabhängige Realität als jener Teil der Gesamtwirklichkeit, die sich ‚außerhalb' des Subjekts befindet und von ihm ontologisch unabhängig ist.

*3. Ontologische versus epistemische Realismusfrage:* Wie in Abschn. 1.3 ausgeführt, muss zwischen zwei Realismusfragen unterschieden werden:

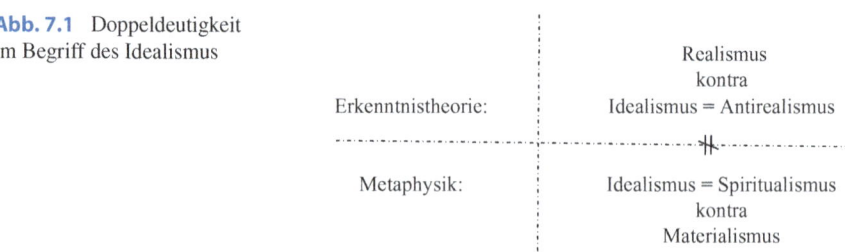

**Abb. 7.1** Doppeldeutigkeit im Begriff des Idealismus

a) *Die ontologische Realismusfrage:* Gibt es eine subjektunabhängig existierende Realität (und ist sie materiell oder spiritueller Natur)?
b) *Die epistemische Realismusfrage:* Wenn es eine solche Realität gibt, können wir sie erkennen, und wenn ja, in welchem Grad?

Die Existenz einer objektiven Realität anzuerkennen bedeutet nicht zwangsläufig, auch deren Erkennbarkeit zu behaupten. Man beachte, dass die epistemische Realismusfrage nur Sinn macht, wenn die ontologische Realismusfrage positiv beantwortet wurde. Wir werden in diesem Kapitel daher zuerst die ontologische und danach die epistemische Realismusfrage behandeln.

*4. Eliminativer versus reduktiver Idealismus:* Der eliminative Idealist bestreitet, dass es ein materielles – oder allgemeiner: ein ‚dingartiges' – Erkenntnisobjekt überhaupt gibt. Der reduktive Idealist bestreitet nicht die Existenz eines Erkenntnisobjekts, doch er bestreitet dessen ontologische Eigenständigkeit und behauptet, dass es sich vollständig auf Erfahrungen, genauer gesagt auf regelmäßige Implikationsbeziehungen zwischen Wahrnehmungsakten und Wahrnehmungsinhalten, zurückführen lässt (Dancy 1985, S. 157). Eliminativer und reduktiver Idealismus sind durch das (sogenannte) Prinzip des *Ockhamschen Rasiermessers* verbunden. Dieses auf den spätmittelalterlichen Philosophen William von Ockham zurückgehende Prinzip (Losee 1977, S. 44 f.) wird auch „ontologisches Sparsamkeitsprinzip" genannt und besagt, dass hypothetische (unbeobachtete) Entitäten nur dann wissenschaftlich anzunehmen sind, wenn sie zur Erklärung und Voraussage unserer Erfahrungen *benötigt* werden. Die Annahme von erfahrungswissenschaftlich überflüssigen Entitäten ist dagegen Spekulation und rational unbegründet. Wenn also gezeigt wird, dass eine bestimmte Art von Entitäten (hier Dinge) ohne Bedeutungsverlust auf Entitäten einer anderen Art (hier Erfahrungen) reduzierbar sind, dann ist gemäß dem Ockhamschen Prinzip die Annahme der *unabhängigen* Existenz erstgenannter Entitäten unberechtigt – es gibt dann erstgenannten Entitäten nur noch als gewisse Komplexe von Entitäten der zweiten Art (vgl. Russell 1918).

Während die Idealisten der klassischen Debatte eher eliminativ argumentierten (exemplifiziert in Berkeleys Kampf gegen den aufkommenden Materialismus), waren die Idealisten bzw. Positivisten des 20. Jahrhunderts durchgehend reduktionistisch orientiert. Dies war auch eine Folge des „linguistic turn" (Rorty 1967), der die Analytische Philosophie im 20. Jahrhundert bestimmte und dem zufolge Erkenntnisanalyse im Wesentlichen in Sprachanalyse bestehen sollte. Im logischen Empirismus des Wiener Kreises wurde die ontologische Realismus-Idealismus-Frage daher in die folgende Frage über sprachliche Rahmenwerke *(linguistic frameworks)* transformiert: Lässt sich die realistische ‚Dingsprache' des Commonsense ohne Bedeutungsverlust in eine ‚phänomenale' bzw. introspektive Erlebnissprache übersetzen? In diesem Sinne unterschied Rudolf Carnap (1950, S. 259) zwischen *internen Fragen* wie die Frage der Übersetzbarkeit der Dingsprache in die phänomenale Erlebnissprache, die durch Untersuchung *sprachlicher Rahmenwerke* kognitiv entscheidbar sind, und *externen Fragen* wie die Frage der Existenz einer ‚Realität an sich' ohne jeglichen Sprachbezug, die kognitiv nicht entscheidbar sind und daher als *Scheinfragen* bezeichnet wurden (vgl. Carnap 1928b). Carnap hat später seine (neo)positivistische Reduktionsthese aufgegeben (s. u.), nicht aber seine sprachpluralistische und metaphysikkritische Position im weiten Sinn, der zufolge die Entscheidung für eine ‚Dingsprache' und gegen eine ‚Erlebnissprache' letztendlich nur durch die pragmatischen Vorzüge eines bestimmten Sprachsystems begründet werden kann. Im Unterschied dazu wird hier angenommen, dass es neben pragmatischen auch abduktive Gründe für die realistische Interpretation eines Begriffssystems gibt (s. Abschn. 14.3–14.4; Schurz 2006, S. 54, 212).

Nach diesen Vorüberlegungen kommen wir zur Behandlung der wichtigsten ontologischen Positionen zur Realismusfrage. Die Abb. 7.2 präsentiert zunächst unsere Klassifikation. Sie folgt im antirealistischen Flügel der Einteilung von Dancy (1985, S. 136 f.), der allerdings den Begriff ‚Idealismus' für den intersubjektiven (aktualistischen) Idealismus reserviert und den possibilistischen Idealismus ‚Phänomenalismus' nennt. Die Untergliederung der realistischen Positionen haben wir hinzugefügt. Neben der skeptischen Position der Urteilsenthaltung zeigt Abb. 7.2 die antirealistischen und die realistischen Positionen von links nach rechts in zunehmend realistischer Stärke angeordnet. Die radikalste antirealistische Position ist der (nicht bloß methodologische, sondern genuine) Solipsismus, gefolgt vom intersubjektiven Idealismus. Wie ersichtlich, ist der Übergang zwischen antirealistischen und realistischen Positionen graduell, denn der possibilistische Idealismus ist in gewisser Hinsicht bereits ein Realismus, da er die subjektunabhängige Existenz von Potentialitäten behauptet. Eindeutig realistisch ist der (oben erwähnte) objektive Idealismus, gefolgt vom Dualismus und vom Materialismus als der am ausgeprägtesten realistischen Position.

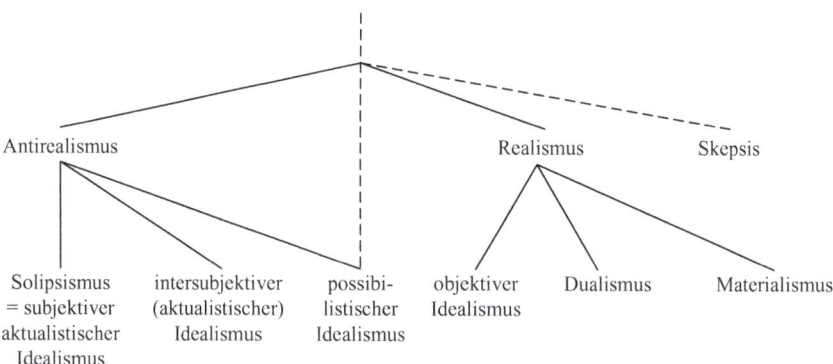

**Abb. 7.2** Ontologische Positionen zum Erkenntnisgegenstand

## 7.2 Solipsismus und intersubjektiver Idealismus

Ganz allgemein gibt es für erkenntnistheoretische Idealisten Gegenstände nicht unabhängig von ihrer Wahrnehmung; ihre Existenz wird nur dadurch konstituiert, dass sie wahrgenommen werden.

**Solipsismus:** Am radikalsten ist die Position des Solipsismus, dem zufolge nur das eigene Ich objektiv existiert. Gegenstände existieren nur solange objektiv, solange *ich,* das Erkenntnis*subjekt,* sie *aktual* wahrnehme. Der Solipsismus ist somit ein subjektiver aktualistischer Idealismus. Das Argument des Solipsisten wurde bereits in Abschn. 1.4 an einem Beispiel illustriert: Was sagt mir, dass dieser Tisch auch dann existiert, wenn ich nicht hinsehe? Jemand mag erwidern, wenn ich die Augen schließe, kann ich den Tisch immer noch mit meinen Händen ertasten, aber das verlagert das Problem nur auf eine andere Wahrnehmungsweise, denn der Solipsist fragt weiter, was die Existenz des Tisches beweist, wenn ich ihn in *keiner* Weise wahrnehme, weder direkt mit meinen biologischen Sinnen noch indirekt über ein dazwischengeschaltetes Messgerät (wie z. B. eine Wärmebildkamera). Ein Zweiter mag einwerfen, dass selbst dann der Tisch immer noch von anderen Personen wahrgenommen wird, doch für den Solipsisten sind die anderen Personen ja auch nur wahrnehmungsimmanente Gegenstände, die nur insofern existieren, als er sie wahrnimmt und z. B. „dort ist ein Tisch" sprechen hört. Und wenn der Solipsist keine anderen Personen wahrnimmt, sind wir wieder beim Ausgangsproblem. Eine Dritte mag erwidern: „Aber wenn ich wieder hinsehe, ist der Tisch immer noch da. Regelmäßig, wenn ich dort hinsehe, sehe ich denselben Tisch. Das zeigt doch, dass der Tisch in den Zwischenzeiten, wo ich wegsah, ebenfalls dagewesen sein muss". Aber das muss nicht sein. Es kann auch so sein, dass der Tisch durch meine Tischwahrnehmung jedesmal aufs Neue ins Leben gerufen wird und dazwischen verschwindet. Eben dies ist die Sichtweise des Solipsisten, für den die Gegenstände nur durch ihre Wahrnehmung konstituiert werden. Freilich erscheint diese Sichtweise kompliziert: Sie widerspricht Einfachheitsannahmen und akzeptierten physikalischen Erhaltungssätzen, die besagen, dass Gegenstände sich nicht einfach in Luft auflösen können. Diese Erhaltungssätze müsste der Solipsist durch Relativierung auf aktuale Beobachtungen umformen, um sie mit seinem Weltbild verträglich zu machen, was schwierig, aber logisch möglich ist. Wir fassen zusammen:

(7.2-1) *Hauptargument des Solipsisten:* Nichts beweist mir, dass die Gegenstände auch dann existieren, wenn ich sie nicht beobachte.

Da der Solipsist als ‚Beweis' nur logische Schlüsse und Beweise durch aktuale Beobachtung akzeptiert, ist für ihn ein Beweis der Existenz nichtbeobachteter Gegenstände unmöglich. Der Schluss auf die Persistenz der Gegenstände beruht auf einem induktiv-abduktiven Argument: Die introspektive Regelmäßigkeit,

„wenn ich dort hinsehe, sehe ich den Tisch", wird induktiv generalisiert und abduktiv durch die Existenz des konstanten (persistenten) subjektunabhängigen Tischgegenstandes erklärt. Um den Solipsisten zu ‚widerlegen', muss man daher induktive und abduktive Schlüsse rechtfertigen (vgl. Sosa 2003, S. 117). Aber darin erschöpft sich die Argumentation gegen den Solipsismus nicht. Der Solipsist befindet sich nämlich in zweierlei Hinsicht in einem ‚Erklärungsnotstand'.

*Erklärungsnotstand 1:* Der Solipsist befindet sich in der merkwürdigen Situation, dass die wahrnehmungsimmanenten, kurz *immanenten* Gegenstände (d. h. Wahrnehmungsgehalte) *in ihrer Beschaffenheit* vom Subjekt nicht willentlich kontrollierbar sind, aber *in ihrer Existenz* vom willentlichen Wahrnehmungsakt des Subjekts verursacht werden. Der subjektive Wahrnehmungsakt kann also, auch dem Solipsisten zufolge, nur eine Teilursache des Wahrnehmungsgehaltes bilden, der zudem durch ein außerhalb des Subjekts bzw. seines Willens liegenden ‚Etwas' bestimmt wird. Zugegeben besagt das Ockhamsche Sparsamkeitsprinzip, dass ein evidenztranszendierendes ‚Etwas' nur angenommen werden soll, wenn es zur Erklärung der Evidenz *notwendig* ist. Aber die Regelmäßigkeiten unserer Wahrnehmungsgehalte *rufen* geradezu nach einer Erklärung durch externe Ursachen. Unsere Wahrnehmungsgehalte sind in doppelter Weise korreliert: einerseits *intrasensuell,* innerhalb einer Sinnesmodalität (so oft wir auf denselben Ort blicken, nehmen wir streng korrelierte perspektivische Projektionen desselben 3D-Objektes wahr) und andererseits *intersensuell,* zwischen unterschiedlichen Sinnesmodalitäten (wenn wir ein Objekt vor uns sehen, können wir auch zu ihm gehen und es berühren). Diese Korrelationen rufen nach einer Erklärung durch eine subjekttranszendierende Realität. Das heißt aber noch nicht, dass diese Realität im Sinne der gewöhnlichen Realität modelliert werden muss. Es könnte sich dabei auch um den omnipräsenten Geist Gottes handeln, der im Sinne des objektiven Idealismus die Beschaffenheit unserer Wahrnehmungsgehalte festgelegt hat, oder auch um eine Gehirne-im-Tank-Welt (vgl. BonJour 2003, S. 85; sowie Abschn. 14.4).

*Erklärungsnotstand 2:* Ebenso wenig kann der Solipsist die *intersubjektiven* Korrelationen unserer Wahrnehmungen erklären, also die Tatsache, dass verschiedene Subjekte, wenn sie auf denselben Raumzeitpunkt blicken, dieselben beobachtbaren Gegenstände sehen. Es hilft dem Solipsisten wenig, darauf hinzuweisen, dass auch die anderen Subjekte durch seine Wahrnehmung konstituiert sind und er selbst der einzige objektive Gegenstand ist. Denn auch dann liegt die für ihn unerklärliche Regelmäßigkeit vor, dass, wann immer ich die Wahrnehmung einer anderen Person habe, die auf dieselbe Raumzeitstelle wie ich zu blicken scheint, diese Person (nach Aufforderung) dieselbe Wahrnehmung wie die meinige bekundet.

**Intersubjektiver Idealismus:** Damit sind wir bei der zweiten antirealistischen Position, dem intersubjektiven (aktualistischen) Idealismus, der neben dem eigenen Selbst auch die unabhängige Existenz anderer Subjekte anerkennt.

Gegenstände existieren dieser Position zufolge nur, solange sie von irgendeinem Subjekt aktual wahrgenommen werden. Die Position mag natürlicher erscheinen als der subjektive Idealismus, weil der Mensch ein ‚soziales' Wesen ist und die Existenz von Mitmenschen für einige idealistische Theorien essentiell ist (z. B. für konsensusorientierte Wahrheitstheorien; s. Exkurs E7.2). Erkenntnistheoretisch ist diese Position nahezu denselben Schwierigkeiten ausgesetzt wie die subjektiv-idealistische Position. Der intersubjektive Idealist kann zwar, anders als der subjektive, behaupten, dass dieser Tisch auch dann existiert, wenn ich nicht hinsehe, solange es nur irgendeine Person gibt, die gerade hinsieht und den Tisch sieht. Aber das hilft wenig, denn es gibt auch Zeiten, in denen dieser Tisch von niemandem beobachtet wird, z. B. nachts, wenn alle Subjekte schlafen. Davon abgesehen gab es auch eine Zeit in der Evolution unseres Planeten, zu der es noch keine Erkenntnissubjekte gab, und zu dieser Zeit dürfte intersubjektiven Idealisten zufolge gar nichts existiert haben.

Der intersubjektive Idealist muss also, wie der subjektive Idealist, unerklärliche Regelmäßigkeiten unserer Wahrnehmungsgehalte annehmen. Insbesondere kann er nicht die hochgradige intersubjektive Übereinstimmung zwischen den Wahrnehmungen verschiedener Subjekte erklären – wie kommt es, dass sie mit ihren Wahrnehmungen die gleichen Erscheinungen erzeugen, ohne sich zuvor abgesprochen zu haben? Der Idealist Gottfried Wilhelm Leibniz (1646–1716) nannte diese Übereinstimmung eine „prästabilierte Harmonie" und erklärte sie (wie auch Berkeley) durch die Existenz Gottes, der alle wahrnehmbaren Gegenstände zu jeder Zeit wahrnimmt und damit ihre Existenz sichert. Dies bedeutet freilich den Schritt zum objektiven Idealismus und damit zu einer realistischen Position.

Der subjektive und intersubjektive Idealismus kann zusammengefasst weder die zeitliche Stabilität, noch die intrasensuellen, intersensuellen und intersubjektiven Gesetzmäßigkeiten unserer Wahrnehmungen erklären. Seine immanenten Objekte sind nicht persistent, sondern springen zwischen Existenz und Nichtexistenz wie Blinkanlagen hin und her, in extremem Widerspruch zur Sichtweise des naiven Realismus. Aus diesem Grund haben keine mir bekannten idealistischen Philosoph(inn)en eine solche Position dauerhaft vertreten, sondern sind alle zum possibilistischen Idealismus gedriftet, der im nächsten Abschnitt besprochen wird.

## 7.3 Possibilistischer Idealismus und Positivismus

Der possibilistische Idealismus unterscheidet sich grundlegend vom aktualistischen Idealismus, weil er die wahrnehmungsunabhängige Persistenz der immanenten Gegenstände annimmt und sie dennoch als durch das wahrnehmende Subjekt konstituiert begreift. Dies wird möglich durch die Einführung des *kontrafaktischen Konditionals*, des ‚Würde', und den damit verbundenen *realen Modalitäten*, Möglichkeiten und Notwendigkeiten. Dieser Position zufolge existiert der vor mir befindliche immanente Tisch auch dann, wenn ich nicht hinsehe, nämlich insofern ich jederzeit hinsehen *könnte* und dann den Tisch sehen *würde*.

Der immanente Tisch existiert also, auch wenn ich nicht hinsehe, als reale Möglichkeit (ich könnte ja hinsehen) und reale Notwendigkeit (hätte ich hingesehen, hätte ich den Tisch gesehen). Wie zuvor, ist diese Analyse von einfachen Wahrnehmungen auf instrumentgestützte Beobachtungen zu verallgemeinern. Durch die Beobachtungs*akte* werden die immanenten Objekte qua mögliche Wahrnehmungen nun nicht mehr konstituiert, sondern nur *aktualisiert,* also aus der möglichen in die wirkliche Existenz befördert. Diese possibilistischen Objekte sind zwar immer noch subjektkonstituiert, nun aber konstituiert durch mögliche, nicht durch aktuale Subjekte. Insofern kann der possibilistische Idealist sogar die Existenz von Gegenständen qua mögliche Wahrnehmungen noch vor der Zeit behaupten, zu der es beobachtungsfähige Subjekte gab – denn *hätte* es damals Menschen gegeben, so hätten sie das-und-das beobachtet.

Alle bekannten erkenntnistheoretischen Antirealisten haben diese possibilistische Position vertreten, die auch Positivismus oder Phänomenalismus genannt wird. Alle ausgearbeiteten (neo)positivistischen Positionen haben sich als *semantischen Reduktionismus* verstanden, d. h. behauptet, dass sich die Sätze der Dingsprache ohne kognitiven Bedeutungsverlust in Systeme von konditionalen Sätzen über mögliche Beobachtungen übersetzen lassen. Dieser Auffassung zufolge ist beispielsweise der Beobachtungsrealsatz „dort ist eine rote Schachtel", in folgende Menge von Konditionalen zu übersetzen: „wenn ich unter Normalbedingungen menschlichen Sehens dort hinsehe(n würde), würde ich die (so-und-so geartete) perspektivische Projektion eines roten Quaders sehen", „wenn ich dort hinfasse, würde ich einen Quader erfassen, der sich wie Pappendeckel anfühlt" (usw.). Analog wäre der theoretische Realsatz, „hier befindet sich ein Magnetfeld", in die Konditionalmenge zu übersetzen: „wenn ich hier eine Leiterspule durchbewege, würde darin Strom fließen", „wenn hier ein Kompass wäre, würde seine Nadel ausschlagen" (usw.). In ausgearbeiteter Form wurde diese Position von Charles S. Peirce (1905) und Clarence I. Lewis (1948) vertreten. Auch Ernst Mach (1905) verstand seine ‚Elemente' als mögliche Erfahrungsbefunde, und dasselbe gilt für Rudolf Carnaps ‚Aufbau' (1928a, S. 168 ff.), worin Carnap Machs positivistisches Reduktionsprogramm logisch präzise durchzuführen versuchte.

Das positivistische Reduktionsprogramm ist prima facie attraktiv, da es sich des metaphysischen Realismusproblems auf elegante Weise zu entledigen scheint, indem Sätze der Dingsprache in Sätze über Komplexe von möglichen Erfahrungsgehalten übersetzt werden. Statt dass Dinge erfahrbare Merkmale ‚tragen', werden sie nun aus solchen Merkmalen zweckmäßig konstruiert (Mach 1905, S. 148), wobei hier nicht Merkmale qua Universalien, sondern Merkmalsinstanzen gemeint sind, die auch ‚Tropen' genannt werden (vgl. Maurin 2018). Und anstatt dass Dinge sich im Raum bewegen, pflanzen sich nun Merkmalsbündel durch den Raum fort (was im Kontext der Quantenphysik sogar die natürlichere Sprechweise ist; vgl. Körner 1977, S. 19–26). Doch der kognitive, wissenschaftlich überprüfbare Gehalt beider Sprechweisen sei derselbe, so lautet die positivistische These.

Allerdings sieht sich diese These mehreren Einwänden ausgesetzt. Ein erster Einwand wurde von Roderick Firth (1950) und John Pollock (1986, S. 40) vorgebracht und besagt, dass das Wenn-Glied des Konditionals, das eine mögliche Erfahrung beschreibt, nicht in introspektiver, sondern nur in realistischer Sprache beschreibbar ist. Denn dieses Wenn-Glied muss (unter anderem) die *Normalbedingungen* enthalten, die gegeben sein müssen, damit der entsprechende Wahrnehmungsakt funktioniert. Im Fall der Sehwahrnehmung umfassen diese Normalbedingungen, in realistischer Sprache beschrieben: (1) physikalische Normalbedingungen (ausreichend tageslichtähnliches Licht, geöffnete und fokussierte Augen), (2) biologische Normalbedingungen (keinen Defekt des Auges und visuellen Gehirnareals) und (3) psychologische Normalbedingung (ungetrübter Wachzustand) (vgl. Schurz 2006, Abschn. 2.7.2). Diesem Einwand kann man Folgendes entgegnen: Zwar gibt es keine *sicheren* erfahrungsimmanenten Kriterien für das Vorliegen dieser Normalbedingungen, doch zumindest wahrscheinliche Kriterien. Denn wir können visuell gut erkennen, ob ausreichend tageslichtähnliches Licht vorhanden ist; unsere Innenerfahrung sagt uns, ob unsere Augen geöffnet und fokussiert sind, sowie ob wir uns im normalen Wachzustand befinden. Der intersubjektive Vergleich sagt uns, ob unsere Sehwahrnehmung normal funktioniert. Das Vorliegen dieser erfahrungsimmanenten Bedingung sichert, dass unsere Sehwahrnehmung zumindest *normalerweise* und *meistens* stabile Resultate liefert. Die erfahrungsimmanenten Konditionale des possibilistischen Idealismus sind zwar nicht *strikt* und ausnahmslos erfüllt, aber mit sehr hoher statistischer Wahrscheinlichkeit − wie dies auch unsere eigene Erfahrung bestätigt: unter Normalbedingung treten visuelle Täuschungen extrem selten auf. Um den Einwand zu entkräften, müssen die Wahrnehmungskonditionale also nicht als strikt-ausnahmslose Generalisierungen, sondern besser als *normische* Konditionale expliziert werden, die den hochwahrscheinlichen Normalfall beschreiben, oder alternativ als *ceteris paribus*-Konditionale, die mit normischen Konditionalen eng zusammenhängen (Schurz 2001a, b, 2002). Die grundsätzliche Möglichkeit einer positivistischen Reduktion von Realsätzen auf normische Wahrnehmungskonditionale (ein so-und-so spezifizierter Wahrnehmungsakt würde normalerweise zu dem-und-dem Wahrnehmungsgehalt führen) ist damit jedenfalls noch nicht widerlegt. Im Übrigen ist es auch in der Wissenschaftstheorie bekannt, dass die meisten Gesetzesbeziehungen als normische, statistische oder *ceteris paribus*-Konditionale formuliert werden müssen (vgl. Reutlinger et al. 2019).

## 7.4 Probleme des positivistischen Reduktionsprogramms

Es gibt allerdings zwei weitere Einwände gegen das positivistische Reduktionsprogramm, die kaum überwindbar sind. Zunächst eine Vorbemerkung. Eine komplexe Wenn-dann-Eigenschaft der Form „Immer wenn am Ort oder Gegenstand x eine gewisse ‚Testoperation' T durchgeführt wird, reagiert x mit Reaktion

R", drückt eine sogenannte *Dispositionseigenschaft* von x aus (wobei es sich um ein striktes oder auch normisches oder statistisches Konditional im Sinne von Abschn. 7.3 handeln kann). Auch in der Wissenschaftstheorie gab es eine Debatte zu Dispositionsbegriffen (Tuomela 1978), und die hier besprochenen erkenntnistheoretischen Probleme sind analog zu denen in der Wissenschaftstheorie (s. Exkurs E7.1). In der Wissenschaftstheorie, die den Alltagsrealismus annimmt, ist x ein Realgegenstand und T eine auf x angewandte Operation. Beispielsweise wird die Disposition der *Wasserlöslichkeit* durch folgendes Konditional charakterisiert: wann immer x ins Wasser gegeben wird (T), löst sich x darin auf (R). In der Erkenntnistheorie ist dagegen x eine Raumzeitposition, T ein auf x gerichteter Wahrnehmungsakt und R ein Wahrnehmungsgehalt. Mögliche Wahrnehmungen sind dem possibilistischen Idealismus zufolge also im Erfahrungsraum lokalisierte Wahrnehmungsdispositionen – Dispositionen ‚nullter Stufe', die wissenschaftlichen Dispositionsprädikaten epistemisch vorgelagert sind.

Wir kommen nun zu den Einwänden:

*Einwand 1 – reale Modalitäten:* Die Charakterisierung von Dispositionen durch kontrafaktische Konditionale ist nicht extensional, sondern *intensional*, d. h. ihr Wahrheitswert ist nicht nur dadurch bestimmt, was *aktual* wahr ist, sondern durch das, was möglicherweise oder notwendigerweise wahr ist. Dies hat die wissenschaftstheoretische Dispositionsdebatte deutlich gezeigt (s. Exkurs E7.1). Dabei handelt es sich nicht um logisch-analytische, sondern um *reale* und kontingente Modalitäten, also das, was aufgrund der faktischen Beschaffenheit unserer Welt möglich oder notwendig ist. Beispielsweise ist *dieser vor mir befindliche* rote Ball positivistisch betrachtet eine objektive Dispositionseigenschaft dieser Raumzeitstelle, einem darauf gerichteten Sehakt eine rote Ballwahrnehmung zu präsentieren. Zwischen Sehakt und Sehinhalt besteht (solange realistisch gesprochen der rote Ball wirklich dort ist) eine *gesetzesartige* Verknüpfung, die man auch als nomologische Notwendigkeit bezeichnet (s. Abschn. 4.2 und Exkurs E4.2). Der Begriff der gesetzesartigen Implikation ist ebenfalls *intensional* und hängt mit den Wahrheitsbedingungen des kontrafaktischen Konditionals dahingehend zusammen, dass die ähnlichsten möglichen Welten (s. Abschn. 3.3) mit der aktualen Welt in den Gesetzesbeziehungen übereinstimmen müssen. Allerdings reicht dies zur Fixierung der Ähnlichkeitsordnung oft nicht aus (Rescher 1964; Lewis 1973, S. 163 f.).

Unabhängig davon lautet unsere Einsicht, dass der possibilistische Idealismus eine das Subjekt umgebende Raumzeit annimmt, die nicht von aktualen Gegenständen und Merkmalen, sondern von subjektunabhängigen Dispositionen bewohnt ist, also von realen Möglichkeiten des ‚Beobachtetwerdens' mit gesetzesmäßig festgelegten Beobachtungsgehalten. Damit ist der possibilistische Idealismus eine Vorform eines epistemischen Realismus und wurde daher in Abb. 7.2 auf der Grenzlinie zwischen Antirealismus und Realismus positioniert. Es fragt sich natürlich, warum der Possibilist nicht gleich einen Schritt weiter geht und als *Erklärung* bzw. Ursache dieser objektiven Dispositionen aktuale Gegenstände und Merkmale annimmt. Auch hier ist es nützlich, sich die parallele wissenschaftstheoretische Kontroverse anzusehen. Dort wurde argumentiert, dass Dispositionen gemäß der Standardauffassung (Prior et al. 1982) *funktionale* Wenn-dann-Eigenschaften sind, die sich erst durch die auslösende Testbedingung manifestieren, aber ihrerseits manifeste bzw. *kategorische* Struktureigenschaften als Ursache bzw. *kausale Basis* besitzen (vgl. Earman 1986, S. 94; Schurz 2014, Abschn. 3.10). Beispielsweise ist Wasserlöslichkeit eine funktionale Dispositionseigenschaft von Substanzen, die als kausale Basis die elektropolare Struktur der Substanzmoleküle besitzt, die sich in den ebenfalls elektropolaren Wassermolekülen gut auflösen (s. dazu Abschn. 14.3, sowie Exkurs E7.1, worin diese Auffassung gegenüber rivalisierenden Auffassungen verteidigt wird). Der Schluss von empirisch bestätigten Dispositionseigenschaften auf zugrundeliegende kausale Strukturmerkmale ist somit ein *abduktiver* Schluss. Wendet man den analogen abduktiven Schluss auf die Wahrnehmungsdispositionen des possibilistischen Idealisten an, so gelangt man zu aktual-realistischen Objekten und Merkmalen als deren beste Erklärung (Dancy 1985, S. 162, sowie Abschn. 14.4).

*Einwand 2 − Nichtdefinierbarkeit:* Abgesehen von der unplausiblen Verweigerung des abduktiven Schrittes vom possibilistischen Protorealismus zum Realismus scheitert das positivistische Reduktionsprogramm auch aus einem anderen Grund: nämlich weil sich die Gegenstände und Merkmale des Realismus eben *nicht* durch die funktionalen Wahrnehmungsdispositionen *bedeutungsgleich* definieren lassen. Auch hier ist es nützlich, sich die wissenschaftstheoretische Parallele anzusehen. Wie der spätere Carnap (z. B. 1956, Abschn. ix, x) feststellte, ist es nicht möglich, theoretische Strukturmerkmale wie z. B. polare Molekülstruktur durch die von ihnen bewirkten empirischen Dispositionen zu definieren. Denn ein theoretisches Merkmal ist die kausale Basis für (potentiell unendlich) viele empirische Dispositionen. So ist die polare Molekülstruktur von Substanzen nicht nur die Ursache ihrer Wasserlöslichkeit, sondern auch ihrer Unlöslichkeit in Öl, ihres elektrolytischen Leitvermögens, erhöhten Schmelzpunktes und charakteristischen Absorptionsspektrums (s. Exkurs 7.1 sowie Abschn. 14.3). Es wäre inadäquat, eine einzelne dieser Dispositionen als positivistische Definition von ‚polarer Molekülstruktur' herauszugreifen. Würde man aber die Konjunktion aller Dispositionen als Definition ansehen, so hätte man das gesamte empirische Wissen über polare Molekülstrukturen in eine analytische Definition verwandelt und gegenüber Überprüfung immunisiert, was noch unplausibler wäre und die Bedeutung von ‚polarer Molekülstruktur' keinesfalls erhalten würde. Dies waren die Hauptgründe für Carnaps spätere Preisgabe des positivistischen Reduktionsprogramms. In analoger Weise lässt sich auch der Realsatz „dort befindet sich ein gelber Tisch" nicht bedeutungsgleich in die Konjunktion aller Beobachtungsmöglichkeiten des Tisches übersetzen (ausgedrückt durch kontrafaktische Konditionale), denn in der Bedeutung von „dort ist ein gelber Tisch" ist beispielsweise nicht schon *analytisch* enthalten, dass er eine Lichtwellenlänge von ca. 400 nm absorbiert, mit blau bestrahltem Licht schwarz aussieht usw. Die Sätze der realistischen Dingsprache sind daher mit Konjunktionen von Beobachtungsdispositionen nicht bedeutungsgleich, sondern bestenfalls wahrheitswertgleich.

## 7.5 Objektiver Idealismus, Dualismus und Materialismus

Macht man den abduktiven Schritt zur aktualen Realität als beste Erklärung der Gesetzmäßigkeiten unserer Beobachtungen mit, so ist man erkenntnistheoretischer Realist. Diese Position lässt, wie in Abb. 7.2 eingezeichnet, drei metaphysische Standpunkte zu: objektiver Idealismus, Dualismus und Materialismus. *Der objektive Idealismus* wurde vor alledem in der theologisch orientierten neuzeitlichen Aufklärungsphilosophie hervorgebracht. Er besagt, dass die Grundsubstanz der Wirklichkeit geistiger (spiritueller) Natur ist und wurde prototypisch von Gottfried Wilhelm Leibniz und George Berkeley vertreten; in dialektisch modifizierter Form von den deutschen Idealisten Johann Gottlieb Fichte und Georg Wilhelm Friedrich Hegel. Berkeley zufolge liegt die kausale Basis der Realität in Gottes unendlichem Geist, der die subjektiven Erfahrungsgehalte und die Erscheinungen materieller Gegenstände erzeugt (Abschn. 9.2).

Die metaphysische Gegenposition dazu ist der *Materialismus*. Ihm zufolge ist die Grundsubstanz der Wirklichkeit materieller Natur, zusammengesetzt aus kleinsten (sub)atomaren Partikeln, die in einer langen Evolutionsgeschichte immer komplexere Systeme ausbildeten, bis hin zu vernunftbegabten Lebewesen. Diese Position wurde insbesondere in der französischen Aufklärungsphilosophie entwickelt (Abschn. 9.4) und führte zur naturalistisch-wissenschaftsbasierten Weltsicht, die das aufgeklärte Weltverständnis weitgehend bestimmt. Es gibt auch die auf René Descartes zurückgehende mittlere Position (Abschn. 8.2), die *Dualismus* genannt wird und annimmt, dass es *zwei* Grundsubstanzen der Wirklichkeit gibt: die Materie und den Geist, die aufeinander einwirken, und zwar im Menschen in einem spezifischen Organ des Gehirns, das Descartes in der Zirbeldrüse vermutete.

## 7.6 Direkter und indirekter Realismus

In Abschn. 7.1 haben wir zwischen der ontologischen und der epistemischen Realismusfrage unterschieden. Bislang haben wir uns nur mit den ontologischen Positionen zum Erkenntnisgegenstand beschäftigt. Nun kommen wir zur epistemischen Realismusfrage. Wir setzen also die Existenz einer Realität voraus, die wir einfachheitshalber als materielle Realität auffassen und fragen: Inwiefern und in welchem Grad können wir die Realität erkennen? Die wichtigste für diese Frage relevante Unterscheidung ist die zwischen direktem und indirektem Realismus (Dancy 1985, Abschn. 10.3–10.4). Die Unterscheidung bezieht sich in erster Linie auf unsere Wahrnehmung. Der direkte Realismus entspricht dem naiven Commonsense-Realismus und sagt, dass wir die *Dinge selbst* sehen, und nicht irgendwelche mentalen Bilder dieser Dinge. Wir sehen die Gegenstände so, wie sie wirklich bzw. ‚an sich' sind und mit den Merkmalen, die sie wirklich besitzen. Der indirekte Realismus dagegen sagt, dass das, was wir direkt sehen, von unserem Gehirn konstruierte dreidimensionale Bilder sind, während wir die ‚Dinge an sich' nur *indirekt* sehen, *vermittelt* durch diese Bilder, und nur in dem

## 7.6 Direkter und indirekter Realismus

Maß, in dem unsere Sehbilder diese Dinge (bzw. deren Oberflächen) hinreichend gut abbilden.

Der direkte Realismus ist, Dancy (1985, S. 147 f.) folgend, wiederum zu unterteilen in den *naiven* direkten Realismus, dem zufolge wir *alle* wahrnehmbaren Merkmale von Gegenständen so wahrnehmen, wie sie wirklich sind, und dem *nichtnaiven* direkten Realismus, dem zufolge dies nur für *einige* Merkmale gilt, während andere Merkmale lediglich in unserem Geist hervorgerufene Vorstellungen sind, die nicht den Gegenständen selbst zukommen. Innerhalb des indirekten Realismus lassen sich andererseits graduell erkenntnisoptimistische und erkenntnispessimistische Positionen voneinander unterscheiden. Der epistemische Realismus behauptet, dass wir die Realität nur indirekt abbilden können, doch mit zunehmendem wissenschaftlichen Erkenntnisfortschritt nähern sich unsere Bilder der Wirklichkeit mehr und mehr einem perfekten bzw. isomorphen Abbild der Wirklichkeit an. Der epistemische Antirealismus sagt dagegen, dass der Mensch gerade die wichtigsten und tiefsten Eigenschaften der objektiven Wirklichkeit nicht adäquat abbilden kann (eine solche Position könnte sich beispielsweise auf die anhaltenden Rätsel der Quantenphysik berufen). Dazwischen liegen die Positionen des epistemischen Optimismus (zumindest die meisten Realitätsmerkmale werden adäquat abgebildet) und Pessimismus (die wenigsten Realitätsmerkmale werden adäquat abgebildet). Abb. 7.3 fasst die Positionen zur epistemischen Realismusfrage zusammen.

Die gestrichelten Linien deuten an, dass der naive direkte Realismus eine direkte (statt indirekte) Version des epistemischen Realismus darstellt, und der nichtnaive direkte Realismus eine direkte Version des epistemischen Optimismus.

Dancys Unterscheidung zwischen naivem und nichtnaivem direkten Realismus geht auf John Locke zurück (Abschn. 8.4), der ein nichtnaiver direkter Realist war. Er unterschied zwischen *primären* Qualitäten, die den Dingen an sich zukommen (wie Größe oder Bewegung), und *sekundären* Qualitäten (wie Farbe oder Wärme), die subjektiven Sinnesqualitäten entsprechen, aber nicht den Dingen selbst zukommen (denn die Farbe eines Gegenstandes verschwindet ohne Lichtbestrahlung, und ein warmes Bad fühlt sich kalt an, wenn wir aus der Hitze kommen). Locke wurde von George Berkeley kritisiert, der erstmals erkannte,

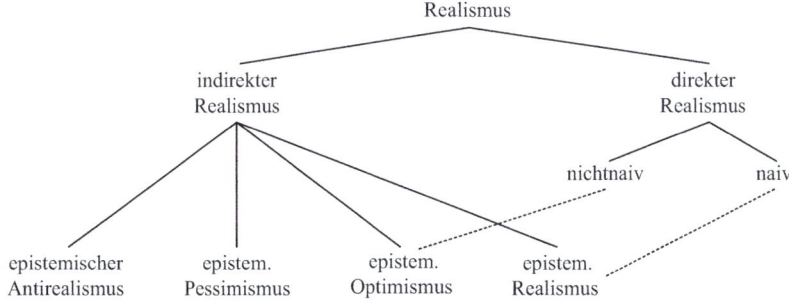

**Abb. 7.3** Epistemische Positionen zum Erkenntnisgegenstand

dass auch die dreidimensionale Sehwahrnehmung des Menschen nicht ‚direkt',
sondern hochgradig konstruiert ist. Wie in Abschn. 11.3 näher ausgeführt wird,
scheint das heutige kognitionswissenschaftliche Wissen die Position des direkten
Realismus (auch in Lockes ‚nichtnaiver' Version) klar zu widerlegen. Da es auch
gegenwärtig Philosophen gibt, die den direkten (bzw. Commonsense-)Realismus
verteidigen (z. B. auch Dancy 1985), sei die Widerlegung des direkten Realismus
hier näher ausgeführt. Konfrontiert mit der These, dass wir nicht direkt die Dinge
selbst, sondern nur die von unserem Gehirn konstruierten Bilder derselben wahrnehmen, erwidern direkte Realisten typischerweise, es wäre doch absurd zu sagen,
wir würden, wenn wir auf den Tisch blicken, nicht den Tisch selbst, sondern ein
Bild des Tisches sehen, vergleichbar einem Tischgemälde. Zugegeben ist die
Illusion des direkten Realismus eine meistens nützliche Illusion, jedenfalls in
Überlebenssituationen, in denen unsere Sehbilder die Umgebung hinreichend gut
abbilden und kognitive Zeitersparnis lebenswichtig ist. Dennoch bleibt es eine
Illusion, wie alle Befunde zu visuellen Täuschungen beweisen – von der einfachen
Illusion eines Bildes im Spiegel, die uns Objekte dort sehen lässt, wo es keine gibt,
nämlich hinter dem Spiegel, bis zu den bekannten 3D-Illusionen, in denen sich
aus der Papierebene ein 3-dimensionales Objekt herauswölbt, das es nicht gibt (s.
Abschn. 11.3).

Eine wissenschaftliche Philosophie muss zuallererst fragen, was es überhaupt
bedeuten soll, das ‚Objekt selbst', oder das Objekt wie es an sich ‚ist' zu sehen.
Das sind Metaphern, die bei wissenschaftlicher Betrachtung keinen klaren Gehalt
haben. Offenbar kann damit ja nicht gemeint sein, dass beim Sehen das Objekt
selbst in unser Gehirn bzw. unseren Geist hineinwandert. Schon aus diesem Grund
kann das, worauf wir beim Sehen *direkten* kognitiven Zugriff haben, nur ein in
unserem Geist befindliches Bild sein. Schon eher könnte mit ‚direktem Realismus' gemeint sein, dass ein vollständig detailgetreues *Spiegelbild* des Objekts in
unserem Geist bzw. Gehirn erzeugt wird. Aber auch das ist aus mehreren Gründen
unhaltbar. *Erstens,* weil die realen Objekte nahezu unendlich fein strukturiert
sind: ein Mol einer Substanz (bei Wasser sind dies 18 g) besteht aus nahezu $10^{24}$
Molekülen. Der Vollständigkeitsanspruch eines Bildes muss also immer auf eine
gegebene Auflösungsschärfe, z. B. 1 Pixel pro $mm^2$, relativiert werden. Auch
wenn man dies tut, ist die so relativierte Vollständigkeitsidee aus einem *zweiten
Grund* unhaltbar: Denn was das 3D-Sehbild zeigt, ist immer nur die *Oberfläche*
eines Objektes, aber nicht sein Inneres – dieses denken wir uns hinzu. Und selbst
wenn man dies zugibt, macht *drittens* die Idee eines ‚vollständigen Bildes' als
ein Mosaik von Pixeln keinen guten kognitiven Sinn, denn wie in Abschn. 11.3
ausgeführt wird, ist das bewusste Sehbild komplex *kognitiv strukturiert,* während
wir mit der bloßen Pixelinformation allein nichts anfangen könnten, da daraus
ohne intelligente Rechenprozesse nicht die ‚Gestalten', die relevanten visuellen
Strukturen hervorgehen.

Zusammengefasst scheint der direkte Realismus eine kognitive Illusion zu
sein, die durch Wissenschaft aufgezeigt wird. Wohl deshalb rät Dancy von einer
wissenschaftlichen Analyse des von ihm favorisierten direkten Realismus ab

(1985, S. 149, 153). Er formuliert einige Einwände gegen den indirekten Realismus, die leicht zu entkräften sind. Ein solcher Einwand besagt, dass der indirekte Realismus auf ein ‚doppeltes Bewusstsein' und ‚doppeltes Wahrnehmungsobjekt' hinauslaufen würde, da wir einerseits das Bild des Objekts und zugleich aber auch das Objekt selbst sehen (Dancy 1985, S. 163–165). Dies ist eine Fehlinterpretation, denn der indirekte Realismus sagt, dass wir genau dadurch, dass wir das Bild des Objektes direkt sehen, das Objekt selbst indirekt sehen – es handelt sich um ein und denselben Kausalprozess ohne ‚doppeltes' Bewusstsein oder Objekt. Vielmehr ist das Objekt in diesem Prozess die externe (Teil-)Ursache und das Bild die interne Wirkung (s. Abb. 5.2), und wir schließen unbewusst vom direkt zugänglichen Bild auf die Struktur des Objektes.

Ein weiterer Einwand gegen den indirekten Realismus besagt, dass bildhafte Wahrnehmungsgehalte und die realen Objekte von verschiedener ontologischer Natur seien und sich daher nicht wirklich ähneln können (Dancy 1985, S. 167 f.). Dieser Einwand beachtet nicht, dass die Ähnlichkeit strukturell gemeint ist und Bilder wie merkmalstragende Objekte Strukturen besitzen, die sich annähernd gleichen können. Dancys dritter Einwand moniert, dass der indirekte Realismus die Welt selbst ‚unsichtbar' machen würde (ebd., S. 168). Auch das ist unzutreffend, da wir dem indirekten Realismus zufolge sehr wohl die Welt selbst sehen können, aber eben nur *indirekt*, vermittelt über die von unserem Gehirn konstruierten Bilder.

Wir kommen abschließend zur Frage des epistemischen Optimismus versus Pessimismus: wie gut entsprechen unsere Erkenntnisse den Gegenständen selbst?

1) Das Maximale, was epistemisch erreichbar ist – in der Wahrnehmung oder in der fortgeschrittenen Wissenschaft – ist ein völlig strukturgleiches oder (wie man in der Logik sagt) *isomorphes* kognitives Abbild bzw. Modell der Wirklichkeit. Daraus folgt, dass unsere kognitiven Modelle die Wirklichkeit im besten Fall bis auf Isomorphie bestimmen können (vgl. BonJour 1985, S. 176; Schurz 2018, Abschn. 19.3).
2) Kognitive Isomorphie ist zu schön, um wahr zu sein. Zum einen aufgrund der oben erwähnten quasi-unendlichen Feinheit der (bis ins Subatomare gehenden) Wirklichkeit, die nur vergröbert und lückenhaft abbildbar ist. Zum anderen aufgrund des metalogischen Theorems von Löwenheim und Skolem, dem zufolge jede Theorie, die unendliche Modelle zulässt, auch nichtisomorphe Modelle zulässt (Schurz 2018, Abschn. 21.1) – was für Hilary Putnam (1978, S. 126) ein Hauptgrund für die Preisgabe seines metaphysischen Realismus bildete. Aus diesem Grund ist das maximal epistemisch Erhoffbare, dass unsere kognitiven Modelle *ein homomorphes und möglichst wahrheitsnahes Bild eines Teilbereiches der Wirklichkeit* liefern. In welchem Grad dies tatsächlich der Fall ist, ist eine abduktive Frage und muss aufgrund des Erfolges unserer kognitiven Modelle in der Erklärung und Voraussage unserer Erfahrung beurteilt werden.

## Literatur

### Klassische Texte

Peirce, C. S. (1931–35) [CP]. *Collected Papers of Charles S. Peirce*. Bände I-VI. Hrsg. von Charles Hartshorne und Paul Weiss.
Peirce, C. S. (1991) [A]. *Schriften zum Pragmatismus und Pragmatizismus*. Hrsg. von Karl-Otto Apel (2. Aufl.). Frankfurt a. M: Suhrkamp.
Peirce, C. S. [1905]. Issues of pragmatism. In ders. [CP], CP 5.438-5.463. Dt. in ders., [A], 454–484.

### Gegenwartsphilosophie

BonJour, L. (1985). *The structure of empirical knowledge*. Harvard: Harvard Univ. Press.
BonJour, L. (2003). „A version of internalist foundationalism". In L. BonJour & E. Sosa (2003), *Epistemic justification* (S. 3–96). Oxford: B. Blackwell.
Carnap, R. (1928a). *Der logische Aufbau der Welt*. Hamburg: Felix Meiner 1961.
Carnap, R. (1928b). *Scheinprobleme der Philosophie*. Frankfurt a. M 1961.
Carnap, R. (1950). Empiricism, semantics and ontology. In *Revue International de la Philosophie* 4(11), 20–40. Dt. Übersetzung als Anhang A von Carnap, R. (1972). *Bedeutung und Notwendigkeit*. Berlin: Springer (engl. Orig. 1956) (zitiert danach).
Carnap, R. (1956). The methodological character of theoretical concepts. In H. Feigl & M. Scriven (Hrsg.), *Minnesota Studies in the Philosophy of Science Vol. I* (S. 38–76). Minneapolis: Univ. of Minnesota Press.
Dancy, J. (1985). *An introduction to contemporary epistemology*. Oxford: B. Blackwell.
Earman, J. (1986). *A primer on determinism*. Dordrecht: Reidel.
Ernst, G. (2014). *Einführung in die Erkenntnistheorie* (6. Aufl.). Darmstadt: Wissenschaftliche Buchgesellschaft.
Firth, R. (1950). „Radical empiricism and perceptual relativity". *The Philosophical Review*, 59, 164–183, and 319–331.
Körner, S. (1977). *Erfahrung und Theorie*. Frankfurt a. M: Suhrkamp. (engl. Original 1966).
Lewis, C. I. (1948). *An analysis of knowledge and valuation*. La Salle: Open Court.
Lewis, D. (1973). *Counterfactuals*. Oxford: Basil Blackwell.
Losee, J. (1977). *Wissenschaftstheorie. Eine historische Einführung*. München: C.H. Beck. (engl. Orig. 1972).
Mach, E. (1905). *Erkenntnis und Irrtum. Skizzen zur Psychologie der Forschung* (S. 1968). Darmstadt: Wissenschaftliche Buchgesellschaft.
Maurin, A.-S. (2018). Tropes. In *The Stanford Encyclopedia of Philosophy*. https://plato.stanford.edu/archives/sum2018/entries/tropes/.
Pollock, J. (1986): *Contemporary theories of knowledge*. Maryland: Rowman & Littlefied.
Prior, E.W., Pargetter, R. and Jackson, F. (1982). Three theses about dispositions. *American Philosophical Quarterly 19*, 251–257.
Putnam, H. (1978). *Meaning and the moral sciences*. London: Routledge and Kegan Paul.
Rescher, N. (1964). *Hypothetical reasoning*. Amsterdam: Van Gorcum (Neuaufl. 1976).
Reutlinger, A., Schurz, G., Hüttemann, A., & Jaag, S. (2019). Ceteris paribus laws. In *Stanford Encyclopedia of Philosophy*. https://plato.stanford.edu/archives/win2019/entries/ceterisparibus/.
Rorty, R. (1967, Hrsg.). *The linguistic turn*. Chicago: University of Chicago Press.
Russell, B. (1918). The relation of sense-data to physics. In *ders., Mysticism and logic* (S. 145–179). London: Georg Allen & Unwin.

Schurz, G. (2001a). What Is ‚Normal'? *Philosophy of Science, 28,* 476–497.
Schurz, G. (2001b). Normische Gesetzeshypothesen und die wissenschaftsphilosophische Bedeutung des nichtmonotonen Schließens. *Zeitschrift für Allgemeine Wissenschaftstheorie, 32,* 65–107.
Schurz, G. (2002). Ceteris paribus laws: Classification and deconstruction. In Earman, J., Glymour, C., & Mitchell, S. (Hrsg.), *Ceteris paribus laws.* Special issue of *Erkenntnis* 57, 351–372.
Schurz, G. (2006). *Einführung in die Wissenschaftstheorie.* Darmstadt: Wissenschaftliche Buchgesellschaft (4. Aufl. 2014).
Schurz, G. (2014). *Philosophy of science: A unified approach.* London: Routledge.
Schurz, G. (2018). *Logik.* Berlin: de Gruyter.
Sosa, E. (2003). Beyond internal foundations to external virtues. In L. BonJour & E. Sosa (2003), *Epistemic justification* (S. 97–170). Oxford: B. Blackwell.
Tuomela, R. (1978, Hrsg.): *Dispositions.* Dordrecht: Reidel.
Van Fraassen, B. (1989). *Laws and symmetry.* Clarendon Press.

# B Historischer Teil: Aufklärung

# Rationalismus und Empirismus 8

## Inhaltsverzeichnis

8.1 Die Bedeutung der Aufklärung für die Geschichte der Erkenntnistheorie............ 135
8.2 Rationalismus: René Descartes.............................................. 137
8.3 Gottesbeweise....................................................... 142
8.4 Empirismus: John Locke................................................. 144
8.5 Deismus: Befreiung von religiöser Autorität ................................. 148
Literatur ............................................................... 150

## 8.1 Die Bedeutung der Aufklärung für die Geschichte der Erkenntnistheorie

Obwohl sich die Bezeichnung „Erkenntnistheorie" erst im 19. Jahrhundert herausbildete, gab es dieses philosophische Teilgebiet schon viel früher. Doch erst in der Aufklärungsphilosophie entwickelte es sich zu einer der philosophischen Hauptdisziplinen. Denn Erkenntnistheorie zu betreiben heißt darüber nachzudenken, wie die eigene Erkenntnismethode funktioniert und inwieweit man sich auf sie verlassen kann. Die Wichtigkeit dieses Anliegens trat aber erst ins philosophische Bewusstsein, als maßgebliche philosophische Systeme aufgrund erkannter Widersprüche oder Irrtümer in die Krise gerieten. Dies erklärt, warum explizit erkenntnistheoretische Arbeiten in der antiken und mittelalterlichen Philosophie selten waren, verglichen mit dem explosionsartigen Anstieg erkenntnismethodologischer Reflexionen in der Neuzeit (mehr dazu in Röd 1994, Kap. I–V).

In der vorsokratischen Periode der antiken Philosophie waren es insbesondere die Sophisten im 5. und 4. Jahrhundert v. Chr., die die Philosophie

---

*Die Kapitel des Buches werden durch zahlreiche Exkurse ergänzt, die als Online Materialien angeboten werden (Download Link siehe Vorwort).

© Springer-Verlag GmbH Deutschland, ein Teil von Springer Nature 2021
G. Schurz, *Erkenntnistheorie,* https://doi.org/10.1007/978-3-476-04755-7_8

erkenntnistheoretisch herausforderten. Sie waren, neben Demokrit, die ersten Aufklärer und Vernunftskeptiker. Stellvertretend erwähnen wir **Protagoras von Abdera** (481–411) und seine These, dass es zu jeder Frage zwei entgegengesetzte Standpunkte gebe. Nicht nur der erwähnte Skeptiker Sextus Empiricus (s. Abschn. 2.5) stützte sich auf ihn, sondern auch Platon rekonstruierte Protagoras' Position in seinem Werk *Theaitetos* (s. Abschn. 2.1) als die These, dass Erkenntnis auf Wahrnehmung beruhe und Wahrnehmung subjektiv sei.

Die umfassenden Systemkonstruktionen von **Platon** und **Aristoteles** im 5. und 4. Jahrhundert v. Chr. kann man auch als Reaktion auf die sophistische Skepsis verstehen. Im Gegensatz zu Platos rationalistischer Philosophie war Aristoteles analytischer und erfahrungsnäher. In seinen beiden *Analytiken* entwickelte er die erste Logik und Wissenschaftstheorie. Doch finden sich darin vergleichsweise wenig erkenntnis*kritische* Reflexionen. Als Empirist vertraut Aristoteles der Wahrnehmung und darüber hinaus der vernünftigen Einsicht. Er lehrte, dass notwendige Wesensmerkmale durch ‚intuitive Induktion' erkannt werden, ohne die Irrtumsanfälligkeit von Intuitionen kritisch zu reflektieren. Die Methode der kritischen Überprüfung spielt in seinen Schriften keine wesentliche Rolle und Falsifikationsschlüsse kommen in seiner Syllogistik nicht vor.

In der langen mittelalterlichen Periode der (europäischen) Philosophie wird das Fehlen der erkenntniskritischen Reflexion durch die Dominanz der christlichen Religion noch verstärkt (vgl. Röd 1994, 2. Teil, sowie Crombie 1977, 2. Teil, Kap. 1). Zweifel an religiösen Dogmen und Offenbarungen galten als Sünde (s. Abschn. 6.1, Merksatz 6.1-2). Doch gab es auch frühe rational orientierte Systeme wie beispielsweise die Philosophie des **Aurelius Augustinus** (354–430), der in seinem Werk *Gegen die Akademiker* die akademischen Skeptiker (wie z. B. Karneades) zu widerlegen suchte. Er lehrte, dass es drei Arten von sicherem Wissen gäbe, definitorische, logische und introspektive Wahrheiten, und entwickelte damit eine frühe Version der basisminimalistischen Fundierungstheorie.

In der darauffolgenden frühen Scholastik wurde versucht, Glaubenswahrheiten durch Vernunftargumente zu beweisen, wie im berühmten ‚ontologischen Gottesbeweis' von **Anselm von Canterbury** (1033–1109; s. Abschn. 8.2). Allerdings waren bis zum 12. Jahrhundert nur wenige antike philosophische Texte der mittelalterlichen Philosophie zugänglich. Der überwiegende Teil dieser Texte war nur im arabischen und persischen Raum erhalten und gelangte aufgrund der Glaubensfeindschaft zwischen Christentum und Islam lange nicht nach Europa. Dies geschah erst im 12. Jahrhundert, als ganze Schiffsladungen von antiken und arabischen Manuskripten ins spätmittelalterliche Europa transportiert und ins Lateinische übersetzt wurden. Sie führten zu einer ‚spätscholastischen Revolution', da sich viele der neuen philosophischen Texte nicht mit der christlichen Glaubenslehre vereinbaren ließen (Crombie 1977, S. 39–44). Dies führte zu einer tendenziellen Rücknahme der Bestrebungen, Glaubenswahrheiten durch Vernunft zu beweisen. Der Philosoph des Dominikanerordens **Thomas von Aquin** (1225–1274) lehrte, höhere Glaubenswahrheiten seien übervernünftig und Vernunftwahrheiten dürften ihnen nicht widersprechen. Seine Philosophie ist für die katholische Kirche noch heute maßgeblich. Eine stärkere Trennung von Wissenschaft und Religion befürworteten die Philosophen des Franziskanerordnens wie **Roger Bacon** (1215–1292) und **William von Ockham** (1280–1348). Sie argumentierten, es entspräche der Forderung christlicher Demut, die Naturerscheinungen so zu nehmen, wie sie sich darbieten, ohne sich anzumaßen, dahinter die Geheimnisse von Gottes Schöpfungsplan erkennen zu können (Topitsch 1979, S. 119, 186 f.).

Die theoretisch-wissenschaftlichen Fortschritte in der Spätscholastik waren eine wichtige Vorbedingung für die Aufklärungsepoche der Neuzeit. Eine zweite wichtige Vorbedingung waren die gesellschaftlichen Umwälzungsprozesse und die zunehmende Unabhängigkeit der Bürger, Handwerker und Künstler von Kirche und Feudaladel (Böhme et al. 1977). Der Prozess begann im ‚Renaissancezeitalter' des 15. und 16. Jahrhunderts mit einer humanistischen Umwälzung der Werte, die statt religiöser Demut die menschliche Schaffenskraft ins Zentrum stellte. Empirische Forschung wurde nicht mehr mit dem Ziel der Lobpreisung Gottes, sondern mit ihrer technisch-wirtschaftlichen Verwertung verbunden. Die bedeutendsten wissenschaftlichen Fortschritte der Neuzeit begannen im 16. Jahrhundert mit Nikolaus Kopernikus, Johannes Kepler und Galileo Galilei, die das (seit der Antike bekannte) heliozentrische Weltbild bestätigten und das von der Kirche gelehrte geozentrische Weltbild als falsch erwiesen. Wie stark damals die von der Kirche ausgeübte Zensur auf die Forschung war, ist durch den berühmten Galilei-Prozess im Jahre 1633 bekannt, in dem Galilei unter Folterandrohung zur Widerrufung seiner heliozentrischen Theorie gezwungen wurde, sowie durch die Verbrennung Giordano Brunos im Jahr 1600, der sich zu widerrufen weigerte.

Hinzu kamen die zunehmenden *Glaubensstreite* im 15. und 16. Jahrhundert innerhalb der christlichen Religion: Martin Luther begründete den Protestantismus, Johann Calvin den Kalvinismus etc. Was die richtige Religion sei, wurde dadurch vermehrt unsicher. All das stärkte die Bewegung der *Aufklärung*, die die Autonomie der Vernunft forderte, ihre Unabhängigkeit von religiösen oder weltlichen Vorschriften, in der Theorie wie in der Praxis. In den folgenden Abschnitten lassen wir die Philosophie der Aufklärung mit ihren zwei berühmtesten Initialfiguren, dem Rationalisten **René Descartes** (Abschn. 8.2) in Frankreich und dem Empiristen **John Locke** (Abschn. 8.4) in England beginnen. Tatsächlich begann die Philosophie der Aufklärung schon früher, insbesondere bei **Francis Bacon** (1561–1626), der anders als Descartes zwar Empirist war, aber wie Descartes das Programm vertrat, eine fortschrittsfähige Philosophie müsse sich zuallererst von allen *Vorurteilen* des Common-Sense befreien (Röd 1999, Kap. 1). In seinem Werk *Novum Organon* (1990/1620) entwickelte Bacon eine systematische Übersicht über diese Vorurteile sowie ihrer wichtigsten Ursachen, von allgemeinmenschlichen Irrtümern und Illusionen bis zu tradierten Trugvorstellungen in Aberglauben, Religion und weltanschaulicher Ideologie.

## 8.2 Rationalismus: René Descartes

René Descartes (1596–1650) war der Begründer des neuzeitlichen Rationalismus (für das Folgende vgl. Röd 1999, Kap. III). Er war auch Mathematiker und (wie häufig bei Rationalisten) seine Philosophie war dementsprechend vom mathematischen Denkstil beeinflusst. Seine wichtigsten Werke waren (Jahreszahlen beziehen sich auf die Erstausgabe):

| | |
|---|---|
| 1628 | die *Regeln (Regulae)*, eine Schrift über die methodologische Regeln der Wissenschaft, |
| 1637 | sein *Diskurs über die Methode (Discours de la méthode)*, zugleich Teil seines Werkes *Die Welt (Le monde)*, |
| 1641 | sein erkenntnistheoretisches Hauptwerk, die *Meditationen über die erste Philosophie (Meditationes de prima philosophia)*, und |
| 1644 | seine *Prinzipien der Philosophie (Principia philosophiae)*, enthält ebenfalls Teile von *Le Monde*. |

Descartes' Werk *Die Welt* enthält seine naturphilosophischen Arbeiten, worin er unter anderem ein heliozentrisches Modell der Planetenbewegungen (verursacht durch Wirbelbewegungen) entwickelt. Aufgrund der Verurteilung Galileis 1633 stellte er jedoch die Veröffentlichung zurück und publizierte erst 1637 einige Teile davon, verpackt in seinem *Diskurs* und in den *Prinzipien*. 1649 entwarf Descartes während einer königlichen Einladung nach Stockholm den Plan für eine Akademie der Wissenschaften, dessen Realisierung sein Tod verhinderte. Nach seinem Tod kamen Descartes' Schriften auf Veranlassung der Jesuiten auf den Index verbotener Schriften; sie fanden jedoch Aufnahme bei den Jansenisten, philosophische Anhänger des Augustinus und Gegner der Jesuiten.

Descartes' Erkenntnisideal war ein hierarchisch aufgebautes Wissenssystem, das von wenigen absolut sicheren Grundlagen ausgeht und darauf mittels strenger Deduktion alles weitere Wissen aufbaut. Descartes vertrat damit eine strikte Fundierungstheorie (Abschn. 6.1), die im Effekt allerdings dogmatisch verbreitet war, da Descartes den Umfang des logisch Beweisbaren maßlos überschätzte. Anknüpfend an Aristoteles beschreibt Descartes in den *Regulae* die grundlegenden Erkenntnismethoden als Intuition und Deduktion. Durch sie gelange man zu sicherem Wissen; bloß wahrscheinliche Sätze seien dagegen aus der Wissenschaft auszuschließen. Descartes strebte somit nach *perfektem* Wissen (Abschn. 2.4) und vertrat eine ausgeprägt rationalistische Erkenntnismethode; er hielt sogar allgemeine Naturgesetze für apriori ableitbar (Röd 1994, S. 66). Wie aber gedachte Descartes, seine anspruchsvollen Erkenntnisziele einlösen zu können? Zu diesem Zweck sehen wir uns seine Argumentation in seinen berühmten *Meditationen* genauer an. Darin wird das Charakteristikum von Descartes' zugleich aufklärerischer und rational-theologischer Philosophie deutlich sichtbar.

Der Startpunkt seiner Meditationen hat den typisch aufklärerischen Duktus. Um zu echten Gewissheiten vorzudringen, so heißt es in der *1. Meditation*, ist der menschliche Geist zunächst von allen Vorurteilen zu reinigen. Descartes propagiert hier den radikalen *methodischen* Zweifel. Dessen Ziel besteht nicht in einer Erkenntnisbeschränkung, sondern in der Suche nach *echter* Erkenntnis durch Ausschaltung aller Vorurteile oder bloßen Wahrscheinlichkeitsurteile. Die Außenwelt könnte nur halluziniert sein, ja sogar Gott könnte nicht existieren oder ein Betrüger sein. Descartes macht die methodische Annahme, ein böser Geist (der

## 8.2 Rationalismus: René Descartes

cartesische ‚Dämon') hätte alles darangesetzt, uns Menschen zu täuschen. Nur Überzeugungen, die trotz dieser skeptischen Annahme evident bleiben, verdienen es, Wissen genannt zu werden.

Wo findet Descartes aber diesen absolut festen Ausgangspunkt der Erkenntnis – diesen „archimedischen Punkt", wie ihn Bollnow (1970, S. 12) nannte, nach dem Leitmotiv des Archimedischen Hebelgesetzes: „gib mir einen festen Punkt im Universum und ich kann die Welt aus den Angeln heben"? Die Antwort, die uns Descartes in seiner 2. *Meditation* gibt, ist sein berühmtes *cogito, ergo sum,* das aber hier nicht mit dem schließenden ‚ergo' ausgedrückt wird, sondern als Evidenz des introspektiven Urteils gemeint ist. „Ich bin, ich existiere", dies ist notwendigerweise wahr. Descartes wiederholt hier das erwähnte Argument des Augustinus, gibt ihm aber eine rationalistische Wende. Denn er fragt, was denn das Wesen des von mir konstatierten Ichs sei. Seine Antwort lautet: das *Denken*. Nicht mein Körper, nicht meine Wahrnehmungen, sondern meine Gedanken sind es, die ich in mir am deutlichsten erfasse. Descartes erläutert dies am Beispiel der Frage, was denn die Natur des (vor ihm gerade heruntertropfenden) Wachses sei: diese lässt sich durch keine bildhafte Vorstellung erfassen, denn Wachs kann sehr verschiedene Formen annehmen, feste, flüssige oder gasförmige. Unsere Idee des Wachses als ausgedehnter Substanz lässt sich nur durch einen Gedanken wiedergeben. Erkennen ist somit nicht Sehen oder bildhaftes Vorstellen, sondern Denken und Verstand, und diese beiden konstituieren zugleich mein eigenes Wesen: Ich existiere, *weil* ich denke – dies ist Descartes' archimedischer Punkt der Erkenntnis.

Die *3. Meditation* beginnt mit einer phänomenologischen Klassifikation introspektiver Phänomene. Diese teilen sich ein in

1. Ideen (Vorstellungen und Begriffe),
2. Urteile und
3. Willensäußerungen (bzw. Emotionen).

Wahrheitsfähig und irrtumsanfällig sind nur die Urteile, die das Zutreffen von Ideen auf Dinge behaupten. Die Ideen wiederum zerfallen in (1.1) angeborene Ideen, (1.2) von außen (durch Wahrnehmung) entstandene Ideen, und (1.3) selbstkonstruierte (auf Phantasie beruhende) Ideen. Bis hierher deckt sich Descartes' Klassifikation weitgehend mit denen anderer, auch empiristischer Aufklärungsphilosophen. Als spezifisch cartesische Note kommt hinzu, dass Descartes nur die *angeborenen* Ideen für *völlig klar* hält, wobei ihm mathematische Ideen als Vorbild dienten, die er als Rationalist für angeboren hält.

Danach kommt Descartes zur alles entscheidenden Frage: Wie lässt sich auf dem schmalen Fundament introspektiver Selbsterfahrungen sicheres Wissen über die Außenwelt gründen? Und Descartes' Antwort lautet: *über einen Gottesbeweis.* Für unsere Idee Gottes sei es nämlich möglich, aus der Vorstellung auf die Realität des Vorgestellten zu schließen. Darauf folgt Descartes' erster Gottesbeweis (§ 19 ff.), der sich wie folgt rekonstruieren lässt:

(8.2–1)  **Descartes' Gottesbeweis in der 3. Meditation:**
Prämisse 1: Wir haben die Idee Gottes als eines vollkommenen Wesens.
Prämisse 2: Alles hat eine zureichende Ursache.
Prämisse 3: Die Ursache muss mindestens so vollkommen sein wie die Wirkung.
Zwischenkonklusion: Die Ursache unserer Idee Gottes muss mindestens so vollkommen sein wie diese Idee.
Konklusion: Die Ursache dieser Idee kann nur Gott selbst sein.

Allerdings ist dieses Argument unhaltbar, nicht nur aus heutiger Sicht. Auch wenn man die erste Prämisse akzeptiert (es genügt, dass einige Menschen die Idee Gottes besitzen), und auch die zweite Prämisse (wie wir heute wissen, hat nicht alles einen zureichenden Grund, aber wir wollen es annehmen), dann ist doch die dritte Prämisse äußerst waghalsig. Weshalb sollte die Ursache „mindestens so vollkommen" sein müssen wie die Wirkung? Davon abgesehen ist der Begriff ‚vollkommen' vage; Descartes ersetzt ‚vollkommen' stellenweise durch „Grad an Realität", doch das macht den Begriff nicht klarer. Schließlich: Selbst wenn man der Zwischenkonklusion zustimmt, folgt nicht die Konklusion daraus, denn der Schritt zur Konklusion setzt voraus, dass die „Idee Gottes" das Zweitvollkommenste wäre, worüber es nur noch Gott als das noch Vollkommenere gibt. Auch das erscheint äußerst spekulativ. Es mag verwunderlich erscheinen, wie ein so berühmter Denker eines Fehlschlusses bezichtigt werden kann, doch die Logik hat seit damals enorme Fortschritte gemacht, so dass es aus heutiger Sicht in der Philosophiegeschichte spekulative Fehlschlüsse zuhauf gibt. Die spekulative Überschätzung des argumentativ Beweisbaren ist der Grund, warum die Lösung der erkenntnistheoretischen Probleme heute ungleich schwieriger erscheint, als es sich die Philosophen von damals vorstellten. Doch natürlich gibt es, neben solchen Fehlschlüssen, auch viele geniale Argumentationen in der Philosophiegeschichte, von denen man noch heute viel lernen kann.

Descartes war sich wohl der Schwäche seines ersten Gottesbeweises bewusst und trägt in der Folge verbesserte Versionen von Gottesbeweisen vor. Sein erster Verbesserungsvorschlag ist die Charakterisierung von *Gott als Unendlichkeit*. Da der Mensch und alles von ihm Begreifbare *endlich* ist, könne die Idee Gottes als des Unendlichen nur von Gott stammen. Auch dieses Argument ist angreifbar, denn der Mensch verfügt über die Operation der Negation, und die Negation des Endlichen bringt ihn zum Begriff des Unendlichen. Descartes erwidert, der vom Menschen vorgestellte Gott sei mehr als das negierte Endliche (bzw. ‚potentiell Unendliche'), nämlich das Aktual-Unendliche, was ebenfalls wenig überzeugt.

Descartes' Gottesbeweis (8.2-1) ist eine abgewandelte Form des Anselmschen *ontologischen* Gottesbeweises, der klarer und einfacher ist als Descartes' Version. Descartes präsentiert diesen Beweis in seiner 5. Meditation und wir diskutieren ihn im nächsten Abschnitt (Abschn. 8.3).

Jedenfalls kommt der Möglichkeit eines strengen Gottesbeweises im Descarteschen Programm entscheidende Bedeutung zu. Sein gesamtes rationalistisches System baut darauf auf und würde zusammenbrechen, könnte die

## 8.2 Rationalismus: René Descartes

Existenz Gottes nicht bewiesen werden. Denn in der *4. Meditation* fährt Descartes nun so fort: Gott ist allgütig. Daher täuscht Gott mich nicht, denn Täuschungen sind ein Mangel an Gutem. Allerdings kommen nicht alle menschlichen Ideen direkt von Gott. Einige Ideen kommen aus der irrtumsanfälligen menschlichen Wahrnehmung, andere aus der menschlichen Phantasie. Nur die *angeborenen* Ideen habe ich direkt von Gott empfangen. Sie sind vollkommen klar und distinkt *(clare et distincte)* und die darauf basierenden Urteile gewiss und notwendig wahr (vgl. Röd 1999, S. 73).

Unsere Irrungen, fährt Descartes fort, beruhen darauf, dass Gott den Menschen als endliches und damit mangelhaftes Wesen schuf. Er knüpft damit an Thomas von Aquins Lehre des Bösen als Mangel an Gutem an. Gott hätte den Menschen zwar auch vollkommen und somit gottgleich schaffen können, doch hätte er damit die Vielfalt des Universums reduziert – womit Descartes einen Gedanken von Leibniz zur Lösung des Theodizeeproblems vorformuliert (s. Abschn. 9.1).

Alle Ideen, die ich in mir klar und deutlich vorfinde, wie beispielsweise die Idee des *Dreiecks,* sind nicht durch meine Sinne in mich hineingekommen, sondern Gott hat diese in mich hineingelegt. So setzt Descartes seinen Gedankengang in der *5. Meditation* fort und schließt daraus, dass diese Ideen notwendig wahr seien. Damit erlangt nicht nur die Logik und Arithmetik, sondern auch die Geometrie und die elementare Stoßmechanik bei Descartes den Status eines untrüglichen Wissens.

Aber auch die Sinneswahrnehmung, räsoniert Descartes in der *6. Meditation,* kann nicht gänzlich trügerisch sein, denn Gott ist gut. Er hat uns zwar unvollkommen gemacht, lässt uns aber nicht völlig in die Irre gehen. Ich darf daher zumindest ‚mit Wahrscheinlichkeit' schließen, dass die Dinge, die ich wahrnehme, auch existieren. „So darf ich denn alle übertriebenen Zweifel dieser Tage als lächerlich zurückweisen", schreibt Descartes im Schlussteil (§ 44) seiner *tour de force* vom totalen Zweifel zur göttlich abgesicherten Gewissheit.

In den *Prinzipien der Philosophie* entwickelt Descartes seine Naturphilosophie. Ihr Charakteristikum ist der von Descartes vertretene Geist-Körper-Dualismus (s. Abschn. 7.5). *Res cogitans* (Geist bzw. Seele) und *res extensa* (Körper bzw. Materie) waren für Descartes zwei grundverschiedene Arten von Substanzen und nicht bloß unterschiedliche Eigenschaften derselben Substanz. Das Wesen der Materie ist die räumliche Ausdehnung und die Verursachung ihrer Bewegung durch *Kontaktkausalität.* Der Geist ist, im Gegensatz zur Materie, weder teilbar noch räumlich ausgedehnt. Die Einwirkung des Geistes auf den Körper im Menschen erfolgt nach Descartes im Gehirn; Descartes vermutete, sie erfolge in der Zirbeldrüse.

Ein ungelöstes Problem in Descartes' Metaphysik war die Frage, wie der Geist auf die Materie Einfluss ausübt. Schon Descartes wusste, dass eine physikalische Kraftwirkung des Geistes dem Satz der Energieerhaltung widersprechen würde. Leibniz sah dieses Problem später als ‚Beweis' des Idealismus an, dem zufolge es *nur* geistige Substanzen gibt (s. Abschn. 9.1). Das Problem stellte sich auch bei der Frage nach der Ursache der Planetenbewegung, die für Descartes nur durch

Gott erfolgen konnte, der in jedem Augenblick für ihre Erhaltung sorgt, aber nicht auf mechanische Weise, denn anders als beim späteren Isaac Newton gibt es nach Descartes keine gravitationelle Fernkraft. Die These, dass Gott für die Einhaltung der mechanischen Gesetze sorgt, wurde von den späteren *Okkasionalisten* (wie Johannes Clauberg) weitergeführt und bildete eine wichtige Vorbedingung für Humes spätere Kritik am Kausalitätsbegriff (s. Abschn. 10.1).

Schon zu Descartes' Lebzeiten war seine Philosophie vielen Einwänden ausgesetzt. Der Theologe Antoine Arnauld (1612–1694) mahnte, der methodologische Skeptizismus dürfe nur im theoretischen, doch nicht im religiösen Bereich angewandt werden, denn hier sei er dem Glauben schädlich. Der Philosoph Pierre Gassendi kritisierte Descartes' Glauben an absolute Gewissheiten und vertrat stattdessen einen Probabilismus. Am deutlichsten erkannte der Mathematiker und Philosoph Blaise Pascal die Undurchführbarkeit des cartesischen Programms.

## 8.3 Gottesbeweise

Merksatz 8.3-1

**Gottesbeweise**
Man unterscheidet in der Philosophie drei Arten von Gottesbeweisen:

- den **kosmologischen Gottesbeweis**, der Gott als erste Ursache des Kosmos charakterisiert,
- den **teleologischen Gottesbeweis**, der die Harmonie der Natur auf ihre Schöpfung durch Gott zurückführt, und
- den **ontologischen Gottesbeweis**, der aus der Idee Gottes dessen Existenz folgert. ◄

Die drei Beweisarten wurden schon in Thomas von Aquins *Summa Theologica* beschrieben (wobei Thomas drei Arten des kosmologischen Beweises unterscheidet und damit auf fünf Beweise kommt) und später auch in Kants *Kritik der reinen Vernunft* genannt (1781, B 618 f.).

Der kosmologische Beweis (den Descartes in seinem Werk *Le Monde* verwendet), definiert Gott als die erste Ursache des Weltgeschehens. Dass diese erste Ursache göttlich sein muss, hatte man daraus gefolgert, dass jedes natürliche Ereignis selbst eine hinreichende Ursache haben muss, gemäß dem damals akzeptierten Prinzip des zureichenden Grundes. Nur Gott ist fähig, zu existieren, ohne eine Ursache zu besitzen, bzw. alternativ, die Ursache seiner selbst, eine *causa sui* zu sein – was man zeitlich so deutete, dass Gott entweder schon seit jeher oder sogar noch vor aller Zeit existierte. Zweierlei ist kritisch zu diesem Beweis anzumerken. *Erstens* verliert er mit dem physikalischen Indeterminismus seine Geltung, denn in diesem Verständnis sind auch spontane, ursachenlose Ereignisse möglich. *Zweitens* und viel wichtiger: Selbst wenn man den Determinismus (bzw. das Prinzip des zureichenden Grundes) annimmt und dabei dem ersten ursachenlosen Ereignis einen Ausnahmestatus einräumt und es ‚Gott' nennt, so ist dieser ‚Gott' doch eine völlig abstrakte Vorstellung ohne Bezug zu den Bedeutungen, die Menschen mit Gott verbinden, z. B. dass Gott qua erste Ursache auch später noch eine Rolle spielt, allwissend, allmächtig und allgütig ist, am Menschen interessiert ist und seine Gebete erhört. All das bleibt unbegründet, weshalb der Beweis, selbst wenn er gültig wäre, für religiöse oder theologische Zwecke wenig Nutzen hat.

Der teleologische Beweis, der bei Leibniz (Abschn. 10.1) eine große Rolle spielt, wird noch heute von modernen Vertretern des *Kreationismus* in Anschlag gebracht. In seiner Standardversion bezieht er sich auf die *zielgerichtete* Ordnung (griech. *telos:* Ziel) und harmonische Abstimmung aller natürlichen Prozesse. Alle Lebewesen haben gerade die Fähigkeiten, die sie für ihre artspezifische Lebensweise benötigen: Die Pflanzenfresser der Steppe besitzen Hufe und Mahlzähne, die Raubtiere Reißzähne und Krallen usw. Auch die anorganischen Prozesse dienen dem Leben: Die Sonne spendet Licht und Wärme, Wolken liefern Wasser etc. Der teleologische Gottesbeweis argumentiert, diese Harmonie sei derart *überwältigend,* dass keine andere Erklärung möglich erscheint als die Annahme, dass ein höheres Wesen, ein *Schöpfergott,* dies alles absichtsvoll und wohlgeplant geschaffen hat. Eine spätere Version dieses Gedankens ist das Designargument von William Paley (1802). Paley argumentierte, würde jemand im Sand eine Uhr finden, so würde er zweifellos nicht annehmen, die Uhr sei durch eine Serie riesenhafter Zufälle ohne intelligenten Plan entstanden. Ebenso wenig könne man das von der Natur annehmen. Der Titel von Richard Dawkins' *Der blinde Uhrmacher* (1987) ist eine kritische Anspielung auf Paleys Uhrenbeispiel.

Zur *Kritik* des teleologischen Beweises ist wieder zweierlei anzumerken. *Erstens* ist das teleologische Argument durch die auf Darwin zurückgehende *Evolutionstheorie* entkräftet. Die Evolutionstheorie zeigt nicht nur, dass eine alternative und plausiblere Erklärung der Harmonie der Lebensprozesse existiert, nämlich ihre evolutionäre Selektionsgeschichte in Milliarden von Jahren. Sie widerlegt auch das Designargument, da es in dieser Evolutionsgeschichte viele Suboptimalitäten und sogar Dysfunktionalitäten gegeben hat, die ein superintelligenter Designer anders gemacht hätte (Schurz 2011, Kap. 4–5). *Zweitens,* auch wenn man die Evolutionstheorie beiseite lässt, ergibt sich das *Theodizeeproblem*, das schon die Aufklärer vor Darwin beschäftigt hat: Da es in unserer Welt offenbar viel vermeidbares menschliches Leid gibt – Hungersnöte, Seuchen, Kriege und Naturkatastrophen –, kann man sich fragen, wie ein allmächtiger und allgütiger Gott so viel Leid zulassen kann. Im Theodizeeproblem kehrt sich das teleologische Argument *gegen* die Annahme eines allmächtigen und allgütigen Gottes (s. Abschn. 10.1).

Der *ontologische Gottesbeweis* geht wie erwähnt auf Anselm von Canterbury zurück. Während der kosmologische und insbesondere der teleologische Beweis auf Plausibilitätsbetrachtungen beruhen, versucht der ontologische Beweis streng deduktiv vorzugehen. Er besteht in folgendem Schluss:

(8.3-1)  *Ontologischer Gottesbeweis:*
Prämisse 1: Die Idee Gottes als eines vollkommenen Wesens existiert (in uns).
Prämisse 2: Die Idee der Vollkommenheit impliziert alle positiven Eigenschaften.
Prämisse 3: Existenz ist eine positive Eigenschaft
Konklusion: Gott besitzt auch die Eigenschaft der Existenz; d. h. er existiert.

Das Argument ist so überraschend wie das sprichwörtliche Kaninchen aus dem Zauberhut. Denn darin wird aus der Existenz unserer Idee von Gott die Existenz Gottes ‚hervorgezaubert', und zwar durch die zutreffende Beobachtung, dass für ein vollkommen gutes Wesen seine Existenz natürlich etwas Gutes ist. Es fällt schwer, zu sagen, worin der Fehler dieses Arguments liegt, und viele Philosophen haben sich damit abgemüht. Kant hatte eingewandt, dass Existenz kein Prädikat sei. Doch im Rahmen von sogenannten *freien Logiken* ist es durchaus möglich, Existenz als Prädikat aufzufassen; dieser Einwand reicht also nicht. Dass etwas in diesem Argument nicht stimmen kann, wird durch die Beobachtung nahegelegt, dass man mit einem strukturgleichen Argument auch die Existenz des Satans, also des vollkommen Schlechten, ‚beweisen' könnte. Für das vollkommen Schlechte ist ja seine Existenz etwas Schlechtes, weshalb aus unserer Idee des vollkommenen Schlechten auch seine Existenz folgen müsste.

Der tiefere Fehler des Arguments liegt darin, dass beim Übergang von den Prämissen zur Konklusion unbemerkt eine Vertauschung des *Vorstellungsoperators* und des *Existenzoperators* vorgenommen wird. Aus der *de-dicto*-Behauptung, „Wir stellen uns vor, dass Gott existiert" (weil wir uns Gott als vollkommenes Wesen vorstellen), wird auf die *de-re*-Behauptung, „Es existiert ein Gott, den wir uns vorstellen", geschlossen, und dieser Schluss ist ungültig (s. Abschn. 4.3).

Zusammengefasst enthalten alle drei Arten von Gottesbeweisen logische Lücken. Aus moderner logischer Sicht kann es nicht möglich sein, die Existenz Gottes mit logischen Mitteln zu beweisen, ohne in den Prämissen Gott implizit vorauszusetzen, denn mit logischen Schlüssen kann kein neuer Begriff relevant in die Konklusion eingeführt werden (wie in Kap. 12.4 ausgeführt). Diese Einsicht dämmerte erst in der späteren Aufklärungsphilosophie, bei Hume und Kant. Noch heute gibt es immer wieder Versuche, verbesserte Gottesbeweise vorzulegen.

## 8.4 Empirismus: John Locke

John Locke (1632–1704) war der Hauptvertreter des (englischen) Empirismus und der empiristisch orientierten Aufklärung. Zugleich formulierte er erstmals die politischen Grundsätze der Aufklärung, die noch heute für demokratische Gesellschaftsordnungen grundlegend sind. Neben seiner philosophischen Tätigkeit studierte er Medizin und Naturwissenschaften, eine typische Ausgangslage für einen Empiristen, und war als Erzieher und Arzt im Haus des (späteren) 1. Earl

## 8.4 Empirismus: John Locke

of Shaftesbury tätig (vgl. Röd 1984, Kap. II). Sein erkenntnistheoretisches Hauptwerk war:

1690 *Versuch über den menschlichen Verstand (An Essay Concerning Human Understanding)* in vier Büchern, woran er seit 1670 arbeitete.

Zu seinen zahlreichen praktisch-politischen und religionsphilosophischen Schriften gehören:

1689–1704 *Briefe über Toleranz (Letters Concerning Toleration),* wo er in vier ‚Briefen' die Prinzipien der Meinungsfreiheit und des säkularisieren Staates begründete,

1690 *Abhandlungen über die Regierung (Treatises of Government),* worin er die Theorie der Gewaltenteilung entwickelte, und

1695 *Die Vernünftigkeit des Christentums (The Reasonableness of Christianity),* worin er die Begründung der Religion durch Vernunft und damit eine Frühform des Deismus vertrat.

1683 emigrierte Locke in die Niederlande und folgte damit seinem Protektor Lord Shaftesbury. Dieser war als Angehöriger des protestantischen Flügels in eine Verschwörung gegen König Karl II. verwickelt, der Parlamentsbeschlüsse aussetzte und die Kompetenz des Parlaments zugunsten der Katholiken und zuungunsten der Protestanten beschnitt. Erst ein Jahr nach der berühmten Glorious Revolution von 1688, in der mit der „Declaration of Rights" die konstitutionelle Monarchie und parlamentarische Demokratie etabliert wurde, kehrte John Locke nach England zurück. Er veröffentlichte dort seine im Exil geschriebenen Abhandlungen über die Regierung und entwickelte darin die These, dass ein totalitär agierender Staat nur durch Gewaltenteilung verhindert werden kann, d. h. durch die wechselseitige Unabhängigkeit und Kontrolle der legislativen (parlamentarisch-gesetzesgebenden), exekutiven (regierenden) und judikativen Gewalt, wobei die legislative Gewalt unter der Kontrolle des Volkes stehen müsse. Mit dieser These korrigierte Locke das autoritäre Staatsmodell von Thomas Hobbes (1588–1679) und legitimierte die Abwehr absolutistischer Machtmissbräuche wie z. B. in der Glorious Revolution.

Nach seiner Rückkehr nach England erschienen auch Lockes vier Briefe über die Toleranz, die seine Demokratietheorie ausbauten. Schon Hobbes hatte das Prinzip der *Säkularisierung* vertreten, dem zufolge sich die Religionsvertreter nicht in politische Befugnisse des Staates als einzig legitimen Volksvertreter einmischen durften. Locke übernahm Hobbes' These und ergänzte sie durch die komplementäre These der Meinungs- und Religionsfreiheit, der zufolge jeder Mensch in seiner Gesinnung und Religionswahl frei sei und der Staat darin kein Mitspracherecht besitze. Allerdings schränkte Locke die freie Religionswahl noch auf christliche Konfessionen ein (die Verallgemeinerung dieses Prinzips blieb späteren Jahrhunderten vorbehalten).

In der Schrift über *Die Vernünftigkeit des Christentums* von 1695 argumentiert Locke, der Kern der christlichen Religion sei vernunftbegründet und unabhängig von theologischen Streitigkeiten; das ‚Übervernünftige' der Religion dürfe der Vernunft nicht widersprechen. Damit hatte John Locke implizit den Schritt zum *Deismus* vollzogen, von dem er sich offiziell allerdings distanzierte (s. Abschn. 8.5). Insgesamt sind Lockes praktisch-politische Schriften als visionär für die Entwicklung moderner Demokratie anzusehen.

Aber auch die Erkenntnistheorie in seiner *Abhandlung über den menschlichen Verstand* war bahnbrechend. Das Vorwort von Buch 1 seiner Abhandlung beginnt mit einer Kritik des cartesischen Programms. Der rationalistische Versuch, alles aus Evidenzen des Verstandes zu deduzieren, sei gescheitert. Das axiomatisch-deduktive Vorgehen ist nur im Bereich der Mathematik legitim. „Mr. Newton hat in seinem nicht genug zu bewundernden Buch unbekannte Wahrheiten [bewiesen]", schreibt Locke, „doch bei seiner Auffindung halfen ihm nicht allgemeine Maximen", sondern erfahrungsgestützte Schlüsse (vgl. Röd 1984, S. 32).

Die Kernfrage von Buch 1 lautet: Wie gelangen Ideen in unseren Geist? Locke versucht, Descartes' Theorie der angeborenen Ideen mit zwei Argumenten zu widerlegen: *Erstens* gibt es keine bei *allen* Menschen übereinstimmenden Ideen. Dies sieht man beispielsweise am Fehlen von den vermeintlich angeborenen Ideen bei primitiven Völkern. Aber auch bei Kindern oder geistig Zurückgebliebenen fehlen diese Ideen. *Zweitens:* Wenn man zur Abwehr des unter "Erstens" vorgebrachten Arguments von angeborenen Ideen spricht, die man in sich selbst nicht wahrnimmt, so sei das (in modernen Worten ausgedrückt) eine Immunisierungsstrategie für Descartes' These der eingeborenen Ideen, d. h. ein Mittel, diese These unwiderlegbar, zugleich aber auch gehaltleer zu machen (§ 5, 8). Gänzlich unhaltbar wird Descartes' These, wenn man seine angeblich angeborenen moralischen Prinzipien den grausamen Handlungspraktiken primitiver Völker gegenüberstellt (§ 9). Selbst Gott sei keine angeborene Idee.

Daraufhin erfolgt eine Kritik der rationalistischen Methode: Die „demonstrativ-beweisende" (schlussfolgernde) Vernunft, auf die Descartes alles aufbaut, könne nämlich nur Wahrheiten aus anderen Wahrheiten herleiten, aber nicht neue Wahrheiten stiften. Dabei meint Locke mit „Wahrheiten" *synthetische* Wahrheiten. Locke erkennt durchaus auch die *intuitiv-beweisende* Vernunft an, auf die sich Descartes und Aristoteles berufen. Doch Locke meint, dass sich mit ihr (modern ausgedrückt) nur *analytische* Wahrheiten begründen lassen, wie beispielsweise die Wahrheit, dass ein Kreis kein Viereck ist. In diesen Wahrheiten, so Locke, beobachtet der Geist seine eigenen Operationen.

Das *2. Buch* von Lockes Abhandlung beginnt mit einer Kritik des *naiven Realismus*. Nur *Ideen* können unmittelbarer Gegenstand des Bewusstseins sein (wobei mit *ideas* sowohl begriffliche wie bildhafte Vorstellungen gemeint sind). In dieser aufklärerischen Kernthese ist sich Locke mit Descartes einig. Die Erkenntnistheorie beginnt daher bei der Analyse dieser Ideen. Wenn aber unsere Ideen nicht angeboren sind, wie kommen sie dann in unseren Geist? Locke gibt die Standardantwort des Empirismus: durch die äußere *Wahrnehmung*. Unmittelbar nach seiner Geburt gleicht der menschliche Geist einer ‚Tabula rasa', einer

## 8.4 Empirismus: John Locke

leeren Wachstafel, auf der die äußere Wahrnehmung nach und nach Ideen einprägt. Allerdings führt dieses ‚Tabula rasa'-Bild zu einer Verfälschung von Lockes Erkenntnistheorie. Locke unterscheidet nämlich zwischen zwei Wissensquellen, der äußeren und der inneren Wahrnehmung, die er *Sensation* und *Reflexion* nennt. Bei der Reflexion, die die analytischen Wahrheiten ans Licht bringt, handelt es sich um die erwähnte Selbstbeobachtung der eigenen und zunächst unbewussten geistigen Operationen (§ 8). Offenbar nimmt Locke an, dass die unbewussten Operationen des Geistes schon bei der Geburt vorhanden sind, denn nur durch sie kann der Geist einfache zu komplexen Ideen verbinden (Buch 2, Kap. 2).

Den Inhalt von sensorischen Ideen bzw. Sinneseindrücken nennt Locke *Sinnesqualitäten* oder kurz *Qualitäten*. Im 2. Kapitel des 2. Buches führt Locke seine berühmte Unterscheidung zwischen direkten und indirekten Qualitäten ein (§ 9 ff.), die den ‚nichtnaiven direkten Realismus' von Abschn. 7.6 begründet:

---

**Merksatz 8.4-1**

**Primäre und sekundäre (sensorische) Qualitäten nach Locke**

- **Primäre Qualitäten** kommen den Dingen an sich zu (§ 9 ff.). Beispiel dafür sind *Größe, Gestalt, Beschaffenheit* (z. B. Festigkeit) und *Bewegung*. Diese Qualitäten sind von den Körpern untrennbar.
- **Sekundäre Qualitäten** sind dagegen Sinneseindrücke im Menschen, die nicht den Dingen an sich zukommen. Beispiele für sie sind *Farbe, Ton, Geschmack,* oder *Temperatur*. Auch den sekundären Qualitäten entspricht etwas im Objekt, nämlich eine Disposition, unter bestimmten Bedingungen einen gewissen sensorischen Eindruck im Menschen zu erzeugen. ◄

---

Im 3. Buch geht es Locke um eine sprachphilosophische Kritik am naiven Wortrealismus. Locke führt dort auch seinen *Nominalismus* ein, also seine ontologische These, dass alle existierenden Dinge Einzeldinge seien (Kap. 3, §1) und Allgemeinbegriffe vom menschlichen Geist geschaffen sind (ebd., §11).

Erkenntnistheoretisch zentral sind Lockes Ausführungen zu Wissen und Wahrscheinlichkeit im 4. Buch. Er unterscheidet hier nach Herkunft und Sicherheitsgrad drei Wissensarten:

---

**Merksatz 8.4-2**

**Drei Wissensarten nach Locke**

1. **Intuitives Wissen**, z. B. mathematische Evidenzen wie „ein Kreis ist kein Viereck". Hier beobachtet unser Geist seine eigenen Ideen oder Operationen (modern ausgedrückt: analytisches und introspektives Wissen).
2. **Demonstratives Wissen**, also logisches Schlussfolgern (modern ausgedrückt: logisches Wissen)

3. **Sensitives Wissen**, das aus der Wahrnehmung resultiert (modern ausgedrückt: synthetisches Wissen) ◄

In Kap. 2 von Buch 4 macht Locke aufschlussreiche Bemerkungen, die sein Ringen mit dem perfekten Wissensbegriff widerspiegeln. Er meint zunächst: *eigentliches Wissen* sei nur *sicheres* Wissen. Sicher sei aber nur Wissen des Typs 1 und des Typs 2, d. h. Wissen, bei dem der Geist seine eigenen Ideen oder Operationen beobachtet (§ 2). Die Wahrnehmung der Existenz einzelner Wesen außer uns sei jedoch *mehr* als bloße Wahrscheinlichkeit und damit auch eine *Art von Wissen,* obwohl *weniger* als mathematische Gewissheit. Locke begründet diese These mit dem *Prinzip des zureichenden Grundes*: Wir schließen von unseren Sinneseindrücken auf deren Ursache (die außer uns liegt, weil wir sie nicht kontrollieren können). Wir sind uns aufgrund dieses Schlusses zwar der *Existenz* einer äußeren Realität gewiss, aber nicht ihrer Natur. Denn Gott könnte ja unsere Sensation durch äußere Dinge erzeugen, die unseren Vorstellungen ganz und gar unähnlich sind. Locke formuliert damit eine frühe Version des sogenannten strukturellen Realismus (Worrall 1989; Votsis 2011).

Zusammengefasst geht Locke, wie alle klassischen Aufklärer, vom Begriff des perfekten Wissens aus, schwächt diesen dann aber ab: Beobachtungsrealsätze sind auch eine ‚Art von Wissen', mehr als nur Wahrscheinlichkeit, doch kein strenges Wissen. Allgemeine Wahrheiten können dagegen durch Sensation niemals gewusst werden, sondern nur mit Wahrscheinlichkeit geglaubt werden.

Stellt man Descartes' rationalistische und Lockes empiristische Erkenntnistheorie gegenüber, stellt man fest, dass beide sowohl Erfahrung wie Verstand als Erkenntnisquelle ansehen. Der Unterschied besteht aber darin, dass Locke den Verstand als *analytisches* Instrumentarium begreift, das nur im Zusammenwirken mit Erfahrung unsichere Realerkenntnis liefern kann, während Descartes glaubt, auf den Verstand sichere Realerkenntnis apriori gründen zu können.

## 8.5 Deismus: Befreiung von religiöser Autorität

Im letzten Abschnitt wurde Lockes Schrift zur *Vernünftigkeit des Christentums* als Vorform des Deismus bezeichnet, was nun näher erläutert werden soll. Der Deismus versteht sich als Opposition zum *Fideismus* oder *Offenbarungsglauben.* Gemäß der christlichen (aber auch jüdischen und islamischen) Offenbarungstheologie hat sich Gott gegenüber bestimmten Personen offenbart (und tut dies gelegentlich immer noch in Form von ‚Wundern'). Gottes Offenbarung wird seitdem in *heiligen Schriften* als „Gottes Wort" weitertradiert und in *Kirchen* institutionalisiert. Der Offenbarungsglaube wurde alsbald dogmatisiert, denn wenn die Autorität der Kirche erhalten werden soll, darf natürlich nicht jeder Beliebige behaupten, Gott hätte sich ihm offenbart, was daher im Regelfall als Häresie verurteilt wurde. Im westlichen Europa kam es dennoch zu anhaltenden Glaubensstreitigkeiten, einschließlich Zweifel an der Richtigkeit der sich teilweise widersprechenden ‚heiligen Quellen'. Im Gegensatz dazu vertritt der Deismus eine natürliche *vernunftbegründete Religion*. Deisten bestreiten die unfehlbare Autorität der Offenbarung und glauben auch nicht an Wunder; Offenbarungsglaube ist für sie Aberglaube.

Heute wird der Begriff des *Deismus* zumeist dem des *Theismus* gegenübergestellt. Historisch wurden die beiden Begriffe aber zunächst weitgehend synonym verwendet, in verschiedenen Bedeutungsabwandlungen, die immer die Vernunftbegründung der Religion und die Zurückweisung der Offenbarungsautorität gemeinsam hatten (Röd 1984, S. 149 f.). Erst später kam es zur Aufspaltung dieser Urform des Deismus in den heutigen ‚Deismus' als Lehre von einem vernünftigen Weltschöpfer, der mit dem Menschen aber nicht in Verbindung steht, und den ‚Theismus' als der Lehre von einem vernünftigen Gott, zu dem der Mensch in persönliche Beziehung treten kann.

Die Urform des Deismus war für die Autorität der Kirche eine Bedrohung. Deisten bzw. Theisten wurden als Ungläubige verurteilt, weil sie in der Schrift nicht Gottes Wort sahen. Auch Locke hatte sich zum Christentum bekannt und zwischen vernünftigen Christen und Deisten unterschieden, obwohl ihm später Deismus vorgeworfen wurde und sich namhafte Deisten auf Locke berufen haben (ebd., S. 152 f.). Dazu zählt beispielsweise John Toland (1670–1722), der sich als Locke-Anhänger bezeichnete. Sein Werk *Christianity not Mysterious* (1696) wurde verboten und er entging seiner Verhaftung nur durch Flucht. Auch Anthony Collins (1676–1729) vertrat in seinem *Discourse of Free Thinking* (1713) die These, dass nicht nur in der Wissenschaft, sondern auch in religiösen Fragen der freie Verstandesgebrauch der einzige Weg zur Wahrheitsfindung sei. Collins meinte, die damit verbundene Gefahr des Abgleitens in den Atheismus sei gering. Doch die Geschichte gab ihm Unrecht und zeigte, dass der Deismus durchaus dazu führen konnte, seine Grenzen zu sprengen und zur Einsicht in die Unbeweisbarkeit Gottes, zum Freidenkertum, Materialismus und Atheismus zu gelangen. Exemplifiziert ist diese Tendenz in der Entwicklung der Aufklärungsphilosophie in Frankreich (s. Abschn. 9.3) und in Kants Schrift *Die Religion innerhalb der Grenzen der bloßen Vernunft* von 1793, in der Kant die argumentative Überflüssigkeit Gottes behauptete (s. Abschn. 10.3).

## Literatur

### Klassische Texte

Augustinus, A. (1972) [lat. 400 n.C.]. *Gegen die Akademiker*, in ders., *Philosophische Frühdialoge*. Eingel. u. übers. von B. R. Voss u.a., 3. Buch, 113–135 (§17–36). Zürich und München: Artemis Verlag.
Bacon, F. (1990) [lat. 1620)]. *Novum Organon* (Neues Organon), Band 1. Hrsg. und eingeleitet von Wolfgang Krohn. Stuttgart: Felix Meiner.
Berkeley, G. (1957) [engl. 1710]. *Eine Abhandlung über die Prinzipien der menschlichen Erkenntnis*. Übers. von Friedrich Ueberweg. Hamburg: Felix Meiner.

Brentano, F. (1974) [1915]. *Wahrheit und Evidenz*. Hamburg: Felix Meiner (Philosophische Bibliothek 201).
Descartes, R. (1965) [lat. 1641]. *Meditationen über die Grundlagen der Philosophie*. Übers. und hrsg. von Artur Buchenau (S. 11–49). Hamburg: Felix Meiner.
Kant, I. (1968) [K]. *Werkausgabe in 12 Bänden*. Hrsg. von Wilhelm Weischedel. Frankfurt a. M: Suhrkamp.
Kant, I. (1968) [1781, 1787]. *Kritik der reinen Vernunft*. In ders. [K], Band III+IV (Original: 1781 [A], 2. Auflage 1787 (B)).
Kant, I. (1968) [1783]. *Prolegomena zu einer jeden zukünftigen Metaphysik*. In ders. [K], Band V.
Leibniz, G. W. (1971) [franz. 1765]. *Neue Abhandlungen über den menschlichen Verstand*. Übers. von Wolf v. Engelhardt u. Hans Heinz Holz. 1971 (3. Aufl.). Hamburg: Felix Meiner.
Locke, J. (1976) [engl. 1690]. *Eine Abhandlung über den menschlichen Verstand*. In 4 Büchern, übers. v. C. Winckler. 1976 (3. Aufl.). Hamburg: Felix Meiner.
Platon [4. Jh. v. C]. *Theaitetos*, in ders. [W].
Platon (2005) [W]. *Werke in acht Bänden* Gr./Dt. Hrsg. von Gunther Eigler. Darmstadt: Wissenschaftliche Buchgesellschaft.
Sextus Empiricus (1968) [griech. 180 n. C.]. *Grundriß der pyrrhonischen Skepsis*. Eingeleitet und übers. von Malte Hossenfelder. Frankfurt a. M: Suhrkamp.
von Aquin, T. (1943) [lat. 1265]. *Summa Theologica*. Die deutsche Thomas-Ausgabe. Heidelberg und München: F. H. Kerle Verlag.

## Gegenwartsphilosophie

Böhme, G., Daele, W., & Krohn, W. (1977). *Experimentelle Philosophie*. Frankfurt a. M: Suhrkamp.
Bollnow, O. F. (1970). *Philosophie der Erkenntnis*. Stuttgart: Kohlhammer.
Crombie, A. C. (1977). *Von Augustinus bis Galilei. Die Emanzipation der Naturwissenschaft*. München: dtv .
Dawkins, R. (1987). *Der blinde Uhrmacher*. München: Kindler .
Paley, W. (1802). *Natural theology: Or evidences of the existence and attributes of the deity*. London: Fauldner.
Röd, W. (1984). *Band VII: Die Philosophie der Neuzeit 2: Von Newton bis Rousseau*. In ders. [G].
Röd, W. (1994). *Der Weg der Philosophie. Band I: Altertum, Mittelalter, Renaissance*. München: C.H. Beck.
Röd, W. (1999). *Band VII: Die Philosophie der Neuzeit 1. Von Francis Bacon bis Spinoza*. In ders. [G].
Röd, W. [G]. *Geschichte der Philosophie* (Hrsg. und Teilautor). München: C.H. Beck. 1978–2006.
Schurz, G. (2011). *Evolution in Natur und Kultur. Spektrum*. Berlin: Akademischer Verlag.
Topitsch, E. (1979). *Erkenntnis und Illusion*. Hamburg: Hoffmann und Campe.
Votsis, I. (2011). Everything you always wanted to know about structural realism but were afraid to ask. *European Journal for Philosophy of Science, 1*, 227–276.
Worrall, J. (1989). Structural realism: The best of both worlds? *Dialectica, 43*(1–2), 99–124.

# Idealismus und Materialismus 9

## Inhaltsverzeichnis

9.1 Metaphysischer Idealismus: Gottfried W. Leibniz .............................. 151
9.2 Positivistischer Idealismus: George Berkeley ................................. 155
9.3 (Vor-)Revolutionäre Aufklärung in Frankreich ............................... 157
9.4 Materialismus: Holbach ................................................ 159
Literatur ............................................................. 161

## 9.1 Metaphysischer Idealismus: Gottfried W. Leibniz

Gottfried Wilhelm Leibniz (1646–1716) war wie Descartes Rationalist, aber anders als Descartes objektiver Idealist und glaubte an die Zurückführbarkeit der Materie auf den Geist. Zugleich war Leibniz der erste berühmte neuzeitliche Philosoph in Deutschland, das in seiner aufklärerischen Entwicklung verglichen mit England im Rückstand lag. Der vielseitig begabte Leibniz schlug nach seiner Promotion zum Doktor der Rechtswissenschaften im Jahr 1666 eine ihm angebotene Professur aus und nahm politische Ämter an. Als *Universalgelehrter* war er nicht nur in der Philosophie aktiv, sondern auch in der Mathematik (als Erfinder einer Rechenmaschine), in der Physik (als mit Newton zeitgleicher Begründer der Infinitesimalrechnung, was zu einem Prioritätenstreit führte), als Verfasser von Geschichtsbüchern und als politisch aktiver Gründer von wissenschaftlichen Akademien (vgl. Röd 1984, Kap. III). Charakteristisch für Leibnizens Philosophie ist sein Streben, das wissenschaftliche Wissen seiner Zeit mit der Tradition antiker Philosophie zu versöhnen. Aufgrund seiner vielseitigen Tätigkeiten liegen die meisten Schriften von Leibniz nur als Aufsätze oder Fragmente vor. Seine philosophisch wichtigsten Werke, die er in lateinischer oder

---

*Die Kapitel des Buches werden durch zahlreiche Exkurse ergänzt, die als Online Materialien angeboten werden (Download Link siehe Vorwort).

französischer Sprache niederschrieb, waren in Zeitschriften publiziert oder zu Lebzeiten unpubliziert. Dazu zählen:

| | |
|---|---|
| 1686 | *Metaphysische Abhandlung (Discours de métaphysique)*, |
| 1696 | *Neues System der Natur (Système nouveau de la nature)*, |
| 1704 | *Neue Abhandlungen über den Verstand (Nouveaux essais sur l'entendement humain)*, sein erst 1765 posthum publiziertes erkenntnistheoretisches Hauptwerk, |
| 1710 | *Theodizee (Essais de théodicé)*, sein einziges zu Lebzeiten veröffentlichtes Buch und |
| 1714 | die *Monadologie (La Monadologie)* sowie die *Vernunftprinzipien der Natur und der Gnade (Principes de la nature et de la Grâce fondés en raison)*. |

Leibniz' erkenntnistheoretisches Hauptwerk, dem wir uns nun zuwenden, sind seine *Neuen Abhandlungen,* eine Gegenschrift zu Lockes Abhandlungen (‚Essays'), mit demselben Buch- und Kapitelaufbau. Darin wird die rationalistische Position gegen die empiristischen Argumente Lockes verteidigt. In der Vorrede des Werks präsentiert Leibniz ein bedeutendes rationalistisches Argument, das sich später auch bei Kant findet: Es gibt neben Erfahrungserkenntnissen auch *notwendige* Prinzipien, die wir durch vernünftige Einsicht erkennen. Die Logik und Mathematik, aber auch die Physik, Metaphysik, Moral und Theologie seien voll davon (vgl. Buch IV, Kap. XI, §13). Da aber die *Geltung* notwendiger Prinzipien allgemein und gewiss ist, können diese Prinzipien unmöglich aus Erfahrung und Induktion stammen. Denn Erfahrung und Induktion liefern niemals gewisse, sondern nur mehr oder weniger wahrscheinliche Allgemeinheiten. „Daraus erhellt, dass die notwendigen Wahrheiten […] auf Grundsätzen ruhen müssen, deren Beweis nicht […] vom Zeugnis der Sinne abhängt, obgleich man ohne die Sinne niemals darauf gekommen sein würde", folgert Leibniz (ebd., S. 5).

Leibniz unterscheidet hier also zwischen der *Genese* und der *Geltung* von Erkenntnissen. Unsere Erkenntnis der *Notwendigkeit* dieser Gesetze kann daher nur aus *angeborenen* Prinzipien stammen, die in uns liegen; Erfahrung wird hierfür nicht benötigt. Es folgt eine *Polemik* gegen die Empiristen, deren Schlussweise Leibniz mit denen von Tieren vergleicht: „das ist der Grund, warum es so leicht ist, Tiere zu fangen, und weshalb Empiriker so leicht Irrtümer begehen" (ebd., S. 6), witzelt der selbst mitunter höchst spekulativ argumentierende Leibniz.

Der weitere Teil ist aus Dialogen aufgebaut, in denen „Philaletes" den Lockeschen Empiristen und der ‚überlegene' „Theophilus" Leibniz repräsentiert. Im Buch I verteidigt Leibniz die Existenz angeborener Ideen gegen den Lockeschen Einwand der mangelnden Intersubjektivität mit der These eines ‚kognitiven Unbewussten'. Angeborene Ideen schlummern in uns wie *Potentiale,* die geweckt werden müssen. Bei den von Locke erwähnten primitiven Völkern oder geistig Zurückgebliebenen werden diese Potentiale eben nie geweckt. Leibniz' Idee des kognitiven Unbewussten ist im Grunde nicht weit entfernt von Lockes kognitiven Operationen, die, wie wir sagten, anfangs ebenfalls nur unbewusst vorhanden sind. Der Unterschied liegt im damit verbundenen synthetischen Erkenntnisanspruch. Als Rationalist glaubte Leibniz an die Möglichkeit, über angeborene notwendige Ideen zu apriorisch begründetem synthetischen Wissen mit empirischen

Konsequenzen zu gelangen, was für den Empirismus unmöglich ist. Ein Beispiel ist sein apriorisches metaphysisches Axiom in Buch IV (Kap. VII, §15), dem zufolge die Natur immer den kürzesten Weg nimmt. Daraus lassen sich Leibniz zufolge alle Gesetze der Optik ableiten (was unzutreffend ist).

Am Schluss von Buch I nennt Leibniz zwei Grundlagen, auf denen alle (menschliche) Vernunfterkenntnis beruht, nämlich

- das (logische) **Prinzip vom ausgeschlossenen Widerspruch,** aus dem nach Leibniz die gesamte Logik folgt (was nicht zutrifft), und
- das (synthetische) **Prinzip vom zureichenden Grunde** (das wie erwähnt von allen Aufklärungsphilosophen vor Hume als evident angenommen wurde).

Im Buch II seiner Neuen Abhandlung analysiert Leibniz die unterschiedlichen Arten von Ideen (Wahrnehmung, Raum, Zeit) und stimmt hier in vielen Punkten mit Locke überein. Besonders wichtig für seine idealistische Metaphysik ist Leibniz' Analyse der *Kraft*. Descartes' Versuch einer Reduktion von Physik auf Geometrie plus mechanische Kontaktkausalität sei nicht möglich. Man benötigt den Kraftbegriff, meint Leibniz unter Berufung auf Newton und Locke (vgl. Röd 1984, S. 75 f.). Kraft im Sinne der Newtonschen Gravitationskraft ist eine instantane Fernkraft, und diese sei nicht materieller, sondern geistiger Natur. Die klarste Idee der Kraft sei der geistige Wille (Kap. XXI, §4). Da alle Körperbewegungen durch Kräfte verursacht werden, liefert dies eine wichtige Grundlage für Leibniz' metaphysischen Idealismus, dem zufolge die Grundbausteine der Welt nicht materieller, sondern geistiger Natur sind, sogenannte *Monaden*. Auch die Abhängigkeit des Körpers vom Geist bzw. seinem Willen ist nicht physischer Natur (das würde physikalischen Erhaltungssätzen widersprechen), sondern metaphysischer Natur und findet letztendlich durch Gott statt (Kap. XXI, §12).

Im Buch III geht es (wie in Lockes Buch III) um Begriffe und Wesenheiten. Leibniz kritisiert Lockes Nominalismus und verteidigt die Annahme von *notwendigen Wesensmerkmalen* und *Realdefinitionen*. Die korrekte Realdefinition von ‚Gold' muss beispielsweise alle ‚wesentlichen' Eigenschaften des Goldes enthalten (zur Kritik dieser Auffassung s. Abschn. 4.2 und Exkurs E4.2). Dazu passend erklärt Theophilus (also Leibniz) im Buch IV (Kap. VI, §4) zur Ungewissheit allgemeiner Sätze: Wenn man die richtige ‚Definition' von Gold gefunden hätte, wäre alles Wissen über Gold rein durch Vernunft begründbar. Philaletes (also Locke) erwidert, dass z. B. die Eigenschaft von Gold, feuerfest zu sein, doch unmöglich schon aus der Analyse bloßer Ideen folgen könne. Doch Theophilus antwortet, das könne es doch, nämlich wenn man das Wesen des Goldes, so wie es Gott festgelegt hat, richtig verstünde.

Besser verständlich wird diese extrem rationalistische Erkenntnistheorie von Leibniz und ihre *theologische* Begründung in seiner *Metaphysischen Abhandlung*. Wie Leibniz dort ausführt, gibt es *für den Menschen* Vernunftwahrheiten versus Tatsachenwahrheiten. Vernunftwahrheiten stammen aus Gottes Verstand und sind auch durch die Vernunft des Menschen erkennbar. Doch letztlich hat alles, was Gott bewirkt, einen Vernunftgrund, der aus Gottes Willen stammt, das Bestmögliche zu schaffen. Nur dass Gottes Vernunftgründe vom Menschen, einem endlichen Wesen, oft nicht durchschaut werden, weshalb ihm diese Wahrheiten dann als kontingente Tatsachenwahrheiten erscheinen. An einer Stelle sagt Leibniz sogar, es wäre auch das weniger Gute ‚möglich' gewesen, doch Gott wählt ‚notwendigerweise' das Beste, was deutlich zeigt, dass sein Notwendigkeitsbegriff *ambig* war (vgl. Röd 1984, S. 86).

Viele metaphysische Prinzipien leitet Leibniz aus der These ab, dass Gott die beste aller möglichen Welten schuf, wie z. B. die erwähnte These, dass die Natur immer den kürzesten Weg nimmt (*Neue Abhandlungen,* Buch IV, Kap. XXI, §13) oder die goldene Regel der Moral; selbst das ‚Wesen des Goldes' würde aus der Wahl des Besten folgen, wenn man es nur verstünde.

In seiner *Monadologie* legt Leibniz die Grundlagen seiner idealistischen Metaphysik: die Atome der Welt sind geistiger Natur, sogenannte *Monaden,* beseelte Punkte, die nicht nur im Menschen, sondern abgeschwächt auch in Tieren und sogar Pflanzen vorhanden sind. Monaden müssen geistig sein, denn der Geist ist *frei,* wogegen das Körperlich-Materielle kausal determiniert ist und daher unmöglich frei sein kann. Die metaphysische *Freiheitsannahme* liefert Leibniz eine wichtige Grundlage seiner idealistischen Metaphysik. Nichts kann auf eine Monade von außen einwirken; alles, was ihr ‚zustößt', ist eine Folge ihres ‚Begriffs' (§10, §33). Umgekehrt wird alles Körperlich-Materielle vom Geist erzeugt, und zwar durch *Perzeptionen,* also Wahrnehmungen, die überwiegend unbewusst sind und ebenfalls nicht physisch erklärbar. Dabei ergibt sich allerdings ein Problem, das wir schon anhand des intersubjektiven Idealismus in Abschn. 7.2 kennenlernten: Wie erklärt sich die Übereinstimmung der Perzeptionen der verschiedenen Monaden, wo diese per Annahme doch nicht aufeinander einwirken? Diese *prästabilierte Harmonie,* wie Leibniz sie nennt (§ 52), kann nur durch einen unendlichen Geist erzeugt sein, nämlich durch Gott, der alles unentwegt perzipiert. Für Leibniz ist dies einer von vielen Gottesbeweisen (Röd 1984, S. 98). Da vor dem Erscheinen der *Monadologie* Berkeley denselben Gedanken entwickelt hatte, fragt sich, ob hier eine Beeinflussung vorliegt.

In seiner als Buch veröffentlichten *Theodizee* setzte sich Leibniz mit religionsskeptischen Aufklärern seiner Zeit auseinander, wie z. B. mit Pierre Bayle (1647–1706). Dieser forderte Toleranz gegenüber dem Atheismus und argumentierte, wenn es Gott wirklich geben würde, dann müsste dieser Gott das Böse gewollt haben. Demgegenüber versucht Leibniz zu erklären, wie sich trotz der Existenz von so vielen scheinbaren Übeln in der Welt die These aufrechterhalten lässt, dass wir dennoch in der besten aller möglichen Welten leben. Leibniz argumentierte, ohne Übel und Leiden wäre die Welt insgesamt nicht besser, sondern schlechter gewesen (§ 9), „ein wenig Saures im Süßen verbessert den Geschmack" (§12). Leibniz unterscheidet zwischen drei Arten von Übeln: metaphysische, physische und moralische Übel. Physische Übel (menschliches Leiden) und moralische Übel (Sünden) könnten in vielerlei Hinsicht Anlass des Guten werden, z. B. zu Lernprozessen und zur Besserung des Menschen führen. Das schwierigere Problem ist das metaphysische Übel. Es besteht in der Tatsache, dass Gott den Menschen endlich und damit fehlerhaft schuf. Gottes Wahl des Besten wird von Leibniz aber durch das Zusammenspiel zweier Prinzipien erklärt: die größtmögliche *Mannigfaltigkeit* soll mit der größtmöglichen *Ordnung* Hand in Hand gehen (*Monadologie*

§ 52). Hätte nun Gott den Menschen unendlich und gottgleich geschaffen, so hätte er nur eine Kopie von sich selbst gemacht und das Universum wäre eintöniger statt vielfältiger geworden. Die ‚Wahl des Besten' zwang ihn also dazu, nur Wesen zu schaffen, die ihm unterlegen und fehlerhaft sind. Leibniz' spitzfindige Theodizeeargumente wurden von Voltaire in seiner bekannten Novelle *Candide* parodiert.

## 9.2 Positivistischer Idealismus: George Berkeley

Während Leibniz vom Rationalismus zum objektiven Idealismus gelangte, sieht man an George Berkeley (1685–1753), wie man auch vom Empirismus über den Positivismus zum objektiven Idealismus gelangen kann. Der Ire Berkeley studierte neben Philosophie auch Theologie (vgl. Röd 1984, Kap. IV) und wurde 1710 zum Priester geweiht. Er engagierte sich religionsphilosophisch und später missionarisch. 1734 wurde er Bischof von Cloyne und versuchte im Religionskonflikt Irlands ausgleichend zu wirken. Seine philosophisch wichtigsten Werke schrieb er in jungen Jahren.

| | |
|---|---|
| 1709 | *Versuch über eine neue Theorie des Sehens (An Essay Towards a New Theory of Vision)*, seine Dissertation, in der er den konstruktiven Charakter des Sehens erarbeitete. |
| 1710 | *Abhandlung über die Prinzipien der menschlichen Erkenntnis (A Treatise Concerning the Principles of Human Knowledge)*, sein erkenntnistheoretisches Hauptwerk. |
| 1732 | *Alciphron oder der kleine Philosoph (Alciphron or the Minute Philosopher)*, gegen Deismus und Freidenkertum gerichtet. |

In seiner Theorie des Sehens zeigt Berkeley, dass die Entfernung von Objekten und damit die dritte Dimension nicht direkt sehbar ist, sondern durch Erfahrungslernen konstruiert bzw. erschlossen wird (zur modernen Theorie des Entfernungssehens s. Abschn. 11.3). Er widerlegt dabei eine zu seiner Zeit gängige Theorie des Entfernungssehens über den Auglinsen-Konvergenzwinkel (vgl. Röd 1984, S. 115 f.). Nur die (zweidimensionale) Gestalt und die Farbe von Objekten sei direkt sehbar, aber auch das nur unter Normalbedingungen, da beispielsweise der Mond abends viel größer erscheint als am Tage. Berkeley zeigt damit den Konstruktcharakter des Sehens auf und kann als Vorfahre der gegenwärtigen *Konstruktivisten* bezeichnet werden. Zugleich argumentierte Berkeley gegen Lockes direkten Realismus der primären Qualitäten. Denn selbst die räumliche Ausdehnung ist konstruiert und damit eine sekundäre Qualität; primäre Qualitäten gibt es ihm zufolge nicht.

Berkeleys erkenntnistheoretische *Abhandlung* zeichnet sich durch eine ausnehmend konzise Argumentation aus. Berkeley geht von den empiristisch-aufklärerischen Grundthesen Lockes aus. Nur Ideen sind unmittelbares Objekt des Bewusstseins und alle Ideen entstammen entweder der Sensation (Wahrnehmung) oder der Reflexion. Der Verstand hat bloß herleitende (analytische) Funktion, ausgenommen das Prinzip des zureichenden Grundes das Berkeley als selbstverständlich annahm. Daraufhin teilt Berkeley die Ideen bzw. Vorstellungen in zwei Hauptgruppen ein (§ 28–33): (1) eingebildete Vorstellungen, die sich willentlich verändern lassen und (2) Wahrnehmungen, die sich willentlich nicht verändern lassen. Diese Wahrnehmungen müssen gemäß dem Prinzip des zureichenden Grundes irgendwelche Ursachen *außerhalb* unseres Willens bzw. Ichs besitzen. Diese Konklusion (s. auch Abschn. 6.4) ist der Ausgangspunkt von Berkeleys Erkenntnistheorie im engeren Sinn, die mit einem kritisch-positivistischen Teil beginnt, auf den dann ein kürzerer idealistisch-theologischer Teil aufgesetzt wird.

Im kritisch-positivistischen Teil versucht Berkeley, den *Materialismus* als gehaltleere metaphysische Hypothese zu widerlegen. Berkeley hat dafür auch theologische Motive, denn der in seiner Zeit aufkommende Materialismus ist für ihn eine Hauptsäule des zu bekämpfenden Atheismus (§ 92). Doch seine logisch strenge Argumentation ist von dieser Motivlage unabhängig und war auch Vorbild für spätere Positivisten, die keinerlei theologische Ambitionen verfolgten.

Der Materialismus lehrt, die Ursachen unserer Ideen bzw. Wahrnehmungen sind materielle Dinge. Berkeley versucht in drei Schritten, diesen Materialismus zu widerlegen (Röd 1984, S. 122):

1. **Schritt 1:** Der naive Realismus, so Berkeley, wurde schon von Locke überwunden: die sogenannten ‚sekundären' Qualitäten sind keine Bestimmungen der Dinge an sich, sondern *Bewusstseinsinhalte* (§ 9, 14 u. a.).
2. **Schritt 2:** Berkeley weist daraufhin mit drei Argumenten auch Lockes ‚primäre' Qualitäten als subjektiv konstruiert auf:
    a) Jede visuelle Vorstellung enthält einen Augpunkt, eine Sehperspektive; Entfernung und dreidimensionale Gestalt sind konstruiert, wobei Berkeley auf seine Theorie des Sehens verweist (§ 11, 43 u. a.).
    b) Verallgemeinert argumentiert Berkeley, wir können uns nichts vorstellen oder denken, ohne uns dabei auch ein erkennendes Subjekt zu denken (§ 23, 45, u. a.).
    c) Die Aussage „ich denke ein denkunabhängiges Ding" ist widersprüchlich; man kann höchstens sagen, es gibt bewusstseinsunabhängige Dinge, über die man aber nichts wissen kann (§ 18–20, 56 u. a.).
3. **Schritt 3:** Die Annahme bewusstseinsunabhängiger Dinge, die *keinerlei Bestimmungen* haben, ist aber unverständlich, überflüssig und daher epistemisch zurückzuweisen (§45, 67, 80 u. a.).
4. **Schritt 4:** Im letzten Schritt wendet Berkeley eine Version des ‚Ockhamschen Rasiermessers' an (s. Abschn. 7.1). Seine *Konklusion* lautet: Es gibt keine Dinge ‚hinter' Ideen. ***Esse est percipi:*** Das Sein eines Gegenstandes besteht in seinem Wahrgenommenwerden.

Der *Positivismus* und ‚Empiriokritizismus' des 19. Jahrhunderts, exemplifiziert durch Ernst Mach (1838–1916), Richard Avenarius (1843–96) und später auch in Rudolf Carnaps logischem Aufbau (1928), knüpften genau an diesen kritischen Teil Berkeleys an. Angestrebt wurde hier ein philosophisches System der *reinen Erfahrung,* ohne jegliche ‚metaphysische Hypostasierung' (s. Abschn. 7.3–7.4).

Für Berkeley selbst waren seine positivistischen Argumente vornehmlich als Argumente gegen die Metaphysik des Materialismus bedeutend, da er darin die große Gefahr des Religionsverlustes sah.

An den kritisch-positivistischen Teil schließt Berkeley seinen metaphysisch-idealistischen Teil an. Dieser beginnt mit der Feststellung, dass zwar die Existenz der materiellen Dinge nur in ihrem Wahrgenommenwerden liegt, jedoch *realiter* die wahrnehmenden Subjekte existieren (§ 139). Dies führt zur erweiterten Berkeley-Formel: *esse est percipi aut percipere* (Sein ist Wahrgenommenwerden oder Wahrnehmen). Da es nicht nur ein, sondern mehrere Subjekte gibt, stellte sich für Berkeley dieselbe Frage, die auch Leibniz bewegte, nämlich wie die intersubjektive Übereinstimmung der Perzeptionen verschiedener Menschen erklärt werden kann. Berkeley erklärt sie durch die Existenz Gottes als eines unendlichen Geistes, der all jene Ideen erzeugt, die nicht aus unserem eigenen Willen stammen. Alles, was wir wahrnehmen, ist von Gott vorgedacht (§ 147, 149 u. a.). Dies erklärt auch, warum Dinge, wenn ich sie nicht wahrnehme, nicht einfach aufhören zu existieren (§ 44) und führt zur possibilistischen Version der Berkeley-Formel: *esse est percipi posse* (Sein ist mögliches Wahrgenommenwerden). Das heißt, das Sein eines Objektes liegt in seiner möglichen Wahrnehmung, die bei Berkeley aber – im Gegensatz zum irreduziblen kontrafaktischen Konditional (s. Abschn. 7.4) – kein ontologisches Problem bildet, denn die mögliche Wahrnehmung wird ja darauf zurückgeführt, dass Gott alle Ideen fortwährend aktual wahrnimmt und dadurch ‚in Existenz' hält.

Zusammengefasst beginnt Berkeleys erkenntnistheoretisches System mit einem Positivismus und endet in einem objektiven Idealismus, mit dem Berkeley den ‚verderblichen' Materialismus und Atheismus zu bekämpfen sucht (§ 133). In seiner späteren Schrift, dem *Alciphron,* will Berkeley zeigen, dass auch die Argumente der Deisten und Freidenker leicht auf eine schiefe Bahn geraten, die letztendlich zum Atheismus führt.

## 9.3 (Vor-)Revolutionäre Aufklärung in Frankreich

Die französische Aufklärungsphilosophie im 18. Jahrhundert begann ebenfalls als Deismus, aber entwickelte sich zum Materialismus und bereitete den Boden für die Französische Revolution. Wolfgang Röd (1984, S. 163) unterscheidet zwei Generationen:

- Die erste Aufklärungsgeneration vertrat eine *reformistische Richtung;* hier sind u. a. Montesquieu und insbesondere Voltaire zu nennen, der die Philosophie Lockes in Frankreich verbreitete.
- Der Übergang findet durch Denis Diderot statt, der vom Deismus zum *moderaten Materialismus* wechselte.
- Die zweite Aufklärungsgeneration vertrat eine *revolutionäre Richtung;* hier sind u.a. La Mettrie und Holbach zu nennen. Ihre wichtigste philosophische

Entwicklung ist die Philosophie des *Materialismus,* die noch heute wesentliche Grundlagen der aufgeklärten Weltanschauung bildet. Hinzu kommt Jean-Jacques Rousseau und die mit ihm beginnende linksromantische Gesellschaftskritik.

*François Marie Voltaire* (1694–1778) war nicht nur Philosoph, sondern auch Schriftsteller und beeinflusste über die reine Philosophie hinaus wesentlich weitere Kreise (vgl. Röd 1984, Kap. VI). Er war Mitglied der Freimaurerei, einer aufklärerisch-humanistischen und deistisch geprägten Bewegung, der viele berühmte Persönlichkeiten angehörten und die in päpstlichen Stellungnahmen verurteilt wurde. 1733/4 schrieb Voltaire seine „Briefe über den Engländer", nämlich John Locke, mit denen er die empiristische Philosophie und Wissenschaft sowie die englische Verfassung in Frankreich verbreitete und ihre Überlegenheit gegenüber dem Geist des französischen Absolutismus aufzeigte. Voltaire war Deist und kritisierte wie alle Deisten die kirchliche Offenbarungstheorie: In den Schriften des Christentums fänden sich eine Menge von mit humanistischer Moral unvereinbaren Vorstellungen; auch die Aufspaltung des Christentums in viele Richtungen sei ein Indiz seiner Falschheit. Etwa 1755 wandte sich Voltaire vom Deismus und Vernunftoptimismus ab und schrieb unter dem Eindruck des schweren Erdbebens von Lissabon seine Parodie auf Leibnizens Theodizeeprogramm in seiner Novelle *Candide* von 1759 (s. Abschn. 9.1).

*Denis Diderot* (1713–1784) stand um 1745 unter dem Einfluss des Deismus von Lord Shaftesbury. In dieser Zeit entstand auch sein *Enzyklopädie-Projekt:* Unter Mitarbeit von Jean-Baptiste le Rond d'Alembert, Voltaire, Rousseau, Holbach und anderen sollte ein vielbändiges Wörterbuch aller damaligen ‚fortschrittlichen' Erkenntnisse der Wissenschaften, Künste und des Handwerks entstehen. Gegen große Widerstände von kirchlicher und staatlicher Seite gab Diderot mehrere Bände heraus, ohne das Projekt zu vollenden. In den konspirativen Treffen der Enzyklopädie-Mitarbeiter wurde Diderots Denken zunehmend vom Materialismus und Atheismus beeinflusst. Bald vertrat er eine materialistisch-mechanistische Welterklärung und bezeichnete ‚Gott' als sinnleeres Wort, das nichts erklärt (Röd 1984, S. 197).

*Julien-Offray de la Mettrie* (1709–1751) war neben Helvétius und Holbach ein Vertreter des radikalen materialistischen und atheistischen Flügels der französischen Aufklärung. Er war Mediziner und entwickelte in seinem berühmten Werk *Der Mensch als Maschine (L'Homme-Machine)* von 1748 seine Philosophie vom Menschen als einer materiellen Maschine. Auch psychische Prozesse seien nichts anderes als Vorgänge in der Großhirnrinde. In der praktischen Philosophie führe der Materialismus zum Hedonismus und Atheismus. Wegen seiner ‚gottlosen' und bald verbotenen Schriften musste er Frankreich und danach auch die Niederlande verlassen. Im nächsten Abschnitt werden die Grundgedanken der französischen Aufklärungsphilosophie und ihre revolutionäre Sprengkraft an einem weiteren berühmten französischen Materialisten, nämlich Holbach, illustriert.

## 9.4 Materialismus: Holbach

Paul-Henri Thiry (Baron) d'Holbach (1723–1789), mit vollem deutschen Namen Paul Heinrich Dietrich von Holbach, wurde 1735 von seinem Onkel nach Paris geholt und in das absolutistische Frankreich eingebürgert. Holbach war Mitarbeiter an der Enzyklopädie und organisierte in seiner Villa häufig Treffen der Enzyklopädisten. Unter dem Einfluss Diderots gab er in seiner Schrift *Enthüllung des Christentums* von 1766 seinen früheren Deismus auf und wandte sich dem Atheismus zu. Sein Hauptwerk *System der Natur* (1770, frz. *Système de la nature*) wurde unter dem Pseudonym „Mirabaud" veröffentlicht und kurz nach seinem Erscheinen verboten, was aber seine Verbreitung nicht verhindern konnte.

Das Kap. 1 von Holbachs *System der Natur* beginnt mit einer *Metaphysikkritik*. Der Mensch sei selbst Teil der Natur; er solle aufhören, außerhalb der Natur geistige Wesen zu suchen, die ihm helfen, denn er könne sich nur selbst helfen. Über das Körper-Geist-Problem setzt sich Holbach als „metaphysischen Unsinn" hinweg. Die spiritualistische Metaphysik sei nicht nur ein Vorurteil, sondern auch eine gefährliche Beeinträchtigung des naturgemäßen Glücksverlangens. Statt dem Hang zum Jenseitigen solle man sich ausschließlich am Diesseits orientieren.

In Kap. 2 werden unter Rekurs auf Newton Bewegung und Sinneswahrnehmung als Folge kausaler Kraftwirkungen erklärt. Hier zeigt sich die *Naturwissenschaftsgläubigkeit* der materialistischen Philosophie, die teilweise einen Rückgang hinter das begründungsorientierte Erkenntnisprogramm bedeutet. Immer wieder heißt es bei Holbach „Alle Tatsachen beweisen unwiderlegbar, dass …", wodurch die Unsicherheit des Induktionsschlusses unter den Tisch gekehrt wird (ähnlich hat später auch der Marxist Friedrich Engels geschrieben). Philosophen haben sich ihre Köpfe über die Ursachen der Bewegung der Himmelskörper zerbrochen, „bis der unsterbliche Newton kam und bewies, dass sie die Wirkung der Gravitation ist", schreibt Holbach (ebd., S. 27), fügt aber in einer Fußnote hinzu, dass „Newton selbst die Ursache der Gravitation für unerklärbar [hielt]", denn Newton ließ sich nicht zu solch übertriebenen Beweisbarkeitsbehauptungen hinreißen.

In Kap. 3 definiert Holbach *Materie* als dasjenige, was unsere Sinne affiziert. Wie Berkeley geht also auch Holbach nach dem Prinzip des zureichenden Grundes vor, nur dass als Ursache unserer Sinneserscheinungen nicht Gott, sondern die Materie angenommen wird. In der Folge werden die Kreisläufe der Natur durch naturnotwendige Gesetze beschrieben. Holbach geht also ähnlich wie moderne *Naturalisten* vor: Seine Philosophie baut auf naturwissenschaftlichem ‚Wissen' auf, ohne dessen Rechtfertigung erkenntnistheoretisch zu hinterfragen.

Bedeutend ist die *Entwicklung des Evolutionsgedankens* in Kap. 6, einhundert Jahre vor Darwin. Die Annahme einer Evolution ist ein nahezu notwendiger Bestandteil des Materialismus, denn wenn die komplexen Strukturen des Lebens bis hin zum Menschen ohne das Wirken eines übernatürlichen Schöpfergottes entstanden sind, kann dies nur das Resultat eines langen Entwicklungsprozesses gewesen sein. Allerdings war die damalige Evolutionsauffassung nicht darwinistisch, sondern noch implizit *teleologisch*, insofern Höherentwicklungsgesetze angenommen wurden.

In Kap. 7 erfolgt die *Reduktion des Geistes* auf das Materielle und die des Seelischen auf Nerven- und Gehirntätigkeit. Die Annahme einer mit *freiem Willen* ausgestatteten immateriellen Seele sei eine Fiktion. Würde meine ‚Seele' tatsächlich außerhalb der physikalischen Gesetze stehen, so müsste sie meinen Arm auch dann bewegen können, wenn dieser durch Gewichte beschwert wäre, argumentiert Holbach, was die Erfahrung widerlegt. „Diejenigen, die Seele vom Körper unterscheiden", schließt Holbach, „haben im Effekt das Gehirn vom restlichen Körper unterschieden".

Auch für die *Ethik* hat der Materialismus revolutionäre Konsequenzen, da die moralischen Gebote nicht mehr durch eine höhere göttliche Instanz begründet werden können. Die Ethik wird als menschengemacht begriffen; sie ist weder gottgegeben noch durch die Natur bestimmt, denn die Natur kennt weder gut noch schlecht, sondern nur die Naturgesetze. In Kap. 9 wird darauf eine *hedonistisch-utilitaristische Ethik* entwickelt, der zufolge der Sinn der Moral darin besteht, die Menschen glücklich zu machen.

Die Bedeutung der *Erziehung* für das Aufklärungsprogramm wird in Kap. 14 herausgearbeitet. Um glücklich leben zu können, muss der Mensch richtig erzogen werden. Falsche Vorbilder und insbesondere die der Religion verderben das Volk. Die rationalistische Lehre der eingeborenen Ideen ist unwahr; alle Ideen des Menschen entstammen der Erfahrung, Tradition und Erziehung, und somit kommt alles darauf an, die Menschen richtig zu erziehen.

Um die *Religionskritik* geht es dann in Kap. 16. Die Irrtümer der Menschen darüber, was ihr Glück ausmacht, seien die wirklichen Quellen ihrer Leiden. „Wenn die Unkenntnis der Natur die Götter erzeugt hat, dann ist die Naturerkenntnis dazu bestimmt, sie zu vernichten". Holbach kritisiert, was wir heute unter religiösem Fundamentalismus verstehen: den religiösen Fanatismus, die Glaubenskriege und die Unterordnung der Menschen unter Despoten im Namen Gottes. Die Menschen seien durch religiös legitimierte Regierungen jahrhundertelang unterdrückt worden. Der Atheist, so Holbach, hätte mehr Interesse an humanistischen Tugenden als der Theologe. Die gegen den absolutistischen Staat gerichteten *revolutionären* politischen Konsequenzen dieser Philosophie sind offensichtlich.

Der Materialismus der damaligen Zeit war dem naturwissenschaftlichen *Determinismus* verpflichtet. Dieser aber konfligiert mit der *Annahme der menschlichen Freiheit*. Während für Idealisten wie Leibniz die Freiheitsannahme so evident war, dass sie darin eine Widerlegung des Materialismus und Bestätigung des Spiritualismus sahen, waren die Materialisten umgekehrt gezwungen, die traditionelle Freiheitsthese preiszugeben und diese Preisgabe mit der humanistischen Philosophie vereinbar zu machen. Dies erfolgt in den Kap. 11 und 12 des Buches. Der Mensch, so Holbach, sei nicht frei, sondern den Naturgesetzen unterworfen und ein Produkt seiner materiellen Konstitution, Geschichte und Umwelt. Die praktische Bedeutung der Freiheitsforderungen muss deshalb aber nicht aufgegeben, sondern nur neu interpretiert werden: sie bedeutet nun *Abwesenheit von äußerem Zwang*. Die Freiheitsidealisten verwechseln Zwang mit Naturnotwendigkeit; der Mensch kann sich von äußerem Zwang befreien, ohne deshalb im idealistischen Sinn frei zu sein. Materialismusgegner bezeichnen den Determinismus als *Fatalismus* und als gefährlich, weil der Fatalist Menschen nicht für ihre Handlungen verantwortlich machen könne. Doch in Wahrheit, kontert Holbach, führt der Fatalismus zu mehr Gerechtigkeit. Die Menschen sind nicht aufgrund ihrer ‚inneren bösen Natur' Verbrecher, sondern weil sie von der Umwelt dazu gemacht wurden. Der materialistische Determinismus ermutige nicht Verbrechen, sondern macht Strafen gerechter, indem er die Prinzipien des Umerziehens und Vorbeugens statt Vergeltens anwendet. So ergibt sich aus der Fatalismusproblematik eine gesellschaftskritische Konsequenz für Recht und Moral.

Zusammengefasst bündeln sich im französischen Materialismus umwälzende Ideen, die noch in der Weltanschauung unserer Gegenwart eine maßgebliche Rolle spielen. Für die idealistischen Philosophen der damaligen Zeit bedeutete der Materialismus jedoch eine extreme Konfrontation. Beispielsweise schrieb Goethe in *Dichtung und Wahrheit* über Holbachs Werk: „Wir begriffen nicht, wie ein solches Buch gefährlich sein konnte. Es kam uns so grau, so cimmerisch, so totenhaft vor, dass wir [...] davor wie vor einem Gespenst schauderten" (Hamburger Ausgabe Band IX, München, 7. A. 1975, S. 490).

## Literatur

### Klassische Texte

Berkeley, G. (1957) [engl. 1710]. *Eine Abhandlung über die Prinzipien der menschlichen Erkenntnis*. Übers. von Friedrich Ueberweg. Hamburg: Felix Meiner.
Goethe, J. W. (1975) [1808ff.]. *Dichtung und Wahrheit*. In *Goethe Werke*, Ausgabe Band IX (7. Aufl.). München: C.H. Beck (Hamburger Ausgabe).
Holbach, P. T. (1960) [frz. 1770]. *System der Natur*. Übers. von Fritz-Georg Voigt. Berlin: Aufbau-Verlag.
La Mettrie, J.-O. (1985) [franz. 1748]. *Der Mensch als Maschine*. In *LSR-Quellen Band 1*, hrsg., übersetzt und eingeleitet von Bernd A. Laska. Nürnberg: LSR-Verlag.
Leibniz, G. W. (1971) [franz. 1765]: *Neue Abhandlungen über den menschlichen Verstand*. Übers. von Wolf v. Engelhardt u. Hans Heinz Holz, 1971 (3. Aufl.). Hamburg: Felix Meiner.
Locke, J. (1976) [engl. 1690]. *Eine Abhandlung über den menschlichen Verstand*. In 4 Büchern, übers. v. C. Winckler, 1976 (3. Aufl.). Hamburg: Felix Meiner.

### Gegenwartsphilosophie

Carnap, R. (1928). *Der logische Aufbau der Welt*. Hamburg: Felix Meiner 1961.
Mach, E. (1905): *Erkenntnis und Irrtum. Skizzen zur Psychologie der Forschung*. Darmstadt: Wissenschaftliche Buchgesellschaft, 1968.
Röd, W. (1984). Band *VII: Die Philosophie der Neuzeit 2: Von Newton bis Rousseau*. In ders. [G].
Röd, W. [G]. *Geschichte der Philosophie* (Hrsg. und Teilautor). München: C.H. Beck, 1978–2006.

# Skepsis und Moderne

**10**

**Inhaltsverzeichnis**

10.1 Die skeptische Herausforderung: David Hume .............................. 163
10.2 Philosophische Gegenaufklärung .......................................... 166
10.3 Transzendentalphilosophie: Immanuel Kant ................................ 167
10.4 Analytische Philosophie der Gegenwart.................................... 168
Literatur ................................................................. 170

## 10.1 Die skeptische Herausforderung: David Hume

Die scharfsinnigen Argumente des schottischen Philosophen David Hume (1711–1776) konfrontieren die Philosophie der Aufklärung mit den grundsätzlichen Grenzen ihres Erkenntnisprogramms und zeigen damit einen neuen philosophischen Weg auf, nämlich die Fortentwicklung des radikalen Empirismus zum Skeptizismus. Humes erstes Werk ist:

1739  *Abhandlung über den menschlichen Verstand (A Treatise of Human Nature)*, bestehend aus Band I: *Über den menschlichen Verstand* und Band 2: *Über die Affekte* (ein dritter Band, *Über Moral*, erschien 1751).

Der Band I der Abhandlung enthält Humes bahnbrechende erkenntnistheoretische Herausforderung. Sein Werk wurde allerdings zunächst kaum beachtet (vgl. Röd 1984, Kap. IX). Hume meinte einmal, sein Werk sei „tot geboren" worden. Seine Bemühungen um einen Lehrstuhl schlugen fehl; umso nachhaltiger war seine philosophiegeschichtliche Wirkung. Für Hume war der kritisch-skeptische Teil seines Werkes so wichtig, dass er die Gedanken von Band I seiner Abhandlung in

---

*Die Kapitel des Buches werden durch zahlreiche Exkurse ergänzt, die als Online Materialien angeboten werden (Download Link siehe Vorwort).

umgearbeiteter Form erneut publizierte, nämlich 1748 als *Philosophical Essays Concerning Human Understanding,* später erschienen unter dem bekannteren Titel:

1758  Eine Untersuchung über den menschlichen Verstand (An Enquiry Concerning Human Understanding).

Ab 1750 verfasste Hume in rascher Aufeinanderfolge weitere Werke zu Moral, Religionsphilosophie, Politik und Geschichte, die seine Vielseitigkeit unter Beweis stellen, insbesondere 1750 seine *Dialogues Concerning Natural Religion* (1779 posthum erschienen), 1754–1762 eine sechsbändige Geschichte Englands und 1757 seine *Natural History of Religion.*

Humes Erkenntnistheorie beginnt ebenfalls bei Lockes empiristischen Ausgangsthesen. Direkt gegeben sind nur *Bewusstseinsinhalte.* Sie entstehen durch *Sensation* und *Reflexion* und untergliedern sich in *Impressions* (Wahrnehmungen) und *Ideas* bzw. *Thoughts* (Hume 1748, Abschn. 2). Letztere bestehen aus Erinnerungen, Gedanken und Phantasievorstellungen. Auch Humes Zweiteilung der Urteilsarten folgt der empiristischen Standardauffassung (ebd., 4. Abschn.): Es gibt einerseits *notwendige Vernunftwahrheiten* (z. B. mathematische Wahrheiten), die Begriffsbeziehungen reflektieren und keinen Erfahrungsgehalt haben, und andererseits *Tatsachenwahrheiten,* die Erfahrungsgehalt besitzen, aber nicht notwendig sind. Hume stellt auch ein *empiristisches Sinnkriterium* auf, dem zufolge kognitiv sinnvolle (nichtlogische) Begriffe aus der Wahrnehmung ‚abgeleitet' sein müssen (ebd., 12. Abschn.). Versteht man dies als reduktionistische Definierbarkeitsforderung, so ist das Kriterium wie erläutert nicht haltbar, da wissenschaftliche Theorien theoretische Begriffe enthalten (s. Abschn. 7.3, 14.3 und Exkurs E7.1). Man kann Humes Kriterium aber auch im schwächeren Sinn verstehen, dem zufolge sich aus sinnvollen Begriffen empirische Konsequenzen ergeben müssen.

Humes skeptische Herausforderung bestand aus drei großen Infragestellungen der Einlösbarkeit des Erkenntnisprogramms der Aufklärung.

---

Merksatz 10.1-1

**Humes drei große Infragestellungen**

1. **Die Kausalitätskritik:** Eine notwendige Verbindung von Ereignissen in der Form von Ursache und Wirkung können wir nirgendwo beobachten. Stattdessen beobachten wir immer nur eine regelmäßige Aufeinanderfolge von (nahe beieinanderliegenden) Ereignissen. Die ‚notwendige Kausalverbindung' ist eine metaphysische Erfindung, die nur in unseren Köpfen existiert. Daher ist das Prinzip des zureichenden Grundes unbegründet.
2. **Das Induktionsproblem:** Da es keine kausalen Verbindungen zwischen Ereignissen gibt, ist auch der induktive Schluss von bisher beobachteten Regelmäßigkeiten auf die Zukunft in keiner möglichen Weise rational begründbar:

- nicht durch Logik, denn die Zukunft kann von der Vergangenheit abweichen,
- nicht durch Erfahrung, denn Zukunft ist nicht erfahrbar,
- nicht durch Induktion aus Erfahrung, denn das wäre zirkulär, und
- nicht durch objektive Wahrscheinlichkeit, denn diese setzt Induktion voraus.

Stattdessen beruhen unsere induktiven Schlüsse auf bloßer Gewohnheit.
3. **Das Sein-Sollen-Problem:** Kein Schluss vom Sein zum Sollen kann logisch gültig sein. Es gibt weder ein Naturrecht noch eine andere durch Naturnotwendigkeit begründbare Ethik. Vielmehr ist Ethik eine Sache moralischer Gefühle. ◄

**Zur Kausalitätskritik:** Mit der ‚Destruktion' des Prinzips des zureichenden Grundes entzog Humes Kritik Empiristen wie Rationalisten die Grundlage ihrer Begründung der objektiven (materiellen oder spirituellen) Realität. Erst dadurch stellt sich das Realismusproblem für die aufklärerische Erkenntnistheorie mit vollem Gewicht. Hume argumentiert, zwischen zwei raumzeitlich getrennten Ereignissen könne unmöglich ein logisch-begrifflicher, also apriorischer Zusammenhang bestehen (Hume 1748, Abschn. 4., Teil I). Logisch gesehen ist am Stoß der Billardkugel nichts apriori, die erste Kugel könnte ebenso gut wieder zurückkehren oder die zweite Kugel schon vor der Berührung losrollen usw. Andererseits gibt es auch in der Sinneserfahrung nichts, was einer kausalen Verbindung oder einer Kraftübertragung entspricht (ebd., Abschn. 4, Teil 2). Schon die Okkasionalisten hätten erkannt, dass wir nur die regelmäßige Aufeinanderfolge, aber nicht die Verknüpfung beobachten; wir sagen, die Gegenstände sind verknüpft, aber tatsächlich sind nur unsere Vorstellungen verknüpft (ebd., Abschn. 7). An die Möglichkeit, Kausalität als theoretischen Begriff einzuführen (s. Abschn. 14.8), konnte Hume damals noch nicht denken, zumal er mit *singulärer* Kausalität als Verbindung von Einzelereignissen befasst war und nicht mit der kausalen Erklärung statistischer Regelmäßigkeiten.

**Zum Induktionsproblem:** Nachdem Kausalität (X weil Y) auf regelmäßige Aufeinanderfolge (immer wenn Y, dann X) reduziert wurde, kann die zukünftige Verlässlichkeit von beobachteten Regelmäßigkeiten nicht mehr durch Kausalität und, wie Hume zeigt, auch auf keine andere Weise begründet werden. Durch Humes Kritik stellte sich somit auch das Induktionsproblem für das Aufklärungsprogramm erstmals in voller Härte. Die rationale Unbegründbarkeit der induktiven Methode droht nicht nur der empiristischen Philosophie, sondern auch allen empirischen Wissenschaften ihr rationales Fundament zu entziehen. Wieder ist die Basis von Humes Argumenten logischer Natur: Eine vergangene Aufeinanderfolge von Ereignissen und die Voraussicht einer zukünftigen Aufeinanderfolge sind zwei gänzlich verschiedene Behauptungen, und vom einen kann unmöglich auf das andere logisch geschlossen werden (ebd., Abschn. 4, Teil 2). Das Wort „Induktion" kommt bei Hume noch nicht vor; er spricht stattdessen von „Erfahrungsschlüssen" und schreibt, dass „alle Erfahrungsschlüsse von der Voraussetzung ausgehen, dass die Zukunft der Vergangenheit entsprechen werde" (ebd., [30]). Doch man „kann sich klar und deutlich […] [das Gegenteil] vorstellen" (ebd., [31]). Dasselbe gilt für

Wahrscheinlichkeitsschlüsse, die auf der Übertragung vergangener Häufigkeiten auf die Zukunft beruhen (ebd., Abschn. 6). Wer die Fortführung der Vergangenheit durch die Zukunft durch Erfahrungsschlüsse beweisen will, „muss sich offenbar im Kreise drehen und das für erwiesen halten, was ja gerade in Frage steht" (ebd., [32]). Nicht die Vernunft, sondern die Gewohnheit veranlasst uns, bisher regelmäßig zusammen aufgetretene Ereignisse als verbunden zu denken (ebd., Abschn. 5, [38]).

**Zum Sein-Sollen-Problem:** Diese Kritik war nicht weniger ‚destruktiv', denn sie entzog der gesamten Moralphilosophie und Ethik vor Hume das Begründungsfundament. Moral bildet ihr zufolge weder Vernunftwahrheiten noch äußere Erfahrungstatsachen ab, sondern sie beruht auf Gefühlen.

In allen drei Humeschen Kritiken gibt es ein übereinstimmendes logisches Prinzip, das erstmals von Hume entdeckt wurde und in Merksatz 12.4-1 präzisiert formuliert wird (s. Abschn. 12.4): dass nämlich kein logisch gültiger Schluss einen neuen Begriff bzw. eine neue Entität relevant in die Konklusion einführen kann. Beim Sein-Sollens-Schluss ist dies der Sollensbegriff (Hume 1739, Band II, 3. Buch, 211; Schurz 1997), beim Induktionsschluss das zukünftige Ereignis und beim Kausalschluss das vom Ursachenereignis raumzeitlich getrennte Wirkungsereignis. In all diesen Schlüssen fehlt das „Mittelglied", wie Hume wiederholt bemerkt (Hume 1748, [30]).

Humes Erkenntnistheorie war aber nicht nur destruktiv. Er versuchte ‚so gut es ging' auch eine positive Theorie zu entwickeln. Hume war ein früher *Evolutionstheoretiker* (vgl. seine *Natural History of Religion*) und erklärte die menschliche Gewohnheitsbildung, auf die er Induktion und Kausalvorstellung zurückführte, durch die ‚Weisheit der Natur' (Hume 1748, [47]). In ähnlicher Weise erklärte Hume auch den moralischen Sinn der Menschen (Hume 1739, Band II).

## 10.2 Philosophische Gegenaufklärung

Der logische Scharfsinn von Humes Argumenten war überragend, doch waren seine skeptischen Konklusionen derart bedrohlich, dass er unter seinen philosophischen Zeitgenossen überwiegend auf Widerstand und Ablehnung stieß. Manche Autoren rechnen Hume aufgrund seiner Kritik des Aufklärungsoptimismus tendenziell nicht mehr zu den Aufklärern (z. B. Röd 1984, S. 310). Doch was Hume betrieb, war zweifellos nicht Gegenaufklärung. Dass Hume ein Aufklärer war, zeigt sich auch in seinen religionskritischen Schriften, z. B. in seinen *Dialogues on Natural Religion*, die Gottesbeweise widerlegen und letztlich atheistische Konsequenzen nahelegen. Was Hume in seiner Erkenntnistheorie betrieb, war ebenfalls eine Art von Aufklärung, nämlich *Metaaufklärung*, d. h. die Anwendung der Aufklärung auf sich selbst, um die Grenzen ihres eigenen Erkenntnisprogramms zu bestimmen.

Die eigentliche *Gegenaufklärung* begann dagegen als unmittelbare Folge Humes. *Thomas Reid* (1710–1796) hatte den Skeptizismus seines Landsmannes Humes erbittert bekämpft und zu diesem Zweck die Philosophie des *Commonsensismus* begründet. In seinen „First principles of contingent truths" postulierte Reid den Realgehalt unserer Wahrnehmungen und Erinnerungen sowie die Reliabilität unserer rationalen Schlüsse als basales Wissen (Reid 1785, S. 617–630). Hier wird also proklamiert, wir sollten einfach wieder dem *Common-Sense* vertrauen, und behauptet, dieser Common-Sense garantiere für die Richtigkeit des Induktions- und Kausalitätsprinzips. Doch das ist genau jener Common-Sense, der den Menschen all jene schädlichen Vorurteile und abergläubischen Einbildungen beschert hat, von denen sich die Aufklärungsphilosophie befreien wollte. Insofern ist im Commonsensismus das Programm der Gegenaufklärung per excellence verwirklicht. Der berühmte Philosoph Immanuel Kant (s. 10.3) bezeichnete die Schule des Commonsensismus als „bequemes Mittel, ohne alle Einsicht trotzig zu tun" (1783, Einleitung). Denn die bloße Behauptung, die Prinzipien des Common-Sense seien wahr, ersetzt nicht deren Rechtfertigung.

## 10.3 Transzendentalphilosophie: Immanuel Kant

Die Erkenntnisphilosophie des berühmtesten deutschsprachigen Philosophen Immanuel Kant (1724–1804) wird in diesem Abschnitt nur knapp skizziert und in Exkurs E10.1 näher erläutert. Kants erkenntnistheoretisch wichtigste Werke sind:

1781 die 1. Auflage der *Kritik der reinen Vernunft* (KrV), die 1787 in der 2. verbesserten Auflage erschien, und

1783 die *Prolegomena zu einer jeden zukünftigen Metaphysik,* worin Grundideen der KrV leichter verständlich dargestellt werden (weitere Schriften im Exkurs E10.1).

In der Einleitung zu seinen *Prolegomena* bezeichnete Kant Humes skeptische Kritik als den „gewaltigste[n] Angriff auf die traditionelle Metaphysik" und schrieb, Hume hätte ihn aus seinem „dogmatischen Schlummer" geweckt (Kant 1783, Einleitung). Kants Transzendentalphilosophie war ein erster kühner Versuch, die Humeschen Herausforderungen zu überwinden. Die Grundprinzipien von Kants Erkenntnistheorie lassen sich so zusammenfassen (Kant 1781, 1783; Röd 2006, Kap. I):

**Merksatz 10.3-1**

**Kants Transzendentalphilosophie – ein Syntheseversuch von Rationalismus und Empirismus**
*Rationalistischer Ausgangspunkt ('perfektes Wissen'):* Metaphysische Erkenntnis (= erste Erkenntnis) muss aus streng allgemeinen bzw. notwendigen und somit apriorischen Erkenntnissen bestehen.
*Empiristischer Ausgangspunkt ('Humes Einsicht'):* Metaphysische Erkenntnis folgt nicht aus analytischen Urteilen, sondern ist synthetisch. Sie folgt auch nicht aus Gegenstandserkenntnis, denn diese ist nur aposteriorisch durch Erfahrung möglich und Erfahrungserkenntnis kann keine Notwendigkeit begründen.

> *Daraus ergibt sich Kants Kernfrage:* Wie sind synthetische Urteile apriori möglich?
>
> *Kants ‚revolutionäre' Antwort darauf:* indem synthetisch apriorische Prinzipien als Bedingungen der Möglichkeit von Erkenntnis überhaupt aufgewiesen werden. Diesen Aufweis nennt Kant *transzendentale Analyse.* ◄

Kant (1781, BXVI) beschreibt seine Transzendentalphilosophie auch als *kopernikanische Wende* der Philosophie. Er versuchte, durch transzendentale Analyse höchst starke metaphysische Prinzipien zu rechtfertigen, wie beispielsweise (1) die *euklidische* Raumgeometrie und *klassisch-physikalische* Zeit (1781, B 203–205), (2) das *Kontinuitätsprinzip* der klassischen Physik (B 208–209), (3) die *Beharrlichkeit der Substanz* (B 225–227), (4) die *deterministische Kausalität* (B 233–250) sowie (5) die *Existenz instantaner Wechselwirkung* (B 256–259). Aus heutiger Sicht sind Kants transzendentale ‚Beweise' keineswegs logisch zwingend, weshalb wir sie nur als ‚Beweisversuche' bezeichnen. Kant kam durch seine Beweisversuche auf Grundmerkmale der menschlichen Kognition (s. Exkurs E12.3), aus denen aber keine apriorischen Prinzipien ableitbar sind. Kants synthetisch-apriorische Grundsätze wurden durch die Entwicklung der modernen Physik widerlegt. So gibt es in der Quantenmechanik kein Kontinuitätsprinzip, keine Beharrlichkeit der Substanz und kein Kausalitätsprinzip, und das Apriori des euklidischen Raums und der klassischen Zeit wurde in der Relativitätstheorie aufgegeben. Aus diesen Gründen wurde Kants Philosophie von Postkantianern in verschiedenen Weisen abgeschwächt oder modifiziert (s. Exkurs E10.1).

## 10.4 Analytische Philosophie der Gegenwart

Nachdem die kantische Philosophie mit ihrem strengen Begründungsanspruch mehr und mehr als gescheitert angesehen wurde, war die Aussicht auf eine wissenschaftliche Lösung der erkenntnistheoretischen Kernprobleme, der Begründung von Realismus, Induktion und Kausalität, zunächst weitgehend verstellt. Im 19. Jahrhundert dominierten spekulativ-idealistische Strömungen, am einflussreichsten die idealistische Philosophie von Georg Wilhelm Friedrich Hegel (1770–1831). Hegel setzte dem kantischen Programm apriorischer Erkenntnisgrundlagen die These eines dialektischen Entwicklungsprinzips des Geistes entgegen, verbunden mit einer spekulativen Begrifflichkeit. Die wichtigste wissenschaftlich orientierte Entwicklung in der Philosophie ab der Mitte des 19. Jahrhunderts war der in Abschn. 7.4 besprochene Positivismus. Wir können hier nicht über die vielfältigen Strömungen nach Kant berichten, sondern begnügen uns damit, die Brücke zur analytischen Gegenwartsphilosophie zu schlagen, in dessen Kontext das vorliegende Lehrbuch steht.

Die Analytische Philosophie verdankt sich insbesondere zwei Entstehungsprozessen. Zum einen die Entstehung der englischen analytischen Philosophie durch Georg Edward Moore (1873–1958) und Bertrand Russell (1872–1970) an der Cambridge University. Was die beiden vereinte, war die ‚Revolte' gegen die

## 10.4 Analytische Philosophie der Gegenwart

damals vorherrschende idealistisch-hegelianische Philosophie. Beide kritisierten die unklare Begrifflichkeit dieser Philosophie und fragten hartnäckig nach der genauen Bedeutung philosophischer Begriffe. Dies führte zum sogenannten *linguistic turn* und zur Geburt der Analytischen Philosophie. Doch seit damals gibt es in der Analytischen Philosophie zwei unterschiedliche und teils auch oppositionelle Flügel: einerseits der *logisch-wissenschaftliche* Flügel, den in England u. a. Bertrand Russell und in Kontinentaleuropa u. a. der Wiener Kreis vertrat, und andererseits der *natürlichsprachlich-commonsensistische* Flügel, u. a. vertreten durch George E. Moore und den späteren Ludwig Wittgenstein. Noch heute stehen sich diese beiden Flügel gegenüber, und auch in der gegenwärtigen Erkenntnistheorie kann man, wie erwähnt, eine nichtformale und eine formale Richtung unterscheiden (s. Abschn. 1.5 und 2.1).

Die zweite wichtige Entstehungsursache für die Analytische Philosophie war der *logische Empirismus* des Wiener Kreises, eine Gruppe von Einzelwissenschaftlern und Philosophen in Wien, deren Kern Moritz Schlick, Otto Neurath und Rudolf Carnap bildeten (s. Abschn. 6.2). Anknüpfend an Ernst Mach bemühte sich diese Gruppe um eine Neubegründung des Empirismus und der wissenschaftlichen Philosophie insgesamt (Stadler 1997). Das Neuartige ihrer Situation war die Entwicklung der *modernen Logik,* durch die beliebige sprachliche Erkenntnissysteme mit mathematischer Präzision darstellbar wurden. So war es die Hoffnung des Wiener Kreises, nun endlich das methodische Rüstzeug für eine wissenschaftlich fortschreitende Philosophie gefunden zu haben (Schlick 1930/31, S. 5 f.). Mitte der 1930er Jahre musste sich der politisch linksliberal bis sozialistisch orientierte Wiener Kreis unter dem Druck der Nationalsozialisten auflösen. Die Mehrheit seiner Mitglieder emigrierte teils über Umwege in die USA, wo sich die logisch-empiristische Bewegung mit verwandten angloamerikanischen Richtungen vereinigte und zur US-amerikanischen analytischen Philosophie weiterentwickelte, die in der Nachkriegszeit auch in Europa Fuß fasste.

Was die heutige Wissenschaftstheorie vom logischen Empirismus lernen kann, sind weniger bestimmte Einzelthesen als die hohen Standards begrifflicher und argumentativer Genauigkeit. In ihrer Phase bis 1935 war die Wissenschaftsphilosophie des logischen Empirismus positivistisch und reduktionistisch verengt. In der späteren Phase haben die logischen Empiristen ihre verengten Positionen nach und nach verworfen (s. Abschn. 6.2, 7.4, 14.3) und durch Thesen ersetzt, auf die die Bezeichnung ‚Empirismus' oder ‚Positivismus' nicht mehr zutrifft.

Auch wenn die Kritik am zu verengten Blickfeld des Positivismus in seiner mittleren Phase berechtigt ist, haben Vertreter der Kritischen Theorie wie Max Horkheimer (1895–1973), Theodor W. Adorno (1903–1969) oder Jürgen Habermas (1992) dem Positivismus zu Unrecht den Vorwurf gemacht, seine Vertreter würden die empirischen Fakten nur reproduzieren und dadurch die ungerechten Gesellschaftsverhältnisse implizit sanktionieren, während es einer kritischen Wissenschaft um deren *Veränderung* gehen müsse. Dieser Vorwurf beruht auf einem Missverständnis, denn zur ‚positiven' Erforschung der Tatsachen gehört auch die Erforschung der Gesetzmäßigkeiten und damit die Erforschung des naturgesetzlich, technisch oder praktisch *Möglichen* und *Unmöglichen*. Gerade die empirische Sozialwissenschaft kann auf diese Weise aufzeigen, wie gesellschaftliche Verhältnisse verändert werden können und dadurch zu der von der Kritischen Theorie geforderten Emanzipation beitragen.

Assoziiert mit dem Wiener Kreis war auch *Karl Popper* (1902–1994), der Begründer des sogenannten *kritischen Rationalismus*. Poppers Wissenschaftstheorie trug von Anbeginn an anti-reduktionistische Züge, zu denen sich der logische Empirismus erst nach Jahren der Wandlung durchgerungen hatte. Wissenschaftliche Theorien können nach Popper beliebig weit über die Erfahrung hinausgehen, wenn sie nur an ihr überprüfbar sind. Überprüfung sollte sich nach Popper in Form von möglichst strengen *Falsifikationsversuchen* vollziehen. Für Popper war Falsifizierbarkeit das entscheidende *Abgrenzungskriterium* zwischen Wissenschaft und Spekulation (s. Abschn. 13.1.2). Poppers Falsifikationismus war in der Folgediskussion mannigfacher Kritik ausgesetzt. Imre Lakatos (1970) zeigte auf, dass wissenschaftliche Theoriensysteme so gut wie nie aufgrund eines einzigen Gegenbeispiels verworfen werden, sondern zunächst durch Ad hoc-Modifikationen gegenüber widerspenstigen Erfahrungen immunisiert werden. Poppers kritischer Rationalismus ist allerdings von einem klassischen Rationalismus weit entfernt. Nirgendwo wird in Poppers Philosophie behauptet, man könne Realerkenntnis durch erfahrungsunabhängige Apriori-Intuition begründen; dies hatte Popper immer abgelehnt. Poppers Philosophie ist ebenso *postrationalistisch* wie die Philosophie der späteren logischen Empiristen *postpositivistisch* ist.

## Literatur

### Klassische Texte

Hume, D. (2013) [engl. 1739]. *Ein Traktat über die menschliche Natur (Band I, II und III)*. Hamburg: Felix Meiner.
Hume, D. (1967) [engl. 1748]. *Eine Untersuchung über den menschlichen Verstand*. Hrsg. u. übers. von Herbert Herrring. Stuttgart: reclam.
Kant, I. (1968) [K]. *Werkausgabe in 12 Bänden*. Hrsg. von Wilhelm Weischedel. Frankfurt a. M.: Suhrkamp.
Kant, I. (1968) [1781, 1787]. *Kritik der reinen Vernunft*. In ders. [K], Band III und IV (Original: 1781 [A], 2. Aufl. 1787 (B)).
Kant, I. (1968) [1783]. *Prolegomena zu einer jeden zukünftigen Metaphysik*. In ders. [K], Band V.
Reid, T. (1969) [1785]. *Essays on the Intellectual Powers of Man*. Hrsg. von Baruch Brody. Cambridge/MA: MIT Press.

### Gegenwartsphilosophie

Carnap, R. (1928). *Scheinprobleme der Philosophie*. Frankfurt a. M.: Suhrkamp 1961.
Habermas, J. (1968). *Technik und Wissenschaft als 'Ideologie'*. Frankfurt a. M.: Suhrkamp.
Horkheimer, M., & Adorno, T. W. (1969). *Dialektik der Aufklärung*. Frankfurt a. M.: Fischer.

Lakatos, I. (1974). Falsifikation und die Methodologie wissenschaftlicher Forschungsprogramme. In I. Lakatos und A. Musgrave, *Kritik und Erkenntnisfortschritt* (S. 89–190). Braunschweig: (engl. Original 1970).

Mach, E. (1905). *Erkenntnis und Irrtum Skizzen zur Psychologie der Forschung*. Darmstadt: Wissenschaftliche Buchgesellschaft 1968.

Moore, G. E. (1969). *Eine Verteidigung des Common Sense. Fünf Aufsätze aus den Jahren 1903–1941*. Frankfurt a. M.: Suhrkamp. (engl. Original 1925).

Popper, K. (1935). *Logik der Forschung*, J.C.B. Mohr, Tübingen 2005 (10. Aufl.).

Röd, W. (1984). *Band VII: Die Philosophie der Neuzeit 2: Von Newton bis Rousseau*. In ders. [G].

Röd, W. (2006). *Band IX,1: Die Philosophie der Neuzeit 3: Kritische Philosophie von Kant bis Schopenhauer*. In ders. [G].

Röd, W [G]. *Geschichte der Philosophie* (Hg. und Teilautor). München: C.H. Beck, 1978–2006.

Russell, B. (1912). *The Problems of Philosophy*. Dt. Übersetzung: *Die Probleme der Philosophie*. Frankfurt a. M.: Suhrkamp 1967.

Schlick, Moritz (1930/31): „Die Wende der Philosophie". *Erkenntnis* 1, 4–11.

Schurz, G. (1997). *The Is-Ought Problem. An Investigation in Philosophical Logic*. Dordrecht: Kluwer.

Stadler, F. (1997). *Studien zum Wiener Kreis*. Frankfurt a. M.: Suhrkamp.

Wittgenstein, L. (1921). *Tractatus logico-philosophicus* (9. Aufl. 1973). Frankfurt a. M.: Suhrkamp.

# C Systematischer Teil: Ausarbeitung von Lösungen

# Prinzipien fundierungstheoretischer Epistemologie

## Inhaltsverzeichnis

11.1 Fundierungstheoretische Grundprinzipien: minimal, moderat und vollständig ....... 175
11.2 Einwände gegen Fundierungstheorien und Verteidigung ........................ 176
11.3 Sellars Dilemma und der Übergang vom Bild zur Sprache ..................... 181
11.4 Optimalitätsrechtfertigung als Lösung des Regressproblems .................... 185
Literatur ........................................................................ 188

## 11.1 Fundierungstheoretische Grundprinzipien: minimal, moderat und vollständig

Anknüpfend an Merksatz 6.1-1 und Abb. 6.1 rekapitulieren wir zunächst die hier vertretene Fundierungstheorie.

### Merksatz 11.1-1

**Prinzipien einer minimalen, moderaten und vollständigen Fundierungstheorie**

(1) Alle Rechtfertigungsketten beginnen bei Basisüberzeugungen, die aus introspektiven Erscheinungsurteilen und analytisch wahren Urteilen bestehen (Minimalität). Basisurteile sind selbstevident, rational unkorrigierbar, aber nicht notwendigerweise unfehlbar (Moderatheit 1).

(2) Alle Überzeugungen werden durch konditionale Rechtfertigungen erster Stufe (also durch Schlüsse) auf Basisüberzeugungen zurückgeführt, in Form

---

*Die Kapitel des Buches werden durch zahlreiche Exkurse ergänzt, die als Online Materialien angeboten werden (Download Link siehe Vorwort).

von sich verzweigenden Rechtfertigungsketten, die keine vollständigen, möglicherweise aber partielle Rechtfertigungszirkel enthalten (Moderatheit 2).
(3) Durch Rechtfertigungen höherer Stufe werden die verwendeten Schlussarten (Deduktion, Induktion und Abduktion) in nichtzirkulärer Weise als rational in Bezug auf das Reliabilitätsziel begründet (Vollständigkeit), und zwar entweder (a) durch den Aufweis ihrer Reliabilität oder (b) den Aufweis ihrer Optimalität in Bezug auf das Reliabilitätsziel. ◄

Alle drei Prinzipien werden im Folgenden weiter vertieft. Prinzip (1) und die Begründung der Selbstevidenz introspektiver und analytischer Urteile wird in den Abschn. 11.2 und 11.3 weitergeführt. Die Unterscheidung zwischen vollständigen und partiellen Zirkeln und die Zulassung partieller Zirkel in Prinzip (2) wird in Abschn. 12.3 erläutert. Neu an Prinzip (3) ist der verfeinerte Begriff von Rechtfertigung höherer Stufe, die das zentrale Anliegen der Kap. 12 bis 14 ausmacht. Die skeptischen Einwände gegen fundierungstheoretische Rechtfertigungen (die in Kap. 5 und 6 ausführlich besprochen wurden) haben nämlich insoweit recht, als dass für induktive und abduktive Schlüsse ein nichtzirkulärer Aufweis ihrer Reliabilität (also Option (a) dieses Prinzips) unmöglich ist. Was aber möglich ist (darin besteht die Innovation der Kap. 12 bis 14), ist ein Aufweis ihrer *Optimalität* in Bezug auf das Reliabilitätsziel (Option (b)), was in Abschn. 11.4 und den Folgekapiteln ausgeführt wird. Für induktive Schlüsse folgt aus der Optimalität auch die rationale Erwartbarkeit ihrer Reliabilität; für abduktive Schlüsse folgt diese nur unter einschränkenden Bedingungen.

## 11.2 Einwände gegen Fundierungstheorien und Verteidigung

In diesem und im nächsten Abschnitt wird die Fundierungstheorie gegen vier in der Gegenwartsphilosophie oft diskutierte Einwände verteidigt: (1) der graduelle Bewusstseinsanfang, (2) Gedächtnis und Sprache als Irrtumsquellen, (3) die Unfehlbarkeitsfrage und (4) die Beziehung zwischen Wahrnehmungsbild und sprachlicher Beschreibung (in Abschn. 11.3). Dabei konzentrieren wir uns auf *visuelle* Sinneswahrnehmung; unsere Aussagen lassen sich aber auch auf die anderen menschlichen Sinne übertragen.

### 11.2.1 Der graduelle Anfang des Bewusstseins

Anknüpfend an Abschn. 5.6 erinnern wir uns, dass uns unsere aktualen oder erinnerten visuellen Wahrnehmungen zu einem großen Teil nur undeutlich-halbbewusst oder gar nicht bewusst sind. Nur die *fokalen* Elemente unserer Sehbilder – also jene, worauf unsere bewusste Aufmerksamkeit und der Fokus der Auglinse gerichtet ist – treten klar und deutlich vor unser Bewusstsein (wobei wir die Frage ihrer ‚bloß' bildhaften oder ‚bereits' sprachlichen Repräsentation zunächst ignorieren und erst im nächsten Abschnitt behandeln). *Nur von diesen* fokalen

## 11.2 Einwände gegen Fundierungstheorien und Verteidigung

Wahrnehmungsgehalten sagen wir, dass sie selbstpräsentierend und unkorrigierbar und somit selbstevident und basal sind. Je weiter ein Wahrnehmungsgehalt vom Aufmerksamkeitszentrum entfernt ist, desto undeutlicher ist sein Gehalt und desto mehr ‚Interpretation' wird üblicherweise in seine ‚Repräsentation auf Anfrage' hineingesteckt. Man vergleiche hierzu zwei Situationen:

*Fall 1:* Ich berichte „da ist ein Reh" aufgrund meines Seherlebnisses eines Rehs im Wald bei klarem Licht und geringer Entfernung; ich habe das Bild deutlich vor mir und könnte es in der Art eines ‚Phantombilds' genau nachzeichnen lassen.

*Fall 2:* Ich sehe zwischen den Bäumen etwas rehartiges Rötliches vorbeihuschen, denke sofort an ein Reh und berichte „da ist ein Reh".

In beiden Fällen ist mir bekannt, wie Rehe normalerweise aussehen; der Unterschied ist nur, dass mir im Fall 1 das Bild des Rehs klar vor Augen steht und ich auch bei minutiöser Selbstprüfung sicher bin, dass ich die Wahrnehmung eines Rehs hatte, während ich im Fall 2 bei kritischer Nachfrage oder selbstkritischer Inspektion gestehen muss, dass ich eigentlich nur einen *rotbräunlichen Farbschatten* hinter den Bäumen vorbeihuschen sah, bei dem es sich ebenso um einen rotbräunlichen Hund, Bär oder Menschen in rotbräunlichem Pelzmantel gehandelt haben könnte.

Wie der Vergleich zeigt, sind unsere Sinneswahrnehmungen nur insoweit unabhängig von Vorerwartungen und theoretischem Vorwissen, solange es sich um *fokale* Wahrnehmungen unter normalen Wahrnehmungsbedingungen handelt. Bei schwachen Perzeptionen am Rand unserer ‚Wahrnehmungsschwelle' ergänzt unser Gehirn die Wahrnehmungslücken durch augenblickliche und durchaus fallible Interpretationen, wie „Oh, ein Reh!' oder gar „Huch, ein Geist!", die wir erst im nachhinein durch bewusste Reflexion korrigieren können („nein, das kann ja nicht sein…"; mehr dazu in Exkurs E11.1). Man beachte, dass es dabei nur um den *Inhalt* der Sinneserscheinung geht und darum, ob ich mir dieses *Inhalts* sicher bin, aber nicht um die Frage der realistischen Korrektheit dieses Inhalts. Auch im Fall 1 könnte ich einer Halluzination oder anderen Täuschung unterlegen haben (jemand könnte eine perfekt aussehende 3D-Rehattrappe aufgestellt haben) und ich wäre mir trotzdem des Wahrnehmungsinhaltes sicher.

Aus der Tatsache, dass zwischen den klar-fokalen und verschwommen-nichtfokalen Anteilen unserer Wahrnehmungen ein gradueller Übergang besteht, haben einige Fundierungskritiker den Einwand entwickelt, dass es keine basalen Bewusstseinsgehalte gibt. In diesem Sinn kritisierte Wilfried Sellars (1963b) die fundierungstheoretische Position als „Mythos des Gegebenen". Aber aus der Existenz eines *graduellen* Übergangs zwischen zwei entgegengesetzten Zuständen (hier: bewusst versus unbewusst) folgt keineswegs, dass es die Zustände am Ende des Spektrums nicht gäbe. Das wäre so, als würde man aus der Existenz eines graduellen Übergangs zwischen arm und reich folgern, dass es keine armen oder reichen Leute gebe (die ‚Sorites-Paradoxie'; vgl. van Fraassen 1980, S. 214). Für die Fundierungstheorie genügt es, dass es fokale und vollbewusste Wahrnehmungsinhalte *gibt:* Sie fungieren als evidente Ausgangspunkte unserer (vollständig rekonstruierten) Rechtfertigungen. Man kann sich gegebenenfalls auch auf vage nichtfokale Wahrnehmungselemente stützen, aber in diesem Fall sind die so gebildeten Überzeugungen nicht selbstevident, sondern fallibel und weiter begründungsfähig (etwa durch Übereinstimmung mit anderen Erinnerungen oder Berichten anderer Personen).

*Vor* unseren vollbewussten fokalen Wahrnehmungsgehalten liegt eine Kausalkette nicht-bewusster kognitiver Prozesse, beginnend mit Außenweltmerkmalen und den von ihnen verursachten Sinnesreizungen. Daraus folgt aber nicht, wie es Sellars' „Mythos des Gegebenen" suggeriert, dass es aus der Sicht des Bewusstseins keine ersten *schlicht gegebenen* Wahrnehmungsgehalte gibt. Sellars' Fehlschluss beruht selbst auf dem Mythos des naiven Realismus, dem zufolge die erstgegebenen Bewusstseinsinhalte die Wirklichkeit irgendwie ‚direkt wiedergeben' müssten – wenn *das* verlangt wird, gibt es solche freilich nicht, aber dies wird von unserer Fundierungstheorie nirgendwo behauptet. Die erstgegebenen Bewusstseinsinhalte liegen im gesamten kognitionsrelevanten Kausalprozess zwar in der Mitte, bilden aber den Anfang der bewusst kontrollierbaren Rechtfertigungskette, deren Ende die induktiv-abduktiv erschlossenen Außenweltüberzeugungen darstellen, die die Anfänge dieser Kausalkette, also die Außenweltmerkmale, korrekt abzubilden bezwecken.

Ein anderer fundierungskritischer Einwand besagt, dass die basalen Wahrnehmungsüberzeugungen eigentlich aus zwei Komponenten bestehen, einerseits dem Wahrnehmungs*gehalt*, als Inhalt des Wahrnehmungserlebnisses (z. B. eine rote Kugel) und andererseits aus dem Bewusstsein desselben, in Form einer introspektiven Wahrnehmungsüberzeugung (z. B. „ich habe die Seherscheinung einer roten Kugel"). Tatsächlich wird die Situation von einigen Fundierungstheoretikern so dargestellt, z. B. von Richard Fumerton (1995, S. 75). Hier wenden Fundierungskritiker ein, es sei begründungsbedürftig, dass diese Übereinstimmung besteht, also die bewusste Wahrnehmungsüberzeugung den Wahrnehmungsgehalt zutreffend wiedergibt (so z. B. Sosa 2003, S. 120; Grundmann 2008, S. 301; Ernst 2014, S. 98). Dabei werden jedoch zwei unterschiedliche Einwände vermengt:

*Erstens* der Einwand, dass der Wahrnehmungsgehalt nichtsprachlicher Natur ist, die entsprechende Überzeugung aber sprachlicher Natur (wie dies Moser 1989 darstellt). Hierbei erhebt sich zu Recht die Frage, wie ein nichtsprachliches Bild mit einem propositionalen Wahrnehmungsurteil übereinstimmen kann, und ob eine solche Übereinstimmung, wenn sie besteht, nicht selbst begründungsbedürftig ist. Wir besprechen diesen Einwand im nächsten Abschnitt und werden ihn durch den Aufweis der implizit begrifflichen Struktur von Bildern auflösen.

*Zweitens* (und unabhängig vom ersten Einwand), dass die *bewusste Repräsentation* eines Wahrnehmungsgehaltes ein von der Wahrnehmung getrennter Akt sei, durch den neben dem Wahrnehmungsgehalt eine weitere Überzeugung (gleich ob nichtsprachlich oder sprachlich) gebildet wird. Doch dies ist eine irreführende Darstellung, wie Laurence BonJour (2003, S. 62) zu Recht einwendet. Wenn nämlich unser Bewusstsein unseres Wahrnehmungsgehaltes in einer davon unterschiedenen weiteren Überzeugung besteht, dann müsste unser Bewusstsein von letzterer Überzeugung wieder in einer weiteren Überzeugung bestehen, und es würde ein infiniter Regress resultieren. Das *Bewusstsein* eines fokalen Wahrnehmungsgehaltes ist jedoch kein davon unterschiedener doxastischer Zustand, sondern eine konstitutive Eigenschaft des fokalen Wahrnehmungsgehaltes. Mein visueller Wahrnehmungsgehalt des ‚braunen Tisches dort' wird nicht in mein Bewusstsein übertragen, sondern er ist ein *Teil* dieses Bewusstseins: Mein Aktualbewusstsein *besteht* (unter anderem) aus solchen Wahrnehmungsgehalten, und sie beenden den Regress (kontra Grundmann 2008, S. 300 f.).

### 11.2.2 Irrtumsquellen durch Gedächtnis und Sprache

Zwei verbreitete Kritiken an der Fundierungstheorie besagen, dass interne Erscheinungssätze nicht unkorrigierbar sind, weil sie zwei Irrtumsquellen unterliegen. Einerseits ist die erinnerte interne Vergangenheit anfällig für die Irrtumsmöglichkeit unseres Gedächtnisses (Lehrer 1974, S. 86 f.). Andererseits müssen auch aktuale Wahrnehmungsgehalte sprachlich beschrieben werden und unterliegen damit der Irrtumsmöglichkeit einer falschen Wortverwendung (Lehrer 1974, S. 95–100, 103 f.; 1990, S. 51–54).

Zunächst zum Gedächtnisproblem: Überzeugungen über unsere interne Vergangenheit bilden gemäß Abb. 4.1 den Gehalt von Erinnerungssätzen. Sie können (wie dort ausgeführt) nicht nur extern, sondern auch intern inkorrekt sein, also unsere vergangenen internen Erlebnisse falsch wiedergeben – wenn ich mich beispielsweise an ein gestriges Seherlebnis erinnere, das in Wahrheit vorgestern stattfand. Intern inkorrekte Überzeugungen sind korrigierbar, z. B. durch den Befund, dass sie mit anderen deutlichen Erinnerungen nicht übereinstimmen (s. Abschn. 14.5). Daher rechnen wir interne Vergangenheitssätze (im Gegensatz zu Pollock 1986, S. 51) nicht zu den Basissätzen, sondern nur die introspektiven Sätze, also interne Gegenwartssätze. Externalisten zweifeln an der Möglichkeit einer internen Rechtfertigung von Erinnerungen. Gemäß Sosa (2003, S. 153) ist für eine korrekte Rechtfertigung zumindest die Korrektheit unserer Überzeugungen über unsere interne Vergangenheit definitorisch zu fordern. Wenn jedoch diese introspektiv unzugängliche Bedingung für Rechtfertigung angenommen werden muss, warum dann nicht auch weitere externe Bedingungen?, fragt Sosa (2003, S. 155).

Der Internalist muss die Sachlage anders analysieren als Sosa. Rechtfertigung kann letztlich nur durch introspektiv zugängliche Bedingungen charakterisiert werden. Unsere interne Vergangenheit ist uns aber nicht mehr zugänglich, weil sie vergangen ist. Würde man die interne Korrektheit unserer Erinnerungen als definitorische Rechtfertigungsbedingung ansehen, so lieferte sich dieser Vorschlag der Standardkritik am Externalismus aus (s. Abschn. 5.2 und 5.3) und wäre als Kriterium für die Verlässlichkeit von Erinnerungen unbrauchbar. Was uns an unserer internen Vergangenheit direkt zugänglich ist, sind nur unsere gegenwärtig abrufbaren Erinnerungen. Normalerweise verlassen wir uns auf sie, aber wir wissen aus Erfahrung, dass sie gelegentlichen Irrtümern unterliegen und müssen sie daher aus internalistischer Perspektive einer sorgfältigen Prüfung unterziehen

(s. Abschn. 14.5). Diese Forderung folgt aus unserer Rationalitätsbedingung zur Lösung des internalistischen ‚Problems des leichten Wissens' (5.2-2). Sosas Einwand, dass für den Internalisten jede Überzeugung, die sich auf ‚wackelige' Erinnerungen stützt, gerechtfertigt wäre (2003, S. 153), trifft somit nicht zu, da unsichere Erinnerungen zu prüfen, d. h. zu rechtfertigen sind.

Abschließend zum Problem der falschen sprachlichen Beschreibung einer Wahrnehmung: Natürlich ist auch hier ein Irrtum möglich, insbesondere wenn der Wahrnehmende die verwendete Sprache nicht gut beherrscht. Ein schlecht Englisch sprechender Deutscher berichtet „I see Peter reading" und meint damit, dass er Peter reden sieht, sagt aber, dass er Peter lesen sieht. Auch Lehrers Beispiel der Patientin, die ihrem Arzt berichtet, einen Schmerz zu spüren, woraufhin der Arzt korrigiert, sie würde bloß ein Jucken spüren (Lehrer 1974, S. 95), ist aus der Sicht des Arztes als falsche Begriffsverwendung zu verstehen. Eines kann der Arzt der Patientin aber nicht streitig machen, nämlich die von ihr erlebte Innenwahrnehmung, die sie in ihrer Ausdrucksweise als Schmerz beschreibt. Das Sprachproblem ist fundierungstheoretisch also dadurch zu lösen, dass man sich auf der ‚untersten' Ebene der Basisüberzeugungen zunächst nicht auf die öffentliche Sprache, sondern auf die *Privatsprache* des Erkenntnissubjekts bezieht, die in ihrer Semantik von der öffentlichen Sprache gelegentlich abweichen kann. Aus demselben Grund ist es, wie jeder weiß, auch in Diskussionen immer nötig, die Behauptung des Gegenübers zuerst einmal richtig zu *verstehen*, bevor ein Dissens festgestellt und Kritik geübt werden kann; oft genug entpuppt sich ein scheinbarer Dissens als bloßes Resultat unterschiedlicher Begriffsverwendung.

### 11.2.3 Kognitive Dysfunktionen und die Frage der Unfehlbarkeit

Gegeben eine Sinneswahrnehmung, für die alle oben diskutierten Einwände bereinigt sind: der Wahrnehmungsgehalt ist fokal, hinreichend einfach und sprachlich korrekt repräsentiert. Kann unter diesen Bedingungen nicht gesagt werden, dass ein solches introspektives Sinneserscheinungsurteil garantiert wahr bzw. strikt unfehlbar ist? Dies war die These der klassischen Fundierungstheoretiker und wird auch von einigen gegenwärtigen Fundierungstheoretikern so gesehen, z.B. von BonJour (1991, S. 64). Beginnend mit der Kritik Ludwig Wittgensteins (1951) wird die strikte Infallibilität von anderen Fundierungskritikern jedoch bestritten: Auch wenn ein Irrtum über die eigenen Bewusstseinszustände noch so unwahrscheinlich ist, so ist er doch vorstellbar.

Genau das ist allerdings zweifelhaft, denn wie sollte ein solcher kognitiver Zustand überhaupt aussehen? Freilich ist es möglich, dass wir im Wachzustand verträumt und selbstvergessen vor uns hinstarren, aber sobald wir eine Wahrnehmungsüberzeugung bilden, fokussiert sich unser Bewusstsein auf den aktualen Wahrnehmungsgehalt, dessen bewusste Repräsentation (wie in 11.2.1 ausgeführt) ein konstitutiver Aspekt dieses Gehalts ist. Anders gesprochen, wer das Bewusstsein eines fokalen Wahrnehmungsgehalts hat, *hat* auch diesen Gehalt, und ein Irrtum unseres Bewusstseins über sich selbst ist ausgeschlossen. Die einzige Möglichkeit, dieses Irrtumsszenario annähernd zu erfüllen, wäre ein *schizoider* (gespaltener) Bewusstseinszustand, in dem jemand eine Wahrnehmung bewusst repräsentiert und ‚zugleich' etwas anderes, damit Inkompatibles, wahrzunehmen scheint. Genau besehen kann dies nur bedeuten, dass sich sein Geisteszustand in einem instabilen ‚Flackerzustand' befindet, wie bei Personen, die in schizoiden Zuständen wahnhafte Einbildung in Wahrnehmungen unkontrolliert einmischen. Das normale Funktionieren unseres Bewusstseins, die sichere Unterscheidung zwischen Wahrnehmung und Einbildung sind für uns seelisch wie körperlich lebenswichtig, und würde eine hellwache Person uns sagen, sie wäre sich seit kurzem nicht mehr sicher, was sie sieht oder sich bloß einbildet, würden wir ihr umgehend einen Psychiater empfehlen.

Wir gelangen damit zur Konklusion, dass introspektive Erscheinungssätze zwar nicht strikt unfehlbar sind, weil ein Irrtum über unsere eigenen fokalen Sinnes- oder Innenerscheinungen naturgesetzlich möglich ist, aber wenn ein solcher Fall auftritt, befinden wir uns in einem schizoid gestörten Bewusstseinszustand, der die rationale Korrektur unserer widersprüchlichen Selbstwahrnehmungen unmöglich macht. Daher vertreten wir die These, dass introspektive Basisüberzeugungen nicht strikt unfehlbar, aber *unkorrigierbar* sind. Eine sich in solch schizoidem Zustand befindende Person würde dem Psychiater beispielsweise berichten, sie hätte eine Zeit lang eine normale Wahrnehmung und dann taucht unvermittelt wieder ihr ‚Dämon' vor ihren Augen auf; sie würde aber nicht sagen „ich glaube einen Dämon zu sehen, sehe ihn aber nicht". Es gibt auch den noch selteneren Fall einer stabilen Wahnwahrnehmung, in der die schizophrene Person konstant ihren ‚Dämon' sieht; aber in diesem Fall ist nicht das introspektive Urteil der Person gestört (denn die Person hat stabile fokale Dämonseherlebnisse), sondern ihre Realwahrnehmungsfähigkeit, d. h. die Person halluziniert nachhaltig und verwechselt Imagination mit außeninduzierter Wahrnehmung.

## 11.3 Sellars Dilemma und der Übergang vom Bild zur Sprache

Während Laurence BonJour (2003, S. 62 ff.) die fokal-bewussten Wahrnehmungsgehalte doxastisch als introspektive Wahrnehmungsurteile auffasst („ich habe das Seherlebnis des braunen Tisches dort"), muss zugestanden werden, dass jedenfalls in vielen Fällen die Wahrnehmungsgehalte, die meinen Wahrnehmungsurteilen zugrunde liegen, nichtsprachlich-*bildhafter* Natur sind. Damit stellt sich aber das folgende Problem, das als „Sellars' Dilemma" bekannt ist (vgl. BonJour 2003, S. 18 f.):

(11.3-1)  *Sellars' Dilemma:*
Wenn die Wahrnehmungsgehalte nicht sprachlich, sondern bildhaft gegeben sind, dann ist unklar, wie diese Wahrnehmungsbilder unsere Wahrnehmungsurteile ohne weiteren Begründungsbedarf stützen können, denn Bilder und Urteile sind ‚kategorial verschieden'. Wenn andererseits Wahrnehmungsgehalte bereits als sprachlich repräsentiert gegeben sind, muss die Richtigkeit dieser sprachlichen Repräsentation begründet werden. Der Versuch, durch basale Wahrnehmungsurteile den Begründungsregress zu stoppen, scheint somit zu scheitern.

Die Lösung dieses Problems liegt in der kognitionspsychologischen Erkenntnis, dass auch das bewusste visuelle Bild durch und durch kognitiv und damit implizit begrifflich strukturiert ist. Diese Erkenntnis widerlegt die verbreitete These von der nichtkonzeptuellen Natur von Bildern und ihrer Unvergleichbarkeit mit Urteilen. Die Erkenntnis geht u. a. auf die Gestaltpsychologie zurück (Metz-Göckel 2016) und spielt in der Wahrnehmungspsychologie eine wichtige Rolle (Rock 1984; Anderson 1996, Kap. 2; Werning 2012), auch wenn sie bislang wenig in die Erkenntnistheorie vorgedrungen ist.

Die visuelle Wahrnehmung des Menschen beruht auf einem hochkomplexen abduktiven Konstruktionsprozess, der von den Sehzentren unseres Gehirns geleistet wird. Er verläuft weitgehend unbewusst, in Bruchteilen einer Sekunde, und durchläuft vereinfacht folgende fünf Stufen (vgl. Rock 1984; Marr 1982; Müsseler & Prinz 2002, Kap. 1):

1. Die vom Objekt reflektierten und von der Augenlinse gebündelten Lichtstrahlen treffen auf die Netzhaut oder Retina, den ‚Bildschirm' des Auges, bestehend aus einem Pixel-Mosaik von etwa 120 Mio. hell-dunkel-empfindlichen Stäbchen und farbempfindlichen Zäpfchen. Sie erzeugen dort ein zweidimensionales Erregungsmuster. Durch den Mechanismus der lateralen Inhibition werden darin Grenzen zwischen unterschiedlich hellen oder gefärbten Teilsegmenten verstärkt.
2. In dem so konturierten Erregungsmuster werden in der nächsthöheren Neuronenschicht elementare geometrische Formen erkannt und imaginär ergänzt, z. B. Geraden, Ecken, geschlossene Figuren, Kurven (usw.).
3. Durch Figur-Grund Unterscheidungsmechanismen und abduktiv-hypothetische Gestaltergänzungen von teilverdeckten Körpern werden Tiefenebenen mit zugehörigen Gestalten konstruiert und es entsteht ein 2½-dimensionales Bild (Marr 1982).
4. Die Mechanismen der Entfernungsbestimmung und des Tiefensehens konstruieren daraus durch eigenpositionsabhängige ‚Verrechnung von Sehperspektiven' das 3D-Bild, dessen fokale Elemente schließlich in unser Bewusstsein treten. Der bekannteste 3D-Sehmechanismus ist der des binokularen Stereobildes (in dem die beiden Netzhautbilder übereinandergelegt werden und aus deren Verschiebung die ‚Tiefe' konstruiert wird), aber es gibt weitere Tiefensehmechanismen, die auch Einäugige besitzen, wie Bewegungsparallaxe, Linsenakkomodation, Schatteneffekte, Perspektivenberechnung

## 11.3 Sellars Dilemma und der Übergang vom Bild zur Sprache

u. a. m. (vgl. Rock 1984, S. 1–7, 13, 55, 64–66, 73–76, sowie Schurz 2015, Abschn. 2.1–2.5). Durch all diese Mechanismen wird aus den entfernungsabhängigen 2D-Objektprojektionen auf der Netzhaut ein entfernungsunabhängiges größenkonstantes 3D-Objektbild erzeugt.

5. Die Veränderung der eigenen Position wird aus der Veränderung der Sehbilder herausgerechnet, so dass trotz Eigenpositionsveränderung ein unbewegtes Objekt als unbewegt wahrgenommen wird. Die Farbkonstanz wird durch Herausrechnung unterschiedlicher Lichtverhältnisse berechnet (denn wie jeder Maler weiß, muss der Schattenanteil eines Baumes mit anderem Grün gemalt werden als der im Licht, was wir aber nicht als Farbänderung des Baumes wahrnehmen). Zudem werden zeitliche Veränderungen der Objekte erkannt und kontinuierlich veränderte Einzelbilder zu einem ‚Bewegungsfilm' synthetisiert.

All diese unbewussten Sehmechanismen sind abduktiver und damit unsicherer Natur; sie können auch irren und in gewissen Situation zu Illusionen und Täuschungen führen, wie zahlreiche Befunde der Wahrnehmungspsychologie belegen.

Wie in Abschn. 11.2.1 ausgeführt, folgt aus diesen kognitionspsychologischen Erkenntnissen natürlich *nicht,* dass es keine dem Bewusstsein direkt gegebenen Wahrnehmungsgehalte gibt – es gibt sie, und sie sind (extern betrachtet) das, was am ‚Ende' des komplexen unbewussten Sehprozesses in unser Bewusstsein tritt, die fokalen Elemente des generierten 3D-Sehbildes. Was jedoch daraus folgt, sind *drei* erkenntnistheoretische Einsichten:

**Einsicht 1:** Wie in Abschn. 7.6 ausgeführt, *widerlegen* die kognitionswissenschaftlichen Erkenntnisse den *direkten Realismus*, der besagt, dass wir die Dinge ‚direkt' sehen, so wie sie ‚an sich selbst' sind. Was wir *direkt* sehen, ist das von unserem Gehirn konstruierte Bild des Objektes, während wir das Objekt ‚an sich' nur *indirekt* sehen, vermittels dieses Bildes. Dass das von unserem Gehirn konstruierte Sehbild die Oberflächenstruktur der Wirklichkeit ‚hinreichend zutreffend' wiedergibt, können wir freilich nicht streng beweisen, sondern nur induktiv und abduktiv erschließen, als beste Erklärung der Erfolge unserer visuellen Wahrnehmung in der alltäglichen Lebenspraxis (Abschn. 14.4), zusätzlich gestützt durch wissenschaftliche Erkenntnisse über die Evolution des Sehsinnes (in Form eines ‚partiellen Zirkels', s. Abschn. 12.3).

**Einsicht 2:** Die wichtigste kognitive Einsicht ist die *implizit begriffliche* Struktur des Sehbildes. In der ersten Stufe wird das zweidimensionale Sehfeld in Teilsegmente zerlegt; in der zweiten Stufe werden elementare geometrische Formen ausgemacht, die 1:1 primitiven geometrischen Begriffen entsprechen; in der dritten Stufe werden Gestalten, also zusammenhängende Objekte erkannt und vom Hintergrund abgehoben; hier setzen Dingkategorisierungen bzw. Artbegriffe, aber auch singuläre Terme an; in der 4. Stufe werden die dreidimensionalen Tiefenanordnungen und damit die realen Größenverhältnisse bestimmt, die ebenfalls direkte begriffliche Korrelate besitzen, und Analoges gilt für Bewegungsvorgänge in der fünfte Stufe. Auch wenn der bewusste visuelle Wahrnehmungsgehalt zunächst als nichtpropositionales Sehbild gespeichert wird, sind doch seine fokalen Elemente kognitiv und implizit begrifflich strukturiert, und damit gerade dazu geschaffen, dass sich die dazu passenden Wahrnehmungsbegriffe und -urteile darin ‚einhaken' (bzw. die zugrundeliegenden Neuronencluster damit verbunden sind), so dass sich beispielsweise zu meinem fokalen Sehbild des braunen Tisches das Wahrnehmungsurteil „ich sehe einen braunen Tisch" umweglos durch simple verbale Reflexion bildet. Sellars Dilemma und die damit verbundene Kritik an der Fundierungstheorie lösen sich damit auf.

Da unser Gehirn seine Sehbilder in Form räumlich abgegrenzter Objekte strukturiert, eignet sich für die unmittelbare Beschreibung dieser Bilder die Dingsprache des Commonsense, wie z. B. „ich sehe einen braunen Tisch". Dieser Satz wird vom Erkenntnistheoretiker jedoch als Erscheinungssatz verstanden. Einige Fundierungstheoretiker argumentierten deshalb, Basissätze sollten noch einen Schritt hinter die dinghafte Kategorisierung zurückgehen und eine ‚phänomenale Sinnesdatensprache' benutzen (vgl. BonJour 2003, S. 78) – in unserem Tischbeispiel etwa „ich habe die 2D-Seherscheinung einer trapezförmigen braunen Fläche mit davon nach unten abstehenden braunen Stäben, die ich perspektivisch als braune waagrechte Platte mit vier gleichlangen nach unten abstehenden braunen Stäben und daher als brauner Tisch rekonstruiere". Derartiges ist zwar möglich, aber man beachte, dass dies einer *nachträglichen* geistigen ‚Rückwärtszerlegung' unseres Sehbildes gleichkommt, das sich dem Bewusstsein zunächst einfach als Bild eines braunen Tisches repräsentiert, wofür die nötigen Konstruktionsschritte vom Gehirn bereits unbewusst geleistet wurden. Für die wissenschaftliche Fundierungstheorie ist es unproblematisch, die Basissätze einfachheitshalber bei dingsprachlich formulierten Erscheinungssätzen beginnen zu lassen.

**Einsicht 3:** Auch für die Auflösung eines dritten Einwandes, der die Unvollständigkeit unseres Sehbildes betrifft, sind die kognitionspsychologischen Einsichten entscheidend. Anknüpfend an ein Beispiel von Chisholm (1942) spricht man bei diesem Einwand auch vom Problem des „gefleckten Huhns" oder „gestreiften Tigers" (Kutschera 1981, S. 232). Sosa (2003, S. 120, 130) formuliert diesen Einwand wie folgt: Wenn wir einen gestreiften Tiger klar und deutlich sehen, so sehen wir dennoch nicht, *wie viele* Streifen er besitzt, obwohl das nichtsprachliche Sehbild dem Einwand zufolge die genaue Anzahl von Streifen als Teilinformation enthält. Wäre die fundierungstheoretische Annahme wahr, dass unser Wahrnehmungsbild bewusst und intern zugänglich ist, dann müssten wir jedoch auch die Anzahl der Streifen des Tigers bewusst wahrnehmen. Da dies nicht der Fall ist, sei damit die fundierungstheoretische Annahme widerlegt. Sosa nimmt hier offenbar an, dass das bewusste Sehbild wie ein vollständiges Pixelbild gegeben ist. Aber genau das ist der Irrtum, denn wie die obigen Ausführungen belegen, besteht unser bewusstes Sehbild nicht aus ‚Pixeln', sondern aus räumlich angeordneten visuellen Strukturen, und ‚schwarze Streifen' sind solche visuellen

Strukturen der Tigeroberfläche, die wir augenblicklich sehen, ohne zu sehen, dass es (sagen wir) genau 19 Streifen sind. Wenn wir von der kognitiven Strukturiertheit unserer Sehbilder ausgehen, ist der „gestreifte Tiger" also kein Problem mehr.

Sosa (2003, S. 123) entwickelt seinen Einwand anhand des Beispiels einer Menge von ‚vielen' Punkten auf einem Blatt Papier: Was wir direkt sehen, sind ‚viele Punkte', aber nicht, dass es sich um (sagen wir) genau 19 Punkte handelt. Letzteres können wir nur durch *Abzählen* der gesehenen Punkte herausfinden, denn das Erregungsmuster auf der Retina enthält diese Information. Allerdings reichen in diesem Fall die angeborenen Konstruktionsmechanismen des Gehirns nicht aus, um diese Information zu extrahieren. Wir müssen auf unser Sehbild die logisch-analytische Operation des *Zählens* anwenden, bei der die gesehenen Objekte in eine Reihenfolge gebracht und Zahlen zugeordnet werden – eine durchaus anspruchsvolle Operation, die Steinzeitmenschen noch nicht beherrschten, die im Lauf der kulturellen Evolution des Menschen erworben und tradiert wurde, und die heute Kinder im Schulalter erlernen. Die Fundierungstheorie muss daraus lernen, dass die *fokalen* Elemente unserer bewussten Sehwahrnehmung, die den *unmittelbar* evidenten Basisüberzeugungen entsprechen, nicht nur im Sehfokus liegen, sondern auch ‚hinreichend einfach' sein müssen. Psychologischen Befunden zufolge können Menschen nur etwa fünf Objekte *simultan* visuell erfassen; größere Objektanzahlen, auch wenn wir den Sehfokus darauf richten, können nur durch Anwendung logisch-analytischer Operationen wie der Zähloperation extrahiert werden. Demnach sollte man unterscheiden zwischen (1) den unmittelbar-perzeptuellen Basisüberzeugungen, die den Gehalt des direkt Wahrgenommenen wiedergeben, und (2) den mittelbar-perzeptiven Basisüberzeugungen, die durch Anwendung von logisch-analytischen Operationen auf unmittelbar-perzeptive Basisüberzeugungen gewonnen werden.

## 11.4 Optimalitätsrechtfertigung als Lösung des Regressproblems

In den Abschn. 6.1, 6.4 und 11.1 bis 11.3 wurde die Basis unserer empiristisch-fundierungstheoretischen Erkenntnistheorie entwickelt und gegen Einwände verteidigt. Die Minimalität der Basis ermöglicht uns die Lösung des Basisproblems, des einen ‚Horns' des fundierungstheoretischen Dilemmas (6.1-3). Es bleibt die Lösung des anderen ‚Horns', des Rechtfertigungsproblems höhere Stufe, also die Rechtfertigung der Rationalität deduktiver, induktiver und abduktiver Schlüsse in Bezug auf das oberste epistemische Ziel, der Findung gehaltvoller Wahrheiten. Dieses Problem wird von nun an bis zum Ende des Lehrbuchs im Fokus stehen. Und damit kommen wir zur wichtigsten Innovation unserer Explikation der Fundierungstheorie in Merksatz 11.1-1, Bedingung (3b), worin wir neben der Begründung der Reliabilität auch die Begründung der *Optimalität* einer Schlussart in Bezug auf das Reliabilitätsziel zugelassen haben. Tatsächlich ist ein nichtzirkulärer Beweis der Reliabilität induktiver und abduktiver

Schlüsse unmöglich, und zwar nicht nur für 100 %ige Reliabilität, sondern auch für minimal-probabilistische Reliabilität im Sinne einer höheren Erfolgsrate als nur zufälliges Raten. In Abschn. 13.2 und Exkurs E13.1 wird dies im Detail gezeigt, doch allgemein ergibt sich die Diagnose einfach daraus, dass in beiden Schlussarten von einem Bereich auf einen logisch davon unabhängigen Bereich geschlossen wird, so dass nichts logisch sicherstellen kann, dass der zweite Bereich dem ersteren ähnelt. Selbst für die Gesetze der Logik ergibt sich wie erwähnt ein Rechtfertigungsbedarf, da deren Begründung das Zweiwertigkeitsprinzip der klassischen Logik voraussetzt und unklar ist, wie dieses gegenüber nichtklassischen Logiken zirkelfrei verteidigt werden kann. Um das Rechtfertigungsproblem höherer Stufe zu lösen, bedarf es daher einer Alternative zur Reliabilitätsrechtfertigung. Diese Rolle spielen Optimalitätsrechtfertigungen.

Eine Optimalitätsrechtfertigung zeigt nicht, dass eine bestimmte Schlussart oder Erkenntnismethode reliabel ist, d. h. mit überzufällig hoher Häufigkeit zu wahren Konklusionen führt bzw. verallgemeinert das Erkenntnisziel erreicht, sondern lediglich, dass diese Erkenntnismethode optimal ist in Bezug auf das Erkenntnisziel, d. h. unter allen kognitiv zugänglichen Methoden das Beste ist, was getan werden kann, um das Erkenntnisziel zu erreichen. Eine Optimalitätsrechtfertigung ist somit epistemisch schwächer als eine Reliabilitätsrechtfertigung, weil sie die Möglichkeit eines ‚skeptischen' Szenarios (z. B. irreguläre Welten, in der kein Voraussageerfolg möglich ist) nicht ausschließt: In solchen Szenarien ist jede Methode gleichermaßen nichtreliabel („the best of a bad lot", wie van Fraassen 1989, S. 143, sagt), was aber nicht die Optimalität der Methode widerlegt. Eine Optimalitätsrechtfertigung ist immer noch hinreichend, um eine Schlussart oder Erkenntnismethode epistemisch zu rechtfertigen, da jedenfalls die Möglichkeit besteht, dass wir uns in einer regulären ‚nichtskeptischen' Welt befinden, in der die optimale Erkenntnismethode erfolgreicher ist als andere Methoden. Somit ist es in jedem Fall (gleich in welcher Welt wir uns befinden) rational, die optimale Erkenntnismethode anzuwenden.

Der Begriff der Optimalität kommt aus der Spieltheorie (Neumann & Morgenstern 2004; Weibull 1995). Eine Handlung wird dort *optimal* genannt, wenn sie unter allen möglichen Handlungsalternativen in jeder möglichen Welt maximalen Nutzen einbringt, und sie heißt *dominant*, wenn sie optimal ist und jeder alternativen Handlung in mindestens einer möglichen Welt nutzenmäßig überlegen ist. Die Optimalität einer Handlung lässt den Fall zu, dass es mehrere gleichermaßen optimale (in jeder möglichen Welt nutzenmaximale) Handlungen gibt. Letzteres wird nur ausgeschlossen, wenn eine Handlung *dominant* ist. Für die Lösung des epistemischen Rechtfertigungsproblems genügt jedoch eine Optimalitätsrechtfertigung.

Optimalitätsrechtfertigungen wurden vom Autor für die Rechtfertigung des induktiven Schließens entwickelt und von dort auf weitere Bereiche verallgemeinert (s. Abschn. 12.5; Kap. 13, 14). Zunächst ist zu sehen, dass es unmöglich ist, *alle* möglichen Methoden für ein gegebenes Erkenntnisziel zu berücksichtigen. Die Menge aller induktiver und abduktiver Methoden (logisch betrachtet: Funktionen mit gewissen Eigenschaften) ist nicht einmal rekursiv aufzählbar. Die vorgeschlagene Lösung dieses Problems besteht darin, dass man sich auf *kognitiv zugängliche* Methoden beschränkt. Dies ist für die Lösung des Rechtfertigungsproblems hinreichend, denn Methoden, die dem Erkenntnissubjekt unbekannt sind, sind für seine epistemische Methodenwahl irrelevant. Da reale epistemische Subjekte *endliche* kognitive Ressourcen besitzen, sind ihnen nur endlich viele Methoden simultan zugänglich, d. h. auflistbar und in ihren Erfolgsraten vergleichbar.

Darauf aufbauend definieren wir die Begriffe einer (universell) optimalen Methode sowie einer in Bezug auf eine Methodenklasse dominante Methode:

**Merksatz 11.4-1**

**Optimalität und Dominanz von Erkenntnismethoden**

1. Eine Erkenntnismethode M ist *optimal* für ein Erkenntnisziel Z innerhalb einer Klasse **M** von Methoden für Z (mit M ∈ **M**) g. d. w. für jede Methode M' ∈ **M** gilt: M ist in keiner möglichen Welt weniger erfolgreich als M' in Bezug auf Z.
2. Eine Erkenntnismethode M ist *universell optimal* für ein Erkenntnisziel Z g. d. w. für jedes Erkenntnissubjekt S gilt: M ist optimal für Z innerhalb der Klasse aller Methoden für Z, die S kognitiv zugänglich sind.
3. Eine Erkenntnismethode M ist *dominant* für ein Erkenntnisziel Z innerhalb einer Klasse **M** von Methoden für Z (mit M ∈ **M**) g. d. w. M optimal ist für Z innerhalb **M** und jede von M verschiedene Methode M' ∈ **M** in mindestens einer möglichen Welt in Bezug auf Z weniger erfolgreich ist als M. ◄

Während der Begriff der *universellen* Optimalität auf alle einem beliebigen Erkenntnissubjekt zugänglichen Methoden bezogen ist, haben wir Dominanz auf eine Methodenklasse **M** relativiert, da (wie sich herausstellen wird) universelle Dominanz ‚zu viel' ist, um beweisbar zu sein. Doch universelle Optimalität genügt, um das Rechtfertigungsproblem höherer Stufe zirkelfrei zu lösen. Gibt es mehrere gleichermaßen optimale Alternativmethoden, so resultiert ein epistemischer Pluralismus. Allerdings sollten zwecks Trivialitätsvermeidung zumindest eingeschränkte Dominanztheoreme beweisbar sein, denen zufolge die optimale Methode in bestimmten Welten besser abschneidet als ‚unintelligente' Methoden wie z. B. blindes Raten.

Kann universelle Optimalität bewiesen werden? Auch das erscheint zunächst unplausibel, denn für jede konkret definierte Methode M sollte es möglich sein, eine mögliche Welt so zu definieren, dass genau diese Methode dämonisch getäuscht wird. Dass dies in der Tat möglich ist, wurde für induktives Voraussageschließen in Form bekannter ‚Diagonalisierungstheoreme' bewiesen (Putnam 1965). Zur Lösung dieses Problems wurde vom Autor der Schritt auf die *Meta*ebene vorgeschlagen: Universell optimale Methoden müssen *universell* *lernfähige Metamethoden* sein, ähnlich universellen Turingmaschinen, die jede spezielle Turingmaschine simulieren können. In Anwendung auf beliebige endliche Mengen konkurrierender Methoden $M_1,\ldots,M_m$ konstruiert die optimale Metamethode in Abhängigkeit von deren bisherigen Erfolgen eine kombinierte Methode M*, die nachweislich in jeder möglichen Welt mindestens so erfolgreich ist wie jede der Methoden $M_1,\ldots,M_m$.

Dies ist die Grundidee des Programms von Optimalitätsrechtfertigung. Aber ist es auch durchführbar? Für den Bereich des induktiven Schließens kann dies im Detail gezeigt werden (s. Abschn. 13.3–13.5). Das Erkenntnisziel besteht hier in der Voraussage zukünftiger Ereignisse. Davor wird die Optimalitätsmethode auf das Rechtfertigungsproblem der klassischen Logik gegenüber Alternativlogiken angewandt, bezogen auf das Erkenntnisziel der unbeschränkten Repräsentationskraft (Abschn. 12.5 und Exkurs E12.4). Das Kap. 14 befasst sich schließlich mit der Optimalitätsrechtfertigung des ‚kreativen' abduktiven Schließens auf erfahrungstranszendierende ‚theoretische' Modelle. Dabei werden (1) empirische Regelmäßigkeiten durch (2) theoretische Modelle über nicht in der Erfahrung enthaltene Ursachen erklärt und vorausgesagt. In der wissenschaftstheoretischen Anwendung (Abschn. 14.3) handelt es sich bei (1) um Beobachtungsrealsätze und bei (2) um Theorien, und in der erkenntnistheoretischen Anwendung (Abschn. 14.4) bei (1) um Sinneserscheinungen und bei (2) um Beobachtungsrealsätze.

Ein Spezialfall einer Optimalitätsrechtfertigung ist der Aufweis, dass es sich bei einer abduktiven Hypothese nicht nur um die bestverfügbare, sondern um die *einzig mögliche* Erklärung handelt, die minimale *Plausibilitätsstandards* erfüllt. Diese Spezialform ist eine Annäherung an die kantische Methode der ‚transzendentalen Deduktion' – nur eine Annäherung, weil es sich dabei um keine echte Deduktion handelt. Wollte man die Methode der Optimalitätsrechtfertigung in die großen Traditionen aufklärungsorientierter Erkenntnistheorie einordnen, so wäre sie aufgrund ihrer immanenten Reflexion unseres Erkenntnisvermögens in die Nähe einer kantischen Philosophie einzuordnen. Im Gegensatz zu Kant soll aber nirgendwo die strenge Apriorizität von Erkenntnismethoden, sondern lediglich ihre universelle Optimalität behauptet werden. Wenn Kants Philosophie ein transzendentaler Apriorismus ist, kann man hier von einem transzendentalen Optimalismus sprechen.

## Literatur

### Gegenwartsphilosophie

Anderson, J. (1996). *Kognitive Psychologie, Spektrum*. Heidelberg: Akademischer Verlag.
BonJour, L. (1991). *In defense of pure reason: A rationalist account of a priori justification*. Cambridge: Cambridge Univ. Press.
BonJour, L. (2003). A version of internalist foundationalism. In L. BonJour & E. Sosa (2003), *Epistemic justification* (S. 3-96). Oxford: B. Blackwelll

Chisholm, R. M. (1942). The problem of the speckled hen. *Mind, 51,* 368–373.
Ernst, G. (2014). *Einführung in die Erkenntnistheorie.* Darmstadt: Wissenschaftliche Buchgesellschaft (6. Aufl.).
Fumerton, R. A. (1995). *Metaepistemology and Skepticism.* London: Roman and Littlefield.
Grundmann, T. (2008). *Analytische Einführung in die Erkenntnistheorie.* Berlin und New York: de Gruyter.
Grundmann, T., Horvath, J., Kipper, J. (2014, Hrsg.). *Die Experimentelle Philosophie in der Diskussion.* Frankfurt a. M: Suhrkamp.
von Kutschera, F. (1981). *Grundfragen der Erkenntnistheorie.* Berlin: de Gruyter.
Lehrer, K. (1974). *Knowledge.* Oxford: Clarendon Press.
Lehrer, K. (1990). *Theory of knowledge.* London: Routledge.
Marr, D. (1982). *Vision.* New York: Freeman and Company.
Metz-Göckel, H. (2016, Hrsg.). *Gestalttheorie und kognitive Psychologie.* Wien und New York: Springer.
Moser, P. K. (1989). *Knowledge and evidence.* Dordrecht: Reidel.
Müsseler, J., & Prinz, W. (2002). *Allgemeine Psychologie.* Heidelberg: Spektrum Akademischer Verlag.
Neumann, J., & Morgenstern, O. (2004). *Theory of games and economic behavior.* Princeton: Univ. Press (original 1944).
Pollock, J. (1986). *Contemporary theories of knowledge.* Maryland: Rowman & Littlefied.
Putnam, H. (1965). Trial and error predicates and a solution to a problem of Mostowski. *Journal of Symbolic Logic, 30,* 49–57.
Rock, I. (1984). *Perception.* New York: Scientific American Books.
Schurz, G. (2015). Ostensive learnability as a test criterion for theory-neutral observation concepts. *Journal for General Philosophy of Science, 46,* 139–153.
Schwitzgebel, E. (2019). „Belief". In *The Stanford Encyclopedia of Philosophy,* https://plato.stanford.edu/archives/fall2019/entries/belief/.
Sellars, W. (1963a). *Science, perception, and reality.* London: Routledge.
Sellars, W. (1963b). Empiricism and the philosophy of mind. In Sellars (1963a), S. 127–196.
Sosa, E. (2003). Beyond internal foundations to external virtues. In L. BonJour & E. Sosa (2003), *Epistemic justification* (S. 97–170). Oxford: B. Blackwelll
Van Fraassen, B. (1980). The scientific image. Oxford: Clarendon Press (Neuaufl. 1990).
Van Fraassen , B. (1989). *Laws and symmetry.* Oxford: Clarendon Press.
Weibull, J. (1995). *Evolutionary game theory.* Cambridge/Mass: MIT Press.
Werning, M. (2012). Non-symbolic compositional representation and its neuronal foundation. In M. Werning, W. Hinzen, & E. Machery (Hrsg.), *The Oxord handbook of compositionality* (S. 633–654). Oxford: Oxford University Press.
Wittgenstein, L. (1951). Über Gewissheit. In L. Wittgenstein, *Suhrkamp-Werkausgabe* Bd 8. Frankfurt/M.: Suhrkamp 1984.

# Prinzipien konditionaler Rechtfertigung 12

## Inhaltsverzeichnis

12.1 Reliabilität und Nichtzirkularität: Rationalitätsbedingungen für konditionale Rechtfertigung.................................................................. 191
12.2 Widerlegung von Zirkelschlüssen........................................... 194
12.3 Rechtfertigungsnetze: vollständige versus partielle Zirkel..................... 196
12.4 Mehr zu Deduktion, Induktion und Abduktion............................... 200
12.5 Optimalitätsrechtfertigung logischer Prinzipien............................. 202
Literatur .................................................................. 206

## 12.1 Reliabilität und Nichtzirkularität: Rationalitätsbedingungen für konditionale Rechtfertigung

Aus der Sicht der Fundierungstheorie besteht jede Rechtfertigung einer Überzeugung (1) aus der Anführung von geeigneten Ausgangsprämissen in der Form unmittelbar evidenter Basisüberzeugungen und (2) aus *konditionalen* Rechtfertigungen in der Form von Argumenten bzw. Schlüssen, deren letztliche Konklusion die fragliche Überzeugung bildet. Während wir uns in Kap. 11 mit dem Basisproblem beschäftigten, widmen wir uns hier den Rationalitätsbedingungen für konditionale Rechtfertigungen.

Ein Schluss (notiert als $P_1, \ldots, P_n/K$) leistet eine konditionale Rechtfertigung, d. h., *wenn* seine Prämissen ($P_i$) hinreichend gut begründet sind, dann ist auch seine Konklusion (K) gut begründet. Für die *rationale Akzeptierbarkeit* eines solchen Schlusses als Instrument konditionaler Rechtfertigung sind zwei Bedingungen notwendig. Eine davon haben wir bereits in Abschn. 4.4

---

*Die Kapitel des Buches werden durch zahlreiche Exkurse ergänzt, die als Online Materialien angeboten werden (Download Link siehe Vorwort).

kennengelernt: die *bedingte Wahrscheinlichkeit* der Konklusion, gegeben die Wahrheit der Prämissen, also $P(K|P_1 \wedge \ldots \wedge P_n)$, muss ‚hinreichend hoch' sein – mindestens so hoch wie die gegebene Akzeptanzschwelle $\alpha > 0.5$ (z. B. $\alpha = 85\%$ oder 99 %). Zusätzlich wird die *positive Relevanzbedingung* verlangt, der zufolge die Prämissen die Konklusionswahrscheinlichkeit gegenüber der Ausgangswahrscheinlichkeit erhöhen müssen, also $P(K|P_1 \wedge \ldots \wedge P_n) > P(K)$ gelten muss. Letztere Bedingung spielt im bayesianischen Bestätigungsbegriff eine zentrale Rolle (Howson und Urbach 1996, S. 117 ff.; Fitelson 1999) und ist auch für die erkenntnisdynamische Anwendung unerlässlich (s. u.). Wie die Wahrscheinlichkeit rational ermittelt werden kann, wurde in Abschn. 4.4 ausgeführt und in Exkurs E4.4 vertieft; wichtig ist, dass es sich um eine objektive, an Häufigkeitstendenzen orientierte Wahrscheinlichkeit handeln muss.

Die zweite Rationalitätsbedingung wird ersichtlich, wenn man die *epistemische Funktion* von Schlüssen als konditionale Rechtfertigungsinstrumente bedenkt. Sie besteht darin, aus gesicherten Überzeugungen (Prämissen) *weitere* Überzeugungen (Konklusionen) zu gewinnen – ein Vorgang, den man auch das *Ziehen* des Schlusses bzw. die *Abtrennung* der Konklusion nennt. Dabei handelt es sich um einen erkenntnis*dynamischen* Vorgang, also um einen Übergang von einem kognitiven System $S_0$ zu einem neuen System $S_1$. Betrachten wir einfachheitshalber einen Schluss mit nur einer Prämisse A und der Konklusion B, also A/B, und modellieren wir ein kognitives System *qualitativ* als Menge akzeptierter Überzeugungen (Sätze) und akzeptierter Schlüsse (vgl. Schurz und Lambert 1994). Dann ist im früheren kognitiven System $S_0$ nur der Schluss bekannt, aber weder A noch B (A,B $\notin S_0$). Nun macht das Erkenntnissubjekt eine neue Erfahrung und erwirbt dadurch die neue Überzeugung A, woraus es (aufgrund des Schlusswissens) die *weitere* Überzeugung B erschließt. Dieser Zustandsübergang führt zum neuen kognitiven System $S_1 = S_0 \cup \{A,B\}$. (Man nennt dies auch ‚Expansion'; verallgemeinernd gilt: $S_1 = Cn(S_0 \cup \{A\})$; vgl. Gärdenfors 1988).

Alternativ kann man den Zustandsübergang mit Überzeugungsgraden statt qualitativen Überzeugungen explizieren. In diesem Fall besitzen im System $S_0$ sowohl A wie B eine nur geringe Wahrscheinlichkeit, unter der Akzeptanzschwelle $\alpha$. Das Erkenntnissubjekt macht eine neue Erfahrung, E, durch die sich die Wahrscheinlichkeit von A im neuen System $S_1$ hinreichend weit über $\alpha$ hinaus erhöht, so dass sich als Folge auch die Wahrscheinlichkeit von B erhöht, gemäß folgendem Gesetz (Jeffrey 1983, Kap. 11):

(12.1-1) *Jeffrey-Konditionalisierung:*

$$P_1(B) = P_1(B|A) \cdot P_1(A) + P_1(B|\neg A) \cdot P_1(\neg A) = P_0(B|A) \cdot P_1(A) + P_0(B|\neg A) \cdot P_1(\neg A).$$

Der linke Teil der ‚Jeffrey-Konditionalisierung' folgt aus der Wahrscheinlichkeitstheorie; im rechten Teil wird plausiblerweise angenommen, dass sich die bedingte Konklusionswahrscheinlichkeit beim Übergang von $S_0$ zu $S_1$ nicht ändert ($P_0(B|A) = P_1(B|A)$); es ändert sich nur die unbedingte Wahrscheinlichkeit von A, und in der Folge auch die von B. Es wird hier also eine hohe Wahrscheinlichkeit von A nach B transportiert.

## 12.1 Reliabilität und Nichtzirkularität: Rationalitätsbedingungen ...

Aus der erkenntnisdynamischen Funktion eines Schlusses folgt unmittelbar die zweite epistemische Akzeptanzbedingung, nämlich seine *epistemische Nichtzirkularität*. Es muss im kognitiven System $S_1$ möglich sein, die Prämissen des Schlusses zu rechtfertigen, *ohne* dabei die Wahrheit der Konklusion vorauszusetzen. *Nur dann* kann durch das Ziehen des Schlusses eine weitere Information gewonnen werden, die nicht schon zuvor bekannt war. Ein *Beispiel:* Die Expansion des Universums (E) kann nur durch die Beobachtung der Frequenzverschiebung im Sternenlicht (F) bestätigt werden. Umgekehrt folgt (F) auch aus (E), zusammen mit physikalischem Hintergrundwissen (H). Der Schluss von H und E auf F erfüllt daher nicht die Nichtzirkularitätsbedingung und kann nicht zur Rechtfertigung von F benutzt werden, da die Rechtfertigung der Prämisse E das Wissen von F voraussetzt. Eine analoge Zirkularität liegt vor, wenn die Wahrheit der heiligen Schrift damit begründet wird, dass sie von Gott stammt, und die Existenz Gottes durch die Wahrheit der Heiligen Schrift begründet wird.

Bei der obigen Charakterisierung von Zirkularität handelt es sich um *Prämissenzirkularität* im Sinne von Merksatz 6.3-1. Daneben gibt es noch *Regelzirkularität*, die durch folgende Bedingung ausgeschlossen werden muss: Es muss im gegebenen kognitiven System möglich sein, die Reliabilität oder die Optimalität des Schlusses zu rechtfertigen, *ohne* dabei die Wahrheit seiner Konklusion voraussetzen zu müssen.

Wir wollen nun den Begriff der Prämissenzirkularität näher explizieren (mehr zur Regelzirkularität in Abschn. 12.2). Die Nichtzirkularitätsbedingung ist relativ zum gegebenen kognitiven System S, weshalb wir von ‚epistemischer' Nichtzirkularität sprechen. Es wird darin nicht nur ausgeschlossen, dass die Konklusion ein Element der Prämissenmenge ist (das ist der Spezialfall ‚logischer' Zirkularität), sondern auch, dass die Konklusion in keiner Rechtfertigung einer Prämisse enthalten sein darf. Dabei verstehen wir unter einer Rechtfertigung, genau wie in der Logik, eine ‚beweisende' Sequenz von Sätzen, mit dem einzigen Unterschied, dass wir nicht nur deduktive, sondern auch induktive und abduktive Schlüsse zulassen. Das heißt, eine *Rechtfertigung eines Satzes* A ist eine Sequenz von Sätzen $B_1,...,B_n$, so dass jedes Element dieser Sequenz entweder ein Basissatz im epistemischen Sinn ist (also ein introspektiver oder analytischer Satz), oder aus vorhergehenden Sätzen mithilfe eines korrekten Schlusses folgt, und der letzte Satz der Sequenz A ist, also $B_n = A$ (Schurz 2018, Kap. 8). Die epistemische Nichtzirkularitätsbedingung für einen Schluss $B_1,..., B_n/A$ besagt damit einfach, dass es im kognitiven System S für jede Prämisse $B_i$ eine Rechtfertigungssequenz geben muss, die A nicht enthält.

Eine logische Subtilität ist allerdings zu beachten. Gegeben der logisch zirkuläre Schluss „A, B / A", so könnte die logische Zirkularität durch die bloße Zusammenfassung der Prämissen zu ihrer Konjunktion zum Verschwinden gebracht werden: „A∧B/A" wäre nicht mehr logisch zirkulär. Man könnte argumentieren, „A∧B/A" sei immer noch epistemisch zirkulär, weil in jeder Rechtfertigungssequenz für „A∧B" A auftaucht. Doch diese Idee kann durch Konjunktionsbildung in Rechtfertigungssequenzen unterwandert werden, wie in Exkurs E12.1 gezeigt wird. Die Konsequenz daraus ist, dass für eine haltbare Formulierung der epistemischen Nichtzirkularitätsbedingung nicht nur Prämissen und Konklusion des Schlusses, sondern auch sämtliche Glieder ihrer

Rechtfertigungssequenzen in kleinste konjunktive Elemente, sogenannte *Gehaltselemente,* zerlegt werden müssen. Jeder Satz besitzt nachweislich eine Zerlegung in Gehaltselemente; die genaue logische Definition wird in Exkurs E12.1 gezeigt. Beispielsweise lautet die Zerlegung von $\neg(p\vee\neg q)$ $\{\neg p, q\}$, die von $\forall x(Fx\wedge Gx)$ $\{\forall xFx, \forall xGx\}$; dagegen sind $p\vee q$ oder $\exists x(Fx\wedge Gx)$ unzerlegbar. Rechtfertigungssequenzen, die nur aus Gehaltselementen bestehen, nennen wir *elementar.* Wir fassen zusammen:

---

**Merksatz 12.1-1**

**Rationale Akzeptierbarkeit von Schlüssen**
Ein Schluss $B_1,\ldots,B_n/A$ ist in einem kognitiven System S mit Wahrscheinlichkeitsfunktion P rational akzeptierbar g. d. w. folgendes gilt:
1. die (rational erwartete) bedingte Konklusionswahrscheinlichkeit $P(A|B_1\wedge\ldots\wedge B_n)$ ist größer gleich der Akzeptanzschwelle,
2. für jedes Gehaltselement der Prämissenmenge existiert eine elementare Rechtfertigungssequenz in S, die kein Gehaltselement der Konklusion enthält, und
3. eine solche Rechtfertigungssequenz existiert in S auch für die Reliabilität oder Optimalität des Schlusses. ◄

---

## 12.2 Widerlegung von Zirkelschlüssen

Der Negationseinwand besagt, dass mit Zirkelschlüssen scheinbar sowohl eine These wie ihr Gegenteil ‚gerechtfertigt' werden können. Wir haben diesen Einwand in Abschn. 6.2 für prämissenzirkuläre Argumente kennengelernt und in Abschn. 6.3 auf regelzirkuläre Argumente angewandt. Im Folgenden wird dieser Einwand weiter ausgebaut. Rekapitulieren wir zunächst die Widerlegung der regelzirkulären Rechtfertigung der Induktion (6.3-1), durch folgendes Paar von strukturgleichen Zirkelargumenten:

| **Induktive Rechtfertigung der Induktion** | **Anti-induktive Rechtfertigung der Anti-Induktion** |
|---|---|
| *Prämisse:* Vergangene Induktionen waren erfolgreich. | *Prämisse:* Vergangene Anti-Induktionen waren nicht erfolgreich. |
| *Daher,* gemäß der Induktionsregel: Zukünftige Induktionen werden erfolgreich sein. | *Daher,* gemäß der Anti-Induktionsregel: Zukünftige Anti-Induktionen werden erfolgreich sein. |

Beide regelzirkulären Argumente besitzen dieselbe Struktur, ihre Prämissen sind wahr, und dennoch ‚begründen' sie gegensätzliche Konklusionen. Dies zeigt, dass es sich dabei um epistemisch wertlose *Pseudo*rechtfertigungen handelt.

## 12.2 Widerlegung von Zirkelschlüssen

Dieselbe ‚Dialektik' von Zirkelargumenten lässt sich für die Abduktion bzw. den (äquivalenten) Schluss auf die beste Erklärung (SBE) durchführen (Abschn. 4.4). Es wurde vorgeschlagen, den SBE in regelzirkulärer Weise wie im linken Zirkelargument in (12.2-1) zu rechtfertigen (z. B. von Lipton 1991, S. 167 ff.; Papineau 1993, Abschn. 5; Psillos 1999, S. 82). Mit dem strukturgleichen Zirkelargument rechts in (12.2-1) kann man auch den intuitiv abwegigen ‚Schluss auf die schlechteste Erklärung' (SSE) ‚rechtfertigen' (Douven 2011, Abschn. 3):

(12.2-1)

*Regelzirkuläre Rechtfertigung des SBE*

Die Annahme der Reliabilität von SBEs ist die beste Erklärung der Tatsache, dass bisher die meisten durch einen SBE gewonnenen Hypothesen erfolgreich waren.

*Daher, gemäß der Regel des SBE:*

SBEs sind reliabel.

*Regelzirkuläre Rechtfertigung des SSE*

Die Annahme der Reliabilität von SEEs ist die schlechteste Erklärung der Tatsache, dass bisher die meisten durch einen SEE gewonnenen Hypothesen nicht erfolgreich waren.

*Daher, gemäß der Regel des SEE:*

SEEs sind reliabel.

Wie in folgendem Beispiel zu sehen, können mit zirkulären Rechtfertigungen auch unsinnige logische Schlussregeln ‚gerechtfertigt' werden (Achinstein 1974):

(12.2-2) *‚Unsinnige' Regel $R_A$:* (1) Kein F ist ein **G**, (2) Einige **Gs** sind *Hs* / Daher: (3) Alle Fs sind *Hs*.

Regelzirkuläre Rechtfertigung von $R_A$ (*Instanzierungen* von F, G und H sind durch gleichartige Hervorhebungen gekennzeichnet):

(1) Kein $R_A$-instanzierendes Argument ist ein **Argument mit allquantifizierten Prämissen.**

(2) Einige **Argumente mit allquantifizierten Prämissen** sind *gültig.*

(3) Daher: Alle $R_A$-instanzierenden Argumente sind *gültig.*

Mit der regelzirkulären Rechtfertigung (12.2-2) könnte man so unsinnige Schlüsse wie folgenden rechtfertigen: „Kein Gartenzwerg ist ein Mensch. Einige Menschen sind Astronauten / Daher sind alle Gartenzwerge Astronauten".

Regelzirkuläre Rechtfertigungen lassen sich auch für praktisch ‚gefährliche' Regeln geben, wie die folgende:

(12.2-3) *Regel BVA, für „Blindes Vertrauen in die akzeptierte Autorität"*

Wenn die von mir akzeptierte Autorität „p" sagt, schließe ich daraus, dass p wahr ist.

*Regelzirkuläre Rechtfertigung der Regel BVA:*

Die von mir akzeptierte Autorität sagt, dass die Regel (BVA) reliabel ist, woraus ich schließe, dass die Regel (BVA) reliabel ist.

Die Regel des blinden Vertrauens ist ein Kennzeichen dogmatischer und religiöser Glaubenssysteme; sie wird z. B. vom analytischen Theologen Crisp (2009) verteidigt. Mit der regelzirkulären Rechtfertigung der Regel (BVA) lassen sich, abhängig von der akzeptierten Autorität, beliebige Irrationalitäten rechtfertigen. Richard Fumerton (1995, S. 176 f.) vergleicht die Situation mit einem Astrologen, der die Reliabilität der Astrologie mittels Sterndeutung begründet (für ähnliche Kritik vgl. Reed 2006; White 2015). Wenn sich mehrere akzeptierte Autoritäten widersprechen, gelangt man damit auch zu einander widersprechenden Überzeugungen. Wir bezeichnen das Vertrauen in eine akzeptierte Autorität als „blind", wenn es unabhängig vom epistemischen Erfolg der Autorität gebildet wird und die Prüfung des Erfolgs durchwegs unterlassen wird. Natürlich gibt es auch objektiv gerechtfertigtes Vertrauen in Autoritäten, basierend auf sachlichen Erfolgsindikatoren. In diesen Fällen spricht man von ‚Experten'.

## 12.3 Rechtfertigungsnetze: vollständige versus partielle Zirkel

Wie gezeigt, besitzen regelzirkuläre ‚Rechtfertigungen' keinen epistemischen Wert. Dasselbe gilt für prämissenzirkuläre Rechtfertigungen, die in Abschn. 6.2 im Kontext von Kohärenztheorien kritisiert wurden. Der dort besprochene Negationseinwand zeigt, dass mittels Rechtfertigungszirkel widersprüchliche Sätze ‚rechtfertigbar' sind. Ein Beispiel einer prämissenzirkulären Rechtfertigung wäre die Rechtfertigung der Reliabilität der Induktion (I) durch die Gleichförmigkeit der Natur (GN) und umgekehrt.

Rechtfertigungsstrukturen lassen sich durch *Rechtfertigungsnetze* darstellen. Darin werden Propositionen als Knoten und Rechtfertigungsrelationen zwischen Propositionen als (gerichtete) Pfeile darstellt. In Abb. 12.1 ist links die zirkuläre Rechtfertigung zwischen I und GN als Rechtfertigungsnetz veranschaulicht. Wie im Negationseinwand ausgeführt, bleiben die Rechtfertigungsrelationen erhalten, wenn man atomare Propositionen durch ihre Negationen ersetzt, d. h. mit der prämissenzirkulären Rechtfertigung lässt sich auch das Gegenteil ‚beweisen' (Abb. 12.1 rechts).

Wir nehmen an, dass jeder Rechtfertigungspfeil einer *wahrscheinlichkeitserhöhenden* Beziehung entspricht, d. h. $A \rightarrow B$ impliziert $P(B|A) > P(B)$ und $P(B|A) \geq \alpha$, mit $\alpha > 0{,}5$ als der Akzeptanzschwelle. Ein probabilistisches Rechtfertigungsnetz ähnelt einem Bayes-Netz, mit dem Unterschied, dass in Recht-

**Abb. 12.1** Zirkuläre Rechtfertigungsnetze

## 12.3 Rechtfertigungsnetze: vollständige versus partielle Zirkel

fertigungsnetzen die Pfeile und zugeordneten bedingten Wahrscheinlichkeiten zu *Begründungszwecken* verwendet werden, aber keinen *Kausalbeziehungen* entsprechen müssen. Zum Beispiel kann man abduktiv von der Wirkung auf die Ursache schließen (usw.). Daher erfüllen Rechtfertigungsnetze nicht (unbedingt) die Markov-Bedingung, die für (kausale) Bayes-Netze angenommen wird. Für die korrekte Berechnung der bedingten Wahrscheinlichkeiten eines Rechtfertigungsnetzes ist es jedoch nötig, sich das zugrundeliegende kausale Netz klarzumachen (wie in Abb. 12.3d unten), denn nur dieses informiert über die konditionalen Unabhängigkeiten. Näheres zu Rechtfertigungsnetzen und zur kausalen Markov-Bedingung findet sich in Exkurs E12.2 (s. auch Pearl 1997, S. 119; Spirtes et al. 2000, S. 46; Schurz und Gebharter 2016, Theorem 1). Für uns ist daran wichtig, dass (a) direkte Ursachen die indirekten Ursachen und (b) gemeinsame Ursachen ihre Wirkungen probabilistisch ‚abschirmen'. Dies bedeutet, dass in einem kausalen Graph der Form (a) A → C → B oder der Form (b) A ← C → B A und B *probabilistisch unabhängig* sind, gegeben C, d. h. es gilt P(A|B∧C) = P(A|C).

Es soll nun unter Benutzung von Rechtfertigungsnetzen gezeigt werden, wie man regelzirkuläre Rechtfertigungen auf prämissenzirkuläre Rechtfertigungen zurückführen kann. Dies gelingt, indem man die Reliabilität von Schlüssen in Aussagen umwandelt. Betrachten wir einen einprämissigen Schluss A/B. Die regelzirkuläre Rechtfertigung des Schlusses wurde in Abb. 12.2 links eingezeichnet, indem der zyklische Pfeil von der Konklusion auf den Schlussstrich „/" verweist, d. h. die Konklusion muss bereits vorausgesetzt werden, um die Reliabilität (oder Optimalität) des Schlusses zu rechtfertigen. Wir drücken nun die Behauptung „Schluss A/B ist reliabel (oder optimal)" durch „R(A/B)" aus. Damit transformieren wir die Darstellung links in das Rechtfertigungsnetz von Abb. 12.2 rechts. Man beachte, dass der dem rechten Netz entsprechende Schluss „wenn A und R(A/B), dann ist B hochwahrscheinlich" nun analytisch gültig ist. Für die induktive Rechtfertigung der Induktion (6.3-1) bedeuten dabei A = „Vergangene Induktionen waren erfolgreich" und B = „Zukünftige Induktionen werden erfolgreich sein".

Wichtig in Abb. 12.2 ist, dass die beiden in A eingehenden Pfeile *konjunktiv* verbunden sind, was durch den sie verbindenden *Bogen* verdeutlich wird und bedeutet, dass die Wahrheit von A *nur* dann die von B wahrscheinlich macht, wenn auch R(A/B) wahr ist, d. h. der Schluss reliabel (oder optimal) ist. Sind hingegen zwei Gründe A, B für C *disjunktiv* verknüpft (in diesem Fall wird kein

**Abb. 12.2** Darstellung einer regelzirkulären Rechtfertigung (links) sowie die Transformation der regelzirkulären (links) in eine prämissenzirkuläre Rechtfertigung (rechts)

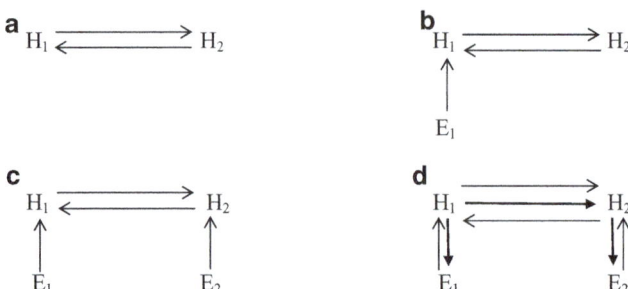

**Abb. 12.3** (a) Vollständiger Rechtfertigungszirkel, epistemisch wertlos; (b) redundanter partieller Rechtfertigungszirkel ($H_1 \leftarrow H_2$ redundant); (c) partieller Rechtfertigungszirkel mit epistemischem Surpluswert; (d) Rechtfertigungszirkel (c) zusammen mit unterliegender Kausalstruktur (fette Pfeile)

Bogen eingezeichnet), dann macht jeder der beiden Gründe C wahrscheinlich, unabhängig vom Wahrheitswert des anderen Grundes.

Wir kommen nun zur angekündigten Unterscheidung zwischen vollständigem und partiellem Rechtfertigungszirkel.

### ▶ Definition 12.3-1: Vollständiger und partieller Rechtfertigungszirkel

Ein Zirkel von Rechtfertigungsrelationen zwischen n (hypothetischen) Propositionen $H_1 \to \ldots \to H_n \to H_1$ ist ein *vollständiger* Zirkel g. d. w. keine dieser Propositionen durch eine *unabhängige* Evidenz gestützt wird (s. Abb. 12.3a).
Wird *mindestens* eine der zirkulär verbundenen Propositionen durch eine *unabhängige Evidenz* gestützt, so heißt der Rechtfertigungszirkel *partiell* (Abb. 12.3b, c). Dabei ist eine unabhängige Evidenz $E_i$ ein Anfangsknoten des Netzes, der mindestens eine Proposition des Zirkels in *disjunktiver* (nicht konjunktiver) Weise stützt.

Wesentlich für die Unabhängigkeit einer Evidenz ist, neben ihrer Natur als Anfangsknoten, dass ihre Stützung *disjunktiver* Natur ist, d. h. sie funktioniert, auch ohne dass eine andere Proposition des Zirkels bereits gerechtfertigt wurde. Andernfalls kann die Rechtfertigung nicht greifen und die anfänglich geringe Wahrscheinlichkeit der Propositionen des Zirkels bleibt gering.

Einen vollständigen Rechtfertigungszirkel zeigt Abb. 12.3a. Wir betrachten hierzu das Beispiel mit $H_1$ für „Peter hat ein starkes Mordmotiv" und $H_2$ für „Peter ist der Mörder". Der vollständige Rechtfertigungszirkel impliziert nichts über die Höhe der Wahrscheinlichkeit der Hypothesen $H_1$ und $H_2$. In unserem Beispiel: Peter des Mordes zu bezichtigen, weil man ihm ein Mordmotiv unterstellt, das umgekehrt nur mit dem Mordvorwurf begründet wird, wäre eine aus der Luft gegriffene rufschädigende Unterstellung.

Für partielle Rechtfertigungszirkel gibt es eine wichtige Unterscheidung.

*Fall 1:* Nur *eine* der zirkulär verbundenen Propositionen wird durch eine unabhängige Proposition gestützt, wie im Beispiel von Abb. 12.3b, wo nur $H_1$ zusätzlich durch $E_1$ gestützt wird. In unserem Beispiel wäre dies der Fall, wenn es für die Hypothese, Peter hätte ein starkes Mordmotiv, die unabhängige Evidenz $E_1$ von Peters krankhafter Eifersucht auf das Opfer gäbe. Dann überträgt sich die hohe Wahrscheinlichkeit von $E_1$ auf $H_1$ und von dort auf $H_2$, d. h. Peter war wahrscheinlich der Mörder. Jedoch findet keine zirkuläre Rechtfertigung von $H_2$ zurück nach $H_1$ statt, d. h. die zweite (zirkuläre) Rechtfertigungsrelation $H_2 \to H_1$ ist *redundant* und kann weggelassen werden. Ein Beweis findet sich in Anhang A3 von Exkurs E15 (vgl. Pearl 1997, S. 48).

*Fall 2:* Mindestens *zwei* der zirkulär verbundenen Propositionen werden durch unabhängige Evidenzen gestützt, wie im Beispiel von Abb. 12.3c, wo $H_1$ durch $E_1$ und $H_2$ durch $E_2$ gestützt wird. In unserem Beispiel wäre dies gegeben, wenn es sowohl die obige unabhängige Evidenz $E_1$ für Peters Mordmotiv gäbe als auch eine unabhängige Evidenz $E_2$ dafür, dass Peter der Mörder war, z. B. Peters Fingerabdrücke am Opfer. Hier wird $H_1$ durch $E_1$ wahrscheinlich gemacht, was sich durch den Rechtfertigungspfeil $H_1 \to H_2$ nach $H_2$ überträgt; und ebenso wird $H_2$ durch $E_2$ wahrscheinlich gemacht, was sich durch den Pfeil $H_2 \to H_1$ nach $H_1$ überträgt. Zusammengenommen bewirken die zirkulären Pfeile $H_1 \rightleftarrows H_2$ ein Wahrscheinlichkeitssurplus für $H_1$ wie für $H_2$ (verglichen zu den einfachen Rechtfertigungspfeilen $H_1 \to H_2$ oder $H_1 \leftarrow H_2$). Man beachte, dass auch hier kein zirkulärer Wahrscheinlichkeitsfluss vorliegt: die hohe $E_1$-Wahrscheinlichkeit fließt über $H_1$ zu $H_2$, und die hohe $E_2$-Wahrscheinlichkeit über $H_2$ zu $H_1$, aber keine Wahrscheinlichkeit fließt wieder zurück.

---

**Merksatz 12.3-1**

**Vollständiger und partieller Rechtfertigungszirkel**

1. Ein vollständiger Rechtfertigungszirkel $H_1 \to \ldots \to H_n \to H_1$ ist epistemisch wertlos. Die ‚Größe' des Zirkels (die Höhe von n) kann daran (entgegen der Behauptung von Harman 1986, S. 33) nichts ändern.
2. Wird ein partieller Zirkel nur durch eine unabhängige Evidenz gestützt, dann ist der am evidenzgestützten Knoten eintreffende Pfeil redundant. Wird ein partieller Zirkel durch mindestens zwei unabhängige Evidenzen gestützt, erzeugen die zirkulären Pfeile ein Wahrscheinlichkeitssurplus. ◄

---

Der Beweis von (2) findet sich in Anhang A4 von Exkurs E15. Für den Beweis benötigt man Einblick in das *kausale* Netz, das dem Rechtfertigungsnetz unterliegt und in Abb. 12.3d in Form der fetten Pfeile eingezeichnet ist: Das kausale Netz ist azyklisch ($H_2 \to H_1$), die Verursachungsrelation $H_i \to E_i$ ist invertiert, und aus der kausalen Markov-Bedingung folgt, dass $E_1$ und $E_2$ unabhängig sind, gegeben $H_i$.

## 12.4 Mehr zu Deduktion, Induktion und Abduktion

In Abschn. 4.4 haben wir die drei grundlegenden Schlussarten, Deduktion, Induktion und Abduktion charakterisiert und ihre wesentlichen Unterschiede kennengelernt:

- Deduktive Schlüsse übertragen die Wahrheit (von den Prämissen auf die Konklusion) in allen möglichen Welten und besitzen eine Reliabilität (Konklusionswahrscheinlichkeit) von 1 bzw. 100 %. Induktive bzw. abduktive Schlüsse übertragen dagegen die Wahrheit nur in allen hinreichend uniformen bzw. einfachen Welten und ihre Reliabilität liegt (möglicherweise weit) unter 1. Die Konklusion nichtdeduktiver Schlüsse ist daher auch bei gegebener Prämissenwahrheit immer nur *vorläufig* und durch weitere Tests zu überprüfen.
- Damit zusammenhängend sind deduktive Schlüsse monoton und rational anwendbar, sobald die Wahrheit der Prämissen gesichert ist; nichtdeduktive Schlüsse sind dagegen nichtmonoton und nur rational anwendbar, wenn die Prämissen die gesamte bekannte und für die Konklusionswahrheit relevante Information enthalten.

Ein weiterer Unterschied, der in Abschn. 4.4 kurz angesprochen wurde, betrifft die Möglichkeit der Einführung neuer Begriffe:

---

**Merksatz 12.4-1**

**Einführung neuer Begriffe in die Konklusion**

1. Mit deduktiven Schlüssen ist es unmöglich, in die Konklusion eine *neue* (d. h. nicht in den Prämissen vorkommende) Individuenkonstante (a) oder ein neues Prädikat (F) in *relevanter* Weise einzuführen. Dabei heißt ein Vorkommnis von a bzw. F in der Konklusion *relevant* g. d. w. es nicht möglich ist, a in der Konklusion durch jede beliebige andere Individuenkonstante bzw. F durch jedes beliebige andere gleichstellige Prädikat zu ersetzen, *salva validitate,* d. h. unter Bewahrung der Gültigkeit des Schlusses (s. dazu Exkurs E12.1; Beweis s. Anhang A5 von Exkurs E15).
2. In induktiven Schlüssen im engen Sinn können neue Individuenkonstanten in die Konklusion relevant eingeführt werden.
3. In gewissen abduktiven Schlüssen werden neue Prädikate relevant in die Konklusion eingeführt – typischerweise *theoretische* Begriffe, die unbeobachtete Entitäten bezeichnen. Solche Schlüsse werden auch als *kreative* Abduktionen bezeichnet (Magnani 2001, S. 20; Schurz 2008, Abschn. 1; Niiniluoto 2018). ◄

---

In Philosophielehrbüchern findet man oft die Behauptung, dass mit Induktion im weiten Sinn (also Induktion oder Abduktion) der Schluss vom Besonderen auf das

## 12.4 Mehr zu Deduktion, Induktion und Abduktion

Allgemeine und mit Deduktion der Schluss vom Allgemeinen auf das Besondere gemeint sei. Dies ist übervereinfacht.

Mit deduktiven Schlüssen kann man

1. vom Allgemeinen auf das Besondere schließen, z. B. in $\forall x(Fx \rightarrow Gx)$, Fa/Ga (Alle F sind G, dies ist F, also ist dies G),
2. vom Allgemeinen auf das Allgemeine schließen, z. B. in $\forall x(Fx \rightarrow Gx)$, $\forall x(Gx \rightarrow Hx)/\forall x(Fx \rightarrow Hx)$ (alle F sind G, alle G sind H, also sind alle F H), und
3. vom Besonderen auf das Besondere schließen, z. B. in Fa $\vee$ Ga, $\neg$Fa/Ga (dies ist F oder G, dies ist nicht F, also ist es G).

Dagegen gibt es keine deduktiven Schlüsse vom Besonderen auf das unbegrenzt Allgemeine, d. h. der Schluss von $Fa_1 \wedge \ldots \wedge Fa_n$ auf $\forall xFx$ ist logisch ungültig.

*Mathematisches Schließen* ist zurückführbar auf deduktives Schließen aus mathematischen Axiomen. Es gibt auch deduktive Schlüsse über Wahrscheinlichkeiten, z. B. „$P(A) = r / P(A \wedge B) \leq r$" (mehr dazu in Exkurs E4.4).

Bei induktiven Schlüssen (im engen Sinn) unterscheidet man üblicherweise zwischen *strikten* und *statistischen* Induktionsschlüssen. Strikte Schlüsse sind Spezialfälle statistischer Schlüsse mit Wahrscheinlichkeiten von 100 %. Die zwei zentralen induktiven Schlussarten sind (vgl. Carnap 1950, S. 207 f.):

1. *Induktiver Voraussageschluss* (vom Besonderen auf das Besondere): r % aller bisher beobachteten Fs waren Gs/Also ist mit ‚ungefähr' r % Wahrscheinlichkeit das *nächste* F ein G (für $0 \leq r \leq 100$; r = 100 ergibt die strikte Variante).
2. *Induktiver Generalisierungsschluss* (vom Besonderen auf das Allgemeine): r % aller bisher beobachteten Fs waren Gs/Also sind ‚wahrscheinlich etwa' r % aller Fs Gs.

Die Modifikationen ‚ungefähr' bzw. ‚wahrscheinlich etwa' werden in verschiedenen formalen Ansätzen unterschiedlich präzisiert, basierend auf induktiven Wahrscheinlichkeitsaxiomen (s. Abschn. 13.2 und Exkurs E13.1). Als Rationalitätsbedingung für induktive Schlüsse wird verlangt, dass die bisherigen Beobachtungen bzw. die ‚Stichprobe' *repräsentativ* sei für die Grundgesamtheit. Doch die Repräsentativitätsthese kann selbst nur durch induktive Gleichförmigkeitsannahmen begründet werden (Schurz 2006, Abschn. 4.2.3.4).

Da sich induktive Generalisierungen nur durch den Erfolg der auf sie gestützten induktiven Voraussagen bestätigen lassen, sind induktive Voraussagen die grundlegendste induktive Schlussart, auf die wir uns in Kap. 13 im Kontext des Induktionsproblems konzentrieren werden. Darüber hinaus gibt es auch den ‚inversen' Induktionsschluss:

3. *Induktiv-statistischer Spezialisierungsschluss* (vom Allgemeinen auf das Besondere): r % aller Fs sind Gs, dies ist ein F/Also ist dies mit ‚ungefähr' r % Wahrscheinlichkeit ein G.

Die strikte Version des Spezialisierungsschlusses ist dagegen *deduktiver* Natur: 100 % aller Fs sind Gs, dies ist ein F/Also ist dies mit Sicherheit ein G.

Noch vielfältiger sind *abduktive* Schlüsse. Sie schließen, wie erläutert, von einer beobachteten Wirkung auf die (im gegebenen Überzeugungssystem) plausibelste Ursache bzw. Erklärung (Peirce 1903, CP 5.189; s. Merksatz 4.4-2 und das Schlussschema in Abb. 14.1). Zugleich sind Abduktionen die unsicherste und umstrittenste Schlussart (Peirce 1903, CP 5.171). Von Empiristen wurden abduktive Schlüsse lange Zeit abgelehnt und erst ab den 1960er Jahren zunehmend akzeptiert. Dass eine Hypothese H ein Erfahrungsdatum E erklärt, erfordert zumindest, dass H E logisch impliziert oder wahrscheinlich macht (zu weiteren Adäquatheitsbedingungen s. Abschn. 14.2). Da im Regelfall mehrere mögliche abduktive Erklärungshypothesen $H_1,...H_n$ verfügbar sind, selektiert der Abduktionsschluss die beim gegenwärtigen Evidenzstand beste Erklärungshypothese. In diesem Sinn transformierte Harman das Abduktionsschema in den *Schluss auf die beste Erklärung*, kurz SBE (Harman 1965; vgl. Lipton 1991). Man kann plausibel argumentieren, dass schon Charles S. Peirce den Abduktionsschluss in diesem Sinne verstand (Douven 2011), weshalb wir im Folgenden ‚Abduktion' und ‚SBE' synonym verwenden. Eine schwächere Version des Abduktionsschemas wurde von Theo A.F. Kuipers (2000, Abschn. 7.5.3) vorgeschlagen: Darin wird aus den Prämissen nicht geschlossen, dass H wahr oder wahrheitsnahe ist, sondern lediglich, dass H unter *allen verfügbaren Hypothesen* die *wahrheitsnächste* ist. So aufgefasst ist der Abduktionsschluss sehr nahe am bayesianischen Bestätigungsbegriff, dem zufolge eine Evidenz E eine Hypothese (im Minimalsinn) bestätigt g. d. w. E H's Wahrscheinlichkeit erhöht, $P(H|E) > P(H)$. Bayesianer begründen die Rationalität abduktiven Schließens daher oft mit folgendem Wahrscheinlichkeitstheorem (wobei ein Satz S P-kontingent ist g. d. w. $P(S) \neq 0, 1$ gilt):

(12.4-1) *Abduktion und bayesianische Bestätigung:*
Für jede P-kontingente Hypothese H und Evidenz E gilt: $P(H|E)/P(H) = P(E|H)/P(E)$. Daher bestätigt E H im bayesianischen Sinn g. d. w. H E's Wahrscheinlichkeit erhöht, $P(E|H) > P(E)$, und insbesondere dann, wenn H E logisch impliziert.

In Abschn. 13.2 werden wir aber zeigen, dass diese bayesianische Begründung der Abduktion zu schwach ist und spekulative Abduktionen bzw. Pseudobestätigungen zulässt, deren Vermeidung zusätzlicher Rationalitätskriterien bedarf.

## 12.5 Optimalitätsrechtfertigung logischer Prinzipien

Bis Anfang des 20. Jahrhunderts wurden die Gesetze der logischen Operatoren als *apriori* angesehen. Erst danach wurden, angeregt durch die Entwicklung nichteuklidischer Geometrien, nichtklassische Logiken entwickelt. In der Tat lässt sich ein gewisser *Anteil* der logischen Prinzipien rein apriorisch begründen. Denn die

## 12.5 Optimalitätsrechtfertigung logischer Prinzipien

Möglichkeit, die Mannigfaltigkeit der Welt sprachlich zu beschreiben, setzt immer logische Operationen voraus, nämlich:

1. die *Konjunktion* (∧), um mehrere unterschiedene Elemente zu repräsentieren,
2. die *Negation,* um die Falschheit einer Beschreibung auszudrücken, und
3. die (inklusive) *Disjunktion* (∨), um auszudrücken, dass mehrere mögliche Beschreibungen zutreffen können (und damit zusammenhängend die materiale *Implikation* (→), um auszudrücken, dass wenn eine, dann auch eine andere Beschreibung zutrifft).

Da der Allquantor (∀) als infinite Konjunktion und der Existenzquantor (∃) als infinite Disjunktion aufgefasst werden kann, hat man damit alle logischen Operationen der Aussagen- und Prädikatenlogik (Näheres zur Apriorizität logischer Operationen in Exkurs E12.3).

Die Benutzung dieser logischen Operatoren impliziert jedoch noch nicht alle Gesetze der klassischen Logik. Die *klassischen* Gesetze der aussagenlogischen Operatoren werden semantisch durch *Wahrheitstafeln* festgelegt und syntaktisch durch basale *Schlussregeln,* wie beispielsweise Simplifikation „p∧q/p" und Konjunktionseinführung „p,q/p∧q" für die Konjunktion, Addition „p/p∨q" und disjunktiver Syllogismus „p∨q,¬p/q" für die Disjunktion, usw. (Schurz 2018, Kap. 14). Diese logischen Gesetze ergeben sich aus der Bedeutungsfestlegung der logischen Operatoren zusammen mit einem fundamentalen Prinzip der klassischen Logik:

(12.5-1) *Zweiwertigkeitsprinzip der klassischen Logik:*
Jede Aussage ist entweder wahr oder falsch.

Man kann das *Zweiwertigkeitsprinzip* in zwei Teilprinzipien aufspalten: (1) in das Prinzip des ausgeschlossenen Dritten (jede Aussage ist wahr oder falsch) und (2) in das Nichtwiderspruchsprinzip (keine Aussage ist zugleich wahr und falsch). Beide Prinzipien findet man bereits bei Aristoteles. In der modernen Logik des 20. Jahrhundert wurden nun *nichtklassische* Logiken entwickelt, die das Zweiwertigkeitsprinzip zurückweisen oder modifizieren. Ein frühes Beispiel ist Jan Łukasiewicz' *dreiwertige* Logik von 1920 mit dem dritten Wahrheitswert „unbestimmt" (Gottwald 1989).

Wie lässt sich das Zweiwertigkeitsprinzip rechtfertigen? Zunächst sei geklärt, dass die Begriffe ‚wahr' und ‚falsch' rein ontologischer und nicht epistemischer Natur sind. Dass ein Satz wahr ist, muss nicht heißen, dass wir seinen Wahrheitswert jemals herausfinden können: Für den Satz „Am Meeresgrund liegt ein 0,11 kg schwerer Diamant mit eingraviertem S" wird dies wohl niemand herausfinden, und doch ist der Satz entweder wahr oder falsch. Die einzige Annahme, die das Zweiwertigkeitsprinzip macht, ist die *Bestimmtheit der Realität* (in Bezug auf unsere Beschreibungen). Nur wenn man die Bestimmtheitsannahme bezweifelt, hat man einen echten Grund, eine nichtklassische mehrwertige Logik anzunehmen. Tatsächlich gibt es einige mehr-oder-weniger gewichtige Gründe, die *uneingeschränkte* Geltung des Bestimmtheitsprinzips zu bezweifeln (etwa aufgrund der quantenmechanischen Unbestimmtheitsrelation), die in *Exkurs E12.4* näher erläutert werden.

In der gegenwärtigen Philosophie der Logik vertreten sogenannte *Antiexzeptionalisten* die These, dass die Gesetze der Logik (1) nicht (wie früher angenommen) einen ‚exzeptionellen' *apriori*-Status besitzen, sondern (2) ähnlich wie physikalische Geometrien durch empirische Befunde revidiert, korrigiert oder abduktiv gestützt werden können (vgl. Bueno 2010; Hjortland 2017, S. 632). Wir stimmen der ersten These zu: Da verschiedene logische Systeme gedacht werden können, ist die klassische Logik nicht apriori. Doch die zweite These scheint unhaltbar zu sein. Der tieferliegende Grund des exzeptionellen Status der Logik, verglichen zu erfahrungswissenschaftlichen Theorien, ist das *Zirkularitätsproblem*. Für die Rechtfertigung unterschiedlicher Systeme der Geometrie kann man auf *unabhängige* Beschreibungssysteme zurückgreifen, die keine bestimmte Geometrie voraussetzen, nämlich die Logik und mathematische Zahlentheorie. Ebenso kann die Rechtfertigung des induktiven Schließens auf Logik und Mathematik zurückgreifen, die selbst keine Induktionsannahmen involvieren. Doch im Fall der Logik geht dies nicht mehr, denn wie oben ausgeführt, erfordert *jede* Beschreibung die logischen Operationen und somit eine Logik. Man kann kein System der Logik zu rechtfertigen versuchen, ohne in der *Metasprache* nicht schon eine Logik vorauszusetzen, die sogenannte *Metalogik* (vgl. Rescher 1977, S. 240 f.; Woods 2019; Schurz 2018, Abschn. 15.3). Dies trifft insbesondere für *semantische* Beweise logischer Regeln zu. Interessanterweise wird als Metalogik fast immer die klassische Logik gewählt. Dies spricht für einen Vorzug der klassischen Logik, ist aber kein echtes Argument.

Gibt es einen Weg, die Gesetze der klassischen Logik in fundierungstheoretisch akzeptabler Weise zu rechtfertigen? Versteht man unter einer solchen Rechtfertigung den nichtzirkulären Aufweis ihrer Gültigkeit, dann ist die Antwort negativ. Diese Einsicht wirkt als Bedrohung fundierungsorientierter Erkenntnistheorie, denn sie suggeriert, dass es keine objektiven Kriterien für die Wahl von Logiken gibt. Da sich die Gesetze klassischer und nichtklassischer Logiken widersprechen, scheinen wir schon auf der grundlegendsten Erkenntnisebene der Gefahr des Relativismus und der Inkommensurabilität unterschiedlicher Logiksysteme ausgeliefert zu sein.

In diesem Dilemma kann eine Optimalitätsrechtfertigung einen Ausweg bieten. Optimalitätsrechtfertigungen sind immer relativ auf ein *Erkenntnisziel*. Da logische Systeme eine Voraussetzung für sprachliche Beschreibungen überhaupt sind, schlagen wir als das zu optimierende Erkenntnisziel das *sprachliche Repräsentationsvermögen* logischer Systeme vor (mehr dazu in Exkurs E12.4). Die Leitidee unserer Optimalitätsrechtfertigung liefert die Tatsache, dass sich bekanntlich einige nichtklassische Logiken $L'$ in die klassische Logik $L_2$ („2" für zweiwertig") *übersetzen* lassen. Ist dies der Fall, dann lässt sich alles in $L'$ Ausdrückbare auch in $L_2$ ausdrücken, d. h. $L_2$ ist mindestens so repräsentationsstark

## 12.5 Optimalitätsrechtfertigung logischer Prinzipien

wie **L'**. Könnte man dies von allen (minimal plausiblen) nichtklassischen Logiken zeigen, so hätte man ein universelles Optimalitätsargument für die klassische Logik gefunden.

Wir erläutern hier lediglich die Grundidee der vorgeschlagenen Übersetzung und präsentieren Details in Exkurs E12.4. Dazu betrachten wir die Übersetzung der Lukasiewicz'schen dreiwertigen Logik $L_3$ in die klassische Logik $L_2$. Angenommen ein $L_3$-Vertreter behauptet, dass der Satz „dort befindet sich genau ein Elektron" weder wahr noch falsch, sondern unbestimmt sei. Dann ist seine Behauptung, „Dass sich dort ein Elektron befindet, ist unbestimmt", dennoch wieder nur entweder wahr oder falsch. Allgemeiner gesprochen sind die Behauptungen, dass ein Satz wahr, unbestimmt oder falsch ist, auch im dreiwertigen sprachlogischen System immer nur zweiwertig. Wenn es gelingt, alle Sätze des dreiwertigen Systems in Kombinationen solcher Sätze zu übersetzen, wäre die gesuchte Übersetzungsfunktion gefunden.

Dies ist nun in der Tat möglich, und zwar dadurch, dass wir die Sprache der klassischen Logik, $\mathcal{L}_2$, durch die drei Operatoren W (für wahr), F (für falsch) und U (für unbestimmt) erweitern, was zur erweiterten klassischen Sprache $\mathcal{L}_{2.\text{Luk}}$ führt. In $\mathcal{L}_{2.\text{Luk}}$ sind die Operatoren W, F und U intensional, ähnlich wie die Modaloperatoren erweiterter klassischer Logiken. Sie werden durch *Axiome* charakterisiert, die genau die Wahrheitstafeln der dreiwertigen Lukasiewicz'schen Semantik widerspiegeln. Beispielsweise wird die Wahrheitstafel der dreiwertigen Negation (mit den Zuordnungen ¬(w)=f, ¬(f)=w und ¬(u)=u) durch die drei Axiome W(¬A) ↔ F(A), U(¬A) ↔ U(A) und F(¬A) ↔ W(A) wiedergegeben. Die Menge dieser Axiome nennen wir $\text{Ax}_{\text{Luk}}$. Sie spiegeln die semantischen Gesetze der dreiwertigen Logik in der zweiwertigen Logik vollständig wieder, denn jeder Satz der Sprache $\mathcal{L}_{2.\text{Luk}}$ – insbesondere auch jeder Satz der Form O(A) (mit O für W, F oder U) – ist strikt zweiwertig.

Die Übersetzung von Behauptungen der dreiwertigen Logik $L_3$ in $L_2$-Behauptungen beruht auf folgender unkontroverser Annahme: einen Satz zu behaupten bedeutet die Wahrheit des Satzes zu behaupten. Unsere Übersetzungsfunktion „trans" (von $\mathcal{L}_3$ nach $\mathcal{L}_2$) lautet damit trans(A) = W(A), für alle Sätze ‚A' von $\mathcal{L}_3$. Aufbauend darauf lässt sich ein *generelles Übersetzungstheorem* beweisen, demzufolge eine $\mathcal{L}_3$-Aussage A genau dann in der dreiwertigen Logik $L_3$ logisch wahr ist, wenn ihre Übersetzung W(A) in der klassischen Logik $L_2$ aus $\text{Ax}_{\text{Luk}}$ logisch folgt (und analog für Folgerungsbeziehungen).

Die Ausführung dieser Idee findet sich in Exkurs E12.4. Wie dort gezeigt wird, hat die vorgestellte Übersetzung den Vorteil, die *kompositionale Bedeutung* der dreiwertigen Behauptungen streng zu erhalten, was sie von anderen bekannten Übersetzungsfunktionen unterscheidet. Dieselbe Übersetzungsstrategie lässt sich auf jede endliche nichtklassische Matrixlogik anwenden, wodurch auch *parakonsistente* Logiken übersetzbar werden, die den Wahrheitswert „sowohl wahr und falsch" annehmen (Priest 2013). Für nur durch unendlichwertige Matrizen darstellbare Logiken (wie die intuitionistische Logik oder Quantenlogik) funktioniert diese Übersetzungstechnik nicht mehr, aber hier gibt es andere Übersetzungsmethoden in klassische Modallogiken. All dies stützt die Vermutung, dass sich für *alle* nichtklassischen Logiken eine solche Übersetzungsfunktion finden lässt, insbesondere weil alle bekannten nichtklassischen Logiken eine klassische Semantik besitzen.

Mit diesen Resultaten ist gezeigt, dass die klassische Logik *universell repräsentationsoptimal* ist. Durch Benutzung der klassischen Logik können wir nur gewinnen, aber nichts verlieren: Sobald wir eine in gewissen Bereichen vorteilhafte alternative Logik antreffen, können wir sie übersetzen und in das klassische System integrieren, und die Gefahr von Relativismus und Inkommensurabilität ist gebannt.

## Literatur

### Klassische Texte

Peirce, C. S. (1931–1935) [CP]. *Collected Papers of Charles S. Peirce*. Bände I-VI. Hrsg. von Charles Hartshorne und Paul Weiss.
Peirce, C. S. [1903]. Lectures on pragmatism. In: ders. [CP], 5.14–5.212.

### Gegenwartsphilosophie

Achinstein, P. (1974). Self-supporting inductive arguments. In R. Swinburne (Hrsg.), *The justification of induction* (S. 134–138). New York: Oxford University Press.
Bueno, O. (2010). Is logic a priori? *The Harvard Review of Philosophy, 17*, 105–117.
Carnap, R. (1950). *Logical foundations of probability*. Chicago: University of Chicago Press.
Crisp, O. D. (2009). On believing that the scriptures are divinely inspired. In O. D. Crisp & M. C. Rea (Hrsg.), *Analytic theology* (S. 187–213). Oxford: Oxford University Press.
Douven, I. (2011). Abduction. In *Stanford encyclopedia of philosophy*. https://plato.stanford.edu/entries/abduction/.
Fitelson, B. (1999). The plurality of Bayesian measures of confirmation and the problem of measure sensitivity. *Philosophy of Science, 66*, 362–378.
Fumerton, R. A. (1995). *Metaepistemology and skepticism*. London: Roman and Littlefield.
Gärdenfors, P. (1988). *Knowledge in flux*. Cambridge: MIT Press.
Gottwald, S. (1989). *Mehrwertige Logik*. Berlin: Akademie.
Harman, G. (1965). The inference to the best explanation. *Philosophical Review, 74*, 88–95.
Harman, G. (1986). *Change in view*. Cambridge: MIT Press.
Hjortland, O. T. (2017). Anti-exceptionalism about logic. *Philosophical Studies, 174*, 631–658.
Howson, C., & Urbach, P. (1996). *Scientific reasoning: The Bayesian approach* (2. Aufl.). Chicago: Open Court.
Jeffrey, R. C. (1983). *The logic of decision* (2. Aufl.). New York: McGraw-Hill.
Kuipers, T. A. F. (2000). *From instrumentalism to constructive realism*. Dordrecht: Kluwer.
Lipton, P. (1991). *Inference to the best explanation*. London: Routledge (2. Aufl. 2004).
Magnani, L. (2001). *Abduction, reason, and science*. Dordrecht: Kluwer.
Niiniluoto, I. (2018). *Truth seeking by abduction*. Cham: Springer (Synthese Library).
Papineau, D. (1993). *Philosophical naturalism*. Oxford: B. Blackwell.
Pearl, J. (1997). *Probabilistic reasoning in intelligent systems*. San Francisco: Morgan Kaufmann (Erstveröffentlichung 1988).

Priest, G. (2013). Paraconsistent logic. In E. Zalta (Hrsg.), *Stanford encyclopedia of philosophy*. https://plato.stanford.edu.
Psillos, S. (1999). *Scientific realism. How science tracks truth*. London: Routledge.
Reed, B. (2006). Epistemic circularity squared? Skepticism about common sense. *Philosophy and Phenomenological Research, 73*(1), 186–197.
Rescher, N. (1977). *Methodological pragmatism*. Oxford: B. Blackwell.
Schurz, G. (2006). *Einführung in die Wissenschaftstheorie* (4. Aufl. 2014). Darmstadt: Wissenschaftliche Buchgesellschaft.
Schurz, G. (2008). Patterns of abduction. *Synthese, 164*, 201–234.
Schurz, G. (2018). *Logik* (2. Aufl. 2020). New York: de Gruyter.
Schurz, G., & Gebharter, A. (2016). Causality as a theoretical concept: Explanatory warrant and empirical content of the theory of causal nets. *Synthese, 193*, 1071–1103.
Schurz, G., & Lambert, K. (1994). Outline of a theory of scientific understanding. *Synthese, 101*(1), 65–120.
Spirtes, P., Glymour, C., & Scheines, R. (2000). *Causation, prediction, and search* (2. revidierte Aufl.). Cambridge: MIT Press,.
White, R. (2015). The problem of the problem of induction. *Episteme, 12*(2), 275–290.
Woods, J. (2019). Logical partisanhood. *Philosophical Studies, 176*, 1203–1224.

# Rechtfertigung induktiven Schließens 13

## Inhaltsverzeichnis

13.1 Lösungsansätze und ihr Scheitern........................................... 209
13.2 Probabilistische Ansätze und ihre Probleme................................. 215
13.3 Die Optimalität von Metainduktion ......................................... 218
13.4 Die aposteriori Rechtfertigung von Objektinduktion ....................... 225
13.5 Vertiefungen und Anwendungen............................................. 226
Literatur .................................................................... 229

## 13.1 Lösungsansätze und ihr Scheitern

### 13.1.1 Das Humesche Induktionsproblem

Wir fassen David Humes Argumente gegen die rationale Begründbarkeit induktiven Schließens (s. Abschn. 10.1) wie folgt zusammen:

*Erstens* lassen sich induktive Schlüsse nicht durch Logik begründen, denn nichts kann logisch garantieren, dass zukünftige Beobachtungen den bisherigen Beobachtungen, bzw. der zukünftige Weltverlauf dem bisherigen Weltverlauf, gleichen werden.

*Zweitens* lässt sich Induktion nicht durch Beobachtung rechtfertigen, denn in induktiven Schlüssen schließt man auf das, was man *noch nicht* beobachtet hat.

*Drittens* und vor alledem lässt sich induktives Schließen nicht durch Induktion rechtfertigen, denn dies würde in einen *Zirkelschluss* führen, und Zirkelschlüsse sind epistemisch wertlos.

---

*Die Kapitel des Buches werden durch zahlreiche Exkurse ergänzt, die als Online Materialien angeboten werden (Download Link siehe Vorwort).

*Viertens* hat Hume auch gezeigt, dass die wahrscheinlichkeitstheoretische Umformulierung des Induktionsproblems nicht weiterhilft. Wenn man argumentiert, dass induktive Schlüsse nicht immer, aber zumindest meistens bzw. mit hoher Wahrscheinlichkeit von wahren Prämissen zu wahren Konklusionen führen, setzt man ein probabilistisches Induktionsprinzip voraus, dem zufolge sich die bisher beobachteten Häufigkeiten auf die Zukunft bzw. auf nichtbeobachtete Fälle übertragen lassen.

Das waren die Gründe, die Hume zu seiner zutiefst *skeptischen* These führten, dass induktives Schließen nicht nur ‚unbeweisbar' ist, sondern stärker, dass es *überhaupt* keiner epistemischen (am Wahrheitsziel orientierten) Begründung fähig sei. Stattdessen beruhe Induktion auf psychologischer *Gewohnheit* (Hume 1748, Teil 5).

Da andererseits auch alle Arten von irrationalen Vorurteilen, von Regentänzen bis zu Hexenverbrennungen, auf psychologischer Gewohnheitsbildung beruhen, hätte das Weltbild des aufgeklärten Menschen damit keinen höheren Geltungsanspruch als das des Steinzeitmenschen und es gäbe, wie Bertrand Russell (1946, S. 699) einst bemerkte, „keinen intellektuellen Unterschied zwischen Vernunft und Wahnsinn".

Eine haltbare Lösung des Humeschen Induktionsproblems wäre von größter Wichtigkeit. Dennoch blieb dieses Problem bis heute weitgehend ungelöst (Stegmüller 1971; Swinburne 1974; Rescher 1987; Howson 2000; Ladyman 2002, Kap. 1). In diesem und dem nächsten Abschnitt stellen wir die wichtigsten Lösungsversuche und die Gründe ihres Scheiterns vor; nur auf den danach erläuterten Optimalitätsansatz setzen wir Hoffnung.

### 13.1.2 Kann das Induktionsproblem durch Deduktivismus umgangen werden?

Der Begründer des kritischen Rationalismus, Karl Popper (1935, Abschn. I), vertrat die These, dass das Humesche Induktionsproblem zwar unlösbar sei, dass die Wissenschaften jedoch ohne induktives Schließen auskommen könnten. Nun lassen sich aber verschiedene Auffassungen von Induktion unterscheiden. Während Poppers Argumente für bestimmte Induktionsauffassungen wichtige Einsichten ans Licht brachten, ist seine radikale These, Wissenschaft könne ohne jegliche Art von Induktion auskommen, nicht haltbar.

Popper kritisierte die Auffassung der *methodischen Induktion* (Schurz 2014a, Abschn. 2.6.2). Diese Auffassung versteht Induktion als eine Methode der Entdeckung bzw. Generierung allgemeiner Hypothesen durch induktive Verallgemeinerung von Beobachtungen. Popper zufolge beruht diese Auffassung auf einer Verwechslung des Entdeckungszusammenhangs wissenschaftlicher Hypothesen mit ihrem Rechtfertigungszusammenhang (Popper 1935, Abschn. I.1.2; 1983, S. 118). Wie Hypothesen gewonnen werden, ob durch Induktion, Intuition oder Versuch und Irrtum, ist für die Rechtfertigungsfrage nebensächlich. Epistemisch bedeutend ist allein die Rechtfertigung von Hypothesen durch ihre wissenschaftliche Überprüfung. Doch die wissenschaftliche Überprüfung einer Hypothese – das ist Poppers Pointe – vollzieht sich auf rein deduktivem Wege: Um eine Hypothese zu testen, müssen aus ihr mithilfe deduktiver Logik empirische Konsequenzen gewonnen und mit den tatsächlich gemachten Beobachtungen verglichen werden. Befinden sich die empirischen Konsequenzen mit den Beobachtungen im Widerspruch, so ist die Hypothese streng *falsifiziert;* wenn sie andererseits mit den Beobachtungen übereinstimmen, ist die Hypothese vorläufig (solange keine neuen Gegenbeispiele auftauchen) als *bewährt* bzw. bestätigt anzusehen.

Poppers Thesen waren in einigen ‚speziellen' Hinsichten der Kritik ausgesetzt (z. B. in Bezug auf die Nichtfalsifizierbarkeit von statistischen Hypothesen); doch diese Kritiken sind nebensächlich im Vergleich zu folgendem fundamentalen Problem: Poppers Bewährungsmethode enthält nämlich in ihrem Kern ein induktives Prinzip. Denn nach dieser Methode sollen wir unsere *zukünftigen* Voraussagen und Handlungen auf die Theorien stützen, die sich *bisher* am besten bewährt haben (Popper 1983, S. 65; 1973, Abschn. I.9). Weil sich die Induktion hier auf die Metaebene der Theorienbewertung bezieht, sprechen wir von Metainduktion oder von *epistemischer* Induktion (Musgrave 2002).

Das dem Bewährungsbegriff unterliegende Metainduktionsprinzip besagt also: Wenn eine Theorie $T_1$ bisher empirisch erfolgreicher war als eine konkurrierende Theorie $T_2$, dann ist (bei gleichbleibendem Beobachtungsstand) die Annahme vernünftig, dass $T_1$ auch in Zukunft erfolgreicher sein wird als $T_2$. Dieses Metainduktionsprinzip scheint für alle empirischen Wissenschaften unverzichtbar zu sein. Würde es nicht akzeptiert werden, dann wären bisherige Erfolgsbilanzen irrelevant für unsere zukünftigen Entscheidungen. Obwohl beispielsweise bisher alle freien Köper auf unserer Erde nach unten fallen und nicht frei schweben, wäre das kein Grund, unsere zukünftigen Handlungen ebenfalls auf diese Hypothese zu stützen statt auf ihr Gegenteil, und Poppers Bewährungsmethode wäre jeglicher Pointe beraubt. Obgleich Popper Zeit seines Lebens, um den Preis der Selbstwidersprüchlichkeit, ein Gegner aller Spielarten von Induktion war, haben aufgrund dieser Überlegungen andere kritische Rationalisten (z. B. Watkins 1984, S. 340 f.; Musgrave 2002) das epistemische Induktionsprinzip akzeptiert. Zusammengefasst kann auf das Induktionsprinzip nicht verzichtet werden; wir benötigen also eine positive Lösung des Humeschen Problems.

### 13.1.3 Ist Induktion ‚per definitionem' rational? Rationalität und kognitiver Erfolg

Alfred Ayer, Peter F. Strawson und andere Vertreter des sogenannten *analytischen Ansatzes* behaupteten, induktives Schließen sei als Teil der Bedeutung des Wortes ‚rational' aufzufassen (Strawson 1952, S. 257; Ayer 1956, 74 f.; Pollock 1974, S. 204). Mit anderen Worten, die Rationalität der Induktion soll diesem Ansatz zufolge bereits durch die Definition oder Bedeutungsfestlegung des Begriffs der Rationalität gewährleistet werden. Vertreter des *Common-Sense*-Ansatzes argumentierten häufig in ähnlicher Weise (Reid 1764; Edwards 1974, S. 29 ff.).

Für eine genuin epistemische Rechtfertigung von Induktion reicht die These, Induktion befinde sich mit unseren semantischen Konventionen oder Intuitionen im Einklang, freilich nicht aus. Eine echte Rechtfertigung muss vielmehr zeigen, dass Induktion dem epistemischen Ziel der *Wahrheitsfindung* bzw. allgemeiner dem Ziel des *kognitiven Erfolgs* förderlich ist (s. Abschn. 1.5 sowie Schurz und Hertwig 2019). Es ist unmöglich, den kognitiven Erfolg einer Voraussagemethode durch eine bloße ‚Definition' sicherzustellen. Was benötigt wird, ist der Nachweis, dass die Voraussagemethode erfolgreich ist, zumindest erfolgreicher als nicht-induktive Methoden.

Strawson (1952, S. 249) entwickelte ein noch subtileres Argument, um seine ‚Definitionsthese' zu begründen. Er vergleicht induktive mit deduktiven Schlüssen und behauptet, in beiden Fällen läge eine ähnliche Situation vor. Wann immer wir argumentieren, so Strawson, müssen wir die deduktive Logik voraussetzen. Wir können uns keine mögliche Situation denken, in der eine deduktive Schlussregel ungültig wird. Selbst wenn Strawson in Bezug auf die deduktive Logik Recht hätte (was aufgrund von Abschn. 12.5 bezweifelt werden kann), scheitert sein Argument jedenfalls daran, dass im Fall induktiver Schlüsse eine ganz *andere* Situation vorliegt. Situationen, in denen unsere induktiven Schlüsse in die Irre gehen, kann man sich spielend leicht vorstellen (man denke z. B. an ‚Alice im Wunderland'; vgl. Salmon 1974b). Aus demselben Grund scheitert der kantische Versuch, Induktion als transzendentale Denknotwendigkeit zu begründen.

Ein verwandtes Argument zugunsten der *apriori*-Rationalität von Induktionsannahmen besagt, dass bereits die Beschreibung von Beobachtungen der Vergangenheit mittels Eigenschaftsbegriffen induktive Annahmen enthalten würde. So argumentierte John D. Norton (2003, S. 668, Fn. 9), der Beobachtungssatz „Dieser Ball ist rot" impliziere analytisch die generelle Aussage „Dieser Ball hat dieselbe Farbe wie alle Bälle einer unendlichen Klasse von Bällen". Auch dieses Argument überzeugt nicht. Was der Beobachtungssatz „Dieses Objekt ist rot" semantisch impliziert, ist lediglich die Behauptung, dass die Farbe dieses Objektes die gleiche ist wie die Farbe anderer in der Vergangenheit beobachteter Objekte (die zusammenfassend als „rot" bezeichnet werden). Dies ist nur eine Behauptung über die Beziehung der gegenwärtigen zu vergangenen Beobachtungen, die jedoch keinerlei induktive Verallgemeinerung auf zukünftig zu beobachtende rote Objekte impliziert.

Es ist nicht nur *gedanklich* vorstellbar, dass induktive Schlüsse scheitern; in der Tat glauben Millionen von Menschen an die Überlegenheit nicht-induktiver Methoden, an Gottvertrauen, Hellseherei oder andere paranormale Kräfte. Eine überzeugende Rechtfertigung induktiven Schließens wäre daher nicht nur von fundamentaler erkenntnistheoretischer, sondern auch von kultureller Bedeutung, als Bestandteil des philosophischen Aufklärungsprogramms.

### 13.1.4 Kann Induktion durch Induktion oder durch Gleichförmigkeit begründet werden?

Die induktive Rechtfertigung der Induktion ist offensichtlich (regel-)zirkulär. Obwohl sie von vielen Autoren als ‚Notlösung' vorgeschlagen wurde, ist sie epistemisch wertlos, was in den Abschn. 6.3 und 12.2 ausführlich gezeigt wurde.

In einem damit verwandten Ansatz, der auf John Stewart Mill (1865, III.3.1) und Bertrand Russell (1912) zurückgeht, wird die Reliabilität der Induktion durch die Annahme der *Gleichförmigkeit* (Uniformität) der Natur begründet. Diese Annahme impliziert die Gleichförmigkeit von Vergangenheit und Zukunft, Beobachtetem und Unbeobachtetem, und damit die Reliabilität induktiver Schlüsse. Das Hauptproblem dieses Ansatzes liegt darin, dass er ebenfalls in einen Begründungs*zirkel* führt, denn die Annahme der Gleichförmigkeit kann selbst nur durch einen induktiven Schluss begründet werden (s. Abschn. 12.3).

Eine „lokalisierte" Version des Uniformitätsarguments wurde von John D. Norton (2003) entwickelt. Norton zufolge wird induktives Schließen nicht von formalen und allgemeinen Regeln geleitet, wie z. B. „wenn alle beobachteten As Bs waren, dann sind (wahrscheinlich) alle As Bs,", sondern durch ‚lokale' (bereichsspezifische) Schlüsse, wie z. B. „Wenn bei einigen Proben von Wismut ein Schmelzpunkt von 271 °C beobachtet wurde, dann haben alle Wismutproben diesen Schmelzpunkt". Lokale Induktionen werden ihrerseits durch lokale Uniformitätsannahmen gerechtfertigt, in unserem Beispiel „Proben desselben chemischen Elementes besitzen denselben Schmelzpunkt". Der Nortonsche Vorschlag ist genau demselben Zirkularitätsvorwurf ausgesetzt wie der Mill-Russellsche Ansatz, denn lokale Uniformitätsannahmen müssen ihrerseits durch lokale Induktionsschlüsse gerechtfertigt werden. Norton argumentiert, dass dieser Zirkel im Fall von lokalen Induktionsschlüssen nicht so schlimm wäre wie im Falle genereller Induktionsschlüsse, doch dieses Argument kann (wie auch Kelly 2010 zeigt) nicht überzeugen.

### 13.1.5 Kann Induktion durch den Schluss auf die beste Erklärung begründet werden?

Gilbert Harman (1965), David M. Armstrong (1983, Abschn. 6) und Peter Lipton (1991, S. 69) haben vorgeschlagen, induktive Schlüsse sollten als Abduktionen bzw. als Schlüsse auf die beste Erklärung (SBEs) verstanden werden (s. Merksatz 4.4-2). Ein SBE schließt von beobachteten Phänomenen auf die beste Erklärung dieser Phänomene, genauer gesagt, auf die vermutliche Wahrheit der Prämissen dieser besten Erklärung. Eine induktive Verallgemeinerung, so das Argument dieser Autoren, sei ein Spezialfall eines SBEs, denn die beste Erklärung einer bisher beobachteten Regelmäßigkeit – etwa dass alle bisher beobachteten Raben schwarz waren –, sei die *gesetzesartige* Generalisierung derselben, also dass es ein biologisches Gesetz sei, dass alle Raben schwarz sind.

Das Argument klingt plausibel. Wenn wir bereit sind, einen beobachteten Zusammenhang induktiv in die Zukunft zu projizieren, nehmen wir in der Tat an, dass dieser Zusammenhang keine Zufälligkeit war, sondern auf irgendeiner (im Detail evtl. noch unbekannten) gesetzesartigen Regelmäßigkeit unserer Realität beruht. Würden wir glauben, der beobachtete Zusammenhang wäre rein zufällig aufgetreten – wie etwa die Tatsache, dass im selben Augenblick, als meine Frau anrief, ein Vogel zwitscherte –, so wäre die induktive Projektion desselben offenbar unsinnig.

Was dieses Argument zunächst nur zeigt, ist, dass induktive Projektionen semantisch mehr-oder-weniger gleichbedeutend sind mit entsprechenden Gesetzesartigkeitsannahmen. Man kann bezweifeln, ob man solche Gesetzesartigkeitsannahmen schon als genuine *Erklärung* der beobachteten Regelmäßigkeiten auffassen kann, wie beispielsweise bei Armstrong (1983, Abschn. 1), der beobachtete Regelmäßigkeiten durch „kontingente Nezessierungsrelationen zwischen Universalien" erklärt. Aber auch wenn wir den Vertretern des SBE-Ansatzes zugestehen, dass es sich hierbei um eine schwache Form von Erklärung handelt, so verbleibt die grundlegende Frage: Weshalb ist der Glaube an die Erklärung beobachteter Regelmäßigkeiten durch ihre gesetzesartige Generalisierung *gerechtfertigt*? Die Antwort von SBE-Vertretern lautet (1) weil es sich dabei um die *beste* Erklärung handelt, und (2) weil es sich beim SBE um eine *gerechtfertigte* Schlussform handelt. Dies beschert uns zwei neue Fragen: (a) Warum ist die Gesetzesartigkeitserklärung die beste Erklärung?, und (b) wie können SBEs zirkelfrei gerechtfertigt werden? Versuche, diese beiden Fragen zufriedenstellend zu beantworten, sind mit folgenden Problemen konfrontiert:

**Problem 1** (betreffend Frage a): Die Rechtfertigung der Induktion durch einen SBE setzt voraus, dass wir bereits an die induktive Gleichförmigkeit der Natur glauben. Andernfalls wäre nicht klar, warum man die gesetzesartige *Generalisierung* „F hat gesetzmäßig G zur Folge" als *beste* Erklärung der Beobachtung „Bisher beobachtete Fs waren Gs" ansehen sollte. Wenn wir von der Ungleichförmigkeit der Natur ausgehen, könnte man die Hypothese „*Bisher* hatte F gesetzmäßig G zur Folge" als bessere Erklärung dieser Beobachtung einstufen. Ohne induktive Annahmen gibt es auch keinen Grund, die Hypothese „Alle Fs sind Gs" der ‚Goodman-artigen' Hypothese „Bisher waren alle Fs Gs und von nun an sind alle Fs non-Gs" vorzuziehen (s. Abschn. 13.2 und Exkurs E13.2). Die SBE-Rechtfertigung der Induktion ist somit indirekt zirkulär, da sie nur funktioniert, wenn induktive Gleichförmigkeitsannahmen vorausgesetzt werden.

**Problem 2** (betreffend Frage b): Ähnliche Rechtfertigungsstrategien wie zum Induktionsproblem wurden auch für SBEs vorgeschlagen, und sie sind ähnlichen Problemen ausgesetzt. Armstrong (1983, S. 53) beispielsweise argumentiert, SBEs seien schon aus analytischen Gründen rational, aber wie in Abschn. 13.1.3 ausgeführt, können analytische Konventionen niemals aufzeigen, dass eine Schlussregel erfolgreich ist. Andere Autoren schlugen eine regelzirkuläre Rechtfertigung des SBE vor, aber wie in (12.2-1) aufgezeigt, ist auch diese Rechtfertigung epistemisch wertlos.

Insgesamt ist das Problem der Rechtfertigung von SBEs noch schwieriger als das Humesche Problem, da sich alle Probleme des letzteren auch für das erstere stellen, aber das erstere Problem noch zusätzliche Schwierigkeiten involviert. Denn im Gegensatz zu induktiven Schlüssen können durch SBEs in die

Konklusion neue, nicht in den Prämissen enthaltene Begriffe eingeführt werden (Merksatz 12.4-1).

### 13.1.6 Kann das Induktionsproblem durch Externalismus umgangen werden?

Der reliabilistische Externalismus versucht das Induktionsproblem zu umgehen, indem die Rechtfertigung einer Erkenntnismethode mit ihrer Reliabilität *per definitionem* gleichgesetzt wird, unabhängig davon, ob und wie wir ihre Reliabilität herausfinden können. Wir haben diese Position in den Abschn. 5.3 und 6.3 einer ausführlichen Kritik unterzogen und gezeigt, dass sie zur epistemischen Nutzlosigkeit führt. Denn kognitiv zugänglich sind uns nur die bisher beobachteten Erfolgsraten einer Erkenntnismethode, und den Schluss von dort auf ihre Reliabilität, d. h. ihre Disposition zu zukünftigem Erfolg, ist ein induktiver Schluss. Mit anderen Worten, die externalistische Definition des Rechtfertigungsbegriffs könnte nur nützlich sein, wenn wir eine internalistische Lösung des Induktionsproblems besitzen.

## 13.2 Probabilistische Ansätze und ihre Probleme

Ohne rechtfertigungsbedürftige induktive Annahmen ergeben sich aus den Basisaxiomen der Wahrscheinlichkeit (Exkurs E4.4, Merksatz E4.4-1) keine induktiven Konsequenzen. Für den als Häufigkeitsgrenzwert definierten *statistischen Wahrscheinlichkeitsbegriff* (Def. E4.4.1) gilt, dass bereits die Annahme der Existenz von Häufigkeitsgrenzwerten eine schwache induktive Annahme darstellt. Denn die Häufigkeiten in Ereignissequenzen müssen keineswegs gegen Grenzwerte konvergieren, sondern können auch ewig oszillieren, wie z. B. in der folgenden binären 0–1-Sequenz (1-mal die 0, 2-mal die 1, 3-mal die 0, 6-mal die 1, 12-mal die 0, 24-mal die 1, usw.), deren 1-Häufigkeiten zwischen 1/3 und 2/3 oszillieren (Schurz 2019, Abschn. 6.2). Die statistische Unabhängigkeit von Zufallsexperimenten, aus der die Häufigkeitskonvergenz „mit Wahrscheinlichkeit 1" folgt, ist ebenfalls eine induktive Annahme, wie im Exkurs E13.1 gezeigt wird.

Auch die subjektive bzw. ‚bayesianische' Wahrscheinlichkeitstheorie kann ohne zusätzliche Annahmen keine induktiven Schlüsse begründen. Diese Einsicht widerlegt eine frühere Behauptung von Howson (1977, S. 279), schon die Basisaxiome würden eine schwache ‚induktive Logik' ergeben, weil gemäß dem Theorem (12.4-1) jede P-kontingente Hypothese, die eine Evidenz E logisch impliziert, durch E bestätigt wird. Jedoch erhöht E H's Wahrscheinlichkeit in diesem Theorem nur deshalb, weil E ein Gehaltsanteil von H ist und seine eigene Wahrscheinlichkeit auf 1 erhöht (P(E|E) = 1), aber E muss nicht den über E hinausgehenden Gehaltsanteil von H wahrscheinlich machen. Für eine *genuine*

*Bestätigung* ist zu fordern, dass E den über E hinausgehenden Gehaltsanteil von H wahrscheinlich macht (vgl. Earman 1992, S. 98, 242, Fn. 5; Schurz 2014b; Schippers und Schurz 2020; Howson 2000, S. 134). Ist Letzteres nicht gegeben, so liegt keine genuine Bestätigung, sondern eine *Pseudobestätigung* vor. Drei bekannte Probleme der Bestätigungsliteratur beruhen auf Pseudobestätigungen:

1. Das *Klebeparadox* ('tacking by conjunction'; Lakatos 1974, S. 128; Glymour 1981, S. 67): Die einfachste Form dieses Paradoxes liegt vor, wenn ein irrelevantes Konjunktionsglied X an die gegebene Evidenz E 'geklebt' wird. E bestätigt die konjunktive Hypothese E∧X, für jede beliebig 'verrückte' Behauptung X, z. B. „E ∧ Aliens haben das Parlament besetzt". Da X der einzige E-übersteigende Gehaltsanteil von E∧X ist, und E X nicht wahrscheinlich macht, liegt eine Pseudobestätigung vor (Schippers und Schurz 2020).

2. Pseudobestätigung durch *post-fakto 'Erklärungen'* mittels spekulativer unbeobachteter Entitäten: Eine solche Erklärung liegt vor, wenn eine beliebige Tatsache E (z. B. die aktuelle Rezession) durch die Spekulation erklärt wird, dass Gott E wollte und alles, was Gott will, geschieht. Pseudoerklärungen dieser Art begründetermaßen auszuschließen, ist eine zentrale Aufgabe der Theorie der Abduktion (s. Abschn. 14.3).

3. Die bayesianische Version der *Goodman Paradoxie* (Goodman 1946): Dabei handelt es sich um einen Spezialfall des Klebeparadoxes, in dem das irrelevante Konjunktionsglied X eine anti-induktive (statt induktive) Projektion der Evidenz auf neue Fälle darstellt:

(13.2-1) *Bayesianische Version von Goodmans Paradox:*

Evidenz E: Alle bisher beobachteten Smaragde waren grün.

Induktive Projektion $H_1^*$: Alle unbeobachteten Smaragde sind grün.

Anti-induktive Projektion $H_2^*$: Alle unbeobachteten Smaragde sind rot.

Die *induktive Generalisierung* $H_1$ ist L-äquivalent mit E∧$H_1^*$.

Die *anti-induktive* (Goodman-artige) *Generalisierung* $H_2$ ist L-äquivalent mit E∧$H_2^*$.

*Paradox:* Sowohl $H_1$ wie $H_2$ werden durch E gleichermaßen bayesianisch 'bestätigt'.

Das Paradox zeigt überdeutlich, dass die Basisaxiome der Wahrscheinlichkeit nichts zur Lösung des Induktionsproblems beitragen. Aufgrund dieser negativen Resultate werden im Bayesianismus zusätzliche probabilistische Annahmen gemacht, die sich bei näherer Analyse als *induktive* Annahmen herausstellen. Die grundlegende Annahme aller bayesianischen Ansätze sind sogenannte Ausgangs(wahrscheinlichkeits)verteilungen. Eine *Ausgangsverteilung* drückt die Glaubensgrade eines gegebenen rationalen Subjektes *vor* der Erfahrung aus. Es gibt zwei bayesianische Strategien, um den Subjektivismus von Ausgangsverteilungen abzuwehren. Im *objektiven* Bayesianismus (Williamson 2010) geht man von der (Laplaceschen) Gleichverteilung als der „richtigen" aus, die jeder möglichen Hypothese dieselbe Ausgangswahrscheinlichkeit zuschreibt. Im *subjektiven*

## 13.2 Probabilistische Ansätze und ihre Probleme

Bayesianismus gesteht man dagegen die Subjektivität von Ausgangsverteilungen zu, behauptet aber, dass durch Konditionalisierung auf immer umfangreichere Erfahrungen jede Ausgangsverteilung gegen eine objektiv-wahre Endverteilung strebt; man bezeichnet dies als das „Auswaschen der Ausgangsverteilung" (Earman 1992, S. 141 ff.).

Beide bayesianischen Strategien funktionieren jedoch nur, wenn man eine hinreichend induktionsfreundliche Ausgangsverteilung wählt. Die induktions-*feindlichste* Ausgangsverteilung ist eine Gleichverteilung über der Menge aller möglichen ‚Welten' bzw. vollständigen Zustandsbeschreibungen; wir sprechen hier von einer *zustandsuniformen* Ausgangsverteilung. Wie in Exkurs 13.1 gezeigt, verunmöglichen zustandsuniforme Ausgangsverteilungen jede Art von induktiven Zusammenhängen: Die Wahrscheinlichkeit zukünftiger Ereignisse ist dann gleich ihrer Zufallswahrscheinlichkeit (im Fall binärer Ereignisse also 1/2), *unabhängig* von allen bisher beobachteten Ereignishäufigkeiten (Carnaps $c^\dagger$-Funktion in 1950, S. 564–566; Howson und Urbach 1996, S. 64–66). Der objektive Bayesianismus scheitert somit für zustandsuniforme Ausgangsverteilungen.

Ein ganz anderes Resultat erhält man, wenn man eine uniforme Ausgangsverteilung – statt über allen möglichen Zustandsbeschreibungen – über den möglichen Häufigkeitsgrenzwerten von Zuständen annimmt. Dabei erhält jeder mögliche Häufigkeitsgrenzwert dieselbe Ausgangswahrscheinlichkeit; wir sprechen hier von einer *häufigkeitsuniformen* Verteilung. Häufigkeitsuniforme Ausgangsverteilungen begünstigen induktiv gleichförmige Zustands- bzw. Ereignisfolgen und es folgt die bekannte Induktionsregel von Laplace.

Auch die subjektiv-bayesianische Idee des Auswaschens von Ausgangsverteilungen funktioniert nur mit induktionsfreundlichen Ausgangsverteilungen, die hier *kontinuierlich* über den möglichen Häufigkeitsgrenzwerten sein müssen. Wie in Exkurs E13.1 gezeigt, folgen daraus zwei wichtige subjektiv-bayesianische Induktionsprinzipien: *Undogmatizität* und *Vertauschbarkeit* (de Finetti 1964).

Zusammengefasst geht man im bayesianische Programm von zusätzlichen induktiven Annahmen aus, deren induktiver Gehalt aber oft nicht kenntlich gemacht wird und deren Rechtfertigung fehlt. Auch wenn der Bayesianismus das Induktionsproblem nicht löst, kann seine Anwendung sehr nützlich sein, *wenn* man induktive Wahrscheinlichkeitsbeziehungen annimmt. Ein Beispiel dafür ist das Theorem der *übereinstimmenden unabhängigen Evidenzen* (UUEs) bzw. das äquivalente Condorcet-Jury-Theorem (Bovens und Hartmann 2003). Viele UUEs können diesem Theorem zufolge die Wahrscheinlichkeit der Hypothese beliebig nahe an 100 % heranbringen (s. Exkurs E13.1).

Für Wahrscheinlichkeitsfunktionen, die induktive Annahmen (wie Vertauschbarkeit) erfüllen, löst sich die Goodman-Paradoxie von (13.2-1) auf: Die Evidenz erhöht dann die Wahrscheinlichkeit der induktiven Projektion $H_1^*$ und senkt die der anti-induktive Projektion $H_2^*$. Goodmans Paradoxie ist damit allerdings noch nicht ganz behoben, denn sie involviert noch ein zweites Problem: das der *Sprachabhängigkeit,* das in Exkurs E13.2 behandelt und hier knapp skizziert wird. Goodman zeigte nämlich, dass durch die Definition seltsamer ‚positionaler'

Prädikate eine Anti-Induktion in eine scheinbare Induktion verwandelt werden kann. Goodman (1946, 1975) definierte vereinfacht formuliert:

„x ist *grot*" g.d.w. „x wurde beobachtet und ist grün, oder x wurde nicht beobachtet und ist rot.

Gegeben eine Stichprobe von beobachteten grünen Smaragden, so sind diese per definitionem auch grot. Wendet man jedoch den induktiven Schluss sowohl für „grün" wie für „grot" an, so erhält man für alle nicht beobachteten Smaragde die widersprüchliche Prognose grün versus rot. Carnap (1947, S. 146; 1976, S. 211) zog daraus die Lehre, dass Induktionsregeln nur auf *qualitative* Prädikate angewendet werden dürfen – das sind Prädikate, deren semantische Charakterisierung nicht essentiell auf bestimmte Individuenkonstanten oder Raumzeitpunkte Bezug nimmt. Goodman wandte gegen Carnaps Kriterium der Qualitativität ein, dass es *sprachabhängig* sei. Wie aber in Exkurs 13.2 gezeigt wird, kann zwischen qualitativen und positionalen Prädikaten auch in *sprachunabhängiger* Weise unterschieden werden, und zwar durch Betrachtung des *ostensiven Lernprozesses* von Prädikaten. Die ostensive Erlernung qualitativer Prädikate benötigt nämlich, im Gegensatz zu positionalen Prädikaten, keine positionalen Informationen. Im Folgenden nehmen wir an, dass induktive Schlüsse immer nur auf qualitative Prädikate bzw. Merkmale angewandt werden.

## 13.3 Die Optimalität von Metainduktion

Die in den Abschn. 13.1 und 13.2 besprochenen Lösungsversuche des Induktionsproblems und ihre Probleme sind in Abb. 13.1 übersichtlich als binärer Verzweigungsbaum von Positionen zusammengestellt (wobei die hier favorisierten Positionen unterstrichen sind), bis hin zur untersten Option der Optimalitätsrechtfertigung, die in diesem Kapitel vorgestellt wird.

Wenn wir die bisherigen positiven Lösungsversuche betrachten (alle außer dem Popperschen und der externalistischen Vermeidungsstrategie), so wurde darin immer versucht, die *Reliabilität* induktiven Schließens zu begründen. Dies ist jedoch unmöglich, wie letztendlich schon Humes skeptische Argumente zeigen. Es gibt jedoch eine alternative Lösungsstrategie, die durch die bisherigen skeptischen Einwände noch nicht blockiert ist, nämlich die in Abschn. 11.4 erläuterte Optimalitätsrechtfertigung. Im Fall der induktiven Methode ist das Erkenntnisziel hierbei der Prognoseerfolg, d. h. die Maximierung der prognostischen Erfolgsrate unter allen kognitiv zugänglichen Voraussagemethoden.

Zunächst ist zu bedenken, dass es nicht nur eine, sondern viele verschiedene induktive Methoden gibt. Ihnen ist gemeinsam, dass sie ein bestimmtes Muster in den bisherigen Beobachtungen auf die Zukunft bzw. auf unbeobachtete Fälle übertragen, doch auf welches Muster sie sich spezialisieren, ist in unterschiedlichen Induktionsvarianten verschieden und reicht von einfachen Häufigkeiten

## 13.3 Die Optimalität von Metainduktion

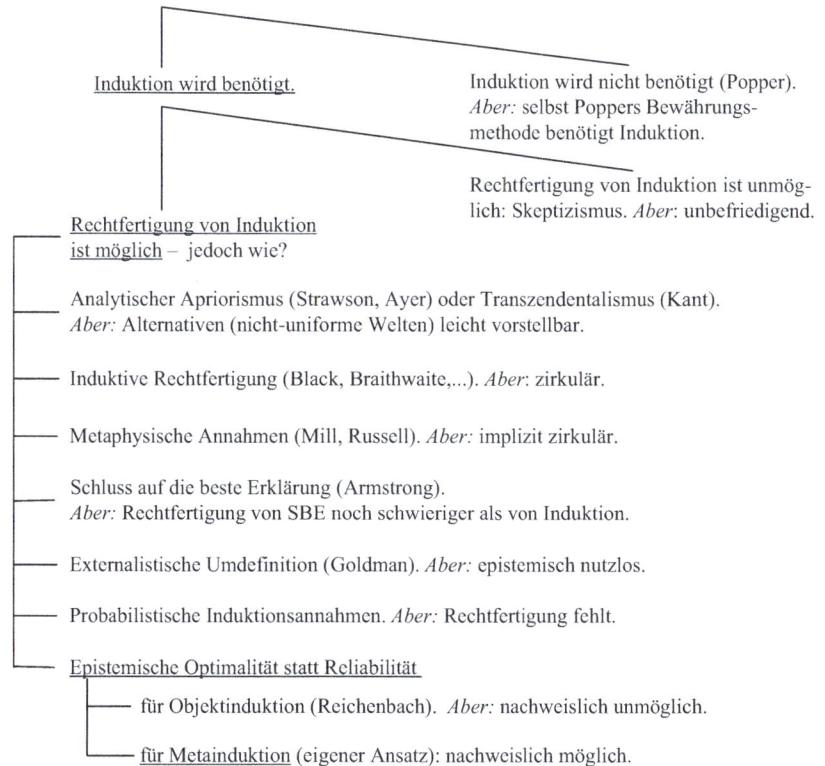

**Abb. 13.1** Übersicht über Positionen zum Induktionsproblem (eigene Position unterstrichen)

bis zu komplexen Mustern. Eine Optimalitätsrechtfertigung müsste zeigen, dass es eine bestimmte induktive Methode gibt, deren prognostischer Erfolg in keiner möglichen Welt kleiner ist als der irgendeiner anderen kognitiv zugänglichen Methode. Sogar in radikal induktionsskeptischen Szenarien, in denen alle Voraussagemethoden versagen, kann Induktion immer noch optimal sein. Es ist auch zugelassen, dass es mehrere gleichermaßen optimale Methoden gibt; zwecks Trivialitätsvermeidung sollte aber eine Dominanz der induktiven Methode gegenüber nichtinduktiven Methoden gezeigt werden können.

Ein Ideenspender für eine Optimalitätsrechtfertigung ist der Ansatz der *besten Alternative* von Hans Reichenbach (1949, Abschn. 91), dem zufolge Induktion das Beste ist, was wir tun können, um erfolgreiche Voraussagen zu generieren. Wie lässt sich der Optimalitätsansatz so ausarbeiten, dass er funktioniert? Zunächst müssen wir uns (wie in Abschn. 11.4 ausgeführt) auf die uns *zugänglichen* Voraussagemethoden beschränken, denn die Menge ‚aller' möglichen Voraussagemethoden ist unbekannt. Dies tut der Optimalitätsrechtfertigung keinen Abbruch, denn unzugängliche Methoden sind für unsere rationalen epistemischen Entscheidungen irrelevant. Doch auch unter dieser Einschränkung funktioniert

Reichenbachs Ansatz nicht. Denn es ist zumindest möglich, dass es Hellseher gibt, die besser voraussagen als Induktivisten (Skyrms 1975, Abschn. III.4). Wir könnten dies höchstens mittels Erfahrung und Induktion ausschließen, doch das wäre zirkulär.

Reichenbach sah dieses Gegenargument und versuchte mit unterschiedlichen, aber erfolglosen ‚Schachzügen', seiner Kraft zu entkommen: So änderte er das Erkenntnisziel von prognostischem Erfolg auf Approximation des Häufigkeitsgrenzwertes; weil dadurch sein Argument trivialisiert werden würde, schlägt er daraufhin Grenzwertapproximation auf *kurze Sicht* vor, was aber zum Ausgangsproblem zurückführt (Reichenbach 1949, S. 474 f., 476 f.; vgl. Salmon 1974a). An einer Stelle bemerkte Reichenbach, wenn es wirklich einen überlegenen (zugänglichen) Hellseher gäbe, wäre dies bereits eine induktive Gleichförmigkeit, die der Induktivist erkennen und für seine Voraussagezwecke nutzen könnte (ebd., S. 476 f.; 1938, S. 353 f.). Doch Reichenbach machte nichts aus dieser Bemerkung; insbesondere versuchte er nicht, zu zeigen, dass der Induktivist auf diese Weise Optimalität erreichen könne. An dieser Stelle setzt der vom Autor entwickelte Ansatz der *Metainduktion* an (vgl. z. B. Schurz 2008, 2019; Schurz und Thorn 2016, Henderson 2018, Abschn. 7.3; Sterkenburg 2019, Feldbacher 2021). Um die Idee zu präzisieren, wird zwischen *Objektinduktion* und *Metainduktion* unterschieden. ‚Objektinduktion' (abgekürzt OI) bezeichnet die Anwendung einer Induktionsmethode auf der Objektebene der Ereignisvoraussagen. Unter ‚Metainduktion' (abgekürzt MI) verstehen wir die Anwendung einer induktiven Methode auf der Metaebene der zugänglichen Voraussagemethoden. Dabei nennen wir eine Methode M *zugänglich* für ein Erkenntnissubjekt S, wenn (a) S entweder M versteht und selbst durchführen kann oder (b) S zumindest die Voraussagen der Methode kennt, z. B. weil eine andere Person M durchführt und ihre Voraussagen zugänglich macht. Im Fall (a) heißt die Methode M *intern* zugänglich für S und im Fall (b) *extern* zugänglich für S.

Reichenbach versuchte, die Optimalität von OI zu demonstrieren. Dies ist wie erläutert unmöglich, denn für jede objektinduktive Methode M existiert eine mögliche Welt bzw. Ereignissequenz (e) = ($e_1$, $e_2$, ...) und eine ‚paranormale' Methode M*, so dass M angewandt auf (e) erfolglos ist, doch M* (e) perfekt voraussagt (für eine lerntheoretische Präzision dieses Arguments vgl. Putnam 1965; Kelly 1996, S. 263). Dieser Einwand widerlegt aber nicht die Metainduktion, denn sobald die Metainduktivistin den überragenden Erfolg von M* in Welt (e) beobachtet hat, favorisiert sie nicht mehr OI, sondern M* und sagt damit ebenso gut wie M* voraus.

Kann darauf ein allgemeines Optimalitätsargument für Metainduktion gegründet werden? Die Frage ist höchst nichttrivial, denn MI muss die bisherigen Erfolgsraten beobachten, bevor MI die erfolgreichste Methode favorisieren kann, was kurzfristige Verluste einbringen kann, die nur dann langfristig ‚verschwinden', wenn sie in Grenzen gehalten werden können. Die Untersuchung dieser Frage erfolgt auf der Grundlage sogenannter *Voraussagespiele* (Schurz 2008, 2019, Kap. 5–8):

## 13.3 Die Optimalität von Metainduktion

▶ **Definition 13.3-1**

Ein **Voraussagespiel** ist ein Paar ((e), Π) bestehend aus

1. Einer unendlichen Sequenz (e) $=_{def}$ ($e_1$, $e_2$,...) von Ereignissen $e_n$, die durch reelle Zahlen dargestellt werden (normiert zwischen 0 und 1, $e_n \in [0,1]$, und abgerundet auf eine endliche Stellenzahl). Dabei kann es sich z. B. um eine Folge von täglichen Wetterzuständen, Börsenkursen oder wöchentlichen Fußballresultaten handeln.
2. Einer endlichen Menge von ‚Spielern', die mit Voraussagemethoden identifiziert werden, Π = {$M_1$,...,$M_m$,MI}. Dabei ist ‚MI' die metainduktive Methode und $M_1$...$M_n$ sind alle anderen MI-zugänglichen Voraussagemethoden, z. B. reale Experten, Computerprogramme oder ‚alternative' Spieler, z. B. ‚Hellseher' u. a. m. In jeder *Runde* n des Spiels (n = 0,1,2 ...) ist es die Aufgabe aller Methoden, das jeweils nächste Ereignis vorauszusagen.

Methoden der Objektebene heißen auch *unabhängige* Methoden. Zwecks Vermeidung eines Regresses von Metaebenen sind unter den zugänglichen Methoden nicht nur unabhängige Methoden, sondern auch andere Metamethoden zugelassen. Der prognostische Erfolg einer Methode M zu einer gegebenen diskreten Zeit oder Runde n wird wie folgt definiert:

Für jede Voraussage eines Ereignisses zum Zeitpunkt n erhält die voraussagende Methode M nach dem Eintreffen des Ereignisses einen Punktwert bzw. ‚Score', dargestellt durch einen reellen Zahlenwert zwischen 0 und 1 und abgekürzt als „$score_n(M)$" (lies: „der von M für ihre Voraussage von $e_n$ erzielte Score"). Dieser Score wird mithilfe eines Distanzmaßes bestimmt, das in der Literatur meist als „Loss" bezeichnet wird und die Distanz zwischen der Voraussage und dem tatsächlichen Ereignis mißt. Je geringer diese Distanz, desto höher der Score. Das einfachste Distanzmaß ist der absolute Abstand zwischen Ereignis und Voraussage, $|e_n - v_n(M)|$; dabei steht „$v_n(M)$" abkürzend für die „Voraussage von Methode M für Zeitpunkt n". Die Optimalitätstheoreme gelten aber auch für viele andere Distanzfunktionen, insbesondere für sogenannte ‚konvexe' Distanzfunktionen. Der Erfolg, den eine Methode M bis zu einer Runde n des Voraussagespiels erzielt hat, ist definiert als die Summe der von M bis dahin erzielten Scores (formal also $\Sigma_{1 \leq i \leq n} score_i(M)$). Dividiert man diesen bis Runde n erzielten Erfolg durch n, so erhält man die *Erfolgsrate* (*success rate*) von Methode M zum Zeitpunkt n, abgekürzt als „$suc_n(M)$".

Jedes Voraussagespiel entspricht einer möglichen Welt, und alle möglichen Welten sind zugelassen. Die Ereignissequenzen müssen nicht probabilistisch generiert sein; es kann sich dabei auch um ‚chaotische' Sequenzen mit nichtkonvergierenden Häufigkeiten handeln, weshalb auch die Erfolgsraten nicht konvergieren müssen. Die Methodenmenge Π darf weltabhängig variieren, nur MI muss in jeder Welt vorhanden sein sowie eine von MI simulierte ‚Fallback'-

Methode, die MI verwendet, wenn keine anderen attraktiven Methoden vorhanden sind.

Die einfachste metainduktive Methode ist *Imitate-the-best* (ITB). Sie sagt immer das voraus, was die bislang beste zugängliche Methode voraussagt. Für ITB kann Optimalität nur unter der einschränkenden Bedingung gezeigt werden, dass die Erfolgsraten der beteiligten Methoden gegen Grenzwerte konvergieren. Die Abb. 13.2 zeigt die Computersimulation eines solchen Voraussagespiels. ITB's Erfolg konvergiert gegen den Maximalerfolg; ITB ist also optimal auf lange Sicht mit vernachlässigbarem Anfangsverlust (Schurz 2019, theorem 6-1, 6-2).

Die Methode ITB ist jedoch nicht mehr optimal, wenn sie durch betrügerische Methoden getäuscht wird, deren Erfolgsrate minimal wird, sobald sie nachgeahmt werden. Ein realistisches Beispiel hierfür wären Voraussagen von Börsenkursen in einer ‚Blasenökonomie': Beispielsweise kann die Voraussage eines hohen Zinswertes einer Anleihe dazu führen, dass zu viele Menschen in sie investieren und sie dadurch zahlungsunfähig wird. Die Betrugsanfälligkeit kann auch nicht durch eine vorsichtige ITB-Variante verhindert werden, genannt εITB, die erst dann zum neuen Favoriten überwechselt, wenn dieser um mindestens einen kleinen Betrag ε besser ist als der bisherige Favorit. Abb. 13.3 zeigt eine Computersimulation dieses Szenarios: Vier betrügerische Spieler *(deceivers)* oszillieren in ihren Erfolgsraten mit einer Amplitude von ε = 0.05, was dazu führt, dass εITB zwar das erste Ereignis richtig rät, aber dann permanent falsch voraussagt, da jeder Spieler dann und nur dann falsch voraussagt, wenn εITB ihn favorisiert.

Es gibt jedoch eine metainduktive Strategie, die selbst mit betrügerischen Methoden fertig wird, und dies ist die *attraktivitätsgewichtete Metainduktion*, abgekürzt AW. Die Methode AW sagt ein gewichtetes Mittel der Voraussagen aller zugänglichen Methoden voraus, wobei als Gewicht einer Methode M zum

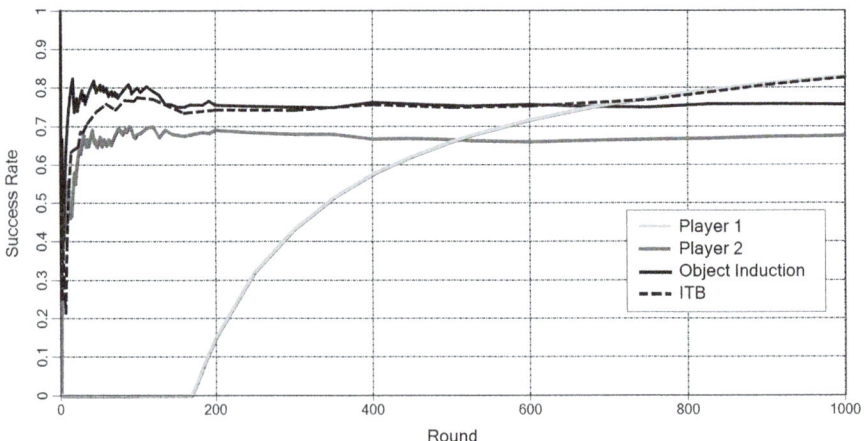

**Abb. 13.2** ITB im Voraussagespiel gegen einen Objektinduktivisten und zwei ‚alternative' Spieler (Computersimulation und Grafik von Paul Thorn & Gerhard Schurz)

## 13.3 Die Optimalität von Metainduktion

Zeitpunkt n die sogenannte *Attraktivität* von M fungiert, die mit der Differenz zwischen der bisherigen Erfolgsrate von M und der von AW korreliert und aus der Perspektive von AW auch *Regret* genannt wird. In Abb. 13.3 spielt neben εITB auch AW gegen die vier betrügerischen Strategien. Ersichtlicherweise lässt sich AW nicht betrügen, weil er niemals nur auf eine, sondern auf ein gewichtetes Mittel aller vier Methoden setzt, und daher im Schnitt ebenso gut voraussagt wie die vier Methoden.

Attraktivitätsbasierte Voraussagemethoden wurden in der Theorie des maschinellen Lernens entwickelt (Cesa-Bianchi & Lugosi 2006; Shalev-Shwartz & Ben-David 2014, Kap. 21) und von Schurz (2008) auf das Induktionsproblem angewandt. Es gibt mehrere Möglichkeiten, Attraktivitäten zu definieren, die alle langfristig Optimalität garantieren, aber unterschiedliche Eigenschaften auf kurze Sicht besitzen. Die effizienteste Methode sind exponentielle Attraktivitäten (zur Definition s. Schurz 2019, Abschn. 6.61-2; in 2008 werden lineare Attraktivitäten verwendet). Aufbauend auf Theoremen in der mathematischen Lerntheorie kann für die exponentiell-attraktivitätsgewichtete Metainduktion, abgekürzt EAW, das folgende Theorem bewiesen werden. Dabei steht „maxsuc$_n$" für die maximale Erfolgsrate der beteiligten von MI verschiedenen Methoden; „maxsuc$_n$ − suc$_n$(EAW)" ist also der maximale Rückstand − und falls der Term negativ ist, der minimale Vorsprung − von EAW verglichen zu allen anderen dem Metainduktivisten zugänglichen Methoden (Beweis in Schurz 2019, Appendix 12.24):

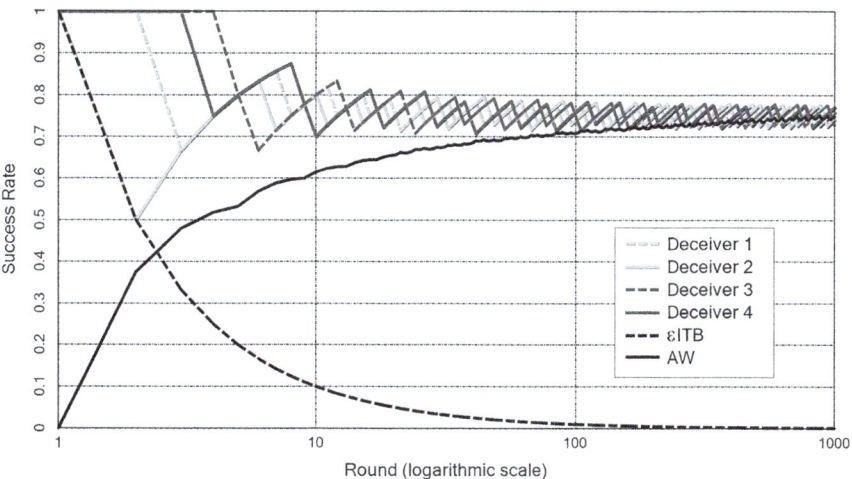

**Abb. 13.3** εITB und AW im Voraussagespiel gegen vier betrügerische Methoden *(deceivers)*, deren Erfolgsraten mit einer Amplitude größer als ε = 0.05 oszillieren (Computersimulation und Grafik von Paul Thorn & Gerhard Schurz)

**Merksatz 13.3-1**

**Universelle Optimalität der metainduktiven Methode EAW**
Für jedes Voraussagespiel $((e)\{M_1,\ldots,M_m,EAW\})$ mit konvexer Lossfunktion gilt:

1. Die Differenz $\text{maxsuc}_n - \text{suc}_n(EAW)$ ist kleiner oder gleich $1.78\sqrt{\ln(m)/n}$.

2. Für n gegen unendlich konvergiert diese Differenz gegen einen Grenzwert kleiner oder gleich Null. ◄

Gemäß Teil 1 des Optimalitätstheorems kann EAW zwar kurzfristig gegenüber der jeweils besten Methode in Rückstand geraten, jedoch ist der Rückstand nach oben begrenzt und gering, sobald die Rundenzahl des Spiels (n) die Anzahl der beteiligten Methoden (m) erreicht oder übersteigt („ln(m)" für „natürlicher Logarithmus von m"). Überdies erreicht der Rückstand nur in induktionsfeindlichen Ereignissequenzen seine obere Schranke und ist sonst viel geringer (vgl. Schurz und Thorn 2016, Tab. 2). Der Rückstand geht mit wachsendem n schnell gegen null, woraus Teil 2 des Theorems, die universelle langfristige Optimalität, folgt, die unter allen Bedingungen gilt, selbst dann, wenn die Erfolgsraten ständig variieren wie im ‚dämonischen' Szenario von Abb. 13.3.

Das Optimalitätstheorem darf nicht dahingehend missverstanden werden, als sei Metainduktion *in Isolation* die optimale Voraussagestrategie – ohne fähige unabhängige Voraussagestrategien kann auch Metainduktion nichts leisten. Die Optimalitätsrechtfertigung impliziert lediglich, dass Metainduktion *ceteris paribus,* in Bezug auf eine gegebene Menge zugänglicher Methoden, universell rational ist. Zugleich ist es immer auch rational, die Menge der verfügbaren Voraussagestrategien auf der Objektebene zu verbessern, was keinen Einwand gegen die Optimalitätsrechtfertigung von Metainduktion darstellt.

Das Optimalitätstheorem liefert den entscheidenden Schritt zur gesuchten Rechtfertigung induktiven Schließens. Es zeigt uns, dass es in allen möglichen Welten für jedes Erkenntnissubjekt rational ist, die metainduktive Strategie EAW auf die ihm zugänglichen Voraussagestrategien anzuwenden, denn das kann EAW's Voraussageerfolg mittel- und langfristig nur verbessern, nicht verschlechtern. Wie in Abschn. 11.4 erläutert, wird die Allgemeinheit dieses Resultates durch die universelle Lernfähigkeit der Metainduktion ermöglicht: Wann immer sie auf eine ihr überlegene Strategie trifft, kann sie deren Leistungen in sich aufnehmen. Die Rechtfertigung ist nichtzirkulär, sie setzt keinerlei induktive Annahmen voraus, sondern lediglich (1) die Beobachtung vergangener Ereignisse und (2) die Fähigkeit der Logik und Mathematik. Betreffend (1) ist bedeutsam, dass kein Realismus vorausgesetzt werden muss. Metainduktive Voraussagen lassen sich auch im Rahmen des methodologischen Solipsismus auf zukünftige interne Erscheinungen oder Handlungen anwenden. Für die Rechtfertigung der externen Realitätsannahme aufgrund der Regelmäßigkeiten in introspektiven Erscheinungen ist dies von grundlegender Wichtigkeit (s. Abschn. 14.4).

Wir nannten (1) und (2) die ‚wesentlichen' Annahmen des Optimalitätstheorems, da das Resultat in Merksatz 13.3-1 noch einigen weiteren technischen

Einschränkungen unterliegt, wie reellwertige Ereignisse, konvexe Lossfunktionen und eine endlich-fixierte Methodenmenge. In *Exkurs E13.3* werden Verallgemeinerungen aufgezeigt, die alle diese Einschränkungen überwinden. Weitere wichtige Vertiefungen des Optimalitätstheorems werden in Abschn. 13.5 besprochen. Zuvor aber wird nun erläutert, was die Optimalitätsrechtfertigung der Metainduktion für den Status der Objektinduktion impliziert.

## 13.4 Die aposteriori Rechtfertigung von Objektinduktion

Das Resultat von Merksatz 13.3-1 gilt unabhängig von jeglicher Annahme über mögliche Welten oder deren Ausgangswahrscheinlichkeit. Damit besitzt Metainduktion eine mathematische *apriori*-Rechtfertigung. Was bedeutet dieses Resultat aber für die Rechtfertigung von Objektinduktion, also von wissenschaftlichen Induktionsverfahren? Objektinduktion kann keine *apriori*-Rechtfertigung besitzen, denn paranormale Welten, die erfolgreiche Hellseher beherbergen, sind denkmöglich. In solchen Welten kann Objektinduktion nicht optimal sein, und Metainduktion setzt in solchen Welten auf die Hellseher, da sie besser voraussagen als die Objektinduktivisten bzw. wissenschaftlichen Experten. Doch gibt uns die *apriori*-Rechtfertigung von Metainduktion eine nichtzirkuläre *aposteriori*-Rechtfertigung von Objektinduktion in die Hand:

(13.4-1) *Aposteriori Rechtfertigung von Objektinduktion:*

Prämisse 1: Wir wissen aus Erfahrung, dass *bisher* objektinduktive Methoden allen zugänglichen nichtinduktiven Voraussagemethoden in vielen Fällen überlegen und in keinen Fällen unterlegen waren.

Prämisse 2: Metainduktion ist apriori rational.

Konklusion: Daher sind wir per Metainduktion gerechtfertigt, auch in Zukunft objektinduktive Methoden zu verwenden.

Die Rechtfertigung (13.4-1) ist, im Gegensatz zur ‚induktiven Rechtfertigung der Induktion', nicht mehr zirkulär. Denn in Prämisse 1 wird keine induktive Annahme, sondern nur Beobachtungswissen über die Vergangenheit vorausgesetzt, und in Prämisse 2 wird nicht die Rationalität von Objektinduktion, sondern die von Metainduktion angenommen, und letztere gilt mathematisch-analytisch. Unsere *aposteriori*-Rechtfertigung der Objektinduktion ist relativ zur vorliegenden Evidenz über die Erfolgsraten der verfügbaren Methoden, die sich zeitlich ändern könnten. Auch das ist im Sinne der Humeschen Einsicht, denn auch wenn es bisher keine induktionsüberbietenden Hellseher gegeben hat, so kann es doch nicht logisch ausgeschlossen werden, dass es sie nicht in Zukunft geben könnte.

## 13.5 Vertiefungen und Anwendungen

Eine wichtige Verallgemeinerung des Optimalitätsansatzes sind *probabilistische* (bayesianische) *Voraussagespiele* (Schurz 2019, Abschn. 7.1). Dabei liegen diskrete Ereigniswerte vor, aber es werden die bedingten Wahrscheinlichkeiten der Ereignisse (gegeben die beobachteten Ereignisse) vorausgesagt. Man bewertet hier die Voraussagen aufgrund der Differenz zwischen der vorausgesagten Wahrscheinlichkeit und dem Wahrheitswert des Ereignisses (1 oder 0). Dabei benötigt man (wie Brier 1950 aufgezeigt hat) eine echt konvexe, z. B. quadratische Lossfunktion. Die Anwendung des Optimalitätstheorems ergibt, dass die *metainduktive Aggregation* der vorausgesagten Wahrscheinlichkeiten aller zugänglichen probabilistischen Methoden zu einer universell optimalen Wahrscheinlichkeitsfunktion führt. Dies ermöglicht eine neuartige Lösung des bayesianischen Problems der Wahl von Ausgangsverteilungen, denn der metainduktive Probabilist verwendet eine voraussageoptimale Mischung aller zugänglichen Ausgangsverteilungen.

Probabilistische Voraussagespiele sind auch für eine wichtige erkenntnistheoretische Frage bedeutsam, nämlich was aus der epistemischen Optimalität einer Voraussagemethode für den epistemischen Status einzelner Voraussagen folgt. Sind wir auch gerechtfertigt, den einzelnen Voraussagen der metainduktiven Methode zu glauben, und wenn ja, mit welcher Wahrscheinlichkeit? Die Antwort darauf liefert die Ermittlung der metainduktiv optimalen Wahrscheinlichkeitsprognose in probabilistischen Voraussagespielen, vorausgesetzt dass die Menge der zugänglichen unabhängigen Methoden einschlägige Rationalitätsstandards erfüllt: Sie muss einschlägige objektinduktive Methoden enthalten, wie die Übertragung des Medians oder des Mittelwerts auf den nächsten Fall (Schurz 2019, Abschn. 5.9 und 9.1).

(13.5-1) *Rationale metainduktive Glaubensgrade:*

Wenn in einer konkreten Voraussagesituation (Spielrunde) eines probabilistischen Voraussagespiels, das einschlägige Rationalitätsbedingungen erfüllt, eine universell optimale metainduktive Methode ein Ereignis e mit Wahrscheinlichkeit P(e) voraussagt, dann ist es rational, e im Grade P(e) zu glauben.

Was dieses Resultat für rationalen *qualitativen* (ja-nein) Glauben bedeutet, wurde in Abschn. 4.4 erklärt: Ist die Wahrscheinlichkeit P(e) größer als die kontextuell gegebene Akzeptanzschwelle α, sollte e auch qualitativ geglaubt werden.

Ein skeptischer Epistemologe könnte sich damit noch nicht zufrieden geben. Er könnte einwenden, wenn nur die Optimalität und nicht die Reliabilität der metainduktiven Methode gerechtfertigt werden kann, dann sei nicht klar, warum es nicht besser sein sollte, sich des Glaubens in Bezug auf einzelne Voraussagen zu *enthalten* – nicht nur in Bezug auf qualitativen Glauben, sondern auch in Bezug auf rationale Glaubensgrade. Hierauf gibt es eine einfache Antwort, die damit zu tun hat, dass sich Metainduktion nicht nur auf Voraussagen, sondern auch auf *Handlungen* anwenden lässt. Wir sind nämlich *gezwungen* zu handeln.

Jede rationale Entscheidung entspricht der Voraussage, dass die gewählte Handlung unter allen Handlungsalternativen maximalen Handlungserfolg einbringen wird. Daraus ergeben sich die impliziten Glaubensgrade des Handelnden (s. Exkurs E4.4). Rationale Entscheider handeln also so, *als ob* sie die metainduktiv optimalen Glaubensgrade *hätten*. Wir drücken dies im folgenden Optimalitätsprinzip aus:

(13.5-2) *Optimalitätsprinzip für induktiven Glauben:*
> Wenn es alternativlos rational ist, so zu handeln, *als ob* man eine Voraussage im Grad P glauben würde, dann ist es auch rational, sie im Grad P zu glauben.

Wie erwähnt, sollte für eine nichttriviale Optimalitätsrechtfertigung auch gezeigt werden können, dass die optimale Methode zumindest einigen anderen Methoden in gewissen Situationen überlegen ist. Tatsächlich gibt es nur wenige metainduktive Voraussagemethoden (mit unterschiedlichen Attraktivitätsfunktionen), die nachweislich optimal sind. Daher lassen sich eine Reihe beschränkter Dominanztheoreme beweisen, insbesondere folgende (Schurz 2019, Abschn. 8.3):

**Merksatz 13.3-2**

**Dominanzresultate für EAW-Metainduktion**
EAW-Metainduktion dominiert jede Voraussagemethode, die nicht langfristig universell optimal ist. Dazu gehören (1) jede *unabhängige* Voraussagemethode, und unter den Metamethoden (2) jede *Einfavoritmethode* (die immer einen Favoriten imitiert, wie ITB), (3) jede ‚einfache' *nichtinduktive* Metamethode (die den besten Spieler geringer gewichtet als einen nichtbesten Spieler), (4) die *erfolgsgewichtete* Metainduktion (die Erfolgsraten statt Attraktivitäten als Gewichte verwendet) sowie (5) *lineare Regression* mit linearer Lossfunktion. ◀

Wie in Schurz (2017, 2019, Kap. 9) gezeigt wird, ermöglichen obige Dominanztheoreme eine Lösung des ‚berüchtigten' *No free lunch*-Theorems. Darüber hinaus haben die Optimalitäts- und Dominanztheoreme auch eine wichtige Deutung im bayesianischen Rahmen (ebd., 2019, proposition 8.2, 8.7).

Für Voraussagespiele mit diskreten Ereigniswerten $\{v_1, \ldots v_q\}$ (s. Exkurs E13.3) lässt sich sogar ein minimales *rational erwartetes Reliabilitätsresultat* ableiten. Man muss nur annehmen, dass die zugänglichen Methoden für jeden Ereigniswert $v_i$ die Methode $\text{Konst}(v_i)$ enthält, die konstant den Wert $v_i$ voraussagt. Mindestens eine dieser konstanten Methoden muss eine Erfolgsrate von mindestens der Zufallserfolgsrate $1/q$ besitzen. Da gemäß Merksatz 13.3-2 (1) keine konstante Methode universell optimal ist, wird jede konstante Methode von EAW dominiert. Dies impliziert für jede nichtdogmatische Wahrscheinlichkeitsverteilung P (d. h. P weist jeder möglichen Welt einen Wert größer Null zu), dass der P-Erwartungswert der Erfolgsrate von EAW höher ist als $1/q$ und damit höher als Zufallserfolg.

Abschließend erwähnen wir drei Anwendungen der metainduktiven Methode in benachbarten Disziplinen. In der *Kognitionswissenschaft* wird seit langem die Erfolgsrate von Voraussagemethoden mittels Computersimulationen und realen Experimenten untersucht. Dabei stellte sich oft heraus, dass die Erfolgsbilanzen hochgradig ‚umgebungsabhängig' sind, was zum Ansatz der *ökologischen* (oder *adaptiven*) Rationalität geführt hat (Gigerenzer et al. 1999; Todd und Gigerenzer 2012). In wenig induktionsfreundlichen Umgebungen können einfachere Voraussagemethoden sogar bessere Ergebnisse liefern, weil dort die komplexere Methoden *overfitten,* d. h. sich fälschlich an Zufälligkeiten der Ereignissequenzen anpassen (Todd und Gigerenzer 2012, S. 36, 44f.; Hitchcock und Sober 2004). Allerdings ist die Natur der vorauszusagenden Ereignissequenz selbst kaum voraussagbar, insbesondere nicht in *dynamischen* Umgebungen, die zwischen stabilen und instabilen Zuständen fluktuieren, wie Finanzmärkte oder Wetterentwicklungen. Hierfür bietet sich die metainduktive Methode als ideale Lösung an, da sie unabhängig von der Kenntnis der jeweiligen Umgebungsbedingungen eine langfristig optimale Kombination von Methoden garantiert, was empirisch bestätigt werden konnte (Schurz und Thorn 2016, Thorn und Schurz 2020).

Metainduktion kann auch als Methode des *sozialen Lernens* (d. h. des Lernens von anderen Personen) verstanden werden und ist in dieser Interpretation für die *soziale Erkenntnistheorie* fruchtbar. Wie in Exkurs E13.4 ausgeführt, sollte sich soziales Lernen, statt auf unreflektierte Autorität, auf die Erfolgsbilanzen der zugänglichen Informanten stützen und diese metainduktiv auswerten. Dabei ist davon auszugehen, dass Erfolgsindikatoren zwar nicht global, aber zumindest in lokalen epistemischen Gemeinschaften zugänglich sind. Basierend auf Computersimulationen konnte gezeigt werden, dass *lokal* erfolgsgesteuerte Metainduktion genügt, um die *globale* metainduktive Ausbreitung von reliabler Information zu gewährleisten, solange sich lokale epistemische Nachbarschaften hinreichend stark überlappen (Schurz 2012, 2019, Abschn. 10.2). Die Simulationen zeigen auch, dass weder autoritätsgestützte Nachahmung noch die Methode der „Peer-Aggregation" (d. h. der ungewichteten Mittelung der Meinung gleichrangiger KollegInnen) zu einer stabilen sozialen Ausbreitung von reliabler Information führt. Dies hat wichtige Konsequenzen für die soziale Epistemologie und den in diesem Gebiet entwickelten Ansatz der *testimonialen* Rechtfertigung (siehe Exkurs 13.4).

Soziales Lernen ist auch die Grundvoraussetzung von *kultureller Evolution.* Allerdings kann soziales Lernen nur vorteilhaft sein, wenn es in der Gesellschaft auch genügend ‚individuelle Lerner' gibt, die unter dem Risiko höherer Kosten neue Methoden erproben, die zuvor noch nie ausgetestet wurden (Rendell et al. 2010).

# Literatur

## Klassische Texte

Hume, D. (2013) [engl. 1739]. *Ein Traktat über die menschliche Natur (Band I, II und III)*. Hamburg: Felix Meiner.
Hume, D. (1967) [engl. 1748]. *Eine Untersuchung über den menschlichen Verstand* (Hrsg. u. übers. von Herbert Herrring). Stuttgart: reclam.
Mill, J. St. (1865). *A system of logic* (6. Aufl.). London: Parker, Son, and Bourn.
Reid, T. (1997) [1764]. *An inquiry into the human mind on the principles of common sense* (Hrsg. von Derek R. Brookes). Edinburgh: Edinburgh Univ. Press.

## Gegenwartsphilosophie

Armstrong, D. M. (1983). *What is a law of nature?* Cambridge: Cambridge Univ. Press.
Ayer, A. (1956). *The problem of knowledge*. London: MacMillon & Co.
Black, M. (1974). Self-supporting inductive arguments. In R. Swinburne (Hrsg.), *The justification of induction* (S. 127–134). New York: Cambridge Univ. Press.
Bovens, L., & Hartmann, S. (2003). *Bayesian epistemology*. Oxford: Oxford University Press.
Braithwaite, R. B. (1974). The predictionist justification of induction. In R. Swinburne (Hrsg.), *The justification of induction* (S. 102–126). New York: Oxford University Press .
Brier, G. (1950). Verification of forecasts expressed in terms of probability. *Monthly Weather Review, 78*, 1–3.
Carnap, R. (1947). On the application of inductive logic. *Philosophy and Phenomenological Research, 8*, 133–147.
Carnap, R. (1950). *Logical foundations of probability*. Chicago: Univ. of Chicago Press.
Carnap, Rudolf (1976): *Einführung in die Philosophie der Naturwissenschaft* (3. Aufl.; engl. Original 1966). München: Nymphenburger Verlagshandlung.
Cesa-Bianchi, N., & Lugosi, G. (2006). *Prediction, learning, and games*. Cambridge: Cambridge Univ. Press.
Earman, J. (1992). *Bayes or bust?* Cambridge: MIT Press.
Edwards, P. (1974). Russell's doubts about induction. In R. Swinburne (Hrsg.), *The justification of induction* (S. 26–47). Cambridge: Cambridge Univ. Press.
Feldbacher, C. (2021). *Epistemic engineering*. Lanham: Rowman & Littlefield International (to appear).
Finetti, B. de (1964). Foresight, its logical laws, its subjective sources. In H. Kyburg & H. Smokler (Hrsg.), *Studies in subjective probability* (S. 93–158). New York: John Wiley.
Gigerenzer, G., Todd, P. M., & The ABC Research Group (Hrsg.). (1999). *Simple heuristics that make us smart*. Oxford: Oxford Univ. Press.
Glymour, C. (1981). *Theory and evidence*. Princeton: Princeton Univ. Press.
Goodman, N. (1946). A query on confirmation. *Journal of Philosophy, 44*, 383–385.
Goodman, N. (1975). *Tatsache, Fiktion, Voraussage* (Neuaufl. 1988; engl. Original 1955). Frankfurt a. M.: Suhrkamp.
Harman, G. (1965). The inference to the best explanation. *Philosophical Review, 74*, 88–95.
Henderson, L. (2018). „The problem of induction." In Stanford encyclopedia of philosophy (Summer 2018 Edition), https://plato.stanford.edu/archives/sum2018/entries/induction-problem/.
Hesse, M. (1976). *Models and analogies in science*. Notre Dame: University of Notre Dame Press.

Hitchcock, C., & Sober, E. (2004). Prediction versus accommodation and the risk of overfitting. *British Journal for the Philosophy of Science, 55,* 1–34.
Howson, C. (1977). A logic of induction. *Philosophy of Science, 64,* 268–290.
Howson, C. (2000). *Hume's problem: Induction and the justification of belief.* Oxford: Oxford Univ. Press.
Howson, C., & Urbach, P. (1996). *Scientific reasoning: The Bayesian approach.* (2. Aufl.). Chicago: Open Court.
Kelly, K. T. (1996). *The logic of reliable inquiry.* Oxford: Oxford Univ. Press.
Kelly, T. (2010). Hume, Norton, and induction without rules. *Philosophy of Science, 77,* 54–764.
Ladyman, J. (2002). *Understanding philosophy of science.* London: Routledge.
Lakatos, I. (1974). Falsifikation und die Methodologie wissenschaftlicher Forschungsprogramme. In I. Lakatos & A. Musgrave (Hrsg.), *Kritik und Erkenntnisfortschritt* (S. 89–190). Braunschweig: Vieweg (engl. Original 1970).
Lipton, P. (1991). *Inference to the best explanation.* London: Routledge.
Musgrave, A. (2002). Karl Poppers kritischer Rationalismus. In J. M. Böhm, H. Holweg & C. Hoock (Hrsg.), *Karl Poppers kritischer Rationalismus* (S. 25–42). Tübingen: Mohr Siebeck.
Norton, J. D. (2003). A material theory of induction. *Philosophy of Science, 70,* 647–670.
Pollock, J. (1974). *Knowledge and justification.* Princeton: Princeton University Press.
Popper, Karl (1935): *Logik der Forschung* (10. Aufl.). Tübingen: J.C.B. Mohr.
Popper, K. (1973). *Objektive Erkenntnis. Ein evolutionärer Entwurf.* Hamburg: Hoffmann und Campe (engl. Original 1972).
Popper, K. (1983). *Realism and the aim of science.* London: Hutchinson.
Putnam, H. (1965). Trial and error predicates and a solution to a problem of Mostowski. *Journal of Symbolic Logic, 30,* 49–57.
Reichenbach, H. (1938). *Experience and prediction.* Chicago: University of Chicago Press.
Reichenbach, H. (1949). *The theory of probability.* Berkeley: University of California Press.
Rendell, L., et al. (2010). Why copy others? Insights from the social learning strategies tournament. *Science, 328,* 208–213.
Rescher, N. (1987). *Induktion.* München: Philosophia Verlag (engl. Orig. 1980).
Russell, B. (1912). *The problems of philosophy.* Dt. in ders., *Die Probleme der Philosophie.* Frankfurt/M.: Suhrkamp 1967.
Russell, B. (1946). *History of Western philosophy.* London: George Allen & Unwin.
Salmon, W. (1974a). The pragmatic justification of induction. In R. Swinburne (Hrsg.), The justification of induction (S. 85–97). London: Oxford University Press.
Salmon, Wesley C. (1974b): The concept of inductive evidence. In R. Swinburne (Hrsg.), *The justification of induction* (S. 48–57). London: Oxford University Press.
Schippers, M., & Schurz, G. (2020). Genuine confirmation and tacking by conjunction. *British Journal for the Philosophy of Science, 71,* 321–352.
Schurz, G. (2008). The meta-inductivist's winning strategy in the prediction game: A new approach to Hume's problem. *Philosophy of Science, 75,* 278–305.
Schurz, G. (2012). Meta-induction in epistemic networks and social spread of knowledge. *Episteme, 9*(2), 151–170.
Schurz, G. (2014a). *Philosophy of science: A unified approach.* New York: Routledge.
Schurz, G. (2014b). Bayesian pseudo-confirmation, use-novelty, and genuine confirmation. *Studies in History and Philosophy of Science, 45,* 87–96.
Schurz, G. (2017). No free lunch theorem, inductive skepticism, and the optimality of meta-induction. *Philosophy of Science, 84,* 825–839.
Schurz, G. (2019). *Hume's problem solved: The optimality of meta-induction.* Cambridge: MIT Press.
Schurz, G., & Hertwig, R. (2019). Cognitive success. *Topics in Cognitive Science, 11,* 7–36. https://doi.org/10.1111/tops.12410.
Schurz, G., & Thorn, P. (2016). The revenge of ecological rationality: Strategy-selection by meta-induction. *Minds and Machines, 26*(1), 31–59.

Shalev-Shwartz, S., & Ben-David, S. (2014). *Understanding Machine Learning*. New York: Cambridge University Press.
Skyrms, B. (1975). *Choice and chance* (4. Aufl. Wadsworth 2000). Encinco: Dickenson.
Stegmüller, W. (1971). Das Problem der Induktion. In H. Lenk (Hrsg.), *Neue Aspekte der Wissenschaftstheorie* (S. 13–74). Braunschweig: Vieweg.
Sterkenburg, T. (2019). The meta-inductive justification of induction. The pool of strategies *Philosophy of Science, 86,* 981–992.
Strawson, P. F. (1952). *Introduction to logical theory*. London: Methuen.
Swinburne, R. (Hrsg.). (1974). *The justification of induction*. Oxford: Oxford University Press.
Thorn, P., & Schurz, G. (2020). Meta-inductive prediction based on attractivity weighting: An empirical performance evaluation. *Journal of Mathematical Psychology, 89,* 13–30.
Todd, P. M., & Gigerenzer, G. (Hrsg.). (2012). *Ecological rationality: Intelligence in the world*. New York: Oxford University Press.
Watkins, J. W. N. (1984). *Science and skeptics*. London: Hutchinson.
Williamson, J. (2010). *In defence of objective Bayesianism*. Oxford: Oxford University Press.

# Abduktive Schlüsse und ihre Rechtfertigung

**14**

## Inhaltsverzeichnis

14.1 Arten von Abduktion.................................................... 233
14.2 Spekulative Abduktion und abduktive Rationalitätskriterien .................... 237
14.3 Abduktion auf gemeinsame Ursachen in der Wissenschaft .................... 239
14.4 Abduktive Rechtfertigung des Realismus der Wahrnehmung .................. 242
14.5 Abduktive Rechtfertigung von Erinnerungssätzen............................ 247
14.6 Optimalität der Abduktion: Instrumentalistische und realistische Rechtfertigung..... 249
14.7 Rechtfertigung der Abduktion durch Kausalität............................... 253
14.8 Abduktive Rechtfertigung der Kausalität.................................... 256
14.9 Zurück zu den fünf Rätseln............................................... 260
Literatur.................................................................... 262

## 14.1 Arten von Abduktion

In Abb. 14.1 rekapitulieren wir das allgemeine Schema der Abduktion bzw. des (damit gleichwertigen) Schlusses auf die beste Erklärung (SBE). Anknüpfend daran lassen sich fünf Hauptarten von Abduktionen unterscheiden (Schurz 2008, 2017a):

### 14.1.1 Faktenabduktion

Typische Faktenabduktionsschlüsse schließen von einer beobachteten (erklärungsbedürftigen) Einzeltatsache auf ihre plausibelste Ursache, auf dem Hintergrund

---

*Die Kapitel des Buches werden durch zahlreiche Exkurse ergänzt, die als Online Materialien angeboten werden (Download Link siehe Vorwort).

© Springer-Verlag GmbH Deutschland, ein Teil von Springer Nature 2021
G. Schurz, *Erkenntnistheorie*, https://doi.org/10.1007/978-3-476-04755-7_14

**Allgemeines Schema der Abduktion (A.):**
Prämisse 1: Ein erklärungsbedürftiges (singuläres oder generelles) Faktum E.
‚Prämisse' 2: Ein System von Hintergrundüberzeugungen S, aus dem folgt: eine bestimmte Hypothese H ist die beste in S verfügbare *potentielle Erklärung* für E, d.h.: wenn H wahr wäre, würde H E erklären.
Konklusion: Also ist H vermutlich wahr oder zumindest wahrheitsnahe.

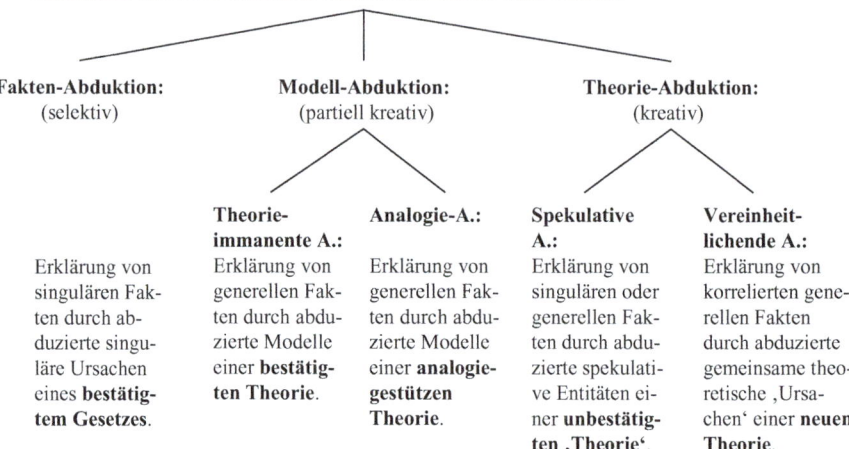

**Abb. 14.1** Abduktionsarten und zugrundeliegende abduktive Schlussmechanismen

von bekannten Implikationsgesetzen. Dabei wird *invers* zur Pfeilrichtung vom Dann-Glied der Implikation auf das Wenn-Glied geschlossen; man spricht auch vom ‚Rückwärtsschließen' *(backward-chaining):*

| (14.1-1) *Faktenabduktion* – Beispiel: | | |
|---|---|---|
| *Bekanntes Gesetz:* | $\forall x(Ux \rightarrow Ex)$ | Geht jemand im Sand, hinterlässt er Fußspuren. |
| *Erklärungsbedürftiger Fakt:* | Ea | Hier im Sand sind Fußspuren. |
| *Abduzierte Hypothese:* | Ua | Jemand ging hier. |

Typische Beispiele kausaler Spurenanalyse folgen diesem Muster. Da es im gegebenen Hintergrundwissen im Regelfall viele mögliche Ursachen und somit viele mögliche Implikationsgesetze mit ‚Ex' als Dann-Glied gibt, besteht die Hauptleistung der Faktenabduktion darin, die *plausibelste* abduzierte Ursache zu finden. Faktenabduktionen sind daher primär *selektiv* (vgl. Magnani 2001, S. 20). In unserem Beispiel gibt es tausende alternative physikalische Möglichkeiten, eine Fußspur im Sand zu erzeugen, von Kühen mit Sandalen an ihren Hufen bis hin zu vom Wind geblasenen Spuren, aber all diese Möglichkeiten haben eine verschwindend geringe Wahrscheinlichkeit und werden von den unbewussten neuronalen Suchprozessen unseres Gehirns nicht in Betracht gezogen. Die logische und computerwissenschaftliche Abduktionsforschung beschäftigt sich fast nur mit selektiver Faktenabduktion und hat hierfür leistungsstarke Algorithmen entwickelt

(Josephson & Josephson 1994; Flach & Kakas 2000; Aliseda 2006; Schurz 2008, Abschn. 3.4).

Die abduzierte Ursache Ua ist zunächst unsicher und muss durch weitere empirische Tests überprüft werden. Ist sie beobachtbar, kann dies durch direkte Beobachtung geschehen. Andernfalls müssen aus der Hypothese (und gegebenem Hintergrundwissen) weitere beobachtbare Konsequenzen gezogen werden, die ihre indirekte Überprüfung ermöglichen. Beispiele hierfür sind alle *historischen* Faktenabduktionen (Niiniluoto 1999, S. 442), wie z. B. die Hypothese der Verursachung des Dinosaurieraussterbens durch Meteoriteneinschlag vor 65 Mio. Jahren, die durch die hohe Iridiumkonzentration in entsprechenden Sedimentschichten bestätigt wurde.

### 14.1.2 Modellabduktion

Die Modellabduktion erklärt eine empirische Regelmäßigkeit (bzw. ein reproduzierbares experimentelles Phänomen) durch ein theoretisches Modell im Rahmen einer Theorie, die im Fall der theorieimmanenten Modellabduktion bereits anderweitig bestätigt ist und im Fall der Analogieabduktion durch Analogie zu einer anderen Theorie gewonnen wird. Zunächst muss der Unterschied zwischen einer Theorie und einem theoretischen Modell erklärt werden. Theorien postulieren gewisse *theoretische* (unbeobachtbare) *Entitäten*, wie z. B. Kräfte in der Physik, die die beobachtbaren Phänomene erklären, aber deren Gesetze nur im Allgemeinen angegeben werden, während theoretische Modelle für *bestimmte Systemtypen* spezifizieren, welche Arten von theoretischen ‚Ursachen' in ihnen wirksam sind und welche empirischen Verhaltensweisen daraus resultieren (Schurz 2006, Abschn. 5.2). So gibt die Theorie der klassischen Physik die Kraftgesetze nur im Allgemeinen an – um damit die Planetenbahnen zu erklären, musste Newton ein Kräftemodell abduzieren, dem zufolge die Planeten unter dem Einfluss der Zentripedalkraft der Sonne und der entgegenwirkenden Zentrifugalkraft stehen, was zu einer Differentialgleichung führt, die nur elliptische Bahnen als stabile Lösungen zulässt.

Die theoretischen Begriffe und Gesetze, mit denen die empirischen Regelmäßigkeiten erklärt werden, sind bei *theorieimmanenten* Modellabduktionen durch die Theorie fest vorgegeben. Es gibt daher (anders als bei der Faktenabduktion) kein Selektionsproblem unter vielen möglichen Ursachen. Die Schwierigkeit besteht vielmehr darin, ein explanativ adäquates Modell im Rahmen der Theorie zu finden. In der theorieimmanenten Modellabduktion werden dabei keine neuen theoretischen Begriffe kreiert. Dies ist anders in der *analogiegestützten* Modellabduktion. Hierbei wird ein generelles empirisches Phänomen durch ein theoretisches Modell erklärt, das durch Analogie zu einem anderwärtig bestätigten Modell gewonnen wurde (vgl. Hesse 1976; Gentner 1983). Ein Beispiel ist die abduktive Erklärung der empirischen Gesetze der Ausbreitung von Schall (vgl. Thagard 1988, S. 67) – insbesondere das Beugungsphänomen (die Hörbarkeit des Schalls auch hinter einer Trennwand), das eine Erklärung durch Teilchenausbreitung ausschließt. Die Analogieabduktion kreierte hier das Wellenmodell als Lösung, also die Hypothese, dass sich Schall in Analogie zu Wasserwellen ausbreitet (schon in der Antike vermutet und in der Neuzeit mathematisch von Leonhard Euler ausgearbeitet).

(14.1-2) *Analogiegestützte Modellabduktion:*

| | |
|---|---|
| *Erklärungsbedürftiges Phänomen:* | Ausbreitung von Schall (Reflexion und Beugung) |
| *Hintergrundwissen:* | Gesetze der Ausbreitung und Reflexion von Wasserwellen |
| *Abduktive Vermutung:* | Schall besteht aus atmosphärischen Wellen in Analogie zu Wasserwellen. |

Die analogiegestützte Abduktion führte den neuen Begriff der Schallwelle ein und war damit partiell kreativ. Allerdings sind Analogieschlüsse *keine Bestätigungsgarantie;* viele wissenschaftliche Analogieschlüsse waren irreführend. Beispielsweise sind elektromagnetische Wellen disanalog zu mechanischen Wellen, denn sie besitzen kein Medium. Ein durch Analogieschluss abduziertes Modell und die dazugehörige Theorie müssen daher unabhängig bestätigt werden.

### 14.1.3 Theorieabduktion

Weder Faktenabduktionen noch Modellabduktionen sind neue erkenntnistheoretische Herausforderungen. Faktenabduktionen stützen sich auf bekannte empirische Gesetze. Theorieimmanente Modellabduktionen stützen sich auf Theorien, die bekannt sind oder auf bekannte Theorien durch Analogien zurückgeführt werden. Die eigentliche neue, über Induktion und Deduktion hinausgehende Herausforderung für das Rechtfertigungsproblem betrifft daher *Theorieabduktionen.* In Theorieabduktionen werden *neue* theoretische Begriffe und Gesetze zur Erklärung empirischer Phänomene abduziert, weshalb wir auch von *kreativen* Abduktionen sprechen (s. Abschn. 12.4). Es war eine zentrale Einsicht der postpositivistischen Wissenschaftstheorie, dass theoretische Begriffe (z. B. ‚Kräfte' in der Physik) nicht durch Beobachtungsbegriffe definiert werden können (Carnap 1956; 1976, Teil V; Hempel 1951, S. 115; Stegmüller 1976; French 2008; Schurz 2014a, Abschn. 5.1.3); ihre Einführung muss daher durch abduktiver Schlüsse erfolgen. Dabei fassen wir den Begriff ‚Theorie' so allgemein auf, dass er alle Arten von Hypothesen über unbeobachtete Entitäten umfasst, also nicht nur wissenschaftlich bewährte Theorien, sondern auch reine Spekulationen. Denn das Kernproblem der Rechtfertigung rationaler kreativer Abduktionen besteht in ihrer *Abgrenzung* von Spekulationen. Mit *post-facto* Spekulationen, also nachträglich eingeführten Hypothesen über unbeobachtbare (‚versteckte') Entitäten kann man nämlich *jedes* beliebige singuläre oder generelle Ereignis erklären, und sei es noch so überraschend. Das ist der Grund, warum nicht nur frühere, sondern auch einige gegenwärtige Empiristen (z. B. van Fraassen 1989, Teil II) Abduktion als Schlussart ablehnen. Im nächsten Abschnitt wenden wir uns deshalb der schwierigen Abgrenzung zwischen spekulativen und rational gerechtfertigten Theorieabduktionen zu.

## 14.2 Spekulative Abduktion und abduktive Rationalitätskriterien

Wenn eine Hypothese H ein Faktum E erklärt, muss H E logisch implizieren oder hinreichend wahrscheinlich machen. Nicht jede Überzeugung H, die ein erklärungsbedürftiges Faktum E logisch impliziert oder wahrscheinlich macht, ist aber eine akzeptable Erklärung von E und wird durch E bestätigt. Es kann sich auch um eine *Pseudoerklärung* bzw. *Pseudobestätigung* handeln. In Abschn. 13.2 haben wir den einfachsten Fall einer solchen kennengelernt: das ‚Klebeparadox', bei dem zur erklärenden Evidenz E eine beliebige irrelevante Behauptung X konjunktiv hinzugefügt und die resultierende Konjunktion „E∧X" als Hypothese betrachtet wird, die E ‚erklärt' und durch E ‚bestätigt' wird. (Die Elimination solcher Pseudoerklärungen war auch das Anliegen der früheren Erklärungsdebatte; vgl. Schurz 2006, Kap. 6.) Wie erläutert, bestätigt hier E aber *nicht* den E-transzendierenden (d. h. nicht von E logisch implizierten) Gehaltsanteil der Hypothese, X, was für *genuine* Bestätigung und Erklärung erforderlich ist.

Im Fall von Theorieabduktionen liegt die Sache komplizierter, denn hier werden im E-transzendierenden Teil der erklärenden Hypothese *neue* Begriffe eingeführt, die auch *theoretische* Begriffe oder latente Variablen genannt werden. Ob es sich dabei um eine *Spekulation* handelt oder nicht, ist weder durch überflüssige Konjunktionsglieder (wie im Klebeparadox) noch durch induktive Gleichförmigkeitsannahmen (wie in der bayesianischen Goodman-Paradoxie) erfassbar. Man bedarf darüber hinausgehender Kriterien, um spekulative Pseudoerklärungen von rationalen abduktiven Hypothesen abzugrenzen. Hierzu sollen zwei Kriterien vorgeschlagen werden: (1) *Vereinheitlichungskraft* und (2) *unabhängige Bestätigbarkeit* (bzw. potentielle Voraussagekraft).

---

**Merksatz 14.2-1**

**Vereinheitlichungskraft**
Eine Hypothese oder Theorie T besitzt Vereinheitlichungskraft g. d. w. durch T viele elementare Tatsachen (empirische Fakten oder Gesetze) auf wenige elementare Prinzipien zurückgeführt werden. Das heißt: T ist mit der Konjunktion elementarer Prinzipien $T_1 \land \ldots \land T_m$ äquivalent und impliziert die elementaren Fakten $E_1,\ldots,E_n$ (oder macht sie hochwahrscheinlich), wobei n viel größer ist als m. Der Quotient n/m kann als Vereinheitlichungsmaß angesehen werden (vgl. Mach 1883, S. 586 f.; Feigl 1970, S. 12; Friedman 1974; Schurz & Lambert 1994; Schurz 1999). ◀

---

Der Begriff der Vereinheitlichung setzt voraus, dass man komplexe Satzmengen in ihre *elementaren* konjunktiven Bestandteile zerlegt, ihre sogenannten Gehaltselemente, die in *Exkurs E12.1* präzise definiert werden. Ohne die Zerlegung in Gehaltselemente wäre die ‚Zählung' von Konsequenzen einer Theorie unhaltbar und der Vereinheitlichungsbegriff wäre dem Hempelschen Konjunktionsparadox ausgesetzt, dem zufolge die bloße Konjunktion $E_1 \wedge \ldots \wedge E_n$ einer Menge von Fakten $E_1,\ldots,E_n$ diese Fakten (pseudo-)vereinheitlichen würde (Hempel 1965, S. 273, Fn. 36).

---

**Merksatz 14.2-2**

**Unabhängige Bestätigbarkeit**
Eine Hypothese oder Theorie T wird durch eine Evidenz E unabhängig bestätigt g. d. w. sie *ungebraucht* ist (Worrall 2006), d. h. unabhängig ist von jenen Fakten E*, die zur Konstruktion der Hypothese T *benutzt* wurden (indem theoretische Variablen von T auf die Daten in E* *gefittet* wurden). Eine unabhängig bestätigende Evidenz E für T ist immer auch potentiell prognostisch, d. h. hätte als Prognose aus T gewonnen werden können, denn die Konstruktion von T erfolgte ohne das Wissen um E. ◄

---

Spekulative Hypothesen sind weder vereinheitlichend noch unabhängig bestätigbar. Es gibt spekulative Faktenabduktionen und Gesetzesabduktionen.

(14.2-1) *Spekulative Faktenabduktion:*

| Explanandum E: Sa | Heute hat es gestürmt |
|---|---|
| Hypothese H: $W(Sa) \wedge \forall\varphi(W(\varphi) \rightarrow \varphi)$ | ‚Gott' wollte, dass es heute stürmt, und was immer ‚Gott' will, geschieht. |

Spekulative Faktenerklärungen wurden von Menschen seit frühesten Zeiten gegeben. Alle Arten von Ereignissen können auf diese Weise durch unbeobachtete Wesen pseudoerklärt werden. Statt ‚Gott' kann man beliebige andere verborgene Agenten setzen (Stichwort Verschwörungstheorien). Spekulative Erklärungen leisten *keinerlei* Vereinheitlichung, weil für jedes neue Ereignis E ein neuer hypothetischer Wunsch ‚Gottes', W(E), postuliert werden muss (Schurz und Lambert 1994, S. 86). Aus demselben Grund sind spekulative Faktenerklärungen *post-hoc*, können nur im *Nachhinein* gegeben und daher unmöglich unabhängig bestätigt werden. Als theoretische Variable, die auf jedes Ereignis E nachträglich gefittet werden kann, fungiert hier das theoretische Prädikat „W(E)" für „Gott wollte E".

(14.2-2) *Spekulative Gesetzesabduktion:*

| Explanandum E: | $\forall x(Ox \rightarrow Sx)$ | Opium besitzt die Disposition, Menschen (nach seinem Konsum) schläfrig zu machen. |
|---|---|---|
| Hypothese H: | $\forall x(Ox \rightarrow \psi(Sx))$ $\wedge \forall x(\psi(Sx) \rightarrow Sx)$ | Opium hat eine spezielle Kraft (die „virtus dormitiva"), die die einschläfernde Wirkung verursacht. |

Spekulative Gesetzesabduktionen waren im Mittelalter weit verbreitet: Heilwirkungen von diversen Pflanzen wurden durch verborgene Kräfte erklärt, die Gott in sie zum Wohl des Menschen gelegt haben sollte. Dass obige Beispiel der „virtus dormitiva" wurde ironisch von Molière kommentiert, der darauf hinwies, dass solche Pseudoerklärungen lediglich auf eine redundante Vermehrung von Ursachen hinausliefen (Mill 1865, Buch 5, Abschn. 7.2). Spekulative Gesetzesabduktionen besitzen keine Vereinheitlichungskraft, weil für jedes elementare empirische Dispositionsgesetz zwei elementare theoretische Gesetze eingeführt werden müssen, um es zu erklären (Schurz & Lambert 1994, S. 87). Aus demselben Grund besitzt die spekulative Hypothese H keine empirische Konsequenz, die über die empirische Disposition, die sie erklären soll, hinausgeht; sie ist daher nicht unabhängig bestätigbar. Als theoretische Variable, die auf jede beliebige Disposition Dx gefittet werden kann, fungiert hier das theoretische Prädikat „$\psi(Dx)$" für „die Dx unterliegende Kraft $\psi$".

Man beachte, dass die unabhängige Bestätigbarkeit einer Theorie ihre Vereinheitlichungskraft impliziert, denn die zum Zweck der Erklärung von E* konstruierte Theorie muss mindestens eine weitere Evidenz E implizieren und damit vereinheitlichen. Umgekehrt muss aber nicht jede vereinheitlichende Theorie unabhängig bestätigbar sein, denn sie könnte auch nachträglich auf mehrere empirische Phänomene $E_1$, $E_2$,... zugleich gefittet worden sein.

Gehaltselemente ermöglichen auch eine probabilistische Rechtfertigung des Kriteriums der ungebrauchten Evidenz. Für die genuine Bestätigung einer Theorie T durch eine Evidenz E ist es wie erläutert nötig, dass die evidenztranszendierenden Gehaltselemente $H_i$ von T durch E mitbestätigt werden (s. Abschn. 13.2), dass also $P(H_i|E) > P(H_i)$ gilt. Dies ist aber für ein gegebenes $H_i$ nur dann der Fall, wenn $H_i$ nicht auf E *post-facto* gefittet wurde und ebenso gut auf jede andere, insbesondere gegenteilige Evidenz hätte gefittet werden können. Andernfalls kann E nicht $H_i$'s Wahrscheinlichkeit erhöhen (denn aus $P(H_i|E) = P(H_i|\neg E)$ folgt $P(H_i|E) = P(H_i)$; vgl. Schurz 2014b; Schippers und Schurz 2020).

## 14.3 Abduktion auf gemeinsame Ursachen in der Wissenschaft

Während spekulative Abduktionen weder vereinheitlichen noch unabhängig bestätigbar sind, ist dies in wissenschaftlichen Theorieabduktionen der Fall. Zunächst ist zu bedenken, dass vereinheitlichende Theorieabduktionen normalerweise nur bei der Erklärung empirischer Regelmäßigkeiten auftreten, aber nicht bei der von Einzeltatsachen. Denn damit eine vereinheitlichende Erklärung möglich ist, müssen die erklärten Evidenzen $E_1$, $E_2$,... untereinander korreliert sein (andernfalls hat jede Evidenz ihre eigene unabhängige Ursache; vgl. Barnes 1995). Korrelierte empirische Einzeltatsachen (z. B. $Fa_i$ und $Ga_i$) erklärt man zunächst durch die sie verbindenden empirischen Gesetze. Erst diese können auf

‚höherer Stufe' durch vereinheitlichende Theorien erklärt werden (Schurz 2006, Abb. 2.3.1). Die vermutlich wichtigste Situation dieses Typs ist die Erklärung von korrelierten empirischen Regelmäßigkeiten in Form von korrelierten Dispositionen. Dabei verstehen wir Dispositionen, wie in Abschn. 7.4 und Exkurs E7.1 erläutert, als temporale Gesetzmäßigkeiten, d. h.: x hat eine bestimmte Disposition (D) g. d. w folgendes gilt: wenn x einer bestimmten Testoperation T unterzogen wird, dann zeitigt x (immer, oder nur mit bestimmter Wahrscheinlichkeit) eine bestimmte Reaktion R.

Die meisten wissenschaftlichen Theorieabduktionen lassen sich als Erklärung korrelierter Dispositionen durch gemeinsame theoretische Ursachen verstehen (Schurz 2016). Wir erläutern dies am Beispiel der chemischen Erklärung der Lösbarkeit von Substanzen in Wasser oder anderen Flüssigkeiten. Schon die vormodernen (Al-)Chemisten hatten erkannt, dass gewisse Substanzen, trotz ihres unterschiedlichen Aussehens, zahlreiche Dispositionen gemeinsam haben. So sind Zucker, Salz, Natriumkarbonat, Kupfersulfat und weitere Substanzen wasserlöslich, und die Wasserlöslichkeit ist streng korreliert mit mehreren anderen chemischen Dispositionen, wie Lösbarkeit in wasser-ähnlichen Flüssigkeiten, Unlösbarkeit in Öl und öl-ähnlichen Flüssigkeiten, erhöhter Schmelzpunkt, elektrolytische Leitfähigkeit, charakteristisches Lichtabsorptionsspektrum, etc. Hat eine Substanz eine dieser Dispositionen, dann hat sie (normalerweise) alle davon. Chemiker des 17. Jahrhunderts erklärten diese korrelierten Dispositionen durch Abduktion auf eine gemeinsame Natur dieser Substanzen, die sie ihre *hydrophile* Beschaffenheit nannten. Dieses theoretische Merkmal fungierte somit als gemeinsame Ursache und vereinheitlichende Erklärung der korrelierten Dispositionen (s. Abb. 14.2). Der Vereinheitlichungsgrad kalkuliert sich wie folgt: Wenn m empirisch gegebene Substanzen ($S_1,\ldots,S_m$) n empirische Dispositionen ($D_1,\ldots,D_n$) gemeinsam haben, dann ergeben sich daraus m·n elementare empirische Gesetze der Form $\forall x(S_i x \to D_j x)$ ($1 \leq i \leq m$, $1 \leq j \leq n$). Die Abduktion erklärt diese empirischen Gesetze durch die gemeinsame Ursache der hydrophilen Beschaffenheit, $\psi_H$, mittels der folgenden m + n elementaren theoretischen Gesetze: $\forall x(S_i x \to \psi_H x)$ für $1 \leq i \leq m$ und $\forall x(\psi_H x \to D_j x)$ für $1 \leq j \leq n$. Die Abduktion reduziert damit m·n empirische auf m + n theoretische Gesetze (beispielsweise für m = n = 10 eine Reduktion von 100 auf 20).

Als die beschriebene Abduktion im 17. Jahrhundert vollzogen wurde, war über die chemische Natur der Hydrophilie wenig bekannt. Die abduktive Hypothese generierte ein *Forschungsprogramm* im Sinne von Imre Lakatos (1974), das darin bestand, die chemische Basis der Hydrophilie durch Konstruktion eines adäquaten *theoretischen Modells* herauszufinden, wobei als Theorierahmen das *Atom- und Molekülmodell* der Materie fungierte, das sich Anfang des 19. Jahrhunderts endgültig durchgesetzt hatte. Die Lösung dieses Problems war nicht einfach und besteht in der *dipolaren Struktur* der Moleküle hydrophiler Substanzen, d. h. der Tatsache, dass ihre Moleküle positiv und negativ geladene Enden besitzen. Da auch Wassermoleküle (und die Moleküle wasser-ähnlicher Substanzen) eine dipolare Struktur besitzen, lagern sich die letzteren energetisch vorteilhaft

## 14.3 Abduktion auf gemeinsame Ursachen in der Wissenschaft

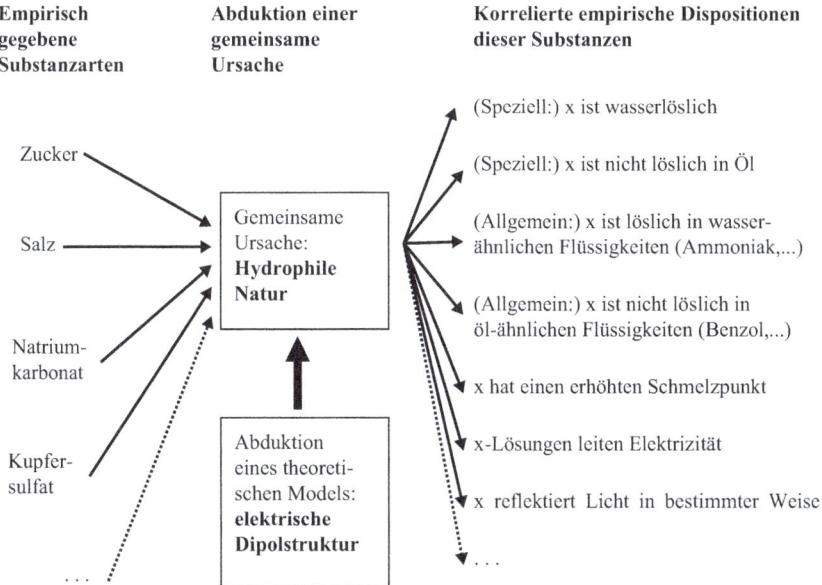

**Abb. 14.2** Vereinheitlichende Abduktion der hydrophilen Beschaffenheit von Substanzen als gemeinsame Ursache der mit Wasserlöslichkeit korrelierten Dispositionen (17. Jh.). Im 19. Jahrhundert wurde die hydrophile Beschaffenheit durch das Modell elektrischer Dipole erklärt

zwischen die Substanzmoleküle ein, mit ihrem Plus-Pol am Minus-Pol orientiert und vice versa, so dass die Substanzmoleküle im Wasser feinst verteilt werden und sich die Substanz auflöst. Im Gegensatz dazu sind die Moleküle von öl-ähnlichen Flüssigkeiten unpolar, weshalb sich hydrophile Substanzen darin nicht auflösen, wohl aber öl-lösliche ('hydrophobe') Substanzen, die ebenfalls unpolare Moleküle besitzen. Auch die anderen korrelierten Dispositionen werden durch die Dipolstruktur erklärt (Mortimer 1986, Kap. 12).

Abduktionen auf gemeinsame Ursachen erfüllen auch die zweite Rationalitätsbedingung der unabhängigen Bestätigbarkeit durch potentiell *prognostische* Konsequenzen. Denn das Vorliegen einer Disposition fungiert (zumindest unter gewissen Zusatzbedingungen) als *Indikator* für das Vorliegen der theoretischen Ursache. Wenn wir beobachten, dass eine neue (bislang wenig bekannte) Art von empirischer Substanz nur eine der korrelierten Dispositionen besitzt, können wir daraus auf die theoretische Ursache schließen und damit voraussagen, dass sie auch alle anderen Dispositionen besitzt, und wenn sich diese Voraussage bestätigt, zählt dies als starker unabhängiger Bestätigungserfolg.

Ergänzungshalber sei bemerkt, dass auch eine Theorie über Gottes Willen so angereichert werden könnte, dass sie prognostisch gehaltvoll wird und z. B. voraussagt, dass Gott nur Gutes geschehen lässt. Es sind also auch empirisch gehaltvolle Versionen des Kreationismus denkbar. Ihr Problem in der Religionsgeschichte war allerdings ihre Widerlegung durch empirische Tatsachen, wie beispielsweise im Theodizeeproblem (s. Abschn. 8.3).

Es ließen sich viele weitere Beispiele von Abduktionen auf gemeinsame theoretische Ursachen in der Geschichte der Wissenschaften anführen, z. B. Abduktionen auf chemische Strukturmerkmale wie *Metallcharakter, Säurecharakter* usw., oder Newtons Abduktion der *Gravitationskraft* (vgl. Schurz 2016). Alle wichtigen theoretischen Begriffe der Wissenschaft wurden durch Theorienabduktion eingeführt. Mit anderen Worten, kreative Theorieabduktion ist zugleich eine Methode der Rechtfertigung von theoretischen Begriffssystemen.

Wenn Dispositionen untereinander nur statistisch korreliert sind, besitzen sie oft nicht nur eine, sondern mehrere gemeinsame Ursachen, die einen unterschiedlichen Anteil an der Erklärung ihrer Korrelationen besitzen. Eine in diese Richtung gehende Verallgemeinerung der Abduktion auf gemeinsame Ursachen ist die *statistische Faktorenanalyse* (vgl. Haig 2005; Schurz 2016, Abschn. 6). Hier wird eine große Anzahl von korrelierten empirischen Variablen auf wenige hypothetische Faktoren zurückgeführt, die jeweils einen bestimmten Teil der empirischen Varianz erklären. Nicht immer aber ist die kausale Interpretation solcher Faktoren gerechtfertigt; oftmals wird eine rein instrumentalistische Interpretation vorgezogen.

Der Unterschied zwischen der Bestätigung einer Theorie durch ungebrauchte Evidenz und ihrer Pseudobestätigung durch gebrauchte Evidenz kann wahrscheinlichkeitstheoretisch wie folgt erklärt werden: Eine Pseudobestätigung einer Theorie T durch E liegt vor, wenn die ungefittete Rahmentheorie T' – aus der T durch Fitten ihrer freien Variablen auf die Evidenz E entstand – ebenso gut auf ¬E hätte gefittet werden können. Sobald aber eine auf E gefittete Theorie eine neue Evidenz E* impliziert, kann damit nicht auch noch das Gegenteil ¬E* pseudoerklärt werden, und es liegt daher eine genuine probabilistische Bestätigung vor. Natürlich hätte T' auch auf E* gefittet werden können, aber dann würde E als unabhängige Evidenz fungieren. Dieselbe Technik wird auch in der statistischen Methode der *Kreuzvalidierung* im Bereich des Kurvenfittings angewandt (Shalev-Shwartz & Ben-David 2014, Abschn. 11.2).

Abschließend sei bemerkt, dass die Erklärung korrelierter Evidenzen nur plausibel ist, wenn die naheliegendere Erklärung ausgeschlossen werden kann, dass sie sich *untereinander* kausal verursachen. Wie in Abschn. 14.6 ausgeführt wird, kann dies für korrelierte Dispositionen im Normalfall ausgeschlossen werden. Liegen dagegen korrelierte Einzelereignisse vor, ist zunächst die Hypothese direkter Kausalbeziehungen zu prüfen, wie in dem Beispiel, in dem jemand einen Pilz isst (Fa), danach Magenkrämpfe bekommt (Ga) und verstirbt (Ha), was auf die kausale Kette Fa → Ga → Ha schließen lässt.

## 14.4 Abduktive Rechtfertigung des Realismus der Wahrnehmung

Die Bedeutung des Schlusses auf gemeinsame theoretische Ursachen in den Wissenschaften ist unzweifelhaft. Die Übertragung dieses Schlusstyps auf philosophische Probleme ist allerdings kontrovers: Während einige naturalistische

Philosophen kreative Abduktionen nur in der Naturwissenschaft akzeptieren, aber nicht in Anwendung auf philosophische Probleme (z. B. Beebee 2009; Ladyman 2012; Saatsi 2020), stehen andere Philosophen einer solchen Übertragung positiv gegenüber (Paul 2012; Armstrong 1983; Williamson 2016; Niiniluoto 2018; Vogel 1990); diese Übertragung steht auch im Zentrum der sogenannten ‚induktiven Metaphysik' (Schurz 2021).

Im Folgenden verwenden wir den abduktiven Schluss auf gemeinsame Ursachen für die erkenntnistheoretische Rechtfertigung einer fundamentalen metaphysischen Theorie, nämlich des *Realismus der Wahrnehmung* (für gleichgesinnte Argumentationen vgl. Moser 1989, S. 98; Vogel 1990, 2005; Niiniluoto 2018, S. 152). Auch hier besteht das Explanandum aus einer Menge korrelierter Dispositionen, nämlich die in Abschn. 7.4 beschriebenen introspektiven Wahrnehmungsdispositionen „wenn ich dort-und-dort hinsehen würde, hätte ich die-und-die Sinneserscheinung". Denn ich kann ein (stationäres) Objekt aus potentiell unendlich vielen Sehperspektiven betrachten. Dabei nehme ich jedesmal andere, aber untereinander streng korrelierte perspektivische 2D-Seherscheinungen wahr, die ich als perspektivische Projektionen eines realen 3D-Objektes außerhalb von mir erkläre (s. Abb. 14.3). Wie in Abschn. 6.4 erläutert, sind die abduktiven Schlüsse von 2D-Seherscheinungen auf externe 3D-Objekte großteils unbewusst und vollziehen sich in Sekundenschnelle. Dennoch handelt es sich um Theorieabduktionen auf der untersten erkenntnistheoretischen Stufe, da die abduktive Hypothese neue Begriffe einführt: Während in den Prämissen nur introspektive Erscheinungsausdrücke vorkommen („von Sehposition p aus nehme ich am Punkt x meines Wahrnehmungsraums die 2D-Erscheinung $G^2$ wahr"), behauptet die Konklusion einen Realsatz („am Punkt x des objektiven Raumes befindet sich die 3D-Gestalt $G^3$, mit $G^2$ als perspektivischer Projektion von $G^3$ auf die Bildebene hinter dem Augpunkt entlang des Vektors $\vec{xp}$, der den unabhängigen Mechanismen des Entfernungssehens – s. Abschn. 11.3 – entnommen wird).

Die Erklärung dieser korrelierten Seherscheinungen durch gemeinsame äußere Ursachen ist nicht nur enorm vereinheitlichend, sondern auch ungeheuer voraussagestark. Denn durch perspektivische Projektionen des abduzierten 3D-Objektes kann man voraussagen, wie das Objekt aus anderen Positionen aussehen würde, sowie vorausberechnen, wie man sich bewegen müsste, um zum Objekt zu gelangen oder ihm auszuweichen. Wenn sich das Objekt selbst bewegt, genügen wenige Wahrnehmungen seiner Position, um seine Bewegungsbahn vorauszusagen. Die visuellen Zentren unseres Gehirnes, die diese abduktiven Berechnungen in Sekundenbruchteilen vollziehen, sind extrem leistungsstarke Voraussagemaschinen (Clark 2013). Die mathematischen Algorithmen für positionsabhängige Bildberechnungen dienen heute der Computergenerierung phantastischer Animationsfilme.

Das zweite Explanandum für die Abduktion der Realität sind die *intersensuellen* Korrelationen zwischen verschiedenen Sinneswahrnehmungen, insbesondere die zwischen dem Sehsinn und dem Tastsinn. Die gesehenen Objekte auch zu *ergreifen* ist der primäre Mechanismus, über den der Säugling

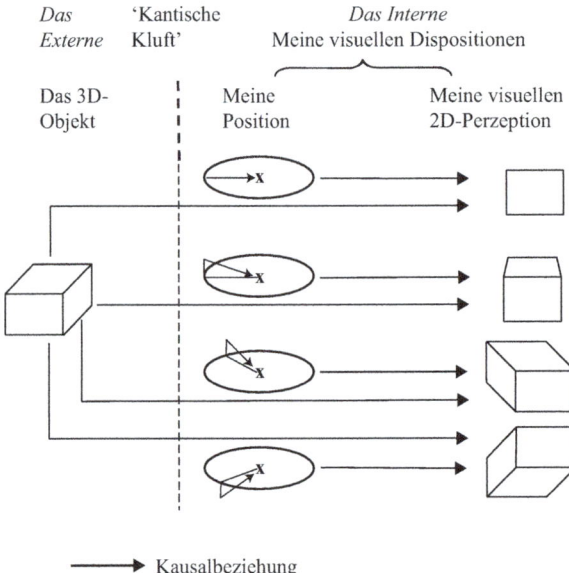

**Abb. 14.3** Abduktion eines externen 3D-Objektes als gemeinsame Ursache meiner interkorrelierten perspektivischen Seherscheinungen

seinen eigenen Körper von der Außenwelt zu unterscheiden und seine Sehwahrnehmungen mit den Körperbewegungen zu koordinieren lernt. Auch noch im Erwachsenenalter versichern wir uns einer visuellen Erscheinung, über deren Realität wir im Unklaren sind, indem wir hingehen und das Objekt berühren. Gelingt der ‚Anfasstest', ist unser ‚realistisches Bedürfnis befriedigt', doch scheitert er, so befällt uns die angsterregende Vorstellung von ‚Geistern'.

Das dritte Explanandum der Realitätsabduktion ist die *intersubjektive* Korrelation unserer Wahrnehmungen, also die Tatsache, dass verschiedene Subjekte die gleichen Seherscheinungen haben, wenn sie zur selben Zeit auf denselben Ort blicken. Zusammengefasst ist die Hypothese von externen 3D-Objekten die beste Erklärung der intrasensuellen Korrelationen unserer positionsabhängigen Sehwahrnehmungen sowie der intersensuellen und intersubjektiven Korrelationen unserer Sinneswahrnehmungen. Mehr noch: Es handelt sich dabei anscheinend – nicht um die einzig mögliche, aber – um die einzig plausible Erklärung. Wie in Abschn. 7.4 bereits verdeutlicht wurde, geraten alternative positivistische Positionen, die kein externes Objekt annehmen, aufgrund der Willensunabhängigkeit unserer Erscheinungen in Erklärungsnotstand. Die einzigen alternativen Erklärungen von minimaler Plausibilität wären solche, die ebenfalls eine subjektunabhängige Ursache unserer korrelierten Wahrnehmungsdispositionen annehmen, aber eine ganz andere. Ein mehrfach erwähntes Beispiel ist das Gehirne-im-Tank (GIT) Szenario. In diesem Szenario sind wir nicht normale Menschen in der normalen Welt, sondern Gehirne bzw. Körper in einer

## 14.4 Abduktive Rechtfertigung des Realismus der Wahrnehmung

Nährlösung, angeschlossen an einen perfekt programmierten Riesencomputer, der in unserem Gehirn genau jene Alltagserscheinungen simuliert, die wir in unserer normalen Realität zu haben scheinen. Da beide abduktive Hypothesen genau dieselben Erklärungen und Voraussagen liefern, sind beide Hypothesen gleichwertig, so lautet der Einwand des Skeptikers.

Dass die GIT-Hypothese komplizierter ist als die Normalwelthypothese, kurz NW-Hypothese, wurde von mehreren Autoren hervorgehoben (BonJour 2003, S. 94; Vogel 1990, S. 662; Shogenji 2018, Kap. 7). Allerdings ist der Einfachheitsbegriff, wie er zumeist benutzt wird, notorisch *vage*. Was zählt denn für Einfachheit: Die Anzahl der postulierten Entitäten einer Theorie, die Anzahl der Axiome der Theorie, oder ihr mathematischer Schwierigkeitsgrad? So kann man einerseits argumentieren, dass die GIT-Hypothese mehr Entitäten postuliert als die NW-Hypothese, weil sie alle Erscheinungen der Normalwelt und zusätzlich den Riesencomputer postuliert; andererseits könne auch gesagt werden, dass die GIT-Hypothese weniger Entitäten postuliert als die NW-Hypothese, nämlich nur zwei: einen Computer und ein daran angeschlossenes Gehirn (vgl. Vogel 1990).

Offenbar kommt man so nicht weiter; der Einfachheitsbegriff muß präzisiert werden. Da Entitäten bzw. die sie beschreibenden Sätze selbst einfach oder komplex sein können, kann man durch das Zählen derselben kein stabiles Einfachheitskriterium gewinnen. Man benötigt eine robuste Methode der Zerlegung in Elemente. Hierfür verwenden wir die für den Vereinheitlichungsbegriff verwendete Methode der *Gehaltselemente* (s. Exkurs E12.1): Eine Theorie ist umso *einfacher*, durch je weniger Gehaltselemente sie axiomatisierbar ist. Wir nennen die Gehaltselemente einer maximal einfachen Axiomatisierung einer Theorie T auch ihre *elementaren Axiome* und schreiben Ax(T) für die Konjunktion derselben. Damit lässt sich das Einfachheitskriterium als nachrangiges *ceteris paribus*-Kriterium wie folgt formulieren:

(14.4-1) *Ceteris paribus Einfachheitskriterium:*
Unter jenen abduzierten Theorien, die in Bezug auf eine gegebene Menge von korrelierten empirischen Dispositionen dieselbe maximale Vereinheitlichungskraft und potentielle Voraussagekraft besitzen, sind die einfacheren Theorien zu präferieren.

Da einfachere Theorien besser vereinheitlichen, ist das so definierte Einfachheitskriterium im Grunde bereits eine Konsequenz unseres Vereinheitlichungskriteriums. Man kann es sogar als ‚apriori'-Tugend von abduktiver Theorienbildung ansehen (Biggs & Wilson 2017).

Man kann gut argumentieren, dass gemäß dem Einfachheitskriterium die GIT-Hypothese der NW-Hypothese unterlegen ist. Die Vereinheitlichungskraft und Voraussagekraft beider Hypothesen ist per Annahme genau gleich, die Komplexität der GIT-Hypothese ist aber höher als die der NW-Hypothese. Denn für jedes Element der NW-Hypothese (z. B. „dieser Baum hier") gibt es eine korrespondierende im Speicher des Computers abgelegte Informationseinheit in der GIT-Hypothese (die diesen Baum kodierende Bitsequenz), doch die GIT-Hypothese enthält zusätzlich noch die Annahme des an unser Gehirn angeschlossenen Computers.

Damit ist das erkenntnistheoretische Problem aber noch nicht gelöst. Zweifellos leistet das Einfachheitskriterium (14.4-1) eine *instrumentalistische* Rechtfertigung der NW-Hypothese, doch ist dies auch ein Grund für ihre bessere *realistische Rechtfertigung*, also ein Grund, an die höhere Wahrscheinlichkeit ihrer Wahrheit zu glauben? Die bloße *Anzahl* der elementaren Axiome ist ein recht *schwaches* Argument, um eine so fundamentale Hypothese wie den Realismus der Alltagswelt zu rechtfertigen. Ein robuster wahrscheinlichkeitstheoretischer Vorzug der einfacheren Hypothese ergibt sich hier nicht, denn Ausgangsverteilungen sind subjektiv, und warum sollten alle elementaren theoretischen Axiome dieselbe Ausgangswahrscheinlichkeit haben? Auch wenn Hypothese $H_1$ 10 und Hypothese $H_2$ 12 elementare Axiome besitzt, könnte der Vertreter von $H_2$ behaupten, er halte $H_2$ für wahrscheinlicher, weil ihre elementaren Axiome intuitiver seien.

Ein anderer Fall liegt vor, wenn die Axiome der komplizierteren Hypothese die Axiome der einfacheren Hypothese $H_1$ als Konjunktionsglied enthalten und zusätzlich überflüssige Bestandteile Z besitzen, wenn also gilt $Ax(H_2) = Ax(H_1) \wedge Z$. In diesem Fall folgt für jede undogmatische Ausgangsverteilung, dass $H_2$ eine höhere Wahrscheinlichkeit als $H_1$ besitzt, da dann $P(Ax(H_2)) < P(Ax(H_1))$ gelten muss. Allerdings liegt dieser Fall beim Vergleich der NW- und der GIT-Hypothese nicht vor, denn beide sprechen über unterschiedliche Entitäten. Doch liegt eine verwandte Situation vor, die einen Wahrscheinlichkeitsvorzug der NW-Hypothese gegenüber der GIT-Hypothese nahelegt und damit ihre realistische Rechtfertigung plausibilisiert. Die kompliziertere GIT-Hypothese enthält nämlich das Erklärungsmodell der NW-Hypothese als *isomorphes Teilmodell*. Denn wenn wir überlegen, wie der Supercomputer es zu leisten vermag, in unserem Gehirn die gleichen Sinneserscheinungen zu produzieren wie jene, die die normale Realität in uns verursachen würde, dann scheint die einzig plausible

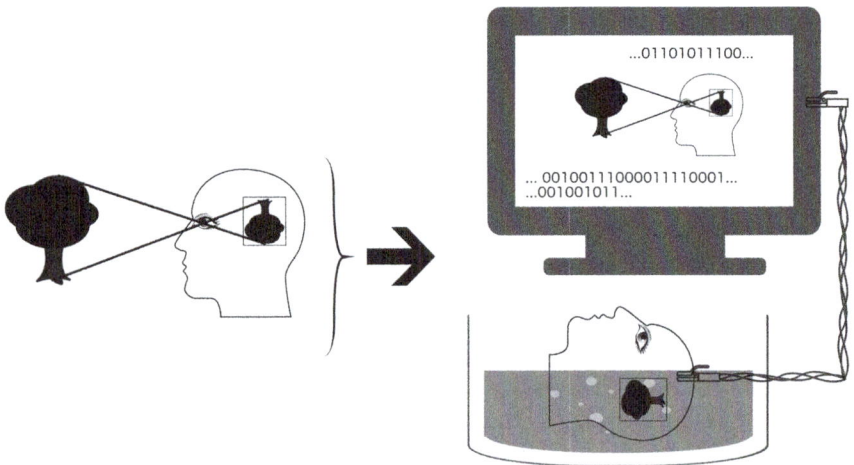

**Abb. 14.4** Die GIT-Hypothese nimmt eine isomorphe Kopie der Normalwelthypothese innerhalb des Supercomputers an (Grafik erstellt von Christian Feldbacher-Escamilla & Autor)

Erklärung zu sein, dass der Computer das gleiche 3D-Objekt als Bitsequenz berechnet, das wir in der Normalwelt realistisch zu sehen glauben; dass er also die perspektivischen Projektionen dieses Objektes auf unserer Retina so berechnet, wie diese in der Normalwelt durch Lichtstrahlen auf unsere Retina geworfen werden würden (s. Abb. 14.4; für ähnliche Argumente vgl. Vogel 1990, S. 664; Chalmers 2005). Die GIT-Hypothese enthält somit eine annähernd isomorphe Kopie der NW-Hypothese und macht aber darüber hinaus zusätzliche Annahmen. Dies macht es plausibel, der GIT-Hypothese eine geringere Wahrscheinlichkeit zuzuschreiben als der NW-Hypothese.

## 14.5 Abduktive Rechtfertigung von Erinnerungssätzen

In Abschn. 4.3 wurde zwischen der externen und der internen Korrektheit unserer introspektiven Erinnerungssätze bzw. Gedächtnisinhalte unterschieden. Die Rechtfertigung der externen Korrektheit unserer Erinnerungssätze, also die Übereinstimmung des erinnerten Inhalts mit der externen Realität, ist Bestandteil der Rechtfertigung der Realismushypothese und bedarf keiner eigenen Behandlung. Denn die korrelierten introspektiven Sinneserscheinungen, auf die sich die abduktive Realismushypothese als beste Erklärung bezieht, umfassen nicht nur aktuale, sondern insbesondere erinnerte Sinneserscheinungen. Was hier zur Diskussion steht, ist die interne Korrektheit der erinnerten Inhalte, also die Rechtfertigung der Annahme, dass wir die Sinneserscheinungen und Innenerscheinungen, an die wir uns jetzt erinnern, auch tatsächlich hatten. Wie lässt sich diese Annahme nichtzirkulär rechtfertigen? Hierfür gibt es zwei Strategien.

**Strategie 1:** Man kann vorschlagen, die interne Korrektheit *holistisch* zu rechtfertigen, in ihrer Konjunktion mit der Realismushypothese, weil diese Konjunktion gut testbare empirische Voraussagen impliziert. Der Holismus der Theorienbestätigung wurde in der Wissenschaftstheorie entdeckt und besagt, dass oftmals eine theoretische Hypothese $H_1$ nur in Konjunktion mit weiteren Hypothesen, sagen wir mit $H_2$, empirisch überprüfbare Prognosen impliziert. Treffen diese zu, dann ist die Konjunktion $H_1 \wedge H_2$ bestätigt, und somit sind ‚holistisch' auch $H_1$ und $H_2$ mitbestätigt. Auch die interne Korrektheit von Erinnerungen kann so gerechtfertigt werden. Wenn ich beispielsweise morgens aufwache, meine Uhr suche und mich erinnere, sie gestern im Bad abgelegt zu haben, dann ins Bad gehe und die Uhr tatsächlich dort liegt, dann wurde damit meine realistische Gesamthypothese holistisch bestätigt. Diese Gesamthypothese umfasst (1) die externe Korrektheit meiner Erinnerung, die Uhr im Bad abgelegt zu haben, und (2) die induktive Voraussage, dass die Uhr jetzt dort immer noch liegt. Doch mit der Bestätigung der externen wird auch die interne Korrektheit meiner Erinnerung (dass ich gestern die Wahrnehmung hatte, die Uhr im Bad abgelegt zu haben) mitbestätigt. Genauso gut kann ich meine Gedächtnisinhalte holistisch prüfen, indem ich externe Informationsquellen (Tagebücher, Lexika etc.) nutze.

Die holistische Rechtfertigung unserer Erinnerungsinhalte ist sehr wichtig. Auf sich allein gestellt hat sie allerdings den Nachteil, im Aufbau des erkenntnistheoretischen Gesamtsystems zu einer Zirkularität zu führen. Induktive Schlüsse und die metainduktive Methode müssen ja bereits im Rahmen des ‚methodologischen Solipsismus', also innerhalb der internen Sphäre, rechtfertigbar sein, denn das Explanandum der Abduktion auf die Realität sind die induktiv gerechtfertigten Gesetzmäßigkeiten unserer aktualen und *erinnerten* Sinneserscheinungen. Dabei wird angenommen, dass unsere Erinnerungen intern korrekt sind. Wenn die Rechtfertigung der internen Korrektheit aber den abduktiven Realitätsschluss voraussetzt, geraten wir in eine methodische Zirkularität.

**Strategie 2:** Doch es gibt einen Ausweg, denn wir können die interne Korrektheit unserer Erinnerung auch rein introspektiv rechtfertigen, als beste Erklärung ihrer *internen* Kohärenz. Natürlich kann ich nicht mehr in meine interne Vergangenheit ‚zurückreisen', aber wenn ich in der Erinnerung meiner vergangenen introspektiven Erlebnisse häufig Fehler begangen habe, dann fragt sich, warum diese dennoch so gut übereinstimmen? Wenn ich mich daran erinnere, Susi vorgestern in der Vorlesung mit braungefärbtem Haar wahrgenommen zu haben, und diese Erinnerung intern inkorrekt war, warum erinnere ich mich zugleich auch bei allen fünfzig anderen erinnerten Begegnungen mit Susi an ihr braunes Haar, sehe auch jetzt ihr braunes Haar, und hege die induktive gerechtfertigte (introspektiv verstandene) Überzeugung, dass Menschen fast nie ihre Haarfarbe wechseln? All das passt perfekt zusammen, und wären 40 % meiner Erinnerungen intern inkorrekt, dann wäre es höchst seltsam, dass sie induktiv so perfekt zusammenpassen. Die beste und eventuell einzig plausible Erklärung dieser Harmonie ist eine tatsächlich bestehende Regelmäßigkeit meiner internen Sinneserscheinungen und daher die (weitgehende) interne Korrektheit meiner Erinnerungen.

Erinnerungen können auch in logisch-analytischer Hinsicht übereinstimmen. Wenn ich mich beispielsweise daran erinnere, gestern die Addition $32+33=65$ im Kopf durchgeführt zu haben, dann erinnere mich an die Inputs 32, 33 und an das Ergebnis 65. Wäre eine der Erinnerungen fehlerhaft, so ist schwer zu erklären, warum die Erinnerungen immer noch mathematisch zusammenstimmen. Dasselbe Argument gilt für die interne Anwendung der metainduktiven Methode MI auf erinnerte Voraussagen und Erfolgsraten. Ich kann prüfen, ob die erinnerten Voraussagen von MI tatsächlich korrekt aus den erinnerten Voraussagen und Erfolgsraten der zugänglichen Methoden $M_1,...,M_n$ gebildet wurden. Wären einige dieser Erinnerungen intern inkorrekt, so ließe sich kaum erklären, dass sie tatsächlich zusammenstimmen. Unabhängig davon sind die korrekt gebildeten Voraussagen von MI garantiert voraussageoptimal in Bezug auf den erinnerten Verlauf des Voraussagespiels.

Zusammengefasst sind unsere internen Erinnerungen im Regelfall logisch-analytisch wie induktiv kohärent und bilden eine zusammenhängende *Erinnerungsgeschichte,* deren beste Erklärung ihre interne Korrektheit ist. Natürlich bleiben wir nicht bei der internen Korrektheit stehen, sondern erklären diese durch ihre externe Korrektheit. Doch ist die Möglichkeit einer separaten Rechtfertigung der internen Korrektheit für den nichtzirkulären erkenntnistheoretischen Aufbau erforderlich. Die abduktiv generierte Erinnerungsgeschichte eines bewussten Wesens spielt im übrigen für seine *personale Identität* eine wichtige Rolle (Olson 2019).

Die einzig plausible alternative Erklärung wäre eine *externe Manipulationshypothese* in Analogie zum GIT-Szenario, wie die Hypothese, dass mir ohne mein Wissen ein *Gedächtnischip* implantiert wurde. Gegen diese Alternativhypothese hilft dieselbe Argumentationsstrategie wie gegen die GIT-Hypothese. Die Gedächtnischiphypothese postuliert nämlich als Inhalt des Gedächtnischips eine annähernd isomorphe digitale Kopie meiner realistisch interpretierten Erinnerungsgeschichte, stipuliert aber die zusätzliche Komplikation des Gedächtnischips und seine Einpflanzung in mein Gehirn. Die Hypothese der internen und externen Korrektheit meiner Erinnerungen ist daher plausibler als die Gedächtnischiphypothese.

In der Erkenntnispraxis kann freilich nicht jede einzelne Erinnerung gerechtfertigt werden. Insbesondere benötigen wir in unseren kognitiven Schlüssen und Berechnungen unser (Ultra-)Kurzzeitgedächtnis. Diesem müssen wir im Regelfall vertrauen, im Sinne des Arguments der *einzigen* Alternative (s. Abschn. 11.4), denn würden wir dies nicht tun, so könnten wir gar nicht denken. Es genügt aber die regelmäßig wiederholte abduktive Rechtfertigung unserer Erinnerung, um induktiv verallgemeinernd auch die (hochwahrscheinliche) Korrektheit ungeprüfter Erinnerungen annehmen zu dürfen.

Die interne wie externe Kohärenz unserer Erinnerungsgeschichte bezieht sich nur auf unseren Wachzustand. Sie ist zugleich das wesentliche Kriterium, mit dem wir unsere *Wachzustände* von *Traumzuständen* unterscheiden. Denn die Inhalte unserer Träume fügen sich *nicht* kohärent in die Erinnerungsgeschichte unserer Wachzustände ein. Zwar gibt es lose Assoziationen, aber auch jede Menge induktiver und logischer Ungereimtheiten. Aufgrund des hohen inhaltlichen Kohärenzunterschieds zwischen Wacherinnerungen und Traumerinnerungen sowie der Tatsache, dass wir nicht zu lange zurückliegende Traumerinnerungen zeitlich zwischen der Erinnerung des Sich-Schlafenlegens und der des Aufstehens lokalisieren können, gelingt uns im Wachzustand im Regelfall eine sichere Unterscheidung zwischen Wacherinnerung und Traumerinnerung. Im Traumzustand ist diese Unterscheidung zwar nicht möglich, aber dies ist kein Wunder, da wir im Traumzustand nicht über die dazu nötigen kognitiven Fähigkeiten verfügen.

## 14.6 Optimalität der Abduktion: Instrumentalistische und realistische Rechtfertigung

Wir kommen nun zu folgender grundsätzlicher Frage: Was rechtfertigt kreativabduktives Schließen? *Weshalb* liefert die Tatsache, dass eine Theorie eine Menge korrelierter Erfahrungstatsachen vereinheitlichend erklärt und potentiell voraussagt, eine Rechtfertigung dafür, diese Theorie *rational zu akzeptieren?* Um in alle Richtungen offen zu bleiben, soll zunächst nur nach „rationaler Akzeptanz" gefragt werden, denn grundsätzlich kann man zwischen einer instrumentalistischen und einer realistischen Rechtfertigung einer Theorie unterscheiden – wobei wir mit ‚Theorie' hier immer den erfahrungstranszendierenden bzw. theoretischen Anteil der Theorie im Sinn haben. In der *instrumentalistischen* Rechtfertigung wird die Theorie aufgrund ihrer sogenannten *empirischen Adäquatheit* gerechtfertigt, also aufgrund ihrer Fähigkeit, empirische Tatsachen und Gesetze bezogen auf die Vergangenheit und die Zukunft explanativ zu vereinheitlichen und vorauszusagen. In der *realistischen* Rechtfertigung wird darüber hinaus aus der empirischen Adäquatheit einer Theorie auf ihre wahrscheinliche Wahrheit oder Wahrheitsnähe geschlossen. Dabei werden empirische Adäquatheit und Wahrheitsnähe relativ zu gegebenen Alternativtheorien bewertet (s. Abb. 14.5).

Die instrumentalistische Theorienrechtfertigung stützt sich unproblematisch auf die Methode der *Metainduktion,* gekoppelt mit *ceteris paribus*-Einfachheitskriterien. Denn im Gegensatz zu *ex-post*-Spekulationen sind unabhängig bestätigbare Theorien sehr leistungsstarke Voraussageinstrumente. Gemäß dem metainduktiven Optimalitätstheorem ist es uneingeschränkt rational, jene Theorie oder Theorienkombination in Zukunft zu verwenden, die im gegebenen Anwendungsbereich bislang am erfolgreichsten war, wobei wir *ceteris paribus* die einfachere und damit besser vereinheitlichende Theorie verwenden.

Wissenschaftstheoretische Instrumentalisten (z. B. van Fraassen 1980, S. 11 f.; 1989, S. 142 f.) empfehlen sogar, wissenschaftliche Theorien *ausschließlich* instrumentalistisch zu begründen, als nützliche Instrumente zur Erklärung und Voraussage von Beobachtungen. Dabei verstehen sie unter „Erklärung" eine vereinheitlichende Beschreibung, ohne dabei ein Kausalitätsprinzip vorauszusetzen. Instrumentalisten glauben zwar an die empirische Adäquatheit einer (bisher erfolgreichen) Theorie, *enthalten* sich jedoch des Glaubens an die Wahrheit des erfahrungstranszendierenden Teils der Theorie und betrachten diesen nur als nützliches Instrument. Übertragen auf die Erkenntnistheorie bedeutet diese Position, den Alltagsrealismus als nützliches Instrument zur Erklärung und Voraussage unserer Sinneserscheinungen anzusehen, aber sich zur Frage, ob es die Alltagsrealität wirklich gibt, zu enthalten.

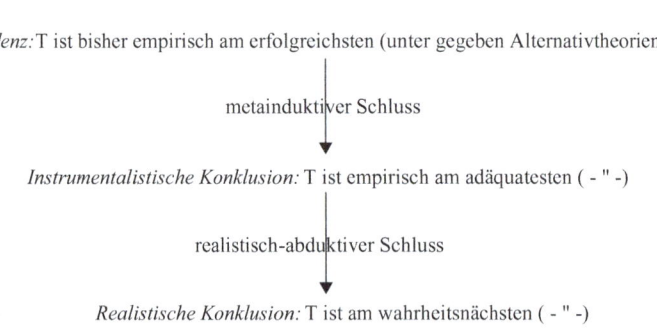

**Abb. 14.5** Instrumentalistische und realistische Theorienrechtfertigung

**Merksatz 14.6-1**

**Rechtfertigungsstrategie des Instrumentalisten**
Zu jedem Zeitpunkt verwende ich die (beim gegenwärtigen Stand) *instrumentell optimale* Theorie. Sollte ein Teil des von mir verwendeten theoretischen Modells realistisch betrachtet inkorrekt sein – worüber ich mich *enthalte* – gibt es zwei Fälle. *Entweder* erweist sich diese Inkorrektheit als erfahrbar: sobald dies geschieht, korrigiere ich meine Theorie. *Oder* sie bleibt ewig unerfahrbar: dann kann sie mir keinen Schaden zufügen und meine Theorie bleibt instrumentell optimal. ◄

Trotz ihrer Raffinesse ist die instrumentalistische Rechtfertigungsstrategie für viele WissenschaftlerInnen und PhilosophInnen unbefriedigend. Kann man auch eine darüber hinausgehende realistische Rechtfertigung liefern, analog zum meta-induktiven Optimalitätsprinzip (13.5-2)? Zunächst ist zu sehen, worin der Unterschied besteht. Im Induktionsfall geht es nur um die Rechtfertigung der empirischen Prognosen. Hier konnten wir argumentieren, dass wir in der Praxis zu Handlungsentscheidungen gezwungen sind, und daher als rationale Nutzenmaximierer so handeln, als würden wir an die Wahrscheinlichkeit der damit verbundenen Voraussagen glauben. Aus unseren Handlungsentscheidungen lassen sich unsere impliziten Wahrscheinlichkeiten sogar berechnen (Jeffrey 1983), und es wäre irrational, unsere impliziten Wahrscheinlichkeiten nicht auch explizit zu glauben. Im Fall der Theorieabduktion ist diese Argumentation jedoch nicht mehr möglich, denn hier geht es nicht um den Glauben an die handlungsrelevanten Voraussagen, sondern um den Glauben an das erfahrungstranszendierende Modell – also daran, dass es die postulierten theoretischen Entitäten wirklich gibt und sie in den Beziehungen zur Erfahrung stehen, die die Theorie behauptet. Eine *direkte* Rückmeldung über das Zutreffen des theoretischen Modells erhalten wir nie, denn es ist unbeobachtbar. Wir erhalten immer nur Rückmeldungen über das Zutreffen seiner empirischen Konsequenzen. Wir orientieren uns praktisch an den empirischen Konsequenzen des theoretischen Modells. Aber diese Orientierung bedeutet nicht automatisch, dass wir implizit auch seine Wahrheit für wahrscheinlich halten, sondern nur, dass wir seine empirischen Konsequenzen für wahrscheinlich halten.

Um aus der empirischen Adäquatheit auf die realistische Wahrheitsnähe einer Theorie zu schließen, benötigen wir Gründe, die über das Optimalitätsprinzip (13.5-2) hinausgehen. Welche Gründe dieser Art kann man nennen? Dazu sollen zunächst einige in der Literatur angeführten Argumente und ihre Probleme erläutert werden.

Ein prominentes realistisches Argument ist Putnams *Wunderargument* (Putnam 1975, S. 73). Diesem Argument zufolge wäre der empirische Erfolg wissenschaftlicher Theorien ein schieres Wunder, wenn nicht auch ihr theoretischer Teil wahr wäre. In dieser einfachen Form ist das Argument unhaltbar. Wie Willard V. O. Quine gezeigt hat, lassen sich zu jeder gegebenen empirisch erfolgreichen Theorie T empirisch äquivalente Theorien T* konstruieren, die einen ganz anderen theoretischen Überbau besitzen (Quine 1980, S. 141 ff., 1992, § 41). Dagegen wurde zwar eingewandt, dass Quines äquivalente Theorie T* ‚post facto' konstruiert wurde (Psillos 1999, S. 76). Dennoch hätte T* unabhängig bestätigt werden *können*. Tatsächlich gibt es viele wissenschaftsgeschichtliche Beispiele von aus heutiger Sicht falschen Theorien, die zu ihrer Zeit prognostische Erfolge feierten und damit genuin bestätigt wurden (Carrier 2004, Abschn. 7.8; Schurz 2009, Abschn. 2). Darüber hinaus argumentierte Larry Laudan (1981) in seiner ‚pessimistischen Metainduktion', dass sich bisher noch jede Theorie in der Wissenschaftsgeschichte später als falsch herausgestellt hätte, weshalb man besser nicht an die Wahrheit der gegenwärtig erfolgreichsten Theorien glauben sollte. Laudans Argument ist umstritten. Unbezweifelbar ist aber, dass es zu erfolgreichen Theorien häufig ebenso erfolgreiche Alternativtheorien gibt, auch wenn sie zunächst außerhalb unseres Vorstellungshorizontes liegen (Stanford 2006). Die Plausibilität von ebenso erfolgreichen Alternativtheorien impliziert jedoch, dass die Wahrscheinlichkeitserhöhung einer Theorie T durch unabhängig bestätigende Evidenzen E nicht hinreicht, um an ihre wahrscheinliche Wahrheit zu glauben. Denn wenn die Ausgangswahrscheinlichkeit von T nicht größer ist als die Ausgangswahrscheinlichkeit dafür, dass irgendeine mindestens ebenso erfolgreiche Alternativtheorie T′ existiert, kann die Wahrscheinlichkeit von T gegeben die gesamte Evidenz nachweislich nicht größer sein als 0,5.

Zusammengefasst kann eine realistische Theorienrechtfertigung, *wenn überhaupt,* nur dann seriöserweise gegeben werden, wenn die fragliche Theorie allen vorstellbaren Alternativtheorien *weit überlegen* ist. Eine in diese Richtung gehende Rechtfertigung ergibt sich aus der in Abschn. 14.4 gemachten Beobachtung, dass bei überzeugenden abduktiven Theoriebildungen alle minimal plausiblen Alternativerklärungen eine isomorphe Kopie der präferierten Erklärung verwenden. Wir schlagen dies als Optimalitätsprinzip für kreativ-abduktive Schlüsse vor:

(14.6-1) *Optimalitätsprinzip für abduktiven Glauben:*

Wenn alle zugänglichen maximal empirisch erfolgreichen [und nicht zu komplizierten] Theorien oder Methoden zum Zweck der Voraussage und Erklärung eines gegebenen Anwendungsbereichs eine annähernd isomorphe Kopie einer Theorie T als Subtheorie benutzen, dann ist es rational, an die wahrscheinliche Wahrheit oder Wahrheitsnähe von T zu glauben.

Die Einschränkung auf ‚nicht zu komplizierte' Alternativtheorien in eckigen Klammern hat folgenden Grund: Das abduktive Optimalitätsprinzip funktioniert zwar gut für die Rechtfertigung des Alltagsrealismus im Vergleich zum GIT-Szenario, doch man kann auch komplizierte empirisch äquivalente Modelle ersinnen, die *keine* isomorphe Kopie der von uns präferierten Theorie T verwenden. Ein Beispiel ist die berüchtigte *Hohlwelttheorie* (Sexl 1983), der zufolge ein empirisch äquivalentes physikalisches Modell möglich ist, in der wir in einer Hohlwelt mit gekrümmten Lichtstrahlen und *sehr komplizierten* physikalischen Gesetzen leben.

Noch schwieriger ist die realistische Rechtfertigung der Abduktion gegenüber ‚theoriefreien' Methoden. Um diesen gerecht zu werden, ist das obige Optimalitätsprinzip nicht nur auf Theorien, sondern auch auf Methoden bezogen. Instrumentalisten versuchen oft, Beschreibungsmethoden vorzuschlagen, die keine echten theoretischen Entitäten postulieren. Ein radikaler Vorschlag, auf das Postulat theoretischer Entitäten zu verzichten, ist der *instrumentalistische Ramsey-Satz* einer Theorie. Wir erhalten ihn aus einer Theorie $T(\psi_1,...,\psi_k)$ mit theoretischen Begriffen $\psi_1,...,\psi_k$, indem wir über diese existenzquantifizieren, also $T(\psi_1,...,\psi_k)$ durch $\exists X_1...\exists X_k T(X_1,...,X_k)$ ersetzen, und den Bereich des Existenzquantors nur über *mathematische Entitäten* laufen lassen (Ramsey 1931, S. 212–215). Die so umgeformte Theorie ist mit der originalen Theorie nachweislich empirisch äquivalent, postuliert aber statt theoretischer Entitäten nur mehr die Existenz eines isomorphen, aber rein konzeptuellen Konstruktes (Ketland 2004, S. 293, th. 3; Schurz 2014a, Abschn. 5.8).

Ein mathematisch fortgeschrittener Solipsist könnte analog den *introspektiven Ramsey-Satz* formulieren, der über alle Begriffe außer den introspektiv zugänglichen existenzquantifiziert. Der instrumentalistische Ramsey-Satz einer Theorie ist die logische Präzisierung der instrumentalistischen Position, die sich des Urteils über die objektive Wahrscheinlichkeit oder Wahrheitsnähe des theoretischen Modells *enthält*. Damit sind wir wieder bei unserer Kardinalfrage: *Weshalb* sollten wir *überhaupt* glauben, dass es unbeobachtete Entitäten und Eigenschaften gibt, die die von uns beobachteten Phänomene verursachen? Der nächste Abschnitt gibt darauf eine Antwort, auf der Grundlage eines weithin akzeptierten *Kausalprinzips,* das in Abschn. 14.8 gerechtfertigt wird.

## 14.7 Rechtfertigung der Abduktion durch Kausalität

Intuitiv scheint es nur dann plausibel, nichtbeobachtete Entitäten zur Erklärung beobachteter Entitäten anzunehmen, wenn Erstere mit Letzteren als deren Ursachen *real verbunden* sind. In der neuzeitlichen Philosophie nahm man als das maßgebliche Kausalitätsprinzip das *Prinzip des zureichenden Grundes* an. Durch David Hume (1748) wurde dieses bekanntlich einer schwerwiegenden Kritik unterzogen (s. Abschn. 10.1). Wie Hume zeigte, erkennen wir in unserer Beobachtung nur das zeitliche Nacheinander zweier Ereignisse, aber nicht, dass es zwischen beiden irgendeine Kausalverbindung gibt. Aus heutiger Sicht kann man dieser berechtigten Humeschen Beobachtung entgegenhalten, dass Kausalität als *theoretischer* Begriff verstanden werden muss, analog zu Kräften in der Physik (s. Abschn. 14.8). Aber diese Sicht war damals außer Reichweite und wurde später durch die Entwicklung der *Quantenphysik* verstellt, die das Prinzip des zureichenden Grundes widerlegte. Dieses Prinzip postulierte nämlich (fälschlicherweise) ein *deterministisches* Kausalitätsprinzip auf der Ebene von Einzelereignissen: Jedes Ereignis hätte eine ‚zwingende' deterministische Ursache. Die Quantenphysik zeigt aber, dass es in der Natur auch *objektiv indeterministische*

Prozesse gibt. Beispielsweise ist es objektiv unbestimmt, wann ein radioaktives Cäsium-137 Atom zerfallen wird; objektiv bestimmt ist nur seine Halbwertszeit von 30 Jahren, innerhalb derer es mit Wahrscheinlichkeit 1/2 zerfallen wird.

Aus der Zurückweisung des kausalen Determinismus folgt aber nicht die Zurückweisung von Kausalität insgesamt. Im Gegenteil gibt es gegenwärtig ein weithin akzeptiertes Kausalitätsprinzip, das Kausalität nicht auf der Ebene von Einzelereignissen, sondern auf der Ebene von (deterministischen oder statistischen) Korrelationen zwischen Ereignissen ansiedelt, und zwar das Prinzip der *Markov-Kausalität* (Pearl 2000, theorem 1.2-4; Spirtes et al. 2000, S. 46; Schurz und Gebharter 2016, Abschn. 2.3). Wie in Exkurs E12.2 ausgeführt, wird dieses Prinzip mittels mathematischer Variablen X, Y,... formuliert, die mehrere Werte einnehmen können (ein einfacher Sachverhalt entspricht einer binären Variablen mit den Werten ,wahr' und ,falsch'; numerische Variablen können viele Werte einnehmen). Zwei Variablen X, Y sind probabilistisch abhängig, wenn zumindest einige ihrer Werte x und y probabilistisch abhängig sind, d. h. wenn $P(x|y) \neq P(x)$ gilt. Für unsere Zwecke benötigen wir nicht das volle Markov-Prinzip (dazu Exkurs E12.2), sondern nur die folgende Konsequenz daraus:

---

**Merksatz 14.7-1**

**Kausalitätsprinzip (,schwache Markov-Kausalität')**
Alle probabilistischen Abhängigkeiten zwischen zwei Variablen X und Y beruhen auf einer kausalen Verbindung der beiden in folgender Form: (1) entweder X ist (direkte oder indirekte) Ursache von Y, oder (2) Y ist Ursache von X, oder (3) X und Y sind Wirkungen einer gemeinsamen Ursache Z. ◄

---

Kausalrelationen werden durch Pfeile dargestellt: $X \to Y$ bedeutet, dass X eine direkte oder indirekte Ursache für Y ist (was nicht impliziert, dass X der einzige für Y kausal relevante Faktor ist). Kausalrelationen werden als reale raumzeitliche Verbindungen zwischen Ereignissen verstanden; auf welchen Entitäten sie beruhen, ob auf Kräften oder zeitlichen Prozessen, wird offengelassen. Es gibt einige kontroverse Aspekte der Markov-Kausalität (Schurz 2017b), doch das zur Rechtfertigung der Abduktion benötigte schwache Kausalprinzip (Merksatz 14.7-1) ist davon unberührt.

Wir wollen nun zeigen, dass korrelierten Dispositionen, wie die von Abschn. 14.3, aufgrund des Kausalprinzips eine gemeinsame Ursache $\psi$ besitzen müssen, weil es ausgeschlossen ist, dass sie sich gegenseitig verursachen können. Eine Disposition $D_i$ ist ja selbst eine zeitliche Gesetzmäßigkeit, der zufolge eine auslösende Testbedingung $T_i$ immer oder meistens eine Reaktion $R_i$ herbeiführt. Die Beziehung zwischen $T_i$ und $R_i$ muss selbst auf einer gerichteten Kausalbeziehung $T_i \to R_i$ beruhen (eine andere Kausalinterpretation scheidet aus, da wir durch Herbeiführung von $T_i$ $R_i$ herbeiführen können). Es können aber nur Ereignisse und nicht Kausalbeziehungen selbst das Objekt von Kausalbeziehungen sein.

## 14.7 Rechtfertigung der Abduktion durch Kausalität

Dass eine (theoretische) Substanzeigenschaft ψ eine Disposition D, also T → R, verursacht, kann daher nur bedeuten, dass ψ *zusammen* mit T die Reaktion R verursacht. Der zugehörige kausale Graph ist in Abb. 14.6a dargestellt; der Bogen indiziert (wie in Abb. 12.2), dass die beiden Kausalpfeile konjunktiv verbunden sind, was erklärt, warum nur Individuen mit dem Merkmal ψ die Reaktion R zeigen.

Was kann es nun aber bedeuten, dass eine Disposition $D_1$, die für die Kausalbeziehung $T_1$ → R steht, eine zweite Disposition $D_2$ verursacht, die für die Kausalbeziehung $T_2$ → $R_2$ steht? Die einzige Möglichkeit, in der dieses vor sich gehen könnte, wäre in Form der kausalen Kette $T_2$ → $T_1$ → $R_1$ → $R_2$, die in Abb. 14.6b dargestellt ist. Normalerweise sind jedoch die Testbedingungen von Dispositionen durch Interventionen unabhängig voneinander variierbar und daher probabilistisch wie kausal voneinander unabhängig. Wie oft ich beispielsweise eine Substanz zu Testzwecken ins Wasser gebe, ist nicht davon kausal abhängig, wie oft ich sie unter elektrischen Strom setze, zum Schmelzen bringe oder in Öl gebe (usw.). Daher kann die kausale Struktur in Abb. 14.6b nicht zutreffen und wurde durch ein Kreuz „ × " durchgestrichen.

Wenn daher die korrelierten Dispositionen unabhängige Testbedingungen haben (was normalerweise der Fall ist), dann impliziert das Kausalitätsprinzip von Merksatz 14.7-1, dass sie durch eine (verborgene) gemeinsame Ursache verbunden sein müssen. Der zugehörige kausale Graph ist in Abb. 14.7 dargestellt.

Wenn wir das Kausalitätsprinzip akzeptieren, dann ist unser Glaube an die reale Existenz einer gemeinsamen theoretischen Ursache nicht mehr nur intuitiv plausibel, sondern hat eine streng deduktive Begründung. Das Kausalitätsprinzip löst damit die Herausforderung des Instrumentalisten, warum wir *überhaupt* zur Erklärung unserer Beobachtungen theoretische Entitäten annehmen – vorausgesetzt, wir können das Kausalitätsprinzip selbst begründen (s. Abschn. 14.8).

Das Problem der Existenz alternativer Theorien wird durch das Kausalitätsprinzip allerdings noch nicht gelöst. Denn es sind auch wesentlich komplexere Ursachenszenarien als das von Abb. 14.7 möglich. Das Kausalitätsprinzip fordert nur, dass es *irgendwelche* gemeinsamen Ursachen für korrelierte Dispositionen gibt, lässt aber offen, wie viele es sind und welchen quantitativen Gesetzen die probabilistischen Abhängigkeiten gehorchen. Insbesondere wenn die Dispositionen nur statistisch korreliert sind, kann es mehrere gemeinsame

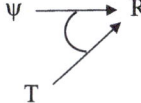

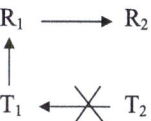

(a) Die intrinsische Eigenschaft ψ verursacht eine Disposition D, die ihrerseits für T → R steht.

(b) Die Disposition $D_1$ ($T_1$→$R_1$) verursacht $D_2$ ($T_2$→$R_2$) – doch dies ist unmöglich, denn $T_1$ und $T_2$ sind unabhängige Variablen.

**Abb. 14.6** Erklärung der Verursachungsrelation für Dispositionen

**Abb. 14.7** Erklärung zweier korrelierter Dispositionen $T_1 \to R_1$ und $T_2 \to R_2$ durch eine gemeinsame Ursache $\psi$

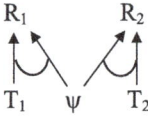

theoretische Ursachen geben, die eventuell auch untereinander noch kausal verbunden sein könnten. Gemäß dem in der Theorie der statistischen Modellselektion benutzten bayesschen oder Akaikeschen Informationskriterium sind unter gewissen Voraussetzungen über Fehlernormalverteilungen bei gleicher Approximationsgenauigkeit solche Kurvenhypothesen zu bevorzugen, die weniger frei wählbare Koeffizienten besitzen. Denn mit jedem frei wählbaren Koeffizienten steigt die Gefahr des fälschlichen Fittens auf *Zufälligkeiten* der Stichprobe, das sogenannte *Overfitten* (vgl. Hitchcock & Sober 2004; Shogenji 2018, Kap. 6). Allerdings ermöglichen Modelle mit mehr Koeffizienten fast immer bessere Approximationen, so dass eine Abwägung zwischen Genauigkeit und Einfachheit vorzunehmen ist.

Aus den Einfachheitskriterien ergibt sich daher nicht immer eine eindeutige Präferenz für ein bestimmtes Kausalmodell. Doch ermöglicht der kausale Rahmen zumindest die Herstellung von *Korrespondenzbeziehungen* zwischen einfacheren und komplexeren kausalen Modellen. Wir können sagen, dass die gemeinsame Ursache $\psi$ eines einfachen Modells dem als gemeinsame Ursache fungierenden Kausalnetz eines komplexeren Modells, z. B. $\psi_3 \leftarrow \psi_1 \to \psi_2$, korrespondiert und insofern ‚partiell wahr' ist (Schurz 2009).

## 14.8 Abduktive Rechtfertigung der Kausalität

Mit dem Kausalitätsprinzip (Merksatz 14.7-1) können wir den abduktiven Schluss auf theoretische Begriffe und Modelle begründen. Doch das Kausalitätsprinzip gilt nicht apriori, und ein Kausalitätsskeptiker würde es ohne gute Begründung als metaphysische Illusion bezeichnen. Wie können wir das Kausalitätsprinzip selbst rechtfertigen? Dem Ansatz von Schurz und Gebharter (2016) zufolge ist die Kausalrelation als theoretischer Begriff aufzufassen (in Analogie zum physikalischen Kraftbegriff) und abduktiv zu rechtfertigen (vgl. Schurz 2015; Gebharter 2017). Zur Vermeidung von Zirkularität darf diese *fundamentalste* aller Abduktionen nicht selbst kausal sein, also kein Kausalprinzip voraussetzen. Vielmehr beruht sie ausschließlich auf den Rationalitätskriterien der explanativen Vereinheitlichung und potentiellen Voraussagekraft.

Die entscheidende Frage, bei der diese Rechtfertigung ansetzt, lautet: *Was wird eigentlich durch Kausalität erklärt?* Die Antwort kann nicht darin bestehen, dass jede empirische Regelmäßigkeit durch eine korrespondierende ‚kausale Kraft' zu erklären ist, denn dabei würde es sich um eine spekulative Gesetzesabduktion ohne Vereinheitlichung und Voraussagekraft handeln (s. Merksatz 14.2-2).

## 14.8 Abduktive Rechtfertigung der Kausalität

Kausalität wird auch nicht benötigt, um zu begründen, warum gewisse beobachtete Regelmäßigkeiten induktiv projizierbar sind (wie manche Autoren vorschlagen, z. B. Fales 1990, Kap. 4), denn das wäre hochgradig zirkulär. Die induktive Projizierbarkeit einer beobachteten Regelmäßigkeit wird metainduktiv durch ihren prognostischen Erfolg begründet und dieser Erfolg durch die Annahme einer zugrundeliegenden *Gesetzesartigkeit* abduktiv erklärt (s. Abschn. 13.1.6). Kausalität geht jedoch über induktive Projizierbarkeit und Gesetzesartigkeit *hinaus*. Auch Korrelationen zwischen den Wirkungen einer gemeinsamen Ursache können perfekt gesetzesartig sein, ohne eine Kausalbeziehung wiederzugeben. Ein Beispiel ist die gesetzesmäßige Aufeinanderfolge von Blitz und Donner, bei der nicht das Licht den Schall erzeugt, sondern die elektrische Entladung die gemeinsame Ursache beider ist.

Um Humes Kausalitätskritik parieren zu können, müssen wir erklären, warum Kausalrelationen epistemisch *überhaupt* benötigt werden und wir uns stattdessen nicht einfach mit den vorfindbaren empirischen Gesetzmäßigkeiten zufriedengeben sollen. Schurz und Gebharter (2016) folgend kann man darauf folgende Antwort geben: Die Annahme von objektiv gerichteten Kausalrelationen ist nicht nur die beste, sondern die einzig plausible Erklärung zweier andernfalls mysteriöser (In-)Stabilitätseigenschaften von statistischen Korrelationen, nämlich *Abschirmung* und *Koppelung*.

### 14.8.1 Die Erklärung statistischer Abschirmung

Oft besteht zwischen zwei Ereignis- oder Zustandsvariablen X und Y eine probabilistische Abhängigkeit, die aber *verschwindet,* wenn die Häufigkeitsverteilung auf eine dritte Variable Z konditionalisiert wird. Das heißt, die Korrelation zwischen den X-Werten und den Y-Werten von Individuen besteht in der Grundgesamtheit, doch wenn wir nur Individuen mit *gleichen* Z-Werten betrachten, verschwindet die Korrelation zwischen ihren X-Werten und ihren Y-Werten. Man sagt in diesem Fall, dass die Variable Z die beiden Variablen X und Y voneinander abschirmt.

| (14.8-1) | *Variablen X und Y werden durch Variable Z voneinander abgeschirmt:* | | |
|---|---|---|---|
| (1) | Barometerstand (X) | Aufziehen eines Sturms (Y) | Atmosphärischer Druck (Z) |
| (2) | Lichtschalterstellung (X) | Lampe an/aus (Y) | Elektrischer Stromfluss (Z) |

Ein hoher Stand der Barometeranzeige korreliert mit dem Aufziehen eines Sturmes, doch wenn der Druck in der Atmosphäre konstant gehalten wird, z. B. wenn er gering ist, dann verschwindet die Korrelation und ein hoher Barometerstand deutet lediglich auf das Nichtfunktionieren des Barometers hin, ohne dass ein Sturm aufzieht. Analog korreliert das Anschalten des Lichtschalters mit dem

Leuchten der Lampe, doch wenn der elektrische Stromfluss konstant gehalten wird, z. B. auf den Wert „kein Stromfluss" fixiert wird, dann leuchtet die Lampe auch dann nicht, wenn der Schalter an ist. Intuitiv glauben wir natürlich zu wissen, warum diese Abschirmung auftritt: im Beispiel (1) deshalb, weil Z eine gemeinsame Ursache der Variablen X und Y ist, und im Beispiel (2), weil Z eine intermediäre Mittlerursache zwischen X und Y ist. Um eine nichtzirkuläre Rechtfertigung der Kausalität zu ermöglichen, müssen wir unseren Geist jedoch von allen bestehenden kausalen Intuitionen befreien. Tun wir das, so sind wir zunächst mit einem *Rätsel* konfrontiert: Warum verschwindet die Korrelation zwischen X und Y, wenn wir die Z-Werte fixieren?

Die beste verfügbare Erklärung des Verschwindens dieser Korrelation – im Grunde die einzig plausible Erklärung – scheint die folgende zu sein: Die statistische Abhängigkeit zwischen den Variablenpaaren Z und X sowie Z und Y geben *direkte* Abhängigkeiten zwischen den beiden Variablen wieder, doch die Abhängigkeit zwischen X und Y ist nicht direkter Natur, sondern wird durch die Variable Z *vermittelt* (s. Abb. 14.8). Das heißt, in der Grundgesamtheit korrelieren unterschiedliche X-Werte mit unterschiedlichen Y-Werten, weil beide mit unterschiedlichen Z-Werten einhergehen, doch bei festgehaltenen Z-Werten können unterschiedliche X-Werte nicht mehr mit unterschiedlichen Y-Werten einhergehen, weil die Abhängigkeit nicht länger durch korrelierende Z-Werte vermittelt wird.

Man beachte, dass diese Erklärung der Abschirmung nur die Annahme *ungerichteter* realer Abhängigkeiten erfordert, die wir ‚kausale' Abhängigkeiten nennen. Eine gerichtete Kausalbeziehung wird bis hierher noch nicht benötigt, sondern erst später bei der Erklärung der statistischen Koppelung. Darüber hinaus muss gezeigt werden, dass die gegebene Erklärung der Abschirmung die bestverfügbare ist, ja mehr noch, die einzig minimal plausible ist (vgl. Schurz 2015). Beispielsweise versagen *Duplikationsansätze* als Erklärung, die *jede* Korrelation zwischen zwei Variablen, und somit auch die zwischen X und Y, auf eine direkte Kausalbeziehung zurückführen. Duplikationsansätze können nicht erklären, warum die Korrelation zwischen X und Y verschwindet, wenn auf die Variable Z konditionalisiert wird, denn die kausale Verbindung zwischen X und Y wäre ja davon unabhängig. Nur die Annahme, dass *nicht* alle Korrelationen direkt Kausalverbindungen wiedergeben, kann das Phänomen der Abschirmung erklären.

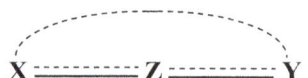

**Abb. 14.8** Erklärung der Abschirmung durch zweistellige Kausalrelationen („--" steht für probabilistische Abhängigkeit und „ – " für direkte kausale Abhängigkeit)

## 14.8.2 Die Erklärung statistischer Koppelung

Es gibt auch den Fall dreier Variablen X, Y und Z, deren Wahrscheinlichkeitsverteilung eine Stabilitätseigenschaft aufweist, die das genaue Gegenteil der Abschirmung ist: In diesem Fall sind X und Y voneinander probabilistisch unabhängig, doch sie werden voneinander abhängig, wenn man auf konstante Werte einer dritten Variablen Z konditionalisiert. Wir sprechen in diesem Fall von *statistischer Koppelung*.

(14.8-2)   *Variablen X und Y werden durch Variable Z gekoppelt:*
   Stand der Sonne (X)        Turmhöhe (Y)        Schattenlänge (Z)

Der Stand der Sonne und die Höhe von Türmen sind statistisch voneinander unabhängig, doch sie werden voneinander abhängig, wenn man die Schattenlänge der Türme konstant hält. Wenn beispielsweise der Schatten eines Turms lang ist, dann lässt sich aus einer geringen Höhe des Turmes darauf schließen, dass die Sonne tief gestanden haben muss. Wenn wir wieder vorhandene Kausalintuitionen beiseite lassen, stehen wir erneut vor einem *Rätsel*: Warum können unkorrelierte Variablen voneinander abhängig werden, wenn man auf konstante Werte einer dritten Variablen Z konditionalisiert? Um die statistische Koppelung zu erklären, müssen wir erneut annehmen, dass die dritte Variable Z als *Vermittler* zwischen X und Y agiert. Doch die Kausalbeziehungen können unmöglich dieselbe Struktur haben wie in Abb. 14.8, denn in diesem Fall sind die statistischen Effekte ja genau umgekehrt. Mit der Annahme ungerichteter Kausalbeziehungen ist es daher unmöglich, zugleich statistische Abschirmung *und* statistische Koppelung zu erklären.

Die beste verfügbare, ja einzig plausible Erklärung scheint darin zu liegen, dass Kausalbeziehungen als *gerichtet* angenommen werden. Wir drücken die gerichtete Kausalwirkung, die eine Variable X auf eine zweite Variable Y ausübt, durch den Kausalpfeil X → Y aus, und nennen X ‚Ursache' und Y ‚Wirkung'. Damit können wir nun sowohl das Phänomen der Abschirmung wie das der Koppelung erklären. In beiden Fällen vermittelt Z zwischen X und Y. Mittels gerichteter Kausalpfeile gibt es genau drei mögliche Kausalstrukturen, um diese statistischen Phänomene zu erzeugen bzw. zu erklären; die ersten zwei Strukturen erzeugen Abschirmung und die dritte erzeugt Koppelung:

(a) X → Z → Y oder X ← Z ← Y, d. h. Z ist eine *intermediäre Ursache* (zwischen X und Y).
   *Zugehörige Erklärung:* Hier ist Y mit X statistisch korreliert, weil eine Variation von X-Werten eine Variation der Z-Werte bewirkt, die wiederum eine Variation der Y-Werte bewirkt. Siehe Beispiel (14.8-1)(2).

(b) X ← Z → Y, d. h. Z ist eine *gemeinsame Ursache* (von X und Y).
   *Zugehörige Erklärung:* Hier ist Y mit X statistisch korreliert, weil eine Variation der X-Werte durch eine Variation von Z-Werten verursacht wurde, die zugleich eine Variation von Y-Werten bewirkt. Siehe Beispiel (14.8-1)(1).

In beiden Fällen, (a) wie (b), wird die X–Y-Korrelation durch Konditionalisierung auf Z zum Verschwinden gebracht.

> *(c)* X → Z ← Y, d. h. Z ist eine gemeinsame Wirkung (von X und Y).
> *Zugehörige Erklärung:* Hier verursacht eine Variation von X-Werten eine Variation von Z-Werten, die aber nicht zu einer Variation von Y führt, denn Wertevariationen werden nur von der Ursache zur Wirkung, aber niemals von der Wirkung zur Ursache übertragen. Daher ist Y nicht mit X korreliert. Wenn die Werte von Z konstant gehalten werden, so wie im obigen Turmbeispiel (14.8-2), entsteht zwischen den X-Werten und den Y-Werten eine Abhängigkeit.

Man kann zeigen, dass die Verallgemeinerung dieser drei Erklärungen zur Theorie der kausalen Bayes-Netze führt, axiomatisiert durch die kausale Markov-Bedingung. Offenbar besitzt diese Theorie eine hohe explanative Vereinheitlichungskraft. Darüber hinaus wurde gezeigt, dass wenn die Kernaxiome der Theorie durch weitere plausible Axiome verstärkt werden, potentiell prognostische Konsequenzen resultieren, die die Kausalitätstheorie unabhängig bestätigbar machen. Damit besitzt die metaphysische Theorie der Kausalität eine abduktive Rechtfertigung, die strengen wissenschaftlichen Standards standhält (s. Schurz und Gebharter 2016, Sect. 2 und 3).

## 14.9 Zurück zu den fünf Rätseln

Am Schluss des Lehrbuchs kommen wir, wie versprochen, noch einmal zu den fünf erkenntnistheoretischen Rätseln von Abschn. 1.5 zurück. Wir haben nun Wege gefunden, um sie aufzulösen.

*14.9.1. Die Frage des Wegsehens:* Warum gibt es den Baum und die ganze sichtbare Welt auch noch dann, wenn ich sie nicht wahrnehme? Die Antwort darauf liefert die abduktive Rechtfertigung der Realismushypothese: Sie liefert die beste und unserer Argumentation zufolge auch einzig plausible Erklärung unserer willensunabhängigen Sinneserscheinungen und der intrasensuellen, intersensuellen und intersubjektiven Korrelationen zwischen ihnen, durch die Annahme einer subjektunabhängigen Außenwelt als deren gemeinsame Ursache. Der dahinterliegende abduktive Schluss wurde selbst durch ein Kausalitätsprinzip gerechtfertigt, das seinerseits durch eine nichtkausale Fundamentalabduktion begründet wird.

*14.9.2 Das Gedächtnisproblem:* Weshalb können wir uns sehr sicher sein, dass es unsere Vergangenheit, unsere erinnerten Erlebnisse wirklich gab und nicht alles auf Einbildung beruht? Die Antwort darauf gibt die hochgradige interne Kohärenz unserer Erinnerungen, die sowohl in logisch-analytischer wie in induktiver Hinsicht untereinander übereinstimmen. Die beste Erklärung dafür ist, dass unsere Erinnerungen sowohl in interner wie in externer Hinsicht weitgehend zutreffen, d. h. unsere erinnerten Wahrnehmungen und Erlebnisse tatsächlich stattfanden. Die Rechtfertigung ist wieder abduktiver Natur, begründet durch das Kausalitätsprinzip. Allerdings geht es hier auch um die Präferenz der ‚Normalerinnerungshypopthese' gegenüber Alternativhypothesen wie die Einpflanzung eines Gedächtnischips. Diese Alternativhypothese ist nicht nur aufgrund ihrer höherer Kompliziertheit nachrangig, sondern auch aufgrund der Tatsache, dass sie implizit eine isomorphe Kopie der Normalerinnerungshypothese benutzt und durch spekulative Zusatzannahmen anreichert. Dies liefert eine starke Präferenz für die Normalerinnerungshypothese.

*14.9.3. Gehirn-im-Tank:* Warum können wir uns relativ sicher sein, dass wir keine Gehirne im Tank (GITs) sind? Es geht hier nicht darum, warum wir überhaupt eine unabhängige Realität annehmen (was in 14.9.1 begründet wurde), denn das tun wir ja auch in der GIT-Hypothese. Sondern es fragt sich, warum wir die Normalwelthypothese gegenüber der GIT-Hypothese bevorzugen. Auch hier gilt, dass die GIT-Hypothese nicht nur viel komplizierter ist als die Normalwelthypothese, sondern darüber hinaus eine isomorphe Kopie der letzteren (in Form eines Computerprogrammes) benutzt und diese durch spekulative Zusatzannahmen anreichert. Dies liefert eine starke Präferenz für die Normalwelthypothese.

*14.9.4. Das Induktionsproblem:* Was macht uns so sicher, dass die bisher beobachteten Regelmäßigkeiten auch in Zukunft fortbestehen werden? Dieses für jede empirische Forschung grundlegende Problem konnte durch eine zweischrittige Strategie gelöst werden. Erstens kann man mathematisch-analytisch zeigen, dass Metainduktion ein universell optimales Voraussageverfahren darstellt. Daher sind wir berechtigt, jene Methoden, die sich bisher bewährt haben, auch in Zukunft zu verwenden. Angesichts der bislang weit überlegenen Erfolgsrate induktiver (im Vergleich zu nichtinduktiven) Voraussagemethoden liefert uns dies eine *aposteriori*-Rechtfertigung dafür, unseren induktiven Schlüssen auch in Zukunft zu vertrauen.

*14.9.5. Das Traumargument:* Woher wissen wir, dass wir wachen und nicht gerade träumen? Meist fühlt sich ein Traumzustand ‚anders an' als ein Wachzustand, aber das ist nicht immer so. Im Wachzustand verfügen wir jedoch über kognitive Mittel, uns unseres Wachzustandes zu vergewissern, aufgrund der in Abschn. 14.5 erwähnten hohen logischen und induktiven Kohärenz unserer erinnerten und aktualen Wachzustände, die wir jederzeit innerlich nachprüfen können. Für unsere erinnerten Traumzustände gibt es keine nur annähernd vergleichbare Kohärenz. Davon abgesehen gibt es Handlungen, die wir jederzeit im Wachzustand, aber nicht im Traumzustand durchführen können (im Sinne des Spruches „ich glaub ich träume, zwick mich mal"). Allerdings verfügen wir über diese kognitiven Unterscheidungsmittel nur im Wachzustand, nicht im Traumzustand, was aber nicht verwundert, denn im Traumzustand fehlen uns die kognitiven Reflexionsfähigkeiten des normalen Wachzustandes.

## Literatur

## Klassische Texte

Hume, D. (1967) [engl. 1748]. *Eine Untersuchung über den menschlichen Verstand* (Hrsg. u. übers. von Herbert Herrring). Stuttgart: reclam.
Mill, J. St. (1865). *A system of logic* (6. Aufl.). London: Parker, Son, and Bourn.

## Gegenwartsphilosophie

Aliseda, A. (2006). *Abductive reasoning*. Dordrecht: Springer.
Armstrong, D. M. (1983). *What is a law of nature?* Cambridge: Cambridge Univ. Press.
Barnes, E. (1995). Inference to the loveliest explanation. *Synthese, 103,* 251–277.
Beebee, H. (2009). John Foster. The divine lawmaker. *British Journal for the Philosophy of Science, 60,* 453–457.
Biggs, S., & Wilson, J. (2017). The a priority of abduction. *Philosophical Studies, 174,* 735–758.
BonJour, L. (2003). A version of internalist foundationalism. In L. BonJour & E. Sosa (Hrsg.), *Epistemic justification* (S. 3–96). Oxford: B. Blackwell.
Carnap, R. (1956). The methodological character of theoretical concepts. In H. Feigl & M. Scriven (Hrsg.), *Minnesota Studies in the Philosophy of Science Vol. I* (S. 38–76). Minneapolis: University of Minnesota Press.
Carnap, R. (1976). *Einführung in die Philosophie der Naturwissenschaft* (3. Aufl.; engl. Original 1966). München: Nymphenburger Verlagshandlung.
Carrier, M. (2004). Experimental success and the revelation of reality: The miracle argument for scientific realism. In M. Carrier et al. (Hrsg.), *Knowledge and the world: Challenge beyond the science wars* (S. 137–161). Heidelberg: Springer.
Chalmers, D. J. (2005). The matrix as metaphysics. In C. Grau (Hrsg.), *Philosophers explore the matrix* (S. 132–176). Oxford: Oxford University Press.
Clark, A. (2013). Whatever next? Predictive brains, situated agents, and the future of cognitive science. *Behavioral and Brain Science, 36,* 181–253.
Fales, E. (1990). *Causation and Universals*. London: Routledge.
Feigl, H. (1970). The orthodox view of theories: Remarks in defense as well as critique. In M. Rander & S. Winokur (Hrsg.), *Analysis of theories and methods in physics and psychology (Minnesota studies in the philosophy of science, Vol IV)* (S. 3–16). Minneapolis: University of Minnesota Press.
Flach, P, & Kakas, A, (Hrsg.). (2000). *Abduction and induction*. Dordrecht: Kluwer.
French, S. (2008). „The structure of theories". In S. Psillos & M. Curd (Hrsg.), *The Routledge companion to philosophy of science* (S. 269–280). New York: Routledge.
Friedman, M. (1974). Explanation and scientific understanding. *Journal of Philosophy, 71,* 5–19.
Gebharter, A. (2017). *Causal nets, interventionism, and mechanisms*. Cham: Springer.
Gentner, D. (1983). Structure-mapping: A theoretical framework for analogy. *Cognitive Science, 7,* 155–170.
Haig, B. (2005). Exploratory factor analysis, theory generation, and scientific method. *Multivariate Behavioral Research, 40*(3), 303–329.
Hempel, C. G. (1951). „The concept of cognitive significance: A reconsideration". Reprinted in Hempel (1965), Kap. II.1.
Hempel, C. G. (1965). *Aspects of scientific explanation and other essays in the philosophy of science*. New York: Free Press.
Hesse, M. (1976). *Models and analogies in science*. Notre Dame: University of Notre Dame Press.

Hitchcock, C., & Sober, E. (2004). Prediction versus accommodation and the risk of overfitting. *British Journal for the Philosophy of Science, 55*, 1–34.
Jeffrey, R. C. (1983). *The logic of decision* (2. Aufl.). New York: McGraw-Hill.
Josephson, J, & Josephson, S. (1994) (Hrsg.), *Abductive inference*. New York: Cambridge Univ. Press.
Ketland, J. (2004). Empirical adequacy and ramsification. *British Journal for the Philosophy of Science, 55,* 287–300.
Ladyman, J. (2012). Science, metaphysics and method. *Philosophical Studies, 160,* 31–51.
Lakatos, I. (1974). Falsifikation und die Methodologie wissenschaftlicher Forschungsprogramme. In I. Lakatos & A. Musgrave (Hrsg.), *Kritik und Erkenntnisfortschritt* (S. 89-190). Braunschweig: Vieweg (engl. Original 1970).
Laudan, L. (1981). A confutation of convergent realism. In D. Papineau (1997, Hrsg.), *The philosophy of science* (S. 107–138.). Oxford: Oxford Univ. Press.
Mach, E. (1883). *The science of mechanics*. Charleston: BiblioBazaar 2009.
Magnani, L. (2001). *Abduction, reason, and science*. Dordrecht: Kluwer.
Mortimer, C. E. (1986). *Chemistry*. Belmont: Wadsworth Publishing Company.
Moser, P. K. (1989) *Knowledge and evidence*. Dordrecht: Reidel.
Niiniluoto, I. (1999). Defending abduction. *Philosophy of Science, 66* (Proceedings), 436–451.
Niiniluoto, I. (2018). *Truth seeking by abduction*. Cham: Springer (Synthese Library).
Olson, E. T. (2019). Personal identity. In *Stanford Encyclopedia of Philosophy*. https://plato.stanford.edu/archives/fall2019/entries/identity-personal/.
Paul, L. A. (2012). Metaphysics as modeling: The handmaiden's tale. In *Philosophical Studies, 160,* 1–29.
Pearl, J. (2000). *Causality*. Cambridge: Cambridge University Press.
Psillos, S. (1999). *Scientific realism. How science tracks truth*. London: Routledge.
Putnam, H. (1975). What is mathematical truth? In H. Putnam (Hrsg.), *Mathematics, matter and method* (S. 60–78). Cambridge: Cambridge Univ. Press.
Quine, W. V. O. (1980). *Wort und Gegenstand*. Stuttgart: reclam (engl. Orig. 1960).
Quine, W. V. O. (1992). *Pursuit to truth*. Cambridge: Harvard Univ. Press.
Ramsey, F. P. (1931). *The foundations of mathematics*. London: Kegan Paul.
Saatsi, Juha (2020). Explanation and explanationism in science and metaphysics. In: M. Slater and Z. Yudell (Hrsg.), *Metaphysics and the philosophy of science: New essays*. Oxford: Oxford University Press.
Schippers, M., & Schurz, G. (2020). Genuine confirmation and tacking by conjunction. *British Journal for the Philosophy of Science, 71,* 321–352.
Schurz, G. (1999). Explanation as unification. *Synthese, 120,* 95–114.
Schurz, G. (2006). *Einführung in die Wissenschaftstheorie* (4. Aufl. 2014.). Darmstadt: Wissenschaftliche Buchgesellschaft.
Schurz, G. (2008). Patterns of abduction. *Synthese, 164,* 201–234.
Schurz, G. (2009). When empirical success implies theoretical reference: A structural correspondence theorem. *British Journal for the Philosophy of Science, 60,* 101–133.
Schurz, G. (2014a). *Philosophy of science: A unified approach*. New York: Routledge.
Schurz, G.(2014b). Bayesian pseudo-confirmation, use-novelty, and genuine confirmation. *Studies in History and Philosophy of Science, 45,* 87–96.
Schurz, G. (2015). Causality and unification. *Theoria, 30*(1), 73–95.
Schurz, G. (2016). Common cause abduction: The formation of theoretical concepts and models in science. *Logic Journal of the IGPL, 24*(4), 494–509.
Schurz, G. (2017a). Patterns of abductive inference. In L. Magnani & T. Bertolotti (Hrsg.), *Springer Handbook of Model-Based Science* (S. 151–173). Dordrecht: Springer.
Schurz, G. (2017b). Interactive causes: Revising the Markov condition. *Philosophy of Science, 84*(3), 456–479.
Schurz, G. (2021). Abduction as a method of inductive metaphysics. *Grazer Philosophische Studien., 98,* 50–74. https://doi.org/10.1163/18756735-000098.

Schurz, G, & Gebharter, A (2016). Causality as a theoretical concept: Explanatory warrant and empirical content of the theory of causal nets. *Synthese, 193,* 1071–1103.

Schurz, G., & Lambert, K. (1994). Outline of a theory of scientific understanding. *Synthese, 101*(1), 65–120.

Sexl, R. (1983). Die Hohlwelttheorie. *Der mathematische und naturwissenschaftliche Unterricht, 36,* 453–460.

Shalev-Shwartz, S., & Ben-David, S. (2014). *Understanding machine learning. From theory to algorithms.* New York: Cambridge University Press.

Shogenji, T. (2018). *Formal epistemology and Cartesian skepticism: In defense of belief in the natural world.* New York: Routledge.

Spirtes, P., Glymour, C. & Scheines, R. (2000). *Causation, prediction, and search.* Cambridge/Mass.: MIT Press (rev. ext. 2nd ed. of 1993).

Stanford, K. P. (2006). *Exceeding our grasp. Science, history, and the problem of unconceived alternatives.* Oxford: Oxford University Press.

Stegmüller, W. (1976). *The structure and dynamics of scientific theories.* New York: Springer.

Thagard, P. (1988). *Computational philosophy of science.* Cambridge/Mass.: MIT Press.

Van Fraassen, B. (1980). *The scientific image* (Neuaufl. 1990). Oxford: Clarendon Press.

Van Fraassen, B. (1989). *Laws and symmetry.* Oxford: Clarendon Press.

Vogel, J. (1990). Cartesian skepticism and inference to the best explanation. *Journal of Philosophy, 87*(11), 658–666.

Vogel, J. (2005). The refutation of skepticism. In M. Steup & E. Sosa (Hrsg.), *Contemporary debates in epistemology* (S. 72–84). Oxford: Blackwell.

Williamson, T. (2016). Abductive philosophy. *The Philosophical Forum, 47*(3–4), 263–280.

Worrall, J. (2006). Theory-confirmation and history. In C. Cheyne & J. Worrall (Hrsg.), *Rationality and reality* (S. 31–61). New York: Springer.

# Verzeichnis zentraler Textelemente

## Abbildungen, Definitionen, Merksätze und Hervorhebungen

*Abbildungen:*
Abb. 1.1: Disziplinen der Theoretischen Philosophie, Abb. 2.1: Münchhausen-Trilemma der Begründung, Abb. 4.1: Epistemische Klassifikation von Satzarten, Abb. 5.1: Klassifikation von Rechtfertigungstheorien, Abb. 5.2: Interne Rechtfertigung aus kausaler Sicht, Abb. 6.1: Hauptkomponenten und Probleme fundierungstheoretischer Epistemologie, Abb. 6.2: Epistemische Vierfeldertafel, Abb. 6.3: Geometrische Beweismethode, Abb. 7.1: Doppeldeutigkeit im Begriff des Idealismus, Abb. 7.2: Ontologische Positionen zum Erkenntnisgegenstand, Abb. 7.3: Epistemische Positionen zum Erkenntnisgegenstand, Abb. 12.1: Zirkuläre Rechtfertigungsnetze, Abb. 12.2: Transformation regelzirkulärer in prämissenzirkuläre Rechtfertigung, Abb. 12.3: Vollständiger und partieller Rechtfertigungszirkel, Abb. 13.1: Übersicht über Positionen zum Induktionsproblem, Abb. 13.2: ITB im Voraussagespiel gegen einen Objektinduktivisten und zwei 'alternative' Spieler, Abb. 13.3: εITB und AW im Voraussagespiel gegen vier betrügerische Methoden, Abb. 14.1: Abduktionsarten und zugrundeliegende abduktive Schlussmechanismen, Abb. 14.2: Vereinheitlichende Abduktion der hydrophilen Beschaffenheit, Abb. 14.3: Abduktion eines externen 3D Objektes, Abb. 14.4: GIT Hypothese und Normalwelthypothese, Abb. 14.5: Instrumentalistische und realistische Theorienrechtfertigung, Abb. 14.6: Erklärung der Verursachungsrelation für Dispositionen, Abb. 14.7: Erklärung zweier korrelierter Dispositionen durch eine gemeinsame Ursache, Abb. 14.8: Erklärung der Abschirmung.

*Definitionen:*
2.1-1. Klassischer Wissensbegriff, 2.1-2. Verallgemeinerter klassischer Erkenntnisbegriff, 4.2-1. Analytisch versus synthetisch, 4.2-2. Apriori versus aposteriori, 12.3-1. Vollständiger und partieller Rechtfertigungszirkel, 13.3-1. Voraussagespiel.

*Merksätze:*
1.1-1 Erkenntnis, 4.4-1. Deduktive und nichtdeduktive Schlüsse, 4.4-2. Induktive und abduktive Schlüsse, 4.4-3. (Nicht-)Monotonie und (Un-)Anfechtbarkeit von Schlüssen, 5.2-1. Internalismus und Externalismus, 6.1-1. Fundierungstheorien, 6.1-2. Charakterisierung eines fundamentalistischen Glaubenssystems, 6.1-3. Charakterisierung eines aufgeklärt-rationalen Glaubenssystems, 6.2-1. Kohärenztheoretische Rechtfertigungsansätze, 6.3-1. Prämissen- und Regelzirkularität, 6.4-1. Unterschied zwischen Empirismus und Rationalismus, 8.3-1. Gottesbeweise, 8.4-1. Primäre und sekundäre Qualitäten nach Locke, 8.4-2. Drei Wissensarten nach Locke, 10.1-1. Humes drei große Infragestellungen, 10.3-1. Kants Transzendentalphilosophie, 11.1-1. Prinzipien einer minimal-moderat-&-vollständigen Fundierungstheorie, 11.4-1. Optimalität und Dominanz von Erkenntnismethoden, 12.1-1. Rationale Akzeptierbarkeit von Schlüssen, 12.3-1. Vollständiger und partieller Rechtfertigungszirkel, 12.4-1. Einführung neuer Begriffe in die Konklusion, 13.3-1. Universelle Optimalität der metainduktiven Methode EAW, 13.3-2. Dominanzresultate für EAW-Metainduktion, 14.2-1. Vereinheitlichungskraft, 14.2-2. Unabhängige Bestätigbarkeit, 14.6-1. Rechtfertigungsstrategie der Instrumentalisten, 14.7-1. Kausalitätsprinzip.

*Nummerierte Hervorhebungen:*
(1.2-1), (1.2-2), (1.2-3), (1.3-1), (1.3-2) Fragestellungen zum Wissensbegriff, (2.3-1)–(2.3-7) Fragen zum Wissensbegriff, (3.2-1) Unanfechtbarkeitstheorie des Wissens, (3.3-1) Reliabilistische Wissenstheorie, (4.2-1), (4.2-2) Beispielsätze, (4.3-1) Sinneserscheinungssatz, (4.3-2) Sinnesrealsatz, (4.3-3) Erinnerungssatz, (4.3-4) Beispiele für epistemische Satzarten, (4.5-1) Prinzip der engsten Referenzklasse, (5.2-1) KK-Prinzip, (5.2-2) Rationalitätsbedingung für internalistische Rechtfertigung, (5.3-1) Beispiel konfligierender Wissensansprüche, (5.3-2) Argument des skeptischen Paradoxes, (5.3-3) Reliabilität von Wissensquellen (RWQ), (6.1-1) Selbstpräsentierende Sachverhalte, (6.1-2) Unfehlbare Sachverhalte, (6.1-3) Fundierungstheoretisches Dilemma, (6.3-1) Regelzirkuläre Rechtfertigung der Induktion und der Anti-Induktion, (6.4-1) These des abduktiven Empirismus, (7.2-1) Hauptargument des Solipsisten, (8.2-1) Descartes' Gottesbeweis in der 3. Meditation, (8.3-1) Ontologischer Gottesbeweis, (11.3-1) Sellars' Dilemma, (12.1-1) Jeffrey-Konditionalisierung, (12.2-1) Regelzirkuläre Rechtfertigung des SBE, (12.2-2) Regelzirkuläre Rechtfertigung von $R_A$, (12.2-3) Regelzirkuläre Rechtfertigung von BVA, (12.4-1) Abduktion und bayesianische Bestätigung, (12.5-1) Zweiwertigkeitsprinzip der klassischen Logik, (13.2-1) Bayesianische Version von Goodmans Paradox, (13.4.1) Aposteriori Rechtfertigung von Objektinduktion, (13.5-1) Rationale metainduktive Glaubensgrade, (13.5-2) Optimalitätsprinzip für induktiven Glauben, (14.1-1) Faktenabduktion, (14.1-2) analogiegestützte Modellabduktion, (14.2-1) Spekulative Faktenabduktion, (14.2-2) Spekulative Gesetzesabduktion, (14.4-1) Ceteris paribus Einfachheitskriterium, (14.6-1) Optimalitätsprinzip für abduktiven Glauben, (14.8-1) Abschirmung, (14.8-2) Koppelung.

# Personenregister

**A**
Achinstein, Peter, 195
Adorno, Theodor W., 169
Albert, Hans, 25, 26
Aliseda, Atocha, 235
Alston, William P., 37, 61, 62, 69, 74, 79, 95
Anderson, John, 182
Anselm von Canterbury, 136, 143
Aristoteles, 18, 47, 109, 136, 138, 146, 203
Armstrong, David M., 37, 213, 214, 243
Arnauld, Antoine, 142
Arrow, Kenneth J., 40
Augustinus, Aurelius, 136, 138, 139
Avenarius, Richard, 156
Ayer, Alfred, 96, 211

**B**
Bacon, Francis, 107, 137
Bacon, Roger, 137
Barnes, Eric, 239
Bartelborth, Thomas, 100–102
Barz, Wolfgang, 29
Bayle, Pierre, 154
Beckermann, Ansgar, 40
Beebee, Helen, 243
Ben-David, Shai, 223, 242
Bergmann, Michael, 80
Berkeley, George, 7, 107, 117, 121, 126, 127, 154–156, 159
Biggs, Stephen, 245
Bishop, Michael A., 9
Black, Max, 104
Blanshard, Bran, 98, 100
Böhme, Gernot, 137
Bollnow, Otto F., 139
BonJour, Laurence, 67, 72–74, 82, 84, 97, 100–102, 111, 120, 129, 178, 180, 181, 184, 245

Bovens, Luc, 103, 217
Bradley, Francis H., 98, 102
Brainerd, Charles, 91
Braithwaite, Richard B., 104
Brandom, Robert B., 38
Bratman, Michael, 53, 57
Brendel, Elke, 16, 35–39, 47, 69, 77, 81
Bruno, Giordano, 137
Bueno, Otavio, 204

**C**
Carnap, Rudolf, 7, 41, 50, 60, 63, 98, 99, 112, 117, 122, 125, 156, 169, 201, 217, 218, 236
Carrier, Martin, 252
Cesa-Bianchi, Nicolò, 223
Chalmers, David J., 247
Chisholm, Roderick M., 3, 21, 34, 48, 51, 61, 72, 82, 90, 94, 184
Clark, Andy, 243
Clauberg, Johannes, 142
Cohen, Stewart, 38, 72, 80, 81
Collins, Anthony, 149
Comesana, Juan, 74
Conee, Earl, 18, 21, 38, 62, 94
Craig, Edward, 29, 40
Crisp, Oliver D., 196
Crombie, Alistair C., 136
Cummins, Robert, 6

**D**
d'Alembert, Jean-Baptiste le Rond, 158
Dancy, Jonathan, 3, 61, 97, 98, 103, 117, 118, 125–128
Darwin, Charles, 47, 143, 159
Dawkins, Richard, 143
Demokrit, 136

DeRose, Keith, 39, 81
Descartes, René, 8, 26, 92, 107, 108, 111, 126, 137–142, 146, 148, 151, 153
Diderot, Denis, 157–159
Dietrich, Franz, 40
Dormandy, Katherine, 18, 62, 95
Douven, Igor, 195, 202
Dretske, Fred, 70, 78

**E**
Earman, John, 125, 216, 217
Edwards, Paul, 211
Einstein, Albert, 109
Elgin, Catherine, 102
Engels, Friedrich, 159
Ernst, Gerhard, 36, 37, 50, 73, 178
Etchemendy, John, 46

**F**
Feigl, Herbert, 237
Feldman, Richard, 18, 21, 38, 62, 72, 94
Fichte, Johann Gottlieb, 126
Fine, Kit, 47
Firth, Roderick, 123
Fitelson, Branden, 192
Flach, Peter, 235
Foley, Richard, 57
French, Steven, 236
Fumerton, Richard A., 37, 50, 61, 73, 74, 94, 95, 178, 196

**G**
Gabriel, Gottfried, 6
Gähde, Ulrich, 103
Galilei, Galileo, 137, 138
Gärdenfors, Peter, 102, 192
Gassendi, Pierre, 142
Gauß, Carl Friedrich, 109
Gebharter, Alexander, 197, 254, 256, 260
Gentner, Don, 235
Gettier, Edmund L., 33–35, 37, 40, 41
Gigerenzer, Gerd, 228
Glymour, Clark, 216
Goethe, Johann Wolfgang von, 161
Goldman, Alvin, 9, 21, 29, 34, 36–38, 50, 73, 74, 76, 78, 81, 94, 104
Good, Irving J., 74
Goodman, Nelson, 102, 214, 216, 217, 237

Gottwald, Siegfried, 203
Greco, John, 69, 75
Grundmann, Thomas, 40, 69, 75, 77, 93, 94, 178, 179

**H**
Haack, Susan, 103
Habermas, Jürgen, 93, 169
Haig, Brian, 242
Harman, Gilbert, 34, 59, 74, 104, 199, 202, 213
Hartmann, Stephan, 103, 217
Hasan, Ali, 61
Hawthorne, John, 39
Hegel, Georg Wilhelm Friedrich, 126, 168
Helvétius, Claude Adrien, 158
Hemp, David, 73
Hempel, Carl G., 46, 236, 238
Henderson, Leah, 220
Hesse, Mary, 235
Hetherington, Stephen, 41
Hitchcock, Cristopher, 228, 256
Hjortland, Ole T., 204
Hobbes, Thomas, 145
Hofmann, Frank, 80
Holbach, Paul-Henri Thiry de, 157–161
Horkheimer, Max, 169
Horvath, Joachim, 40
Howson, Colin, 100, 192, 210, 215, 217
Hübner, Johannes, 29, 38, 50, 70, 80, 94
Hume, David, 8, 60, 75, 78, 107, 108, 110, 112, 142, 144, 153, 163–167, 209, 210, 218, 253, 257

**I**
Irrgang, Bernhard, 111

**J**
Jaag, Siegfried, 47, 48
Jäger, Christoph, 61
Jeffrey, Richard C., 192, 251
Josephson, John, 235
Josephson, Susan, 234

**K**
Kahneman, Daniel, 111
Kakas, Antonis, 235

Kant, Immanuel, 108, 142, 144, 149, 152, 167, 168, 188
Kelly, Kevin T., 220
Kelly, Thomas, 213
Kelp, Christoph, 39
Kepler, Johannes, 137
Ketland, Jeff, 253
Kirkham, Richard L., 69
Kitcher, Philip, 9, 74
Knobe, Joshua, 40
Koch, Martin, 21
Koch, Steffen, 40
Kolmogorov, Andrei N., 63
Kopernikus, Nikolaus, 137
Körner, Stephan, 122
Kuipers, Theo A. F., 21, 202
Kutschera, Franz von, 3, 19, 25, 184
Kvanvig, Jonathan, 81

**L**
La Mettrie, Julien-Offray de, 157, 158
Ladyman, James, 104, 210, 243
Lakatos, Imre, 170, 216, 240
Lambert, Karel, 192, 237–239
Laudan, Larry, 252
Lehrer, Keith, 34, 36, 100, 103, 179, 180
Leibniz, Gottfried Wilhelm, 4, 7, 107, 108, 121, 126, 141, 143, 151–155, 157, 158, 160
Leitgeb, Hannes, 60
Lewis, Clarence I., 122
Lewis, David, 38, 124
Lipton, Peter, 104, 195, 202, 213
List, Christian, 40
Lobatschewski, Nikolai, 109
Locke, John, 26, 52, 107, 127, 137, 144–149, 152, 153, 155–158, 164
Loew, Christian, 47
Losee, John, 117
Lugosi, Gabor, 223

**M**
Mach, Ernst, 7, 98, 107, 122, 156, 169, 237
Machery, Eduard, 29
Magnani, Lorenzi, 200, 234
Markie, Peter, 107
Marr, David, 182
Maurin, Anna-Sofia, 122
McDowell, John, 70, 94
Meinong, Alexius, 21, 90
Mill, John St., 213, 239

Moore, George E., 6, 78, 168
Morgenstern, Oskar, 186
Mortimer, Charles E., 241
Moser, Paul K., 3, 21, 38, 62, 82, 84, 94, 101, 178, 243
Musgrave, Alan, 82, 211
Müsseler, Jochen, 182

**N**
Nelson, Leonhard, 3
Neumann, John von, 186
Neurath, Otto, 98, 99, 102, 169
Newton, Isaac, 142, 146, 151, 153, 159, 235, 242
Niiniluoto, Ilkka, 21, 200, 235, 243
Norton, John D., 212, 213
Nozick, Robert, 7, 78

**O**
Oddie, Graham, 21
Olson, Eric T., 103, 248
Olsson, Erik J., 41, 81

**P**
Paley, William, 143
Papineau, David, 104, 195
Pappas, George, 35
Pascal, Blaise, 142
Paul, Laurie A., 243
Pearl, Judea, 197, 199, 254
Peirce, Charles S., 59, 101, 122, 202
Piaget, Jean, 91
Piatelli-Palmarini, Massimo, 40, 111
Plantinga, Alvin, 94
Platon, 17, 47, 109, 136
Pollock, John, 5, 6, 35, 36, 48, 61, 82, 83, 94, 103, 123, 179, 211
Poole, David, 60
Popper, Karl, 26, 27, 54, 93, 99, 170, 210, 211, 218
Priest, Graham, 205
Prinz, Wolfgang, 182
Pritchard, Duncan H., 39, 77
Protagoras von Abdera, 136
Psillos, Stathis, 104, 195, 252
Putnam, Hilary, 7, 129, 187, 220, 251

**Q**
Quine, Willard V. O., 47, 251

**R**
Ramsey, Frank P., 253
Rawls, John, 102
Reed, Baron, 79, 80, 103, 196
Reichenbach, Hans, 4, 63, 219, 220
Reid, Thomas, 78, 81, 93, 94, 166, 211
Rendell, Luke, 228
Rescher, Nicholas, 100, 124, 204, 210
Reutlinger, Alexander, 123
Rock, Irvine, 70, 182, 183
Röd, Wolfgang, 135–138, 141, 145, 146, 149, 151, 153–158, 163, 166, 167
Ross, Don, 104
Rott, Hans, 102
Rousseau, Jean-Jacques, 158
Russell, Bertrand, 7, 8, 117, 168, 210, 213
Ryle, Gilbert, 16

**S**
Saatsi, Juha, 243
Salmon, Wesley C., 104, 212, 220
Sartwell, Crispin, 81
Schippers, Michael, 216, 239
Schlick, Moritz, 98, 99, 169
Schmid, Alfred, 6
Schrenk, Markus, 48
Schurz, Gerhard, 3, 9, 21, 30, 40, 45–47, 52, 54, 60, 70, 71, 73, 74, 77, 83, 96, 100, 102, 106, 111, 118, 123, 125, 129, 143, 166, 183, 192, 193, 197, 200, 201, 203, 204, 210, 212, 215, 216, 220, 222–224, 226–228, 233, 235–240, 242, 243, 252–254, 256, 258, 260
Schwitzgebel, Eric, 50, 53
Sellars, Wilfried, 94, 100, 177, 178, 181, 184
Sexl, Roman, 252
Sextus Empiricus, 5, 26, 136
Shalev-Shwartz, Shai, 223, 242
Sher, Gila, 46
Shogenji, Tomoji, 9, 103, 245, 256
Skyrms, Brian, 220
Sober, Elliot, 228, 256
Sosa, Ernest, 10, 39, 67, 69, 72, 75, 81, 100, 120, 178–180, 184
Spirtes, Peter, 71, 197, 254
Stadler, Friedrich, 98, 169
Stanford, Kyle P., 252
Stegmüller, Wolfgang, 210, 236
Sterkenburg, Tom, 220
Steup, Matthias, 37, 50, 94

Strawson, Peter F., 211, 212
Stroud, Barry, 77
Swain, Marshall, 35
Swinburne, Richard, 62, 210

**T**
Tarski, Alfred, 18
Thagard, Paul, 100, 235
Thomas von Aquin, 136, 141, 142
Thorn, Paul, 220, 222–224, 228
Todd, Peter M., 228
Toland, John, 149
Topitsch, Ernst, 137
Trout, John D., 9
Tuomela, Raimo, 124

**U**
Unwin, Stephen T., 62
Urbach, Peter, 192, 217

**V**
Van Cleve, James, 75, 79, 80, 104–106
Van Fraassen, Bas, 48, 115, 177, 186, 236
Vogel, Jonathan, 73, 79, 243, 245, 247
Vollmer, Gerhard, 111
Voltaire, François Marie, 155, 157, 158
Votsis, Ioannis, 148

**W**
Watkins, John W., 211
Weibull, Jörgen, 186
Weinberg, Jonathan M., 40
Weingartner, Paul, 47
Werning, Markus, 182
White, Roger, 69, 95, 106, 196
William von Ockham, 117, 137
Williams, Michael, 94
Williamson, John, 216
Williamson, Timothy, 10, 21, 39, 62, 70, 80, 94, 243
Wilson, Jessica, 245
Wittgenstein, Ludwig, 6, 40, 45, 169
Worrall, John, 148, 238

**Z**
Zagzebski, Linda, 34, 36, 39

# Sachregister

**A**

Abduktion, 57, 59, 62, 76, 79, 96, 200, 202, 216, 233, 242, 244, 248, 256
    Analogieabduktion, 235, 236
    bayesianische Begründung, 202
    der Gravitationskraft, 242
    Faktenabduktion, 238
    kreative, 200, 236, 243, 249
    Modellabduktion, 235, 236
    spekulative, 202, 236, 238, 239
    Theorieabduktion, 236, 237, 239, 242, 243, 251
    vereinheitlichende, 239, 241
Abschirmung, statistische, 257–259
Akzeptanz, rationale, 40, 57, 60, 105, 191, 194, 249
Akzeptanzschwelle, 35, 37, 57, 100, 192, 194, 196, 226
Analogieabduktion, 235, 236
Analytische Philosophie, 98, 117, 168
    Entstehungsursache, 169
Anfechtbarkeit, 59
Annahme, 3, 28, 47, 75, 78, 117, 154, 156, 160, 245, 257
    Common-Sense, 80
    der menschlichen Freiheit, 160
    der Prämissen, 57
    dogmatische, 80
    einer Realität, 96
    fundierungstheoretische, 103, 184
    hypothetische, 91
    induktive, 212, 214, 217, 224, 225
    methodische, 138
    probabilistische, 216
    Rechtfertigung, 77
    ungerichteter Kausalbeziehungen, 259
    Zweiwertigkeitsprinzip, 203
Anti-Aufklärung, 80
Antiexzeptionalismus, 204
Anti-Induktion, 104–106, 194, 216, 217
Anti-Intuition, 194
Antirealismus, 116, 124, 127
Aposteriorismus, 47, 167, 225, 261
Apriorismus, 47, 91, 138, 148, 165, 168, 170, 188, 202, 204, 212, 225, 245, 256
Apriori-Wissen, 21
Argument s. Schluss
Aufklärung, 19, 28, 68, 137, 157, 164
    empiristisch orientierte, 144
    revolutionäre, 157
Aufklärungsphilosophie, 9, 10, 15, 26, 28, 78, 81, 91, 92, 126, 135, 137, 139, 144, 149, 157, 158, 163, 167
Autorität, 92
    akzeptierte, 195
    epistemische, 92
    moralische, 92, 93
    religiöse, 92, 148
    unfehlbare, 149
    unreflektierte, 228
Axiom, metaphysisches apriorisches, 153

**B**

Basis, 4, 10, 67, 93, 94, 97, 98, 165
    der Erkenntnis, 28
    der Erkenntnisbegründung, 99
    fundierungstheoretische, 78
    introspektive, 69, 91
    kausale, 125, 126
    minimale, 75, 78, 91, 96, 97, 107
    Minimalität, 185
    verbreitete, 97
Basisproblem, 28, 96, 97, 185, 191
Basissatz, 46, 49, 52, 93, 94, 99, 102, 179, 184, 193

Bayesianismus, 100, 216, 217
  objektiver, 216, 217
  subjektiver, 217
Bedeutung, 44, 45, 47, 78, 140, 160
  der Aufklärung, 135
  der Erziehung, 160
  des Wissensbegriffs, 81
  erkenntnistheoretische, 46
  kompositionale, 205
  kulturelle, 212
  philosophischer Begriffe, 169
Bedeutungskonvention, 20, 46–48
  linguistische, 46
Begriff
  Bedeutung, 3
  logischer, 43–46
  nichtlogischer, 43, 45, 46, 56
  theoretischer, 47, 56, 59, 83, 111, 164, 165, 200, 235–237, 242, 253, 256
Begriffsexplikation, 41
Beobachtung, 8, 34, 99, 104, 112, 124, 201, 209, 210, 218, 224, 225, 250, 255
  aktuale, 54, 56, 119, 211
  Begriff, 111, 236
  Beschreibung, 212
  direkte, 235
  Erklärung, 214
  Gesetzmäßigkeiten, 126
  instrumentgestützte, 122
  potentielle, 54, 56, 122, 125
  theorieneutrale, 83, 84
  unabhängige, 28
  vermeintliche, 83
Beobachtungsdogmatismus, 107
Beobachtungssätze, 54, 82, 84, 94, 99, 107, 148, 188, 212
Besitzerinternalismus, 73
Bestätigung
  genuine, 216, 237, 239
  Pseudobestätigung, 216, 237, 242
  unabhängige, 241
Beweis, geometrischer, 109
Bewusstsein, 7, 8, 19, 49, 50, 56, 90, 146, 155, 156, 176, 178, 180, 182, 184
  doppeltes, 129
  philosophisches, 135
  reflexives, 70
Bild, 8, 20, 128, 147, 177, 181, 184
  des Objekts, 129
  dreidimensionales, 182
  nichtsprachliches, 178
  visuelles, 182

wahrheitsnahes, 129
zweieinhalbdimensionales, 182

**C**
Common-Sense, 6, 40, 70, 78, 81, 117, 126, 128, 137, 167, 184, 211
  Intuition, 40
Commonsensismus, 61, 70, 71, 78, 79, 94, 166, 167, 169

**D**
Dämon, cartesischer, 138
Deismus, 145, 146, 148, 155, 157–159
  Begriff, 149
  Urform, 149
Determinismus, 142, 160
  kausaler, 254
Disposition, 50, 124, 147, 215, 238, 241, 242
  empirische, 125, 239, 245
  korrelierte, 240, 241, 243, 254, 256
  subjektunabhängige, 124
  Verursachungsrelation, 255
Dogmatismus, 28, 67, 69, 71, 78, 80, 81
Dominanz, 186, 187, 219, 227
Dominanztheorem, 227
Dualismus, 118, 126
Dysfunktion, kognitive, 93, 180

**E**
Einfachheit, 245, 256
Empirismus, 67, 98, 99, 107, 110, 135, 144, 146, 153, 155, 167
  abduktiver, 110
  antireduktionistischer, 112
  Basisurteile, 107
  logischer, 96, 117, 169
  radikaler, 163
Entfernungssehen, 155, 243
Epistemologie
  analytische, 24, 40
  formale, 9, 15, 21, 103
  meliorative, 9, 40, 76
  nichtformale, 61
  soziale, 29, 228
Erfolg, kognitiver, 211, 212
Erfolgsrate, 106, 186, 187, 215, 218, 220, 221, 223, 225, 227, 248, 261
Erinnerung, 7, 34, 52, 53, 75, 82, 90, 164, 167, 178, 179, 248, 260

Sachregister

interne Korrektheit, 247
Erinnerungssätze, 49, 52, 56, 82, 179
   extern korrekte, 52
   intern korrekte, 52
Erkenntnis, 2
   apriorische, 167
   Basis, 4
   Bedeutung, 1
   Begriff, 1
   bildhafte, 83, 129, 146, 181, 182
   deskriptive, 5
   Objekt, 2, 4, 5
   präskriptive, 5
   sprachliche, 169
   Subjekt, 2, 4, 6
   Ziel, 3
Erkenntnisarten, 108
Erkenntnisgrad, 20
Erkenntnisobjekt, 117
Erkenntnisquellen, 78, 148
Erkenntnisrelation, 1, 2, 4, 17
   Ziel, 2
Erkenntnissubjekt, 19, 20, 33, 36–38, 49, 50, 68, 70–72, 84, 90, 94, 95, 110, 116, 119, 180, 187, 192, 220, 224
Erkenntnistheorie, 1–3, 5, 6, 9, 15, 29, 33, 44, 48, 50, 56, 61, 62, 68, 81, 91, 116, 124, 135, 146, 148, 153, 156, 164–167, 169, 182, 185, 188, 204, 228, 250
   deskriptive, 5
   evolutionäre, 111
   fundierungstheoretische, 50
   Genese und Geltung, 4
Erscheinung
   Innenerscheinung, 51, 52, 90, 108, 181, 247
   Sinneserscheinung, 51–53, 61, 90, 100, 110, 159, 177, 181, 188, 243, 246–248, 260
Erscheinungssätze, 53, 56, 82, 110, 112, 179, 184
   introspektive, 98, 181
Evidenz, 4, 18, 34, 49, 78, 80, 81, 90, 96, 99, 101, 107, 109, 139, 153, 160, 177, 185
   totale, 60
Externalismus, 67, 70, 72, 80
   internalistischer, 74
   KK-Prinzip, 73
   Nutzlosigkeit, 72
   qualifizierter, 74

F
Faktenabduktion, 233, 234, 238
   selektive, 234
Fallibilismus s. Fehlbarkeit
Fehlbarkeit, 27, 29, 70, 177, 178
   interner Voraussagen, 49
   von Erinnerungen, 52
Freiheit, 154, 160
Freimaurer, 158
Fundamentalismus, 28, 89, 91–93, 160
   Bedeutung, 91
   epistemologisches Kennzeichen, 92
   externalistischer, 94
   klassischer, 93
   religiöser, 76
Fundierungstheorie, 27, 46, 61, 67, 69, 72, 75, 82, 89, 90, 93, 107, 136, 138, 176–179, 184, 191
   aufklärungsorientierte, 95
   Dilemma, 97, 185
   dogmatische, 91, 93
   doxastische, 106
   externalistische, 94
   meliorativ orientierte, 95
   minimale, 89, 91, 94, 101
   minimalistische, 110
   moderate, 93, 102, 103, 175
   nichtdoxastische, 82
   partielle, 94
   rationalistisch verbreitete, 94
   vollständige, 94, 97, 175

G
Gedächtnis, 176
Gedächtnisproblem, 7, 179, 260
Gegenaufklärung, 166
Gegenwartssätze, 49
Gehaltelement, 194, 237, 239, 245
Gehirn im Tank, 7, 19, 38, 72, 77, 78, 120, 244–246, 261
Geist, 2, 6, 19, 70, 126–128, 141, 146, 147, 151, 158, 168, 258
   freier, 154
   Gottes, 116, 120, 126
   menschlicher, 138, 147
   unendlicher, 157
Geist-Körper-Dualismus, 141
Geometrie
   Beweis, 109
   euklidische, 108–111, 168
   nichteuklidische, 202

Gettier-Problem, 33, 37, 39
Gewaltenteilung, 145
Gewissheit, 8, 17, 20, 21, 25, 26, 30, 35, 38, 57, 58, 202
  abgesicherte, 141
  der Basis, 93
  epistemische, 39
  mathematische, 148
  Mooresche, 78
Gewohnheit, 165, 166
  psychologische, 210
Glauben, 8, 9, 17, 19–22, 24, 26, 30, 34, 36, 37, 53, 60, 77, 92, 142, 214, 250, 251
  abduktiver, 252
  dispositioneller, 90
  Fundamentalismus, 92
  gerechtfertigter, 34
  induktiver, 227
  rationalern qualitativer, 226
  Reflexivität, 73
  schwach gerechtfertigter, 22
  wahrer, 25
Glaubensgrad, 16, 20, 21, 57, 62, 216, 226
  rationaler metainduktiver, 226
Glaubenssystem, kohärentes, 101, 104
Gleichförmigkeit s. Uniformität
Goodman-Paradoxie, 217, 237
Gott als Unendlichkeit, 140
Gottesbeweis, 8, 95, 139, 140, 144
  kosmologischer, 142
  ontologischer, 136, 140, 142, 143
  strenger, 140
  teleologischer, 142, 143

## H

Halluzination, 29, 51, 177
Handlungserfolg, 227
Handlungssätze, 53, 56
Häufigkeit, 106, 166, 186, 210
  einfache, 218
  Grenzwert, 215, 217, 220
  nichtkonvergierende, 221
  objektive, 21, 63, 84
Häufigkeitsgrenzwert, 21

## I

Idealismus, 7
  aktualistischer, 119, 121
  eliminativer, 117
  erkenntnistheoretischer, 69, 116, 119
  intersubjektiver, 118, 120, 121, 154
  metaphysischer, 153
  objektiver, 116, 118, 120, 121, 126, 155, 157
  possibilistischer, 118, 121, 123–125
  reduktiver, 117
  subjektiver, 119, 121
Illusion, 25, 29, 30, 63, 95, 128, 137, 183, 256
  kognitive, 128
Induktion, 200
  Anti-Induktion, 194, 216, 217
  Metainduktion, 211, 218, 220, 223, 225–227, 247, 250, 261
    attraktivitätsgewichtete, 222
    in Isolation, 224
  Objekt, 225
  Objektinduktion, 220, 225
Induktionsproblem, 8, 60, 78, 164, 165, 201, 210, 214–218, 223, 261
Infallibilität s. Unfehlbarkeit
Inkohärenz, 22, 25, 40
Innenerscheinung, 51, 52, 90, 108, 181, 247
Instrumentalismus, 242, 246, 250, 251, 253, 255
Internalismus, 67, 77, 84
  deontologischer, 69
  KK-Prinzip, 73
  mentalistischer, 50
  Zugänglichkeitsinternalismus, 50, 68, 75, 90
  Zustandsinternalismus, 50, 68
Introspektion, 28, 91, 107
Intuition, 9, 24, 39, 40, 61, 63, 71, 107, 109–111, 136, 138, 210, 211
  apriorische, 170
  aufklärerische Kritik, 95
  Common-Sense, 40
  externalistische, 74
  kausale, 258
  partikuläre, 102
  rationale, 107–111
  subjektive, 40
  traditionell-internalistische, 72
Irrtumswahrscheinlichkeit, 24, 41, 57

## J

Jeffrey-Konditionalisierung, 192

## K

Kausalität, 108, 165, 168, 254, 257
  abduktive Rechtfertigung, 256

als theoretischer Begriff, 253
Markov-Bedingung, 71
metaphysische Theorie, 260
nichtzirkuläre Rechtfertigung, 258
singuläre, 165
Kausalitätskritik, 109, 142, 164, 165
Kausalitätsprinzip, 70, 109, 167, 168, 250, 253–256, 260
KK-Prinzip, 72
Klebeparadox, 216, 237
Kognitionspsychologie, 40, 70, 81, 83, 182–184
Kohärenz, 99, 248
Kohärenztheorie, 67, 82, 93, 97, 100, 101, 105, 196
   der Rechtfertigung, 97
   der Wahrheit, 100
   explanatorische, 100, 103
   moderate, 98, 102, 103
   strikte, 98, 100, 102
Konditional, kontrafaktisches, 38, 121, 124, 125, 157
Kontextualismus, 67, 81
Kontrastsehen, 182
Koppelung, statistische, 257–259
Körper-Geist-Problem, 159
Korrespondenz, 18–20

**L**
Lehnstuhlphilosophie, 108
Lernfähigkeit, universelle, 224
Logik
   dreiwertige, 205
   intuitionistische, 205
      klassische, 54, 60, 186, 188, 203, 204, 206
         Zweiwertigkeitsprinzip, 203
   mehrwertige, 203, 205
   nichtklassische, 46, 54, 60, 186, 202–204, 206
Lotterie, 22–24, 39

**M**
Majoritäts-Anti-Induktion, 106
Markov-Kausalität, 71, 197, 199, 254, 260
Materialismus, 116–118, 126, 149, 151, 156–160
   französischer, 161
   moderater, 157
Meinung, 17, 50
   der empirischen Wissenschaft, 76

der ungewichteten Mittelung, 228
Metaaufklärung, 166
Metainduktion, 211, 218, 223, 225–227, 248, 250, 261
   attraktivitätsgewichtete, 222
   in Isolation, 224
Metaphysik, 2, 47, 108, 116, 126, 141, 152–154, 157, 159, 167
   induktive, 243
   traditionelle, 167
Modellabduktion, 235, 236
Münchhausen-Trilemma, 26–28

**N**
Negationseinwand, 101, 102, 194, 196
No-free-lunch-Theorem, 227
Nominalismus, 147
   Definition, 153
Notwendigkeit, 48, 109, 152, 167
   Bedeutung, 48
   begriffliche, 48
   metaphysische, 152
   naturgesetzliche, 23, 48, 159
   nomologische, 124
   objektive, 109
   reale, 122

**O**
Objekt, 1, 2, 4, 5, 16, 18, 99, 120, 121, 147, 155, 157, 182
   dreidimensionales, 128
   externes, 70, 244
   Sehperspektive, 243
   unbewegtes, 183
   unmittelbares, 155
   von Kausalbeziehungen, 254
Objektinduktion, 220, 225
Offenbarungsautorität, 149
Ontologie, 2, 116–118, 126, 147, 203
Optimalität, 176, 185–187, 193, 194, 197, 218, 220, 222–224, 226, 249
   universelle, 187, 188, 224
   von Logiken, 188
   von Theorien, 252
   von Voraussagestrategien, 226
Optimalitätsprinzip, 227, 251, 252
   abduktive, 252
Optimalitätsrechtfertigung, 185, 186, 188, 202, 204, 218, 224, 227
Optimalitätstheorem, 227

## P

Paradox, skeptisches, 77, 78
Philosophie
　analytische, 98, 117, 168
　experimentelle, 29, 40
　rational-theologische, 138
Positivismus, 7, 96, 98, 110, 121, 122, 155–157, 168, 169
Positivismuskritik, 123–125
Prämissenzirkularität, 104, 193, 194, 196, 197
Prinzip des zureichenden Grundes, 109, 110, 142, 148, 153, 155, 159, 164, 165, 253
Privatsprache, 180
Problem des leichten Wissen, 74
Pseudobestätigung, 202, 216, 237, 242
Pseudorechtfertigung, 105
Psychologie, introspektive, 51, 56

## Q

Qualitäten
　primäre, 127, 147, 155
　sekundäre, 127, 147, 155

## R

Ramsey-Satz, introspektiver, 253
Rationalismus, 26, 67, 107, 108, 110, 135, 137, 155, 167, 170, 210
　Basisurteile, 107
Rätsel, erkenntnistheoretische, 6, 10, 258, 259
Realdefinition, 47, 153
Realismus
　der Wahrnehmung, 243
　direkter, 83, 126–128, 147, 155, 183
　erkenntnistheoretischer, 50
　indirekter, 126, 129
　naiver, 8, 121, 146, 156, 178
　nichtnaiver, 127, 147
　struktureller, 148
　Theorien, 115, 126
Realsätze, 49, 54, 55, 69, 82, 98, 99, 110, 112, 122, 125, 243
　Hypothetizität, 54
Rechtfertigung
　aposteriorische, 225
　der Abduktion, 254
　der Annahme, 247
　der Anti-Induktion, 105
　doxastische, 18, 67, 81, 82
　erster Stufe, 61, 94, 96, 175

externalistische Theorie, 28, 36, 37, 67, 68, 71, 74, 77, 79, 80, 93–95, 105, 179, 215
Fundierungstheorie, 176
höherer Stufe, 61, 73, 76, 84, 89, 94–97, 176, 185, 187
instrumentalistische, 246, 250, 251
internalistische Theorie, 37, 50, 67–69, 75, 77, 84, 93, 94
Kohärenztheorie, 97
konditionale, 89, 107, 175, 191
nichtdoxastische, 67, 81, 82, 84
Optimalitätsrechtfertigung, 185, 186, 188, 202, 204, 218, 224, 227
prämissenzirkuläre, 106, 196
propositionale, 18
Pseudorechtfertigung, 105, 194
realistische, 246, 249, 251, 253
regelzirkuläre, 105, 106, 195, 196, 214
Rechtfertigungsgrad, 21
Rechtfertigungsinternalismus, 69
Rechtfertigungszirkel, partieller, 93
Reduktionismus
　materialistischer, 160
　positivistischer, 98, 117, 122
Referenzklasse, engste, 63, 74
Referenzklassenproblem, 38, 74
Reflexion, 52, 72, 110, 147, 155, 164, 177, 236
　erkenntniskritische, 136
　erkenntnismethodologische, 135
　immanente, 188
　verbale, 184
Regelzirkularität, 104, 193–197, 212
Regressproblem, 26, 61, 75–77, 94, 185
　erster Stufe, 60
　höherer Stufe, 60, 71, 75
Relativismus, 99, 105, 204, 206
　erkenntnistheoretischer, 102
Relevanz, 49
Reliabilität, 30, 38, 57, 58, 60–62, 71, 73, 74, 76, 79, 89, 94, 95, 104, 167, 176, 185, 191, 193–197, 200, 213, 215, 218, 226
　rational erwartetes Resultat, 227
　von Wissensquellen, 79
Religion, 62, 92, 136, 145, 146, 160, 166
　christliche, 137
　Offenbarungsglaube, 148
　vernunftbegründete, 149
Religionskritik, 160
Religionsverlust, 157

## S

Sachverhalt, 16, 18, 44, 49, 53, 70, 80, 254
  interner, 50, 90
  unfehlbarer, 90
Sätze
  analytische, 45, 46, 54, 193
  aposteriorische, 45, 47
  apriorische, 45, 47
  basale, 49
  Beobachtungssätze, 54, 82, 84, 94, 98, 99, 107, 148, 188, 212
  Erinnerungssätze, 49, 52, 56, 82, 179, 247
    extern korrekte, 52
    intern korrekte, 52
  Erscheinungssätze, 53, 56, 82, 98, 110, 112, 179, 181, 184
  externe, 49
  extralogisch-analytische, 45
  Handlungssätze, 53, 56
  hypothetische, 49, 54, 99
  interne, 49
  introspektive, 49, 53, 54, 98, 101, 179, 193
  kontingente, 45, 202
  präskriptive, 45
  Realsätze, 49, 54, 55, 69, 82, 98, 99, 110, 112, 122, 125, 243
    Hypothetizität, 54
  Sinneserscheinungssätze, 51
  Sinnesrealsätze, 51
  synthetische, 45–47, 49
  Wollenssätze, 53, 56
Scheunenbeispiel, 34, 35, 37
Schluss, 57
  abduktiver, 29, 58–61, 75, 77, 84, 96, 110, 112, 120, 125, 176, 178, 185, 188, 193, 195, 200, 202, 213, 234, 243, 249, 252, 256, 260
  Anfechtbarkeit, 59
  anti-induktiver, 105
  auf die beste Erklärung, 59, 195, 202, 213, 214
  deduktiver, 34, 58, 59, 75, 138, 176, 185, 200, 201, 212
  induktiver, 8, 37, 54, 58–61, 75, 77, 79, 84, 94, 107, 120, 159, 164–166, 176, 178, 185, 200, 201, 209–213, 215, 218, 224, 248
  monotoner, 59, 200
  nichtmonotoner, 35, 59, 60, 200
  regelzirkulärer, 80
  Unanfechtbarkeit, 59
Sehen
  Entfernungssehen, 243

Kontrastsehen, 182
Sehperspektive, 156, 182, 243
Sein-Sollen-Problem, 95, 165, 166
Selbstpräsentierung, 49, 90, 177
Sellars Dilemma, 181, 182, 184
Semi-Fundierungstheorie, internalistische, 97
Sicherheit s. Gewissheit
Sinneserscheinung, 51–53, 61, 90, 100, 110, 159, 177, 181, 188, 243, 246, 247, 260
Sinneserscheinungssätze, 83
Sinnesrealsätze, 51
Sinneswahrnehmung, 28, 53, 96, 141, 159, 176, 177, 180, 243
Skepsis
  Cartesische, 7, 78, 138
  Herausforderung, 26
  methodische, 92, 138
Solipsismus, 50, 118–120
  methodologischer, 50, 99, 224, 248
Spekulation, 117, 170, 216, 237
  irrationale, 62
Spezialisierungsschluss, induktiv-statistischer, 201
Spiritualismus, 116, 160
Sprache, 29, 40, 45, 99, 107, 176, 179–181
  dreiwertige, 205
  natürliche, 47
  physikalische, 98
  Privatsprache, 180
  realistische, 123
Subjekt, 1, 2, 4, 16, 18, 19, 29, 36, 49, 50, 68, 73, 74, 76, 79, 95, 100, 107
  Beschaffenheit, 120
  erkennendes, 156
  externes, 70
  idealisiertes, 62
  Innenperspektive, 90
  introspektive Erfahrungen, 110
  nicht bewusstseinsfähige Eigenschaften, 69
  Überzeugung, 75
  wahrnehmendes, 121
  Zustand, 80
Subjekt-Objekt-Relation, 116

## T

Theodizee, 141, 143, 155, 158, 241
Theodizeeproblem, epistemisches, 111
Theologie, 111, 126, 143, 148, 152, 155, 156, 160
  analytische, 196
  Prämissen, 111

Theorieabduktion, 236, 237, 239, 242, 243, 251
Toleranz, 145, 154
Transzendentalphilosophie, 68, 108, 167, 168, 188
Traumargument, 8, 261
Tugendtheorie, 81
   epistemische, 81

**U**
Überzeugung, 10, 16–19, 22, 23, 25, 28, 34, 36–39, 49, 50, 70, 71, 73, 76, 77, 79, 81, 95, 96, 98, 100, 102, 107, 110, 139, 175, 178–180, 191, 192, 196, 237
   analytische, 29, 90
   analytisch wahre, 53
   apriorische, 48
   basale, 69
   dispositionelle, 69
   einer verbreiterten Basis, 97
   epistemische Rechtfertigung, 93
   evidente, 101
   Falschheit, 39
   gerechtfertigte, 33, 35, 40, 71, 89, 95, 103
   gerechtfertigte wahre, 80
   hypothetische, 61
   induktive gerechtfertigte, 248
   introspektive, 28, 53, 103
   kognitiv spontane, 100
   nichtbasale, 93
   perfekt begründete, 27
   qualitative, 192
   Rationalität, 94
   Rechtfertiger, 81
   Rechtfertigung, 68
   religiöse, 101
   theorieabhängige, 111
Umdefinition, externalistische, 76
Unanfechtbarkeit, 35, 36, 59
Unfehlbarkeit, 24, 26–28, 30, 46, 90, 93, 102, 175, 176, 180, 181
Uniformität, 37, 196, 213
   induktive, 214, 220
Unmöglichkeitstheorem
   des rationalen Glaubens, 10, 40
   des Wissens, 7, 23, 26, 40, 119
Urteil
   aposteriorisches, 107
   apriorisches, 107, 108, 168
Urteilsenthaltung, 95, 118
Utilitarismus, 160

**V**
Vereinheitlichungskraft, 237, 239, 245, 260
Vergangenheitssätze, 49
Vertrauen, blindes, 196
Voraussage, 9, 69, 117, 129, 188, 211, 220, 241
   anti-induktive, 106
   empirische, 54, 247
   Erfolg, 224
   erinnerte, 248
   gewichtetes Mittel, 222
   induktive, 201
   interne, 49
   metainduktive, 224
   ungebrauchte, 238
   von Beobachtungen, 250
Voraussageerfolg, 186, 218
Voraussagespiel, 220, 221, 223, 226, 227, 248
   probabilistisches, 226

**W**
Wahrheit
   analytische, 46, 78, 146
   korrespondenztheoretische, 69
   logische, 22, 46, 58
   synthetische, 47, 146
Wahrheitsnähe, 21, 250–253
Wahrheitstheorie, 18, 121
Wahrscheinlichkeit
   bedingte, 35, 57, 60, 62, 63, 192, 197, 226
   epistemische, 57, 63, 100
   evidentielle, 84
   induktive, 28, 201, 217
   Irrtumswahrscheinlichkeit, 24, 27, 41
   objektive, 20, 21, 23, 62, 165, 253
   objektive-statische, 62
   statistische, 21, 37, 57, 123, 215
   subjektive, 21, 62
   subjektiv-epistemische, 62
   unbedingte, 192
Wahrscheinlichkeitstheorie, 16, 21, 192, 215
Wahrscheinlichkeitswissen, 27, 28, 40
Wissen, 15, 16, 19–22, 24, 26, 29, 34, 35, 37–39, 41, 59, 74, 136, 141, 148, 180, 193
   als Überzeugung, 17
   als Wahrnehmung, 17
   Analyse, 80
   analytisches, 147
   Anti-Zufallstheorie, 39, 40
   apriorisch begründetes synthetisches, 152
   basales, 167

demonstratives, 147
echtes, 18, 22–25
eigentliches, 148
empirisch verifizierbares, 3
externalistisches, 73, 76
Gegenstandsbezug, 16
gerechtfertigtes, 72
höherer Tiere, 70, 73
hypothetisches, 94
internalistisches, 73
interrogatives, 16
introspektives, 147
intuitives, 147
kausale Theorie, 36
klassische Definition, 16
logisches, 147
naturwissenschaftliches, 159
perfektes, 25, 26, 138, 167
pragmatisch nützliches, 3
Prinzip der Geschlossenheit, 78
Reflexionsprinzip, 72
Reliabilitätstheorie, 37, 38
sensitives, 148
sicheres, 139, 148
soziale Funktion, 72
sprachliche Varianten, 16
synthetisches, 148
über externe Realität, 69
Unanfechtbarkeitstheorie, 35
unmittelbares, 71
vermeintliches, 17
wissenschaftliches, 77
Zuschreiber, 73
Zuschreibung, 73

Wissenschaft, 8, 10, 15, 21, 93, 136, 138, 149
  empirische, 76, 165, 211
  kritische, 169
Wissenschaftstheorie, 2, 6, 9, 15, 21, 27, 54, 110, 112, 123, 124, 136, 169, 170, 247
  postpositivistische, 236
Wissensgrad, 20
Wissensquelle, 79
Wissen-zuerst-Position, 80
Wittgenstein, Ludwig, 180
Wollenssätze, 53, 56

**Z**

Ziel, 3, 20, 34, 166
  der empirischen Wissenschaft, 99
  der Voraussage, 252
  des kognitiven Erfolgs, 212
  epistemisches, 185, 212
Zirkelrechtfertigung
  anti-induktive, 106
  induktive, 106
Zirkelschluss, 27, 79, 105, 209, 213
  partieller, 93, 176, 183, 196, 198, 199
  vollständiger, 93, 176, 196, 198, 199
  Widerlegung, 104, 194
Zufall, 39, 106, 143
  kompensatorischer, 41
Zufall, glücklicher, 34
Zugänglichkeitsinternalismus, 50, 68, 75, 90
Zukunftssätze, 49
Zuschreiberinternalismus, 70, 73
Zustandsinternalismus, 50, 68

The manufacturer's authorised representative in the EU is Springer Nature Customer Service Centre GmbH, Europaplatz 3, 69115 Heidelberg, Germany. If you have any concerns regarding our products, please contact ProductSafety@springernature.com

Printed and bound by CPI Group (UK) Ltd, Croydon, CR0 4YY

25/03/2026

02078231-0005